2012年MBA、MPA、MPAcc联考同步辅导教材

2012年MBA、MPA、MPAcc联考

面试指导

主　编　甄诚

副主编　赵新　王金门　赵羽

2012

MBA MPA MPAcc

机械工业出版社
China Machine Press

本书以 MBA 为例，全面论述了对 MBA、MPA、MPAcc 面试的认识、各个学校面试的程序和过程、面试各个环节的特点和如何准备等方面进行了详尽的描述。并从考官、学校教授、考生三个角度，对各校面试的要求和如何应对给出了最为客观的描述。同时，你还能找到与你最为类似的考生面试的成功经验，找到最有参考价值的参照对象；你还可以吸取失败者惨痛的教训避免重蹈覆辙。最后，本书还给出了应对面试的各种建议和策略。

本书可作为准备参加 MBA、MPA、MPAcc 面试的考生的参考书。

图书在版编目（CIP）数据

2012 年 MBA、MPA、MPAcc 联考面试指导 / 甄诚主编．—北京：机械工业出版社，2011.8
（2012 年 MBA、MPA、MPAcc 联考同步辅导教材）

ISBN 978-7-111-35413-0

Ⅰ．2…　Ⅱ．甄…　Ⅲ．研究生－入学考试－自学参考资料　Ⅳ．G643

中国版本图书馆 CIP 数据核字（2011）第 144174 号

机械工业出版社（北京市西城区百万庄大街 22 号　邮政编码　100037）
责任编辑：黄姗姗　　　　版式设计：刘永青
北京市荣盛彩色印刷有限公司印刷
2011 年 8 月第 1 版第 1 次印刷
186mm×242mm・21.25 印张
标准书号：ISBN 978-7-111-35413-0
定价：45.00 元

凡购本书，如有缺页、倒页、脱页，由本社发行部调换
客服热线：（010）88379210；88361066
购书热线：（010）68326294；88379649；68995259
投稿热线：（010）88379007
读者信箱：hzjg@hzbook.com

PREFACE 前言

走出面试，走入精彩人生

想寻求人生重大转机，就上 MBA[⊖]吧！那里有我们需要的一切，只要你有足够的能力去争取。成功的旅途中，我们一直在为资格奋斗。先是笔试，为了这个梦想，我们可能在年初，可能在年中，开始披星戴月地学习。听课、做题、思考、讨论，我们仿佛是与世隔绝的一群怪人，从酷暑到寒冬，又从寒冬到春天，我们已经走了好长好长时间了。

的确，那段日子我们都很苦很苦！未来的日子我们可能还会更苦更苦！但为什么放弃者少，成功者众？因为大家通过备考都明白了，MBA 之路并不等于康庄大道，而是需要比常人付出更多的艰辛，去寻求人生辉煌的崎岖小道，当然这是一条通往成功的小道。如果说汗水是成功的润滑剂，那么我们心灵的艰辛和孤独则是成功的脊梁。

走出笔试，我们祝贺你取得了理想的成绩，可那不是梦的终点，而只是我们寻梦迈出的一大步。2002 年是 MBA 录取引入面试的开始，当时只在个别几所一流名校试行，取得不错效果和一定经验后，2003 年全面正式实施。在那个全国 300 分以上的考生也不超过 100 名的严酷时代，清华大学有 4 位 300 分以上的同学，因为面试表现不尽如人意被面试了两次，最后仍有两人出局，290 多分出局者更多。而现在的形势已经变得越来越清晰了，试题难度的下调和管理知识的取消，使笔试已经变成了入门证，高分淘汰早已不是新闻。

走入面试，是你寻求人生转机的最后一道关。其实，面试在你报考的那一瞬间就开始了。一旦你交上了报考材料，也就留下了面试的基本材料。特别是对于报考一流名校的同学来说，你的背景评估也就开始了。一旦你选择了报考院校，也就选择了你的面试方式。

面试并不可怕，可怕的是我们在出了成绩之后，变得有些盲目乐观或者盲目自信，从而导致麻痹大意。事实上，面试既是我们的最后一道关口，也是我们再次提升自己的一次良机。我们应该用兢兢业业的态度去对待它，而不是抱着坐等天上掉馅饼的心态，等最后

⊖ 鉴于 MBA、MPA、MPAcc 面试的形式均大同小异，故本书中仅以 MBA 面试为例展开论述。——作者注

与理想的院校失之交臂时，才后悔莫及。

走出面试才是我们的目的，因为只有走出面试，才有精彩人生。如何认真对待MBA面试，这本书所有的章节都在回答这个问题。本书从MBA面试的认识、各个学校面试的程序和过程、面试各个环节的特点和如何准备等方面进行了详尽的描述。并从考官、学校教授、考生三个角度，对各校面试的要求和如何应对给出了最为客观的描述。同时，你还能找到与你最为类似的考生面试的成功经验，找到最有参考价值的参照对象。最后，本书还给出了应对面试的各种建议和策略。

自从2011年清华大学和北京大学率先推出MBA提前面试录取方式以来，由于这一方式符合商学院的培养要求和人才定位，收到了很好的效果，成为未来MBA招生改革的重要方向。可以预见，随着我国MBA招生改革的深入，提前面试录取方式将发挥越来越重要的作用。为了帮助广大考生掌握提前面试录取的招生要求和面试策略，我们开辟专题，为考生系统讲解MBA提前面试相关内容。

本书由社科赛斯MBA培训中心组织编写，编委会的全体成员均为社科赛斯具有多年面试辅导经验的辅导专家，他们都是毕业于北京大学、清华大学、南开大学等国内顶级商学院的MBA，同时也是社科塞斯MBA面试辅导团队的核心成员。

自首次出版以来，本书已经多次再版，获得国内广大MBA考生的广泛青睐，成为MBA面试备考的首选用书，也是目前市场销量最大的面试辅导书。作为国内唯一出版MBA面试辅导书的培训机构，社科赛斯MBA培训中心每年通过精心的面试辅导和联考辅导使大批MBA考生成功考上了清华、北大、人大等知名商学院，实现了自己职业发展的重大飞跃。凭借一丝不苟的工作精神、专业的师资团队和对MBA考生细致入微的辅导服务，社科赛斯赢得了良好的口碑，成为国内MBA考生的首选面试辅导和联考笔试辅导机构。

考生如需了解最新MBA备考资讯和课程辅导信息，欢迎登陆中国MBA备考网(www.mbaschool.com.cn)了解最新消息和进行相关咨询。

最后祝大家走出MBA面试，走入精彩人生！

甄　诚

社科赛斯MBA培训中心 总裁

2011年6月于北京

CONTENTS 目录

第一章　MBA 面试是什么——总论

MBA 英文的全称是“Master of Business Administration”，即工商管理硕士，20 世纪初发源于美国。在 1908 年，哈佛商学院首创 MBA 教育，之后的 10 年，美国经济发达的各地财团联盟与以哈佛大学为首的各大院校相继设立了专注于 MBA 教育的多家商学院及管理学院，并成立了延续至今的美国企业教育发展的“美国商学院联合会”。当时，美国的经济正处于历史上第一个经济飞速发展的时期，各行各业都面临一个行业腾飞和经济组织演变的新挑战，这些都在管理领域提出新的研究课题，而管理研究的进展又为新型组织的巩固提供了支持和保证。二者相互激励，从根本上推动了管理思想和理论的演进，在这一时期那些既有实践经验，又有商业管理理论水平的中高级管理人才从财务制度、统计制度到人员绩效激励等制度方面全面推动了管理的发展。

美国 MBA 教育的成功，促进了世界其他各国 MBA 教育的引进及发展。中国在 1988 年成立了“培养中国式 MBA 研究小组”，1990 年国务院学位委员会第十次会议决定在中国试行 MBA 教育，并于 1991 年在清华大学、人民大学、南开大学、天津大学、复旦大学、厦门大学、西安交通大学、哈尔滨工业大学、上海财经大学 9 所院校进行试点。在 1993 年，首届 86 位 MBA 毕业生获得学位。同年，试点院校扩展到 26 所，到 1998 年，我国又进一步扩宽了 MBA 培养渠道，试点院校最终扩展到 64 所。除去国际合作项目和传统的学院式学位教育，国务院学位委员会、国家经济贸易委员会在 1997 年颁布了《关于“九五”期间开展企业管理人员在职攻读工商管理硕士（MBA）学位工作的通知》，开始培养“大学本科毕业，工作 5 年以上，年龄 45 岁以下，工作业绩突出的工商企业、特别是国务院重点联系的国有大中型企业以及经济管理部门的中、高层管理人员，获准推荐参加全国统一组织的攻读工商管理硕士（MBA）学位入学考试，即 GRK 考试”。与此同时，考试方式由单考、统考一直发展到现今的联考。2003 年 1 月 MBA 考试科目改制，现在中国 MBA 入学考试笔试科目分为英语和综合能力测试。其中，综合能力测试是由充分性判断、问题求解、写作和逻辑组成。从 2002 年起，在笔试后增加面试环节，综合笔试和面试成绩发现一些真正具有企业家素质的管理人才，面试与笔试的分数在总分中所占的比例也根据各院校不同的实际特点而有所不同。

自从2011年清华大学和北京大学率先推出MBA提前面试录取方式以来，由于这一方式符合商学院的培养要求和人才定位，收到了很好的效果，成为未来MBA招生改革的重要方向。可以预见，随着我国MBA招生改革的深入，提前面试录取方式将发挥越来越重要的作用。为了帮助广大考生掌握提前面试录取的招生要求和面试策略，我们开辟专题，为考生系统讲解MBA提前面试相关内容。

第一节 MBA复试的内容和目的

一、MBA复试内容

根据教育部办公厅和全国MBA教育指导委员会要求，笔试结束后，MBA复试由三大部分组成：政治理论考试、英语听力和口语测试、综合素质面试。其中，最关键的是综合素质面试，因为，前两个是相对客观的测试，且所占分值不大，较难拉开差距，因此，综合素质面试才是各个学校真正的复试重点。关于综合素质面试的内容，我们将在本书第二章第一节的“面试形式”部分详细加以讲解和分析，下面主要针对政治理论考试、英语听力和口语测试分别进行阐述。

（一）政治理论考试

政治理论考试是我国研究生考试的必考科目，而且在普通研究生入学考试中往往还起到了相当大的作用。 MBA入学考试是我国研究生入学考试的一种，从1997年开始MBA全国联考以来，政治理论考试原来都是在初试中进行的。但它和普通研究生考试的一个重大的区别就是：由各个招生院校单独命题，不计入总分，但必须及格。从几年来政治在MBA联考中的实际情况来看，基本上不用浪费太多时间在政治的复习上，大多数情况下，花一两天复习政治就足以应付考试了，绝大部分学员都能拿到政治考试的及格分。

个别考生政治考试也有不及格的情况，但基本上都是由于极不重视政治考试，基本没有复习造成的。因为，招生院校除了指定教材外还会安排一定的政治辅导，这种辅导的时间往往不长，但可以从中得到相关的复习资料，这是相当重要的，它才是考试真正所要求的。现在MBA入学考试将政治理论考试放在了复试中，不同的学校会选择采取不同的方法，但总的来讲无外乎下面两种。

（1）采取笔试的方法。比如清华大学会在复试中对政治理论进行笔试，但事先会指定复习的范围和试题的类型。

（2）采取面试的方法。对于面试压力不是太大的院校，政治理论测试将会是轻松的面试，比如问一两个当前的热点问题或者基本的社会主义市场经济理论。这种方式往往没有明晰的复习范围，表面上看，让考生无从下手，其实只要略加准备，完全是可以应付的。但要注意政治测试具有一票否决权，如果你的政治考试不及格，无论你的其他成绩如何优秀，也是一概不能被录取的。这种情况下，我们只需在准备政治复习的时候认真一些，严格按照学校的要求去做，认真去准备，通过也不是太难。

（二）英语听力和口语测试

MBA 招生院校采取的英语听力和口语测试方法主要有以下 3 类。

(1) 将听力和口语分开来进行考试。听力仍采取过去笔试中的做法，在规定的时间内做选择题。现在仍是大家一起听室内广播为主，很难做到用专用的耳机来考试。英语口语在测试完听力后分小组进行。

(2) 听力、口语放在一起考试。由于部分学校录取人数数量较少，他们将会把英语的听力和口语测试放在一起，并采取面试的方式直接进行。先读一段英文，让你翻译，然后考官与考生进行英文对话。

(3) 听力考试采取笔试的方法，口语放在面试中。例如，清华大学 MBA 在职班和全日制班即采取这种面试形式。

英语听力和口语的复习备考是相对确定的，大家可以根据自己英语水平的实际情况来做出选择。一般来讲，考前的强化训练是必不可少的，特别是考名校国际 MBA 的同学，一定要利用面试前的有限时间，自觉苦练才行，一来可以应付听力和口语的考试，二来也可以为将来的 MBA 学习打下良好的基础。

二、面试的目的

面试是现代社会一种常见的重要的选人办法。一般来说，笔试主要考察考生的知识和基本认知能力，而面试是测查和评价考生综合素质和各种能力的一种考试活动。也就是说，面试是一种经过组织者精心设计，在特定场景下，以考官对考生的面对面交谈与观察为主要手段，来判断考生综合素质与能力的特定活动，其中包括对非口头语言行为的综合分析、推理与判断。

MBA 的面试与企业选拔人才的面试不同。企业的目的是围绕企业目标，通过面试来达到人才的选、用、育、留。而 MBA 入学面试更多的是考查学生过去的积累和将来的发展潜力。**MBA 项目培养的是未来的职业经理人员，或者希望创业的有志青年，以及部分具有企业家潜质的在职管理干部，这就注定了 MBA 入学考试的笔试和面试在普通选拔性考试的基础上，又多了一层影响中国企业未来经营走向的重大责任。因此，MBA 面试将越来越重要，甚至会超越原来只是选拔出最适合读 MBA 的考生的初衷。**这其中，面试是进入 MBA 殿堂的一个重要门槛，各 MBA 培养院校都非常重视面试。因为，MBA 招生院校希望从众多达到笔试录取分数线的考生当中，挑选出具有培养前途、管理潜质及深厚背景的优秀考生进入学校学习，为学校增光添彩。

由此看来，MBA 面试的目的就是在分数上线的基础上选拔出最适合读 MBA 的考生。MBA 就是一种选择!有的人是一直坚持不懈的有目的的选择，有的人是抛弃一切重新开始的选择!这不仅仅是一个人生道路的选择，更是一种生活方式、人生态度的选择!

第二节 面试准备

在 MBA 面试的考官中既有学院派的教授，也有来自企业一线的领导，因此要想回答好问题就有很大的难度了。你的回答中既要有现实价值，又要有理论深度，所以掌握一些基本的管理、经济、市场营销的知识，是很有必要的，但还要把这些基本的理论知识和实际经验结合起来。

一、面试必备管理学知识

（一）管理基本知识要点分析

1. 关于管理的原理与方法

管理原理是指管理活动中遵循的基本规律；管理方法是指管理活动中所采取的工作方式。二者之间相辅相成，前者是指导思想，后者是不可缺少的手段，以下将分别论述。

(1) 管理原理主要有以下 5 种。

1）系统原理：宇宙中任何事物（包括管理活动）都是具有特定功能的系统，其特点是具有相关性、目的性、层次性及环境适应性。它对于管理工作的意义在于遵循事物的客观规律，统筹兼顾，整体优化，动态管理。

2）人本原理：人是管理系统中最积极、最活跃、最具有主观能动性作用的因素，管理要以人为中心。

3) 信息与信息反馈控制原理：信息是人类社会发展的重要动力和资源（物质、能源和信息），是现代企业生存与发展的重要条件。

4）责任原理：管理工作必须在分工的基础上，明确员工责、权、利的相互关系。它强调管理工作中，责、权、利与能力之间的协调和统一（如图 1-1）。

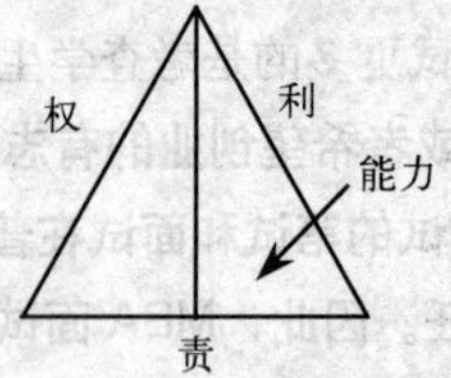

图 1-1 责、权、利的相互关系

5）效益原理：企业作为营利性组织，要十分重视投入和产出的关系，争取实现 1+1＞2 的效果。

(2) 管理方法主要有以下 4 种。

1）法律的方法：运用法律、法令、司法、仲裁等手段，调整社会经济与企业活动中的关系。

2）行政方法：运用命令、指示等行政手段，以权威和服从为前提，指挥员工开展各项工作。

3）经济的方法：运用各种经济手段，调节和平衡各种经济利益之间的关系。

4）教育的方法：通过多种多样的教育和培训，提高人员素质。

2．关于管理决策

(1) 什么是决策。

决策是指决策者（管理者）对未来组织目标与组织活动内容、方式的决断、选择、执行与调整的全过程。美国著名管理学家西蒙曾说：管理就是决策。

(2) 决策的意义和作用。

1）决策的正确与否，关系到组织的发展与成败（即它是组织发展和成败的关键）。

2）决策是管理者的一项基本技能，也是对领导者能力和魄力的考验。管理者一般需具备 3 种基本技能，如图 1-2 所示。

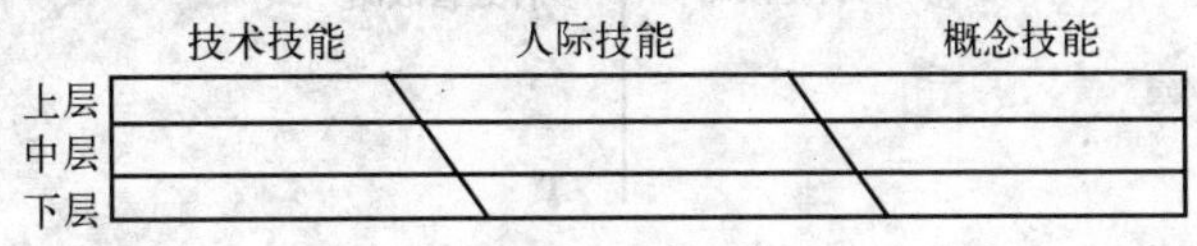

图 1-2　管理者的基本技能

其中，技术技能指管理者在本职业务方面的胜任能力；人际技能指管理者协调人际关系调动上下两级积极性的能力；概念技能指管理者分析环境、把握全局、正确制定战略决策的能力。

(3) 决策一般具有如下 6 个特点。

1）目标性，即决策的目的和前提。

2）可行性，即决策的约束条件。

3）选择性，即决策的多种可供选择的方案（决策的核心）。

4）满意性，指决策追求满意方案而非最优方案（包括质量、可接受性、经济性、时效性）。

5）过程性，强调决策非瞬间行动。

6）动态性，指决策没有真正的起点和终点。

(4) 科学决策的过程一般要经过以下 6 步。

1）发现问题，为决策提供依据。

2）明确组织目标：确定多元化目标体系（最低、最高及限定目标）。

3）拟订方案：要有多个方案，可以相互排斥，避免相容、雷同。

4）方案比较选择：综合考虑经济和社会效益，整体优化。

5）执行方案：逐级推广。

6）检查处理：反馈、调整，必要时做追踪决策。

(5) 常用的决策分析方法有以下两种。

1）SWOT 分析法，主要用来确定组织（产品）活动的方向。其中 S（Strengths）是指组织内部的优势，包括组织内部人、财、物、信息资源与管理水平等；W（Weaknesses）是指组织内部的劣势；O（Opportunities）是指组织外部环境机遇，包括政治、经济、社会文化技术与自然环境以及用户、竞争对手、供应商状况；T（Threats）是指组织外部环境的威胁。

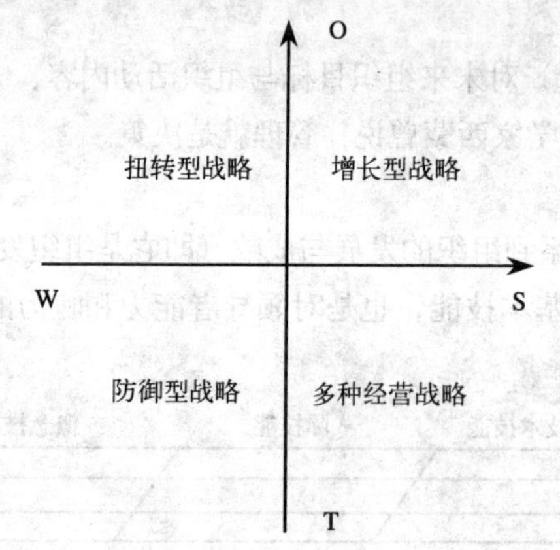

图 1-3 SWOT 分析法

2）决策方案的制定和选择分析方法一般有 4 种，分别是头脑风暴法、代尔菲法（以上两种方法在于充分运用专家的智慧）和案例分析法、定量分析法（如决策树、量本利分析法等）。

3．管理的 4 项基本职能及其相互之间的关系

管理的 4 项基本职能是计划、组织、领导、控制。以下一一论述。

(1) 计划是对组织未来目标和行动方案的具体安排，它是各项管理职能的前提和基础。

1）计划的任务主要是明确 5W1H，即确立组织目标（what）、统一组织思想（why）、制定行动步骤（where、when、who、how），以提供衡量基点。

2）计划的内涵与表现形式主要包括 6 种。① 宗旨，即组织存在的使命；② 目标，即宗旨的具体化（要尽可能量化，可执行，可衡量）；③ 战略，即组织的行动方针和资源分配纲要；④ 规划，即综合性计划；⑤ 预算，即数字化计划。

此外，还包括政策、规则、程序，这些都是组织活动要遵循的原则与准绳。

(2) 组织是指围绕组织目标所建立的权、责结构系统和开展的一系列的组织工作，它是管理的载体和依托。

1）组织的内涵可以以两个方面去认识。从静态层面理解，组织即组织结构系统；从动态层面理解，组织指的是组织工作和行为。

2）最常见的3种组织结构形式如下。

① 直线职能式，这种组织形式是在组织中设立生产和职能两大系统（如图1-4）。其特点在于分工明确、职责清晰、效率较高，但缺乏灵活性，部门间易产生隧道效应。

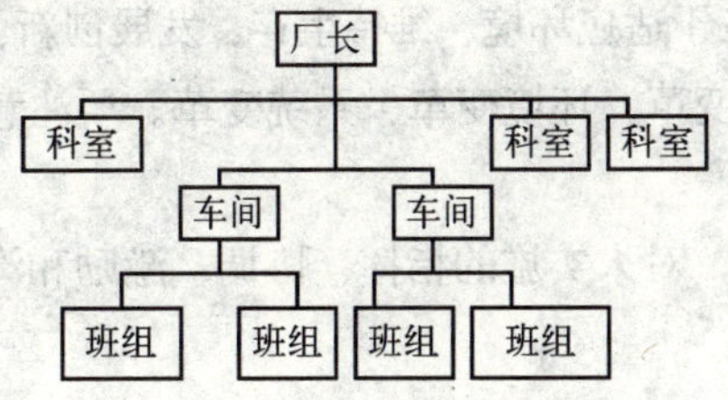

图1-4　直线职能式组织

② 事业部式，又称斯隆模式（图1-5）。具体是在总公司下设事业部，实行独立核算自主经营，自负盈亏，成为利润中心。其特点在于能大大调动下级人员积极性，有利于培养综合性管理人才。

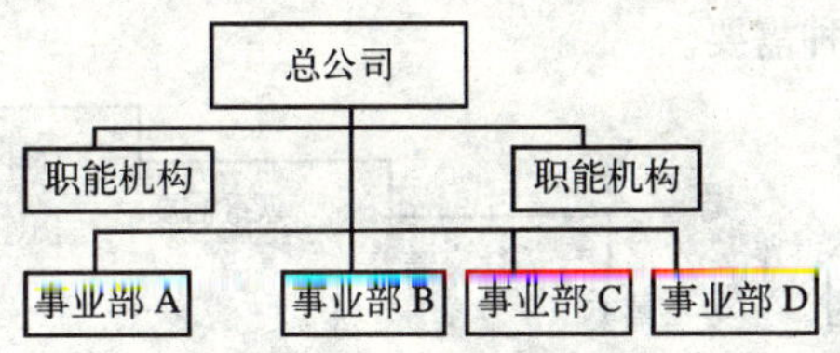

图1-5　事业部式组织

③ 矩阵式，主要指组织建立两套系统，其中横向系统以项目（产品）为中心，纵向系统以职能部门为中心（图1-6）。其特点是大大增加组织的弹性与灵活性，以适应急剧变化的外部环境。

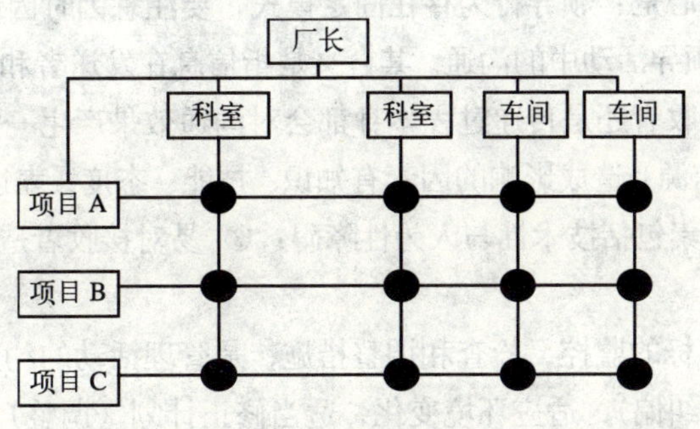

图1-6　矩阵式组织

3）组织的基本活动有以下3种。

① 组织中各种关系的协调，主要包括：集权与分权，主要强调组织应适度分权和授权；在正式组织与非正式组织方面，强调正确处理与非正式组织的关系，对非正式组织要分清性质，因势利导；直线和参谋，此两者相辅相成，需注意分清职责范围。

② 组织中人员配备，包括人员选聘、人员考评、人员培训等。其处理原则是谋求人与事最佳配合，因事择人，因材施用，以实现动态平衡。

③ 组织变革。变革目的在于适应环境、维持生存、发展创新、提高效益。变革内容与方法有心理变革、结构变革、技术变革、环境变革、系统变革。要注意尽量采用渐进式变革，即解冻——改变——再冻结。

(3) 领导是指日常管理中，对人实施的指挥、协调、激励和沟通工作。它是管理工作的关键环节，主要有以下几部分。

1) 领导者有两类5种权力。它们是3种职位权力，包括制度权（由法律与制度规定的领导权）、奖励权、惩罚权和2种个人权力，包括专长权（知识技能和专长）、模范权（修养品格与作风）。前者权力来自于外部，属于临时性权力；后者权力来源于自身，具有永久性的特征。

2) 管理工作中的领导职能还包括激励和激励理论。其中激励是指围绕组织目标，对人的内在动力的激发、导向、保持和延续。激励理论则以马斯洛的需要层次理论为代表，如图1-7所示。图中详细列示了普通人的5种需要。

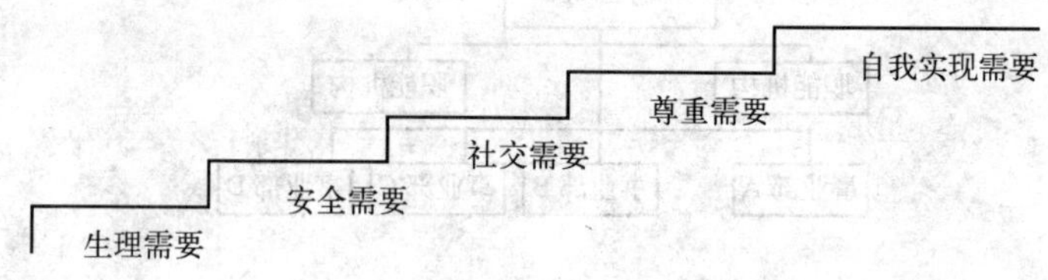

图1-7 5种需要层次

在激励和激励理论之外，领导职能还包括领导的权变理论，主要谈论领导者、被领导者、环境三者间的关系。其核心是：领导行为存在固定模式，要注意因时因地因人制宜。

3) 领导职能还涉及领导活动中的沟通。其含义是指信息在发送者和接收者之间传递的过程与行为。无论发信者、接收者还是传递过程本身都会对沟通效果产生一定的影响，主要影响因素有：① 易对发信者（信源）造成影响的因素有知识、技能、态度、表述能力和权威性；② 易对传递过程造成影响的因素包括技术性与人为性障碍；③ 易对接收者造成影响的因素有知识、态度和切身利益。

(4) 控制指对组织目标的监控、检查和调整措施，是管理活动的约束机制。控制的目的在于确保组织目标的实现（纠偏）；适应环境变化，适当修正计划（调整）两方面。

管理控制有3种主要形式。

① 预先控制，即控制活动在各项工作开展之前，其特点在于防患于未然，适用范围广，对

事不对人。

② 过程控制，即控制活动在各项工作开展之中，其特点在于有指导性功能，但控制范围有限。

③ 事后控制，即控制活动在各项工作完成之后，其特点在于总结经验教训，纳入良性循环，但性质上属亡羊补牢。

4．管理中的热门话题

（1）关于现代企业制度主要要注意以下几点。

1）现代企业制度的特点：产权清晰，出资者按其份额享受所有者权益；权责明确，企业作为法人自主经营，自负盈亏；政企分开，政府不干预企业正常的经营活动；管理科学，科学的领导和经营机制。

2）公司制有两种形式：有限责任公司是指单独投资或两个以上股东投资（2～50 人）成立；股份有限公司是将全部资产分成等额股份，以发行股票方式筹集资金，股东对公司承担有限责任。

3）公司制治理结构：最高权力机构是股东大会；董事会是企业法人，总经理是公司的行政负责人；另外还有公司的监督机构即监事会。

（2）关于企业文化应注意以下几点。

1）含义：企业上下在经营管理活动中所形成的共同的思想、作风、行为规范和价值观体系。

2）特点：无形性，软约束性，稳定性和个性。

3）企业文化结构框架主要有 3 种，分别是① 物质文化，是最浅层的文化，主要体现在硬件设施方面；② 制度文化是中层文化，包括风俗、礼仪、制度、行为规范等；③ 精神文化是深层文化，主要是经营的哲学理念、精神和风范等。

（3）关于学习型组织要提到五项修炼。

五项修炼具体是建立共同的愿景、改善心智模式、系统思考、团队学习以及超越自我。

（二）管理经济学常识

（1）经济学的基本命题：如何利用稀缺资源最大限度地满足人们的需求。

（2）经济资源的稀缺性：人发现的、有用的、有价值的。

（3）经济利润=收入-会计成本-机会成本

会计利润=收入-会计成本

（4）机会成本的概念：机会成本是经营决策过程中，经营者所必须考虑和重视的概念。假设一种资源具有多种用途，那么资源用于其他方面可能获得的最大收益就是资源用于实际方面的机会成本。

（5）机会成本在实践中的体现：存款与投资的比较；自营公司和任职他人公司的收益的比

较；要素出售或者是再加工；设备使用。

(6) 可变成本：随着产量变化而变化的成本。

固定成本：不随产量变化而变化的成本。

(7) 企业成本：企业生产某种产品的成本。

社会成本：由于企业生产某种产品而使社会增加的费用。

(8) 产生利润的两个途径：供不应求——高价格——市场机会；高效率——低成本——管理水平。

(9) 需求的概念：购买欲望×货币支付能力 = 需求

显而易见，当价格较高时，需求量较小；随着价格下降，需求量逐渐增大。

需求函数：$Q_D=f(P_x, T, I, P_s, E)$

其中：P_x为商品价格；T为消费者偏好；I为收入；Ps为其他商品的价格；E为消费者对价格的预期。

(10) 供给函数：$Q_S=f(P_x, P_S, C, P_E)$

其中：P_x为商品价格；P_S为其他商品的价格；C为生产技术；P_E为生产要素的价格。

(11) 需求弹性：需求弹性是指需求量对某种影响因素变化的反应程度。

需求的价格弹性：需求的价格变动1%，需求量变动百分之几。

影响价格弹性的因素：商品的性质；替代品存在与否；价格占收入的比重；价格变化后的时间。

需求的收入弹性（E_I）：需求的收入弹性用来衡量需求量对收入变化的反应程度，即收入变化1%，而引起的需求量变化的百分比。一般可分为3类：① $E_I<0$，低档品；② $0<E_I<1$，必需品；③ $E_I>1$，奢侈品。

(12) 生产函数：生产函数表示在一定的时期内，在技术水平不变的情况下，生产中所使用的各种生产要素的数量与所能生产的最大产量之间的关系。

(13) 边际收益递减规律：在技术水平不变的条件下，在连续地等量地把某一种可变生产要素增加到其他一种或几种数量不变的生产要素上去的过程中，当这种可变生产要素的投入量小于某一特定值时，增加一单位该要素的投入量所带来的边际产量是递增的；当这种可变要素的投入量连续增加并超过这个特定值时，增加一单位该要素的投入量所带来的边际产量是递减的。

(14) 规模经济与规模不经济：规模经济或不经济所要说明的是产出规模扩大与成本变化之间的关系。在理论上，经济学家常常把规模经济定义为由于生产规模扩大而导致长期平均成本降低的情况。

导致规模经济的原因：大规模管理、大规模销售、大规模采购、大规模融资。超大规模不经济易导致管理机构臃肿、市场压力上升、信息传递低效率。

（三）市场营销常识

1．市场营销

市场营销就是以满足人们的各种需要和欲望为目的，通过市场把潜在的顾客变为现实的顾客的一系列活动和过程。因此，它的中心任务就是如何适应和刺激人们的消费需求，提供满足消费者需要的商品或服务，从而扩大企业的市场销售量和市场占有率，以促进企业的发展。

2．市场营销观念

(1) 生产观念。生产观念是一种古老的营销观念，其基本内容是：企业以改进、增加生产为中心，生产什么就销售什么。在这种观念的指导下，企业的中心任务是组织所有资源、集中一切力量增加产量，降低成本，而很少考虑消费者需求的差异性。企业的信念是：只要有生产，必定有销路。

(2) 产品观念。这种观念认为，消费者总是喜欢那些质量高、性能好、有特色、价格合理的产品，只要注意提高产品质量，做到物美价廉，就一定会产生良好的市场反应，消费者就会自动找上门来，因而无需花力气开展营销活动。

(3) 推销观念。推销观念认为，消费者通常会表现出一种购买惰性或抗衡心理，如果顺其自然，则消费者一般不会足量购买某一企业的产品，因此，企业必须积极推销和大力促销，以刺激消费者大量购买本企业的产品。

(4) 市场营销观念。这是一种全然不同于上述推销观念的现代营销思想，其基本内容是：消费者需要什么产品，企业就生产、销售什么产品。企业考虑问题的逻辑顺序不是从既有的生产出发，不是以现有的产品吸引或寻找消费者，而是正好颠倒过来，即从消费者的需求出发，按照目标市场上消费者的需要和欲望，比竞争者更有成效地去组织生产和销售。

(5) 社会营销观念。社会营销观念是对市场营销观念的重要补充和完善，其基本内容是：企业提供的产品，不仅要满足消费者的需求和欲望，而且要符合消费者和社会的长远利益，企业要关心和增进社会福利。它强调，要将企业利润、消费者需要、社会利益三方面统一起来。

3．对市场营销活动的管理

企业在从事市场营销活动时必须遵循以下几个必要的步骤。

(1) 分析市场机会。所谓市场机会是指那些企业可以利用的、尚未被满足的市场需求。在激烈竞争、不断变化的市场中，市场机会并不是容易发现的。企业营销人员必须进行大量、专门的市场调查，千方百计地寻找那些未得到满足的市场需求，并加以分析评估，看其是否符合企业的资源优势及发展目标等。

(2) 选择目标市场。对市场机会进行分析之后，下一步就是要选择作为企业进入目标的市场。具体又可分为3个步骤：市场细分、选择市场策略和市场定位。

1）市场细分。所谓市场细分，就是依据消费者需求偏好、购买行为和购买习惯的差异性，按照一定的细分标准把整个市场划分为若干个需求与愿望各不相同的消费者群，即若干个“子市场”，每个“子市场”都是一个需求类同的消费者群。因而企业就可以选择某一个或某几个“子市场”作为目标市场。由此可以看出，市场细分并不是对产品的分类，而是对消费者需求的分类。

2）选择市场策略。市场细分的目的是促使企业在庞大的市场体系中正确地选择某一个或某几个最能发挥企业自身相对优势的细分“子市场”作为目标市场，依靠自身有限的资源，充分发挥自己的优势，进行有针对性的营销活动。

3）市场定位。企业对市场进行了细分并选择了相应的市场策略后，也就最终选定了企业所服务的目标市场。但在企业真正准备进入市场之前，还有一项重要的工作要做，这就是要进行市场定位。

所谓市场定位，就是要根据竞争者现有产品在市场上所处的位置，针对消费者对该产品某一特征或属性的重视程度，强有力地塑造出本企业产品与众不同的、给人留下深刻印象的个性或形象，并把这种形象生动地传递给消费者，从而使该产品在市场上确定适当的位置。简单地说，市场定位就是要确定企业的产品在市场上的位置，确定企业产品究竟以何种“面目”出现在消费者面前。当然，企业在进行市场定位时，一方面要了解竞争对手的产品有何特色，另一方面也要研究消费者对该产品的各种属性的重视程度，然后结合两方面的情况选定本企业产品的特色和独特形象。

4．市场营销组合

所谓市场营销组合，就是为了满足目标市场的需要，企业对自己可以控制的市场营销因素进行优化组合，以完成和实现企业目标。企业可控制的市场营销因素有很多，为了便于分析，美国的麦卡锡教授把各种市场营销因素归纳为 4 大类，即产品（Product）、价格（Price）、地点(Place)、促销（Promotion），简称“4Ps”。市场营销组合就是这 4 个“P”的搭配与组合。

（1）产品策略。产品策略在企业的营销战略中占有十分重要的地位，因为任何企业在制定战略计划时，首先需要回答的问题就是企业用什么样的产品和服务来满足目标市场的需求。市场营销组合中的其他 3 项策略，都是围绕产品策略进行的。因此，产品策略就成为整个市场营销组合的基石。

1）产品的整体概念。现代市场营销理论认为，产品是指人们向市场提供的能满足人们某种需求的任何有形的物质产品或无形的服务。对产品的完整认识包括 3 个层面，即产品整体概念包含 3 个层次：核心产品、形式产品和延伸产品。

2）产品组合策略。由产品整体概念可知，产品是一个复合的、多维的、整体的概念。企业为了充分有效地满足目标市场的需要，必须设计一个优化的产品组合。

所谓产品组合，是指一个企业生产经营的全部产品的结构，它常由几种产品线组成。产品线又称产品大类，是指用于满足同类需求而规格、款式或档次等不同的一组产品。产品线中的不同的个别产品，称为产品项目。

企业的产品组合具有一定的宽度、深度和关联度。所谓产品组合的宽度，是指一个企业拥有多少产品线，多为宽而少为窄；产品组合的深度，是指企业各种产品线中产品项目的数量；而产品组合的关联度则是指各种产品线之间在最终用途、生产条件、销售渠道及其他方面相互关联的程度。

调整产品组合的方式主要有两种：

① 改进现有产品线，增加或剔除某些产品项目，改变产品组合的深度；

② 增加或减少产品线，调整产品组合的宽度。与此同时，还要相应地调整企业现有资源在各条产品线上的配置。

(2) 价格策略。价格策略是市场营销组合重要的组成部分。价格作为市场营销组合中最活跃的因素，历来备受人们的关注。在早期的市场竞争中，价格是最主要的竞争手段。20世纪50年代以后，由于经济的发展和人们生活水平的提高，非价格因素的竞争越来越重要，但价格仍是不可忽略的重要营销因素。这是因为，企业的价格策略不仅直接关系到产品的销售量和企业的利润，而且影响到其他营销策略能否顺利实施，在一定程度上将决定企业活动的成败。

(3) 促销策略。企业为了满足消费者的需要，实现企业的营销目标，不仅要提供适销对路的产品、制订适宜的价格，还要配以有效的促销，及时将有关产品的信息传递给目标市场上的消费者，激发他们的购买欲望，并促使其购买行为的实现。所有这些，都是促销策略的内容。

所谓促销，又称促销销售，是指企业运用各种手段，帮助和说服消费者购买某种商品，从而促进消费者产生消费需求和购买行为，同时树立良好的企业形象或产品形象的一种积极的营销手段。促销的实质是信息沟通，其目的是激发消费者的购买欲望、实现购买行为并提高企业信誉，而实现这一目的的基本手段是帮助和说服消费者。

促销组合就是企业在促销中所运用的各种促销手段或称促销工具的搭配与组合，其目的是把各种促销工具有机地结合起来，形成整体的促销策略。

常见的促销工具或促销方式可以归纳为两大类，即人员促销和非人员促销。其中，非人员促销又有多种形式，常见的有：广告、营业推广、公共关系等。

(4) 分销策略。分销策略又称分销渠道策略，是市场营销组合策略的一个重要组成部分。企业生产出来的产品，只有通过各种分销渠道，才能到达消费者手中。如何选择合适的分销渠道，用最高的效率和最低的费用把产品适时、适量地送到消费者手中，是企业的分销策略所要研究的基本内容。

(四) 管理小故事

分 粥

有 7 个人曾经住在一起，每天分一大桶粥。要命的是，粥每天都是不够的。一开始，他们抓阄决定谁来分粥，每天轮一个。于是乎每周下来，他们只有一天是饱的，就是自己分粥的那一天。后来他们开始推选出一个道德高尚的人出来分粥。强权就会产生腐败，大家开始挖空心思去讨好分粥的人，贿赂他，搞得整个小团体乌烟瘴气。然后大家开始组成3人的分粥委员会及4人的评选委员会，但他们常常互相攻击，经常将好好的热粥放凉了。最后他们想出来一个方法：轮流分粥，但分粥的人要等其他人都挑完后才能拿剩下的最后一碗。为了不让自己吃到最少的，每个分粥的人都尽量分得平均，就算不平，也只能认了。于是大家快快乐乐、和和气气，日子越过越好。

辞 职

A对B说："我要离开这个公司。我恨这里！"B建议道："我举双手赞成你报复!!破公司一定要给它点儿颜色看看。不过你现在离开，还不是最好的时机。"A问："为什么？"B说："如果你现在走，公司的损失并不大。你应该趁着在公司的机会，拼命去为自己拉一些客户，成为公司独当一面的人物，然后带着这些客户突然离开公司，公司才会受到重大损失而变得非常被动。"A觉得B说的非常在理。于是努力工作，半年后，他有了许多忠实客户。再见面时B问A："现在是时机了，要跳赶快行动哦！"A淡然笑道："老总跟我长谈过，准备升我做总经理助理，我暂时没有离开的打算了"。

身教重于言教

日本本田技研工业总公司的创始人和总经理本田宗一郎以对员工粗暴而闻名。他一看见员工做得不对，拳头立刻就会飞过去。虽没有做错，只是照葫芦画瓢，没有一点创新的人和做错事闯大祸的人一样，同样会遭一顿好打。有的人挨打后还不知道是怎么一回事，认为他大概是发疯了，但事后本田宗一郎还是会告诉员工挨打的原因。由于一般都是不知不觉动手的，所以事后本田宗一郎会马上反省，但是也只是在脸上稍有点对不起的表情。

尽管如此，年轻人并不讨厌他，反而更加佩服他的表率作用。总之，本田宗一郎都是自己率先去干棘手、艰苦的活儿，亲自做示范，无声地告诉人们：你们也要这样干。例如，1950年，也就是藤泽武夫进入公司的第二年，有一天，为了谈一宗出口生意，本田宗一郎和藤泽武夫在滨松一家日本餐馆里招待外国商人。外国商人在厕所里不小弄掉了假牙。宗一郎听说后，二话没说跑到厕所，脱光衣服，跳下粪池，用木棒小心翼翼地慢慢打捞，捞了一阵子，木棒碰到了一个硬块，假牙找到了。假牙打捞出来后，先冲洗干净，并做了消毒处理，宗一郎首先试了试。假牙失而复得，宗一郎拿着它又回到了宴席上，高兴得手舞足蹈。

这件事令外国商人很受感动。藤泽武夫目睹了这一切，认为可以一辈子和他合作下去。

那么肮脏的活儿，给钱让人干就是了。但是，那不就是以金钱来充好人吗?本田宗一郎最讨厌这种人，所以就自己亲自跳进粪池去打捞。人们由此懂得了在金钱面前谁是高尚的，谁是渺小的了。

美国大器晚成的女企业家玫琳凯在这个问题上更有自己独到的见解，她认为领导的速度就是众人的速度，称职的经理应该以身作则。例如，所有美容顾问都必须对我们自己的生产线了如指掌，这项工作并不复杂，它只是一个如何做准备工作的问题。但是，一个销售主任除非自己是商品专家，否则是不可能说服其美容顾问成为商品专家的。“人们无法想象一个不熟知商品知识的销售主任怎样开好销售会议，这样的销售主任只能在会上要求众人照我说的而不是照我做的那样去做。”

她说：“我相信，我们公司的情况也同其他公司一样，一个称职的经理是任何人也代替不了的。遗憾的是，许多为了晋升到经理层而努力工作的人真的当上经理后，身上却滋长出严重的官气。在我们公司里，有些人当上销售主任后，就不再亲自举办化妆品展销会了。结果，她们当中的一些人在招收和培训美容顾问方面越来越不得力。之前她们之所以在招收美容顾问方面取得一些成绩，直接原因是以前结识的正是那些本来就很有希望成为美容顾问的人。当上销售主任后，她们整天围着办公桌转，似乎再也结识不到适合当美容顾问的人了，她们甚至不知道这是为什么!另外，一旦不再亲自举办化妆品展销会，也就不再能以实际行动激励部下那样做了，你是否注意到这种情况，每当你刚干完的工作正好是你将教别人干的工作，你的热情总是会更加高涨?”

“经理不但应在工作习惯方面，而且应在衣着打扮方面为众人树立一个好榜样，经理形象是十分重要的……”

“我只有在自己的形象极佳时才肯接待光临我家的客人。我认为，自己是一家化妆品公司的创始人，必须给人留下好的印象。因此，如果不能给人留下好印象，我干脆闭门谢客。我甚至不得不限制自己最喜爱的消遣方式：养花。我认为，要是让我们公司的一个人看见我手上沾满了泥浆，那样太不好了。我的这些做法被传扬出去了。有人告诉我，我们的全国销售主任中有许多人在学着我的样子，都穿得十分漂亮，成了各自地区成千上万的美容顾问在穿着方面效法的榜样。”

“人们往往会模仿经理的工作习惯和修养，不管其工作习惯和修养是好还是坏。假如经理经常迟到，吃完午饭迟迟不回办公室，打起私人电话没完没了，不时因喝咖啡而中断工作，一天到晚眼睛直盯着墙上的挂钟，那么，他的部下大概也会如法炮制。值得庆幸的是，员工们也会模仿一个经理的好习惯。例如，我习惯在下班前把办公桌清理一下，把没干完的工作装进我称之为‘智囊’的包里带回家，我喜欢当天事当天了。尽管我从未要求过我的助手们和 7 名秘书也这样做，但是她们现在每天下班时，也会提着‘智囊’包回家。”

“作为一名经理，你重任在肩，你的职位越高，越应重视给人留下适当的印象。因为经理总是处于众目睽睽之下，所以你在采取行动时务必要考虑到这一点。以身作则吧!过不了多久，你的部下就会照着你的样子去做。”

迪特尼公司的企业员工意见沟通制度

迪特尼·包威斯公司是一家拥有 12 000 余名员工的大公司，它早在 20 年前就认识到及时与员工沟通意见的重要性，并且不断地加以实践。现在，公司的员工意见沟通系统已经相当成熟和完善。特别是在 20 世纪 80 年代，面临全球的经济不景气，这一系统对提高公司劳动生产率发挥了巨大的作用。

公司的员工意见沟通系统是建立在这样一个基本原则之上的：个人或机构一旦购买了迪特尼公司的股票，他就有权知道公司的完整财务资料，并得到有关资料的定期报告。本公司的员工也有权知道并得到这些财务资料和一些更详尽的管理资料。迪特尼公司的员工意见沟通系统主要分为两个部分：一是每月举行的员工协调会议，二是每年举办的主管汇报和员工大会。

1. 员工协调会议

早在20年前，迪特尼公司就开始试行员工协调会议，这是每月举行一次的公开讨论会。在会议中，管理人员和员工共聚一堂，商讨一些彼此关心的问题。公司的总部、各部门、各基层组织都会举行协调会议。这看起来有些像法院结构，从地方到中央，逐层反映上去，以公司总部的协调会议为标准的双向意见沟通系统。

在开会之前，员工可事先将建议或怨言反映给参加会议的员工代表，代表们将在协调会议上把意见转交给管理部门，管理部门也可以利用这个机会，同时将公司政策和计划讲解给代表们听，相互之间进行广泛的讨论。

要将迪特尼公司12 000多名职工的意见充分沟通，就必须将协调会议分成若干层次。实际上，公司内共有90多个这类组织。如果有问题在基层协调会议上不能解决，将逐级反映上去，直到有满意的答复为止。事关公司的总政策，那就一定要在首席代表会议上才能决定。总部高级管理人员认为意见可行，就立即采取行动，认为意见不可行，也得把不可行的理由向大家解释。员工协调会议的开会时间没有硬性规定，一般都是一周前在布告牌上通知。为保证员工意见能迅速逐级反映上去，基层员工协调会议应先开。同时，迪特尼公司也鼓励员工参与另一种形式的意见沟通，公司在四处安装了许多意见箱，员工可以随时将自己的问题或意见投到意见箱里。为配合这一计划实行，公司还特别制定了一些奖励规定，凡是员工意见经采纳后产生了显著效果的，公司将给予优厚的奖励。令人欣慰的是，公司从这些意见箱里获得了许多宝贵的建议。

如果员工对这种间接的意见沟通方式不满意，还可以用更直接的方式来面对面和管理人员交换意见。

2. 主管汇报

对员工来说，迪特尼公司主管汇报和员工大会的性质，与每年的股东财务报告和股东大会相类似。公司员工每人可以收到一份详细的公司年终报告。这份主管汇报有20多页，包括公司发展情况、财务报表分析、员工福利改善、公司面临的挑战以及对协调会议所提出的主要问题的解答等。公司各部门接到主管汇报后，就开始召开员工大会。

3. 员工大会

员工大会都是利用上班时间召开的，每次人数不超过250人，时间大约3小时，大多在规模比较大的部门里召开，由总公司委派代表主持会议，各部门负责人参加。会议先由主席报告公司的财务状况和员工的薪金、福利分红等与员工切身利益相关的问题，然后便开始问答式的讨论。这里有关个人问题是禁止提出的，员工大会不同于员工协调会议，提出来的问题一定要具有一般性、客观性，只要不是个人问题，总公司代表一律尽可能予以迅速解答。员工大会比较欢迎预先提出问题的这种方式，因为这样可以事先充分准备，不过大会也接受临时性的提议。

迪特尼公司每年在总部要先后举行10余次的员工大会，在各部门要举行100多次员工大会。那么，迪特尼公司员工意见沟通系统的效果究竟如何呢？

在20世纪80年代全球经济衰退中，迪特尼公司的生产率每年平均以10%以上的速度递增。公司员工的缺勤率低于3%，流动率低于12%，为同行业最低。

二、如何做好面试的准备

（一）影响面试成绩的因素

事实上，影响MBA面试成绩的因素屈指可数，下面我们就优秀面试进行简单分析，找出其中关键的可控制因素，并提出有效的面试准备措施。

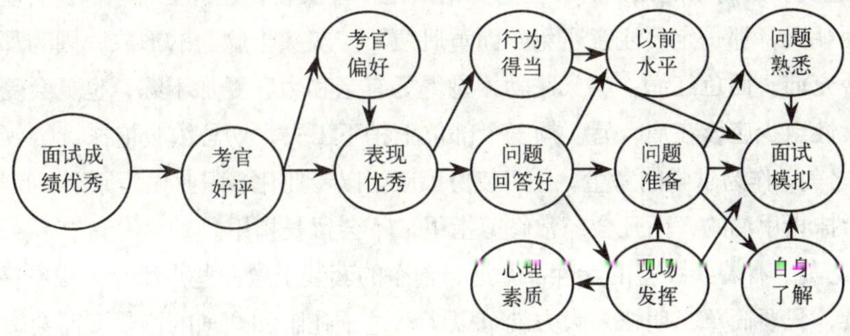

图1-8 优秀面试分析

影响面试成绩的因素有考官偏好、原有经验水平、心理素质（此三者为不可控制因素）；行为表现、对自身的了解、各类问题的熟悉程度（考核能力、成熟的回答模式）、模拟面试带来的全面提高（此四者为关键可控制因素）。

1．如何做好面试的着装准备工作

关于面试着装的话题，主要是指出必备常识和常见误区，告诉哪些是比较稳妥的风格，哪些是MBA考生中的“常见病”和“多发病”甚至“传染病”。有两个特点需要注意，一是在不需要花什么钱的基础上就能在着装上得分甚至得满分；二是若不注意小节，即使花了很多钱，亦可能大大丢分。

（1）职业装的细节体现。

1）中规中矩。许多人觉得这是人生最重要的一次面试机会，一定要舍得投入，于是买了许多时髦、前卫的服装，打算给考官一个良好的第一印象。这是一个极大的误区，一般正规的商学院都很欣赏传统、保守的正装。选购服装应该注重稳重、职业的风格，不一定要专门备装。

2）物美价廉。着装要与自身条件与社会地位相匹配，由于经济条件所限，MBA 考生很难承受昂贵的服装，这是很正常的。如果你仅处于中层岗位，却身着价格几千元一套的西装去参加面试，面试官可能会认为你目前这个职位，不是依靠自己的能力得到的，反而会怀疑你的综合素质。因此还是建议大家去购买风格相同但价格适中的服装。

3）一尘不染。着装一要得体，二要保持平整干净。衣服的洁净与平整是第一印象中最主要的部分，尤其是像北京这样的城市，沙尘比较严重，衣服往往穿一天下来就会很脏，因此面试时要保证衣服清洁、平整是最起码的要求。

4）纹丝不乱。理发要适当提前一点，头发蓬乱或者刚理完毛愣愣地去面试难免会有碍观瞻，使面试官对你产生不好的印象。另外有些考官很古板，认为像你这样不善管理时间、不能打理好自己的人不可能做好本职工作。这种印象对你非常不利。

（2）优雅的职业女装。

1）淡妆之美。去商学院面试，女性需要稍微化一些淡妆，显得更有朝气。有些女生注重本色，一贯素面朝天，那一定要注意避免“面黄肌瘦”、“灰头土脸”的形象，因为那容易让人怀疑你精力是否充沛。面色红润、朝气蓬勃才显得更有亲和力，更加干练，也更会受到考官的尊敬。通常，女性至少应该在眉、唇、颊三个部位上稍下工夫，切忌浓妆艳抹。

2）指甲之美。作为求学的考生，一切装扮都应当以专业化、职业化为原则。商学院的女性，她们很少有涂抹指甲油的，而且会经常修剪指甲，不会留长指甲。

3）饰物之美。有着装经验的女性都知道，素净的套装上做一些点缀令人很有精神，但所佩饰物不用名贵，只要简单、明快、大方就可以了，过于扎眼和烦琐的饰物反而会喧宾夺主、徒增累赘。

4）套装之美。女式套装在选配方面较男士西装更为讲究，也更为繁复。可以在不同套之间进行搭配，不同颜色之间也可以互相映衬。但总的原则是以深色为宜。不同季节和不同的区域可以适当变通，秋冬季节宜选深色，春夏颜色可稍浅。至于是穿着裙子和长袖套装，还是穿着裤装和短袖不必完全拘泥。着裙装不要太短、太暴露，开叉不能太高。在坐着的时候，双腿还需并拢。袜子以肉色为宜，黑色和白色只要与服装搭配得当也是可以接受的，另外至少准备一至两双备用袜子放在包中，以便丝袜钩破时可以随时换上，免得尴尬。

5）鞋子之美。黑色的皮鞋最为传统，也最为保险。鞋子上不要有太多的花饰点缀，不要太花哨。鞋跟不能太高，否则一是容易崴脚，二是每一步都小心翼翼会显出你不自信。鞋跟也不宜太低，平底皮鞋通常是休闲时穿的，正规场合不合适。

6）皮具之美。女性大多随身配有一个拎包，对于去面试的 MBA 考生，要注意皮具不能太花哨，要有朴素之美，能放下简历和其他证明材料，另外还要准备一些补妆用的工具、证件和钱包等。

(3) 正式的职业男装。

一般来讲，深色西装、白衬衫、黑皮带、黑皮鞋都是商务着装的首选。考官更看重着装的品位而不是品牌，极少有机会穿西装的考生，没有几年穿西装的体验，可多想象一下其中的感受。

1）梳理头发。发型要根据自己特点，适合就好，但要保持干净，不能有头皮屑，面试前去洗手间照照镜子、梳一下头。头发留得太长会给人不够振作的印象。有些人的头发自然条件较差，可以在理发店做一下护理和定型。

2）清理五官。要保持面颊的干净，特别是胡子和鼻毛。面试当天出门前做一下自我“审视”，要考虑上、下午的不同情况。保持口气清新，可以带上口香糖，但不要高傲地嚼着口香糖进场面试。还要注意不要吃有异味食物，否则满口异味显得不尊重别人。北方天气干燥，人们常常嘴唇干裂，建议买一些润唇膏。干净、湿润的嘴唇讲出来的话也会显得更加自然、流畅。

3）注意眼镜。眼镜不需要讲求名牌，只要大方得体，适合你本人，适合你作为商务人士的身份即可。但要注意清洁，如果不能保持清洁，再昂贵、高档的眼镜也会使你失分不少。

4）西装必备。如何选择西装要根据每个人的具体情况而定，很难给出统一的标准。首先应该注意西装应该保持同色配套，并且面料以深色，尤其是深蓝色为好，或是深色有细条纹的。还有一点特别值得注意，就是不要等到面试前一天才去买西装，因为西装是需要精挑细选的，匆忙之中挑选不出得体的西装。在穿的时候要拆掉标签、配好衬衣、领带，不能穿旅游鞋。

5）衬衣讲究。深色西装配白色衬衣是首选。有人也会选择蓝色的衬衣，这就需要特别注意与西装颜色和款式的配合，否则将会很难看。还要注意领子不要太大，领口、袖口不要太宽，质地以30%~40%的棉为好。完全化纤质地的衬衣会显得过于单薄、透明，不够庄重，纯棉的衬衣如果熨烫不及时又会显得不够挺括。

6）领带学问。领带的色调、图案如何配合衬衣和西装是一门很大的学问，也与个人的品位有关。有一点需要特别指出，不要使用领带夹。因为使用领带夹只是亚洲少数国家的习惯，具有很强的地区色彩，并非国际通行的惯例。至于领带的长短，以刚刚超过腰际皮带为好。

7）裤子适度。裤子除了要与上身西装保持色调一致外，还应该注意不要太窄，要保留有一定的宽松度，也不要太短，以恰好可以盖住皮鞋的鞋面为好。同时，千万记住不要穿背带裤，年轻人穿背带裤是很幼稚、很高傲的表现。另外，运动裤、牛仔裤无论是什么名牌，都不是正装，不适宜在面试的时候穿着。

8）皮带简单。皮带的颜色以黑色为最好，皮带头不宜过大、过亮，也不要有很多的花纹和图案。过多的装饰会令考官觉得你很不专业，袜子以深色为好。

9）皮鞋黑亮。皮鞋的颜色要选黑色，这与白衬衣、深色西装一样属于最稳重、保险的色调。

要注意经常擦鞋，保持鞋面的清洁光亮。有的同学尽管买的皮鞋很好，但不注意擦拭，面试的时候皮鞋看上去灰头土脸的，与上面笔挺的西装很不协调，这会让面试官觉得考生粗心大意，不拘小节。另外还需要注意的是，千万不要把新皮鞋留到面试那天才穿，因为新皮鞋第一次穿会很不合脚，走起路来会一瘸一拐的。

10）皮包轻便。男生随身携带不装电脑的电脑包是再合适不过的了，但是注意电脑包不要过大。如不使用电脑也不必把电脑放到包里一起带着，背着沉重的电脑，整个人都会显得不灵活、不精干。

2．最佳临试准备

面试前的24小时对考生来说是至关重要的，下面是专家的一些建议。

（1）面试前的准备。

1）为避免到时迷路，先到面试地点去一趟；

2）准备好现金、车票等一切能使你从容按时到达面试地点的东西。

（2）面试前的晚上。

1）复习你对报考院校的了解情况和你的个人简历；

2）大声说出你从曾做过的工作中所学得的相关技能，以及为什么你是考生中的最佳人选，将要点记录在一张索引卡片上；

3）如果准备带上能证明自己业绩的资料，那么，标出最引人注目的几项；

4）将套装、化妆盒、个人简历、纸张和笔放好；

5）不喝酒，睡好觉。

（3）面试当天早晨。

1）吃一顿高蛋白、高碳水化合物的早餐（谷类食物、水果、鸡蛋），保持精力充沛；

2）温习索引卡片上所列要点；

3）翻翻报纸——面试时的闲聊经常围绕当天的新闻。

（4）面试前10分钟。

1）一定要确保提前到达面试地点，在休息室等候；

2）在等候中注意观察该学校的整体气氛，保持放松的精神状态。

（5）面试前5分钟。

1）你踏进面试主考办公室的那一刻要昂首挺胸，面带笑容，精神饱满。你留下的最佳印象应该是令人愉快和兴致勃勃的，因为你绝不会再有重演一次的机会。你一走进办公室，就应直视面试主考官的眼睛，挺直腰板坐在椅子上。尽量与面试主考官保持面对面、视线相接的姿势。不要显得坐立不安，不要拉拉头发或摆动双腿，或者随意做出任何有损于形象的姿态。

2）互相察看已告结束，正式会面开始。牢记你来面试的主要目的是要以最佳方式把你的个人特点留给对方，如果主考官问你掌握什么技术的话，你应该把你的技术以及如何应用技术的情况告诉对方。虽然这些问题已经写进简历里了，但再提也无妨。

3）面试主考官可能会请你谈谈你自己。该说些什么应有所选择，并要针对面试主考官的情况而定。在这时候，很可能双方的紧张情绪有所缓和。面试主考官正在做出决定。最好不要去注意面试主考官在想什么，即使你相信你能猜到他在想什么，你仍然要继续你的面试，把它进行到底。

4）可能这时面试主考官会提出一些问题，一些和考生工作情况有关的问题，不要让任何问题使你陷入困境。许多面试主考官喜欢考生感到慌乱，因为任何面试主考官都想知道考生在紧张情况下的反应如何。

第二章　MBA 面试有什么——形式

MBA 考试中最具特色的内容之一就是面试部分，特别是从 2005 年起笔试内容改革，取消管理知识考试之后，我国 MBA 招生加强了资格审查和复试环节，强调通过面试考查考生的综合素质和管理潜质。2011 年的清华大学和北京大学的 MBA 面试分数占最后总成绩的 50%，从中可以体现面试的重要性。

第一节　面试全流程

根据面试的结构化（也就是标准化）程度，面试可以分为结构化面试、半结构化面试和非结构化面试 3 种。所谓结构化面试，是指面试题目、面试实施程序、面试评价、考官构成等方面都有统一明确的规范；半结构化面试，是指只对面试的部分因素有统一要求的面试，如规定有统一的程序和评价标准，但面试题目可以根据面试对象随意变化；非结构化面试，是对与面试有关的因素不做任何限定的面试，也就是通常没有任何规范的随意性面试。正规的面试一般都为结构化面试，MBA 面试即为结构化面试。

所谓结构化，包括 3 个方面的含义。

（1）面试过程把握（面试程序）的结构化。在面试的起始阶段、核心阶段、收尾阶段，主考官要做些什么、注意些什么、要达到什么目的，事前都会相应策划。

（2）面试试题的结构化。在面试过程中，主考官要考察考生哪些方面的素质，围绕这些考察角度主要提哪些问题，在什么时候提出，怎样提，在面试前都应做好准备。

（3）面试结果评判的结构化。从哪些角度来评判考生的面试表现，等级如何区分，甚至如何打分等，在面试前都会有相应规定，并在众考官间统一尺度。

一、面试高校分类

中国目前开办 MBA 教育的办学单位由于历史、地域等种种原因，生源情况存在很大差别，因此面试的难易程度大致分为以下 5 类。

(1) 第一志愿爆满。此类院校多为国内超一流院校，如北京大学、清华大学，复旦大学、上海交通大学等取得面试资格的考生数大大超过录取人数，面试淘汰率有时高达 40%，并且还有部分考生达到国家录取线而没有达到该校面试线，这部分考生需要积极联系第二志愿调剂。

(2) 第一志愿合格且发放面试通知人数与学校录取人数基本相当，其面试淘汰率基本按国家规定不超过 20%。

(3) 第一志愿合格者基本达到学校计划录取人数，可能因人数不足而调整录取人数，但声称不接收第二志愿。

(4) 第一志愿合格者达不到学校计划录取人数，必须接受第二志愿面试。其中，又分为第二志愿面试有很大差额、差额很小或没有差额。

(5) 第一志愿、第二志愿均未达到录取人数。个别东部高校易出现这种情况。西部院校以前较为冷落，但从 2005 年开始，因为考生心理成熟且分数较低等原因，出现招生回暖，大部分学校在接受第二志愿调剂后，招生人数达到计划录取人数。

面对上述情况，大差额面试、小差额面试和无差额合格面试并存，面试的难易程度有很大差异，考生要注意区别，提前做好充分的心理准备和应变的准备。

二、面试流程

(1) 通知面试规则及政治考试范围。

(2) 面试登记分组（出分后两周左右）：第一志愿自动分组或抽签决定；第二志愿需提前到调剂院校正式登记，并在第一志愿院校备案，以便转送考生档案，接受调剂的院校一般都有些附加条件，请考生调研清楚。

(3) 进入面试考场，参加面试。

(4) 公布面试合格初步名单，核对考生档案（1 周左右）。

(5) 体检后确定最终名单（1 个月左右）。

三、面试形式

MBA 面试形式主要分为两类。一是个人面试。主要内容有自我介绍、管理知识、管理实际问答、案例分析、管理潜质测试等，几乎所有高校都采用这种形式，只是内容选择上存在一定差异。中国人民大学的个人面试是内容较多且体系较全的。二是小组面试。分为小组讨论，或小组辩论式讨论。以前只有部分高校采用，但随着 MBA 教育的发展，以后情况会大为改变。

（一）个人面试内容

个人面试一般时间都很短，长不会超过半小时，短则 10 分钟左右。内容主要集中在以下范围。

(1) 自我介绍，可以有文字稿准备、口头陈述准备两种方式，不论哪种形式都需要深思熟虑。关键是将自己工作生活中的亮点发掘展现出来，千万别说成流水账。通过亮点的展现给考官留下良好的第一印象，产生积极的首因效应。可以在这部分间接或直接把你为什么要学MBA的思想动力、雄心壮志表达出来。这一部分对录取有重要影响，可达35%以上。

(2) 管理基本知识和原理提问，有些学校采取抽题方式。对于这一部分内容，大家要认真复习管理基本知识和相关原理，但不必紧张，在面试前花一些时间，将看过的内容回顾一下可以了。当然管理实践经验丰富的人完全没有必要死背书本来回答问题，只要结合自身的工作实践，将你是如何在实践中处理问题陈述一下就可以了，这样更能反映你的管理背景和潜能。

(3) 考官随机提问。这部分提问主要是在考生自我陈述所反映出的信息当中，考官感兴趣或不清楚的地方做一个追加提问，也可能会结合你的工作实际提出一些现实中遇到的管理问题，相对比较灵活，因此信息的把握主要在考生自己心中，只要随机应变、自然回答、自圆其说就可以了。如果在面试中你陈述的内容有不真实的情况，在此处被考官发现，那对于你的面试过关是非常不利的。而如果考官对于你工作中的亮点或行业感兴趣，提出一些探讨导向性问题，你可以积极发挥、充满信心，这对于通过面试是很有帮助的，但要注意不要得意忘形流露出骄傲之态。

(4) 最后一部分有些学校为时事政治内容、有些学校为管理的灵活应用问题。如果是时事政治内容，请将备考政治资料再看一遍；如果是管理的灵活应用，则需要有进取创新精神，这是考心理、考反应，切莫紧张。一般提出的问题都很矛盾、有冲突，让你一时不知如何回答。往往这类问题是没有标准答案的，完全看你临场处变能力。

（二）集体面试内容

集体面试一般多采取小组讨论式或互辩式，主要是指多位考生同时面对面试考官的情况。面试时间一般为30分钟左右。要求考生做小组讨论，相互协作解决或讨论某一问题，或者让考生轮流担任领导主持会议、发表演说或进行商辩等。这种面试方法主要用于考察考生的人际沟通能力、洞察与把握环境的能力、领导能力等。无领导小组讨论是最常见的一种集体面试法。在不指定召集人、主考官也不直接参与的情况下，考生自由讨论主考官给定的讨论题目，这一题目一般取自于拟任领导岗位的专业需要，或是现实生活中的热点问题，具有很强的岗位特殊性、情景逼真性和典型性。小组讨论中，众考官坐于离考生一定距离的地方，不参加提问或讨论，通过观察、倾听为考生进行评分。

各院校面试方式的选择是不一样的，需要做不同的准备。对于团体面试，面试难度较大，既反映个人能力也反映团体合作精神。从选择讨论题目到相互之间的配合，冲突在所难免，而最后团队精神的体现，对小组的成绩影响是非常大的。能够用人容人，或善于被人用，都是管理者必备的素质。

无领导小组面试是小组面试的一种。无领导小组讨论是评价技术中经常使用的一种测评技术，其采用情景模拟的方式对考生进行集体的面试。了解它有助于应试者较好地备考，并能提高各方面的能力。

它通过给一组考生（一般是5～8人）一个与工作相关的问题，让考生们进行一定时间（一般是1小时左右）的讨论，来检测考生的组织协调能力、口头表达能力、辩论能力、说服能力、情绪稳定性、处理人际关系的技巧、非言语沟通能力（如面部表情、身体姿势、语调、语速和手势等）等各个方面的能力和素质是否达到拟任领导岗位的用人要求以及自信程度、进取心、责任心和灵活性等个性特点和行为风格是否符合拟任领导岗位的团体气氛，由此来综合评价考生的优劣。

在无领导小组讨论中，评价者或者不给考生指定特别的角色（不定角色的无领导小组讨论），或者只给每个考生指定一个彼此平等的角色（定角色的无领导小组讨论），但都不指定谁是领导，也不指定每个考生应该坐在哪个位置，而是让所有考生自行安排、自行组织，评价者只是通过安排考生的活动，观察每个考生的表现，来对考生进行评价，这也就是无领导小组讨论名称的由来。

无领导小组讨论主要测试应试者的论说能力，其中既包括对法律、法规、政策的理解和运用能力，也包括对拟讨论题的理解能力、发言提纲的写作能力、逻辑思维能力、语言说服能力、应变能力、组织协调能力的考评。

四、面试基本内容

仅仅从理论上讲，面试可以测评考生任何素质，但由于人员甄选方法都有其长处和短处，扬长避短综合运用，则事半功倍，否则就很可能事倍功半。因此，在MBA学生甄选实践中，并不是以面试去测评一个人的所有素质，而是有选择地用面试去测评它最能测评的内容。面试测评的主要内容如下。

(1) 仪表风度。这是指考生的一般体型、外貌、气色、衣着举止、精神状态等。对MBA考生而言，仪表风度的要求较高。研究表明，仪表端庄、衣着整洁、举止文明的人，一般做事有规律、注意自我约束、责任心强。

(2) 专业知识。这主要考查考生掌握专业知识的深度和广度，其专业知识更新是否符合所要申请MBA的要求，并以此作为对笔试的补充。MBA面试对专业知识的考查更具灵活性和深度，所提问题也更接近申请者所从业岗位对专业知识的需求。

(3) 工作实践经验。一般根据查阅考生的个人简历或自我陈述，做些相关的提问。查询考生有关背景及过去工作的情况，以补充、证实其所具有的实践经验，通过对工作经历与实践经验的了解，还可以考查考生的责任感、主动性、思维能力、口头表达能力及遇事的理智状况等。

(4) 口头表达能力。这主要考查考生是否能够将自己的思想、观点、意见或建议顺畅地用语言表达出来。考查的具体内容包括：表达的逻辑性、准确性、感染力、音质、音色、音量、音调等。

(5) 综合分析能力。这主要考查考生是否能对主考官所提出的问题，通过分析抓住本质，并且说理透彻、分析全面、条理清晰。

(6) 反应能力与应变能力。这主要考查考生对主考官所问的问题理解是否准确，回答的迅速性、准确性等。对于突发问题的反应是否机智敏捷、回答恰当。对于意外事情的处理是否得当等。

(7) 人际交往能力。 在面试中，通过询问考生经常参与哪些社团活动，喜欢与哪种类型的人打交道，在各种社交场合所扮演的角色，可以了解考生的人际交往倾向和与人相处的技巧。

(8) 自我控制能力与情绪稳定性。自我控制能力对于企业的管理人员显得尤为重要。一方面，在遇到上级批评指责、工作有压力或是个人利益受到冲击时，能够克制、容忍、理智地对待，不致因情绪波动影响工作；另一方面管理工作要有耐心和韧劲。

(9) 工作态度。一是了解考生对过去学习、工作的态度；二是了解其对现在报考所持的态度。在过去学习或工作中态度不认真，做什么、做好做坏都无所谓的人，在其他工作岗位也很难说能勤勤恳恳、认真负责。

(10) 进取心。上进心、进取心强烈的人，一般都有明确的事业上的奋斗目标，并为之而积极努力。具体表现在努力把现有工作做好，且不安于现状，工作中常有创新。上进心不强的人，一般都是安于现状，无所事事，不求有功，但求无过，对什么事都不热心。

(11) 报考动机。这主要考查考生为何报考MBA为何选择报考院校，对哪类领导工作最感兴趣，在工作中追求什么，判断未来所就业的单位所能提供的职位或工作条件等能否满足其工作要求和期望等。

(12) 业余兴趣与爱好。这主要是要了解考生休闲时爱从事哪些运动，喜欢阅读哪些书籍，喜欢什么样的电视节目，有什么样的嗜好等，由此可以了解一个人的兴趣与爱好，这对报考后的录取工作安排非常有好处。

此外，面试时主考官还会向考生介绍本单位及所在职位的一些情况与相应职责要求，要求考生讨论有关岗位职责、领导或管理风格和方式等主考官关心的问题等。

在 MBA 面试中，选择哪些素质项目作为面试内容，各项目之间的结构比例及搭配方式如何，都是有规律可循的。把握规律是考生面试成功的第一步。

第二节　考察的要点

一般而言，MBA 面试主要考察你 3 种技能的具备情况（概念、人际、技术)，其中有管理经验优于无管理经验，有工作业绩优于无工作业绩，有管理雄心优于无管理雄心，有志气优于无志气，反应快优于反应慢，心志稳定优于神智慌乱，有管理地位优于无管理地位，有团队精神优于无团队精神，真诚者优于虚伪者。

一、合格的标准

我们都知道，所谓选拔，无非是从候选者中挑选好的或优秀的而已。相对于 MBA 考生而言，什么是好的或是优秀的。换句话说，好的和优秀的评判标准又是什么？在面试中，考官又是如何认定优秀的？各个学校的评判标准各有不同。一般从以下几个方面来判断。

(1) 教育背景方面：主要是看毕业院校，大学学习成绩。一般依据考生个人文字材料，通过提问判断核实。一般会占到 10%的分数。

(2) 职业经历方面：主要是看工作性质、工作业绩、所担任的职务、所服务企业的规模和水平。一般依据考生个人文字材料，通过提问判断核实。一般会占到 30%的分数。

(3) 志趣抱负方面：主要是看考生是否志向明确，责任感强，对自己的长处和短处有清楚认识，具体行动体现为实现抱负的努力。一般是在单独面试中根据考生对有关问题的回答加以判断。一般会占到 10%的分数。

(4) 思维逻辑及反应方面：主要是判断考生考虑问题是否周全，能否抓住问题的重点，分析问题是否有较强的逻辑性，意识、反应是否敏捷，是否具有发散思维能力，是否有创新意识，抱负是否现实可行。一般是在单独面试中根据考生对问题的回答加以判断，小组面试印证补充判断。一般会占到 20%的分数。

(5) 团队意识与沟通能力方面：主要是考察考生能否理解他人，是否善于发现他人的长处，是否善于与人合作，谈话是否简明扼要、条理清晰。一般是在单独面试中根据考生对问题的回答加以判断，小组面试印证补充判断。一般会占到 15%的分数。

(6) 修养风度方面：主要是看考生的仪表举止、气质风度、礼貌修养、精神状态。一般会占到 5%的分数。

(7) 其他的问题有：是否诚实守信、有无突出贡献、有无重要问题、心理是否健康等也会影响考官的判断。一般会占到 10%的分数。

当然上述条件也只是一般标准，各学校会有自己的特殊要求。比如，报考北大、清华的考生都认为“北大重毕业院校，清华重工龄”。事实上北大、清华、人大等院校评判考生是否优秀的标准大体一致，即都是在生源质量和发展潜质上做文章。

生源质量方面，面试淘汰率最高的清华 MBA 招生强调其国际化的特点，其 MBA 项目主任在 MBA 开学典礼上曾经说过：“清华经管的 MBA 教育追求国际化的视野，就是要汇集各个层次、各个阶段最优秀的人才，为他们提供最优秀的老师和服务，使他们成为中国企业未来发展的领军人物!”

而北大认为符合下列情形之一的生源质量是比较优秀的：第一学位学校为知名的重点大学；硕士生或双学位学士或以上；在国家或国际学术性刊物上发表过论文；工龄适中（一般认为6年以上）；在知名企业、规模较大的私人企业担任要职等。

在发展潜质方面则主要考察以下十个方面指标来认定发展潜质是否足够优秀：商业伦理、志向与抱负、分析判断及决策能力、人际关系、灵活性、学习意向与能力、逻辑思维能力、团体合作精神、语言表达能力、仪表修养。

其实，是否有发展潜质，最终表现为MBA毕业后是否可以“找到好工作”，就是说：MBA毕业以后好找工作，而且是好找到好的工作。从这个角度看创品牌的商学院认为好的MBA学生是不应该毕业后发愁找不到工作的，也只有大多数MBA都找到好工作，待在好的职位上并有所成就或创业成功才有可能打造出一流的国际商学院。事实上如果一个商学院毕业的大多数MBA都找不到工作，这种商学院对MBA考生的吸引力就会大大下降。

MBA面试的主要作用与功能就是可以考察到笔试难以考察的内容，比如面试可以灵活地通过观察应试者的气质、仪表风度、情绪的稳定性来考察应试者的综合能力、工作经验及其他素质特征。面试时通过连续发问可以及时弄清应试者在回答中表述不清的问题，从而提高考察的深度和准确度，减少应试者通过欺骗、作弊等手段获取高分的可能性，并且能够有效地避免高分低能者。总之，MBA面试就是在笔试成绩上线的考生中选出生源质量和发展潜质综合起来比较符合学校期望的MBA考生。

二、确定面试内容的基本原则

1．可操作性原则

由于面试是短时的抽样测评，所以不可能面面俱到。在准备时，灵活性、应变性的题目不宜过多过杂；难以测试的项目，如政治立场、道德品质，顶多列为参考项目。如果考生有一定的工作经验或专业工龄，可着重进行特殊素质的测评。因此，对不同类型的考生在项目的权重分配上可考虑有所区别。

2．普遍性原则

面试内容不能过于简易，也不能流于烦琐，应在某一方面或某一环节上具有一定的代表性，足以测试某一特定素质。

3．针对性原则

面试内容决定于考试的具体目的和面试本身的特点，不应把面试当成笔试的自然延伸或当面的考核，而应从公开选拔考试的整体目标所规定的全部内容中分解出笔试难以测试或无法测试的素质，以及考核无法评估的方面，作为面试独特但可以承担的测评内容。这一内容既包含一般素质，还应注重考查职位所要求的发展后劲与潜力。

4．灵活性原则

由于面试题目大都属于主观性题目，实际操作中也有不少非标准化的部分，考生的解答或操作又因人而异，因此，考官应灵活应变，及时提出顺应式题目。

5．求实原则

一般而言，MBA 考试的面试命题应根据考生自我陈述或简历中所列职位的实际所需的专业知识、技能和素质及工作能力来设计命题，要充分体现不同职位工作要求的特点，突出需测试内容的重点，使测试内容具有针对性。同时面试命题的难易程度要根据考生实际身心负荷强度而定。无论是应考动机、职业倾向、教育背景、工作经历、思维品质的口试，还是责任心、进取意识、职业倾向、工作潜能、反应知觉、推理判断等方面的心理素质测试，命题的难度都要适合考生的生理机制和心理功能负荷度。不能让考生对面试试题感到恐慌，不知其意，对所设情境无所适从。

6．互补原则

面试是通过笔试之后进入的第二阶段的考试，所以面试是为了弥补笔试的不足。因此，MBA 面试的命题在内容的设计上，就必须与笔试所要弥补的缺陷保持指向上的一致，做到面试的考查内容就是 MBA 联考中必须检测但笔试未能测到的内容，为考生个别差异的准确判别提供更全面的依据。

参考实录

某名校 MBA 面试综合评分指标及说明

本次面试分个人面试和小组面试两个阶段，个人面试时间为每人 15 分钟，面试评委可以根据参考题发问，也可以结合受试考生的情况灵活提问。

评分指标及说明

1．教育背景：

毕业院校，大学学习成绩（依据考生个人文字材料，通过提问判断核实）。

2．职业经历：

工作性质，工作业绩，所担任的职务，所服务企业的规模和水平（依据考生个人文字材料，通过提问判断核实）。

3．志趣抱负：

志向明确，责任感强，对自己的长处和短处有清楚认识，具体行动体现实现抱负的努力（单独面试根据考生对有关问题的回答加以判断）。

4．思维逻辑性、反应敏捷性：

考虑问题周全，能抓住问题的重点，分析问题逻辑性强，意识、反应敏捷，具有发散思维能力，有创新意识，抱负现实可行（单独面试根据考生对问题的回答加以判断，小组面试印证补充判断）。

5．团队意识与沟通能力：

能理解他人，善于发现他人的长处，善于与人合作，谈话简明扼要、条理清晰（单独面试根据考生对问题的回答加以判断，小组面试印证补充判断）。

6．修养风度：

仪表举止，气质风度，礼貌修养，精神状态（单独面试根据考生对问题的回答加以判断，小组面试印证补充判断）。

第三节　面试考核方式案例实录

相对于求职面试而言，MBA 入学面试方式比较固定。所有 MBA 院校面试的方式不外乎：自我介绍、问题解答、小组讨论、辩论赛、英语口语面试 4 种方式的不同组合。下面我们从各面试方式的**大体过程**、**考核的能力**、**考官期望**、**应对策略和优秀实例** 5 个方面进行论述。

一、自我介绍

自我介绍几乎是所有面试的第一道程序，也称为面试的“开场白”，是面试最古老的方式之一。

【典型问题】

你简单介绍一下你自己，时间为：××分钟。

过程：MBA 面试的自我介绍时间一般为 1.5～2 分钟。

【能力考核】

- **总结能力**：将你原本可以长篇大论的 3 年、5 年甚至 10 年的工作和学习的经验和心得，有效组织并在 1～2 分钟之内进行简短回顾。
- **逻辑能力**：自我介绍的清晰性和承接性。简单扼要地说就是自我介绍时不仅“言之有物”，而且还要将“物”简要地说清楚。如：不仅要介绍在公司中取得的成就，还要说明自己在其中发挥作用的大小。

【应对策略】

一位明智的面试者的自我介绍应该由以下部分组成。

1．简短介绍（姓名、年龄、毕业院校等）。
2．关键成就。
3．这些成就说明的关键能力（最好用别人的评价来说明自己的优秀）。
4．这些成就和能力对于你的理想和未来的工作成就的重要性。
5．客观陈述上 MBA 的原因，及将如何发展的职业规划。

【优秀实例】

各位老师好，我叫许文涛，2004 年毕业于南京大学汉语言文学专业，先后从事过新闻写作、产品销售等工作。2006 年 3 月我进入《中国企业家》杂志社，由于有较好的文字功底，又有一定产品销售经验，所以进步很快。2007 年起连续三年被评为报社先进个人，2009 年年初被提为部门副主任，一年后升为部门主任。

我的理想是成为一名有广泛社会影响的记者，能写出《大败局》、《联想风云》这样具有轰动性效应的作品。可是在长期的记者工作中，我发现自己各方面的积累都不足，特别是广泛接触了许多著名企业的高层管理者、政府官员和专家学者，在与他们的交流过程中我对企业经营管理的问题产生了浓厚兴趣。同时发现由于自己缺乏经济学和管理学方面的系统培训，使我不可能和他们在更高的层次展开对话，于是我产生了读 MBA 的想法。清华经济管理学院是最好的商学院之一，所以我选择了清华。

我的介绍完了，谢谢！

【考官点评】

这仅仅是一个开头，考官希望通过你的自我介绍听清楚你的经历、技能、天分和教育的概要；希望你的介绍有头有尾，按逻辑顺序排列。当然还有一个很重要的东西就是给考官一个充分上 MBA 的理由。

二、问题解答

MBA 个人面试的问题，主要有两类，一类是考官根据你的简历问的问题；另一类问题是考官事先设计好的问题。第一类问题在这里我们不做讨论，这里我们主要讨论后一类问题的解答。

在谈及面试问题时，我们看看问题的分类。根据是否有标准答案的性质，专家们把问题分为测试型问题和行为型问题。测试型问题，主要测试应试者是如何思考的。这种问题的前提是：如果应试者读过一些相关的管理书籍的话，不难找出恰当的答案。测试型问题是要问出应试者在某某情况下该怎么做的问题。而行为型问题是没有标准答案的，主要检验应试者对实际问题的处理能力，即关注的是你具体做了哪些，所做的对问题解决的影响如何，而不是你对该做什么发表空谈。行为型问题是要问出应试者在某一实际情况下实际做了什么。行为型问题还能问出应试者在具体现实情况下是如何运用自己所学知识以及如何应对问题的，其出发点是，相信某人的过去表现往往是对他将来工作表现的最好预测。换句话说，应试者在过去的某个情形的做法和他将来面临同样事情的做法会很相似。可以说行为型问题可以问出更多有价值的信息，加上MBA本来就是培养应用型人才，由此很容易理解MBA面试的问题大多数都是行为型问题。当然有时候问行为问题时考官也会夹杂着一些测试型问题。

【典型问题】

过程：时间5～15分钟。

1．抽签选定要回答的问题。
2．复述一遍问题给考官听。
3．思考、整理思路。
4．回答。

【能力考核】

全面考核各种能力，但行为型问题主要考核行为技能，即分析思考、解决问题、团队领导、创造力和沟通能力等综合而成的行为技能。可以很明显考核的主要体现于下列的几种能力。

- **决策能力**：管理就是决策，决策贯穿管理的整个过程，可以说形成一个好的决策习惯（或说模型），对面试得高分很有帮助。决策能力主要表现为：正确决策程序的体现，决策标准与目标的相关性和评价各种方案的客观性。
- **组织能力**：有效组织材料和内容形成方案的能力，有效组织回答问题的结构模式如“抽象—具体—概括”模式的能力。
- **逻辑能力**：答案与问题的逻辑联系，事例与说明观点间的逻辑关系。
- **商业道德**：在越来越重视职业道德的今天，在商业道德方面，每个人都不应该有半点含糊。
- **处理人际关系的能力**：如何客观认识及处理自己与合作者的关系。

【应对策略】

每个问题的回答的内容应该包含下列几个部分：

1．事件确认。多角度认识事件，客观认识事件。
2．由事件认识问题，抽象出问题实质。（明白自己要做什么!）
3．系统分析问题，给出问题解决方案得出的分析过程和决策标准。（怎么去做？）
4．选择方案的重要原因。（凭什么做对？）
5．概括自己的结论。（突出重点和思维的清晰性。）

【问题回答的流程图】

【优秀实例】

“某啤酒企业将要在S市新建一工厂，你是项目负责人，该工程下周就要举行奠基仪式，给市领导和媒体的邀请函已发出，这时，一位从德国进修回来的工程师对项目提出了严重质疑，作为项目负责人，你将怎么办？”（北大面试题目）

回答：

简要复述题目：假设我是一位啤酒厂的项目经理，下周就要举行开工仪式，邀请函已经发出，一位从德国进修回来的工程师提出严重质疑，我是项目负责人，我将怎么办？

(1) 事件确认。首先，召集技术负责人和专家认真倾听该工程师的质疑，初步判断其质疑是否成立和影响大小。

(2) 由事件抽象出问题实质。这是一个表面上是技术人员对项目提出质疑的问题，实质上是该项目在技术上运作是否已经比较成熟的问题，是一个追踪决策的问题。

(3) 系统分析问题。

第一步，回溯分析，讨论技术上成功运行该项目的主要条件和关键指标。

第二步，以关键指标和主要条件为基础，衡量项目现况，找出距离成熟的差距（如果已经成熟就没有必要做大的调整了）。

第三步，根据目标、成本、环境限制等确定决策标准。

第四步，责成德国回来的工程师和其他专家，找出尽可能多的解决方案。

第五步，以决策标准为基础，衡量各种方案，并选出最满意的方案。

(4) 概括自己回答的重点。我个人认为，解决这件事情有两个东西很重要，一是客观认识工程师的质疑，二是以标准为原则决定未来的具体行为，而不是讲面子，凭感觉。

【考官点评】

由于行为型问题没有标准答案，即属于开放式答案的问题，一般考官都鼓励应试者说话，但要求的答案，首先是答为所问，其次应该每个方案的得出都有比较充分的理由而且分析全面、重点突出、详细具体，要求更多的事例信息而不是更多的抽象概括，再次是描述答案时要求有适当的情绪感染力。

三、小组讨论

小组案例讨论首先诞生于外企面试高级职员，也是国外商学院 MBA 入学面试的主要面试方式。2001年北京大学在国际MBA入学面试中首先采用这种面试方式进行大面试。2002年起清华大学所有MBA和北京大学所有报考国际班的MBA都要求参加小组讨论的面试方式。同时北京大学2002年10月在职MBA都要求参加小组讨论，由此小组面试在一大部分MBA招生院校全面推行。2005年1月报考清华的小组面试为分成两组讨论的互辩式；北大MBA面试采取的是无领导小组讨论式。

【什么是小组案例讨论】

简而言之，小组讨论就是让面试者共同完成面试过程。在这个过程中，多个面试者需要合作完成某个项目——可能是实际商业环境下的有见地的案例讨论。

【能力考核】

小组讨论按照内容可以分为案例分析型、问题解决型和技能考察型3类。

案例分析型：就是以小组为单位讨论实际的商业问题。案例分析可以很好地测试面试者的分析能力、推理能力、自信心、商业知识以及沟通能力。

问题解决型：是以小组为单位共同解决一个虚拟的难题。如：北京现在有多少个汽车轮胎？（麦肯锡面试考题）。这类题的特点是极具挑战性，需要组员密切配合和高度的精力集中。

技能考察型：往往是在小组参与下考察你的演讲能力、分析能力和逻辑推理能力。如考官要求面试者在有限的时间内就某个陌生的主题准备短时间的演讲和辩论，以考察你在众目睽睽之下的表现。

小组讨论往往是综合应用上面提到过的几种形式。但无论内容如何，考察的重点都是有关团队精神的。具体地说，看你有没有**参与精神**，有没有**领导才能**，有没有**协调能力**，有没有**牺牲精神**。总之，看你是否是**以团队为核心**，是否胜任团队中的角色，及你对整个团队的贡献。

【小组讨论过程】

普通小组案例讨论的过程（时间：15～20分钟）。

程序大致如下：

第一步，是小组成员一起阅读案例，并可以做简单交流，确定Leader和简要分工；

第二步，面对考官，简要复述案例；

第三步，小组轮流发言；

第四步，考官提问，小组回答；

第五步，总结。

【应对策略】

小组讨论的核心在于对个人能力和团队能力进行综合评价。所以，掌握好个人表现与小组表现的平衡成为表现出色的唯一标准。

角色扮演：

如何做一个成功的Leader?

如果能成为一个小组的 Leader，自然能成为面试官眼中的焦点，至少也能让面试官从数位面试者中记住你。

- 成为Leader并不难，大多数时候，只要你主动，你就很有可能成为Leader，如面试前主动联系组员，首先主动申请做Leader等，但在其他小组成员也铆足劲想要抢这个“宝座”时，你的实力和技巧就显得尤其重要。
- 在面试之前或开始时，尽快了解组内其他成员，为小组分工和配合打下基础。包括他们的姓名、专业背景以及性格特征，尤其是要抓住每个成员的特点。如果你在等候时已经完成了这项任务，那么现在你已获得了与众不同的优势。他们有哪些特长？他们乐于合作的程度是多大？迅速做出这些判断。即使判断并不完全正确，一句“李冰对保健品市场有特别的了解，让我们听听他的看法”也会让你获得加分。
- 要有明确的分析模式和组员分工。不要一门心思钻到问题里而忽视考虑如何组织整个团队的分析过程。小组分析的时间往往十分紧迫，只有通过合理安排才能完成。“首先，我们是李冰的市场需求分析，接下来是高巍的竞争情况分析，最后是李晶的成本分析。”由你列出这样的提纲，自然表现出你有领导者的气质。
- 如果组员表现不合作，尽管这对他而言绝对是失分的大项，你也不能以恶制恶。对于考官来说，Leader的能力更多地表现在高人一层的见解，而非咄咄逼人的架势。
- 内容获取的小技巧。可以拿出一张白纸，建议大家轮流提出意见，由你做记录。当你掌握了所有人的意见，就可以以更高的姿态出现，或做总结，或做补充，自然能让讨论的流程按你的意图和方式进行。

总之，作为领导者，除了充分了解自己内部成员以外，还得对小组目标和达成目标的过程清楚。当然最重要的是有效组织组员完成任务。

【如何扮演组员的角色】

当组员一致认定某位面试者为Leader时，你再出来争抢毫无意义。Leader只能有一个，如果你专心能扮演好自己的角色，一样可以赢得考官的好评。

- **首先明确自己的角色和分工**。在首次发言前复述一下自己充当的角色、责任和组织目标对该职位的要求。
- **自然衔接**。在陈述自己的内容之前，注意与上一位小组成员的观点自然衔接，处处体现你的团队一致性。如“李晶同学通过成本分析强有力地支持了我们的决策，而在市场方面，我的分析过程和结果如下……”

- **由分析得出结论**。不依靠直觉和简单的判断，分析除了条理要清楚之外，还要全面。最好用自己熟悉的分析模式。面试之前非常有必要多演习几遍。
- **倾听成员观点，多用正面评价**。认真倾听成员的观点，对于团队成员之间观点多用正面评价的词语，有利于提高小组之间的相互认同程度，如“正如李晶同学出色的成本分析所指出的：……”
- **尽量减少无谓争论**。争论是必然的，但在小组讨论时必须有人做出让步才可能获得统一的结论。考官的眼睛可以说是雪亮的，让步的人虽然是你，得高分的也是你。

【重要提示】

	你应该		你不应该
✓	积极，投入	×	过分沉默，被动，反应迟缓
✓	有礼貌，并细心聆听别人的意见	×	抢着说话，过分自信，高谈阔论
✓	态度主动，承认错误	×	只懂攻击别人或太在意主考人的反应
✓	争取担任调停纠纷的角色	×	太着意去争取领导地位，操控整个讨论
✓	控制情绪，避免激动或愤怒	×	因辩论激烈而表现激动或愤怒

【考官点评】

考官希望看到的是一个有机合作的团队，而不是各自为政的群体。希望你能站在一个整体的高度，所有所作所为皆出于整体目标的需要，而非仅仅是自己的需要。考官是把你放到一个整体中来观察你的领导能力、协调能力和其他能力。

记住考官们并不奢望你们能在短暂时间内合作协调一致，他们希望看到的是你们如何试图达到那样的境界。

第四节 英语面试技巧

从2005年起MBA考试听力不再在初试中考察，改为在复试中进行，方式原则上为听力和口试兼顾，听力将采取标准化方式，口语则充分体现工商管理自身特点。这对广大备考MBA的考生提出了一个更高层次的要求，不仅要口语流利而且要结合基本的管理知识回答考官问题，即不仅要用英语而且回答的要有MBA特色。所以掌握MBA面试考官问问题的特点以及回答问题的方法是必需的。

而对于 MBA 考生来说，英语口语有两种完全不同的情况，一些在外企和对英语交流有一定要求的工作环境中工作的考生，口语面试自然是小菜一碟了。但对于大多数MBA考生来说，英语早就还给老师了，英语笔试都是靠辅导班的强化突击，口语更不用提了。因此，为了顺利通过面试，英语口语需要提前突击。

一、英语听力和口语突击法

英语口语是考取MBA路上的一道门槛，对于名校MBA来讲更是难过的关也是必过的关。虽然提高英语水平和口语表达能力要求日积月累地下工夫，但碰到临近面试这种紧要关头，唯一需要的是找到一种短期内能快速提高听力和口语水平的方法，以解燃眉之急。从多年实践看，在面试繁忙的阶段，采用快速有效的口语训练方法是非常时期的非常对策，也是很有效果的。当然如果有时间，最好还是按照常规的方法进行扎实的口语学习和训练。

1．改善发音，突破句型

MBA考生大都忙着工作和笔试，长时间不碰英语听力和口语，一些词语和表达方法感觉就在嘴边却怎么也想不起来，令人心焦。对于想临时抱佛脚的人，建议在笔试后，买本《新概念英语》第2册，在一个月的时间内，每天至少1小时，先听、再读、背诵1~2篇课文，其他时间对应译文回应英文，这样在面试前大概有60篇短文做基础，面试就会容易一些。这主要好处在于：① 改善发音，扩大交流群体，试想在英语小组里，你和一个同学练习会话，由于你的发音不标准，对方一直没听明白你到底在说哪个单词，甚至以为你又学会了一门新的外语，你会有多难堪；② 朗诵有助于回忆起部分已经学过的单词和语句，同时，顺便也练习了听力，使自己置身于英语环境中；③ 增强语感，单个的词是单词，连成一段段语句就是文章了，一些语言习惯也包含在其中，多读熟读文章，关键时刻才有可能运用自如。

上面方法在使用时要注意：方法本身很简单，但是坚持下来却很难。有的人练习时偷工减料，让他朗读20分钟他只读5分钟；让大声朗诵却嘤嘤细语，宛若蚊蝇；说是每天做一次的功课，实际上却是一个星期才想起来一回，草草了事。这样根本达不到训练的效果。结果面试结束后悔不及。

2．得过且过误大事

积累了一定的句型和短文后，还要在实际操练中多多体会。你不妨和几个同学结成英语会话伙伴，针对日常用语以及日常交流话题进行练习，互相提提问题，达到彼此促进的效果。选择口语练习小组成员也很有学问。① 要找水平比较接近的，以免“贫富不均”难以持续，人数以4~5人为宜，每次活动不用所有人都到齐，有两个人就成。可以利用吃饭的时间，这时候说话的氛围较轻松。② 要男女搭配，这样会话不累，且会话题材也会更广些。如果全是男生或全是女生，平常那点儿分享的信息早就用中文沟通无数遍了。

二、疯狂口语句型

在这里列出一些最常用的句子，要熟读，在面试中要熟练。看起来很简单，可是要做到脱口而出，不一定很简单。

1. 第一句话（first word）

见到考官的第一句话，很关键，不用说的很复杂。可以是一个简单句，但一定要铿锵有力。展示出自信和实力。千万不要来一句“Sorry, my English is poor”。常见的开头有：

（1）Good morning! May I introduce myself…

（2）I am glad to be here for this interview. First let me introduce myself. I'm Peter White, my NO is …（北大清华等学校参加面试的考生很多，可能对考生有一个编号，说一下自己的编号显得很职业，也很正式。）

2. 做自我介绍——成长经历（making a self-introduction—developing history）

有很多学校要求做一个自我介绍，这一问题并非在请你大谈你的个人历史。考官是要在你的介绍中寻找有关你性格、资历、志向和生活动力的线索，来判断你是否适合读MBA。你可以先介绍一下成长的经历、出生地和毕业学校等内容。在这一部分要介绍的有些特色，让老师在听几十个人流水账式的介绍中增加一点乐趣，就权且当做MBA人际关系管理的第一个挑战吧!

I come from×××××,the capital of ×××××Province. I graduated from the ××××× department of ×××××University in July ,2003. （很简单的一句话，一定要发音准确！要把毕业学校的英文准确名字搞清楚了。）

你可以借光一下家乡的名人，可以用这句高水平的话，展示你高超的口语。

You know, there is a saying that “The greatness of a man lends a glory to a place”. I think the city really deserves it.

另外在介绍性格和爱好的时候，适合把家庭介绍结合在一起，可以说父母给了你哪些方面良好的影响。不要流水账似地介绍家庭成员。可以这么说：

Just like my father, I am open-minded, quick in thought and very fond of history. Frequently I exchange ideas with my family during super. In addition, during my college years, I was once the chairman of the Student Union. These work have urged me develop active and responsible characters.

在这里给出描述个人品质常用词汇的中英文对照，可以参考。

able 有才干的，能干的	adaptable 适应性强的	active 主动的，活跃的
aggressive 有进取心的	ambitious 有雄心壮志的	amiable 和蔼可亲的
amicable 友好的	analytical 善于分析的	apprehensive 有理解力的

aspiring 有志气的，有抱负的	audacious 有冒险精神的	capable 有能力的，有才能
careful 办理仔细的	candid 正直的	competent 能胜任的
constructive 建设性的	cooperative 有合作精神的	creative 富创造力的
dedicated 有奉献精神的	dependable 可靠的	diplomatic 老练的，有策略的
disciplined 守纪律的	dutiful 尽职的	well-educated 受过良好教育的
efficient 有效率的	energetic 精力充沛的	expressivity 善于表达
faithful 守信的，忠诚的	frank 直率的，真诚的	generous 宽宏大量的
genteel 有教养的	gentle 有礼貌的	humorous 有幽默
impartial 公正的	independent 有主见的	industrious 勤奋的
ingenious 有独创性的	motivated 目的明确的	intelligent 理解力强的
learned 精通某门学问的	logical 条理分明的	methodical 有方法的
modest 谦虚的	objective 客观的	precise 一丝不苟的
punctual 严守时刻的	elastic 实事求是的	responsible 负责的
sensible 明白事理的	sporting 光明正大的	steady 踏实的
systematic 有系统的	purposeful 意志坚强的	sweet-tempered 性情温和的
temperate 稳健的	tireless 孜孜不倦的	

3. 做自我介绍——职业发展（making a self-introduction-career development）

这是很关键的一部分，也是 MBA 考官会重点考察的一部分。要把工作经历和 MBA 的学习以及职业发展方向作为一个整体来谈，让老师感到你选择 MBA 是一个理性的选择而不是一时冲动，选择 MBA 是职业发展中的一个必然选择，而不是因为找不到工作。你可以用这些句型：

（1）In the past years, I've worked at IBM as a software engineer. In my work, I found communication and management is very important. I always believe that one will easily lag behind unless he keeps on learning. So I choose MBA! If I am given a chance to study MBA in this famous University, I will stare no effort to master a good command of communication and management skill.（在过去的几年中，我作为一个软件工程师在 IBM 工作。在工作中，我发现交流和管理非常重要。我一直认为一个人如果不持续学习的话很容易落后，所以我选择了 MBA！如果我有机会在这个著名的大学学习 MBA，我会不遗余力地掌握沟通和管理的技能。）

（2）Held a post concurrently in Zhongxing CPA. from December,1998 to May,1999. and mainly worked on evaluating project finance and made up cash flow tables.（1998 年 12 月至 1999 年 5 月在中兴会计师事务所兼职，主要从事财务评价、现金流量表的编制分析等。）

（3）Assistant to the General Manager of Shenzhen Petrochemical Industrial Corporation Ltd. Handled the itinerary schedule of the general manager. Met clients as a representative of the corporation. Helped to negotiate a $5,000,000 deal for the corporation.（深圳石油化工集团股份有限公司总经理助理。安排总经理的出差旅行计划时间表。作为公司代表接见客户。协助公司谈成了一笔500万美元的交易。）

（4）Assistant to manager of accounting department of a joint venture enterprise. Analyzed data and relevant financial statistics, and produced monthly financial statements.（一家合资企业会计部门经理的助理。分析数据及相关财务统计数字，而且提出每月的财务报告。）

（5）Production manager: Initiated quality control resulting in a reduction in working hours by 20% while increasing productivity by 25%.（生产部经理：引入质量控制，使工作时数减少了20%，而生产力则提高了25%。）

（6）Staff member of Shanxi Textiles Import and Export Company. Handled import of textiles from Hong Kong, Macao, Taiwan. Increased sales by 25% from 1990 to 1993. Made frequent business trips to these places to negotiate with textile mills.（山西纺织品进出口公司职员。处理从中国香港、澳门、台湾地区进口纺织品事宜。1990～1993年销售额增加了25%。经常出差到这些地方跟纺织厂商洽谈。）

（7）Tourist guide during the summer vacation for Beijing International Travel Service. Conducted tours for foreign tourists on trip around the city.（暑假期间为北京国际旅行社当导游。负责外国旅客在城区的观光旅游。）

（8）Sales manager. In addition to ordinary sales activities and management of department, responsible for recruiting and training of sales staff members.（销售部经理。除了正常销售活动和部门管理之外，还负责招聘与训练销售人员。）

关于过去工作的描述是很重要的，同学们一定要熟记这些句型。要根据自己的工作经历改造这些句子。

如果你的工作有过比较多的改变，你可以这样来描述原因：

（9）Unfortunately I have had to leave my position, as my employers have been forced to liquidate their business due to the worldwide economic adversity.（很不幸地，本人不得不离职，因这一次世界性的经济不景气，使我的雇主不得不结束业务。）

（10）The only reason why I am leaving the present position is to gain more experience in a trading office. （本人之所以离开之前的工作岗位，唯一的理由是希望能在一家贸易公司获得更多的经验。）

（11）I now wish to enter an office where the work requires greater individual responsibility and judgment than here, and where there is more opportunity for advancement. （目前，本人希望进入一家可以担负较大责任的公司，并希望能提供升迁机会。）

(12) My reason for leaving the company is that I wish to get into the advertising business. (本人离职的原因是希望在广告业方面有所发展。)

(13) My reason for leaving my present employment is that I am desirous of getting broader experience in trading. (本人离职的理由:希望在贸易方面,能获得更广泛的经验。)

三、英语精彩问题 75 问

在自我介绍完了老师就会开始问你问题,这里列出一些常见的问题,可以认真准备。注意在准备的过程中,要结合自己的经历和见解来准备答案,让自己回答的问题和自我介绍融为一个整体。要不然很容易被考官抓住把柄,问个没完,很容易因紧张而露出马脚。

在每年的面试中都会有很多相同的问题,这些问题看起来很平常,却有很多陷阱,一不小心就会被考官抓住小辫子了。回答这些常见的看起来很平常的问题,是很有艺术的。

传统面试问题(Sample Traditional Interview Questions)

1. "What can you tell me about yourself?"("关于你自己,你能告诉我些什么?")

如果面试没有安排自我介绍的时间的话,这是一个必问的问题。考官并不希望你大谈你的个人历史,而是在寻找有关你性格、资历、志向和生活动力的线索,来判断你是否适合读MBA。

下面是一个积极正面回答的好例子:In high school I was involved in competitive sports and I always tried to improve in each sport I participated in. As a college student, I worked in a clothing store part-time and found that I could sell things easily. The sale was important, but for me, it was even more important to make sure that the customer was satisfied. It was not long before customers came back to the store and specifically asked for me to help them. I'm very competitive and it means a lot to me to be the best. (在高中我参加各种竞争性体育活动,并一直努力提高各项运动的成绩。大学期间,我曾在一家服装店打工,我发现我能轻而易举地将东西推销出去。销售固然重要,但对我来说,更重要的是要确信顾客能够满意。不久便有顾客返回那家服装店点名让我为他们服务。我很有竞争意识,力求完美对我很重要。)

2. "What would you like to be doing five years after graduation?"("在毕业以后 5 年内你想做些什么?")

你要清楚你实际上能胜任什么。你可以事先和其他的 MBA 交流一番。问问他们在毕业后在公司的头 5 年都做了些什么。

可以这样回答:I hope to do my best I can be at my job and because many in this line of work are promoted to area manager, I am planning on that also. (我希望能在我的职位上尽力做好工作,由于在同一领域工作的许多人都被提为区域负责人,所以我亦有此打算。)

3．"What is your greatest strength?"（“你最突出的优点是什么？”）

这是很多面试考官喜欢问的一个问题。

这是你“展示自己”的最佳机会，不要吹嘘自己或过于自负，但要让考官知道你相信自己，你知道自己的优点。

可这样回答：I feel that my strongest asset is my ability to stick to things to get them done. I feel a real sense of accomplishment when I finish a job and it turns out just as I'd planned. I've set some high goals for myself. For example, I want to graduate with highest distinction. And even though I had a slow start in my freshman year, I made up for it by doing an honor's thesis.（我认为我最大的优点是能够执著地尽力把事情办好。当做完一件工作而其成果又正符合我的预想时，我会有一种真正的成就感。我给自己定了一些高目标。比如说，我要成为出色的毕业生。尽管在大学一年级时我启动慢了些，但最终我以优等论文完成了学业。）

4．"What is your greatest weakness?"（“你最大的弱点是什么？”）

你不应该说你没有任何弱点，以此来回避这个问题，每个人都有弱点。最佳策略是承认你的弱点，但同时表明你在予以改进，并有克服弱点的计划。可能的话，你可说出一项可能会给公司带来好处的弱点。

不妨这样回答：I' m such a perfectionist that I won't stop until a job is well done.（我是一个完美主义者。工作做得不漂亮，我是不会撒手的。）

5．"How do you feel about your progress to date?"　（“对于你至今所取得的进步你是怎样看的？”）

绝不要对你以前的所作所为表示内疚。

可以回答：I think I did well in school. In fact, in a number of courses I received the highest exam scores in the class.或 As an intern for the X Company, I received some of the highest evaluations that had been given in years.（我认为我在学校表现不错。事实上，有好几门功课我的成绩居全班第一。或者：在某公司实习时，我获得了该公司数年来给予其雇员的好几项最高评价。）

其他值得参考的问题如下。

1．Why did you choose Peking　University?

2．Why did you choose MBA?

3．What would you like to be doing five years after graduation?

4．What has been your greatest accomplishment?

5．Describe your greatest strengths and weaknesses.

6．What have you learned from the jobs you have held?

行为面试问题（Sample Behavioral Interview Questions）有以下几个。

1. Describe the best/worst team of which you have been a member.

2. Tell me about a time when your course load was heaviest. How did you get all of your work done?

3. Give me a specific example of a time when you sold someone on an idea or concept.

4. Tell me about a time when you were creative in solving a problem.

5. Describe a time when you got co-workers or classmates who dislike each other to work together.

6. Tell me about a time when you made a bad decision.

压力面试问题（Sample Stress Interview Questions）有以下几个。

1. What kinds of people do you find it difficult to work with?

2. What are some of the things you find difficult to do?

3. How would you evaluate me as an interviewer?

4. What interests you least about MBA?

5. How do you handle rejection?

6. What is the worst thing you have heard about our school?

7. See this pen I'm holding. Sell it to me.

案例面试问题（Sample Case Interview Questions）。

A chain of grocery stores currently receives its stock on a decentralized basis. Each store deals independently with its suppliers. The president of the chain is wondering whether the firm can benefit from a centralized warehouse. What are the key considerations in making this decision?

A magazine publisher is trying to decide how many magazines she should deliver to each individual distribution outlet in order to maximize profits. She has extensive historical sales volume data for each of the outlets. How should she determine delivery quantities?

非常规问题有以下几种。

1. It is the 15th Century. How do convince the Pope that the Earth is round?

2. If I gave you an elephant, where would you hide it?

3. Why are soda cans tapered on the top and bottom?

4. How much RAM does a PC need to run Windows95?

5. You are in a boat on a fresh water lake. In your hand is a rock. You throw the rock into the lake. How is the lake's water level affected?

6. If it rained music, what would grow?

7. Describe your best friend and what he or she does for a living.

8. In what ways are you similar or different from your best friend?

9. What are your career's strengths and how do you capitalize on them?

10. Are you a happy person?

11. According to JRM, Jr., a fast growing software company asked this question... You have a wealthy aunt who weighs 300 pounds. Tell me how you would redesign her toilet.

其他常见的英语面试问题还有以下几种。

1. Would you please make a brief introduction about yourself?

2. Why did you take the MBA examination? Would you please say something about the currently MBA program in China?

3. Why do you choose RENMIN University to study MBA? Tell me a little about RENMIN University form your understanding.

4. How do the people around you review MBA?

5. What's the difference between MBA program at home and abroad?

6. If you failed this time what will you do in the near future?

7. Why do you want to be a part of MBA students?

8. Why do you think you are qualified for MBA program?

9. Do you have a career plan in 5 years?

10. Do you have a study plan if you were accepted as a MBA student?

11. What's your opinion about the requirement that a MBA student must have working experience?

12. How do you define marketing or management?

13. Do you think English is quite important in MBA study? Why?

14. Do you think MBA training courses will help you a lot in your future life? Why?

15. What do you want to do after your MBA study?

16. What is the most important qualification that a MBA student should have?

17. Say a little about teamwork.

18. Say a little about management.

19. How communication works in organizations?

20. Tell me the relationship between the management and management theory.

21. What will you do if you can' t find a job?

22. Do you think that the economy will get better?

23. Who are you currently employed with?

24．What kinds of opportunities are you looking for?

25．What is your biggest accomplishment on the job?

26．What joy did you enjoy the most and why?

27．What would your former boss say about you?

28．Why did you leave your last job?

29．Please tell me a little about your working history? What kind of fields?

30．Say a little about your educational background.

31．What are your strengths and weakness?

32．What do you do in your spare time?

33．What is your impression of Beijing?

34．What is CFO? If you were a CFO, what would you do?

35．What is the difference between sales and marketing?

36．What do you think is the most important as a manager?

在面试快结束的时候，一般考官都会问，你有没有什么要问的。除非你是最后一个面试者，你明显感到所有的考官都急切地想离开，一般不适合说“I don't have any question.”可以问考官一两个你关心的问题（Questions you should ask the recruiter）。

1．What changes do you anticipate in our school? （你希望我们学校会有些什么样的变化？）

2．Which is the best course in our school? （什么课程是我们院最好的课程？）

3．Does our school provide some guidance of job to MBA?（学校是否会为 MBA 提供工作方面的指导？）

最后可以说：Thank you for giving me the chance. I hope to see you again and soon. （谢谢你给我机会，我希望很快能再见到你。）

四、英语简历常用模板

有很多学校的 MBA 面试可能要求提供英文简历，准备一份精美的英文简历是很有必要的。

RESUME

Personal Information:

Name: ××××　　Date of Birth: July 12, 1971

Birth Place: Beijing　　Gender: Male

Marital Status: Unmarried

Telephone:××××　　E-mail: career@sohu.com

Work Experience:

Nov. 1998- present CCIDE Inc, as a director of software development and web publishing .organized and attended trade shows （Comdex 99）.

Summer of 1997 BIT Company as a technician, designed various web sites. Designed and maintained the web site of our division independently from s electing suitable materials, content editing to designing web page by FrontPage, Photoshop and Java as well ;

Education:

1991 - August 1996 Dept. of Automation,Tsinghua University, B.E.

Achievements & Activities:

President and Founder of the Costumer Committee

Established the organization as a member of BIT

President of Communications for the Marketing Association

Representative in the Student Association

English Skills :

Have a good command of both spoken and written English .

Past CET-6, TOEFL:623;GRE: 2213

Characters :

Aggressive, independent and be able to work under a dynamic environment . Have coordination skills, teamwork spirit. Studious nature and dedication are my greatest strengths.

描述工作经验的常用方法有以下几种。

Senior Internal Auditor

Conducted operational and financial audits of manufacturing subsidiaries. Designed and implemented audit programs to test the efficiency of all aspects of accounting controls. Recommended changes and improvements to corporate and divisional management.

Office Manager

Arrange logistics for office expansion and relocation. Establish office procedures and systems. Actuate/implement filing system, client billing system and bookkeeping. Order supplies; maintain inventory. Handle word processing and receptionist responsibilities.

Software Engineer

Over eleven years of extensive computer/electronics experience. Versed in both digital and analog electronics with specific emphasis on computer hardware/software. Special expertise in system and component evaluation. Network supervisor responsible for installing/maintaining Arc net LAN system. Proficient in assembly and C programming language. Excellent communication skills including written, verbal and interpersonal.

五、北京著名高校英语面试试题集锦

1．询问个人情况

（1）Q: What is your last name?

A: My last name is Wang.

（2）Q: What is your first name?

A: My first name is qing

（3）Q: Name and examination number please?

A: My name is Wangqing, my examination number is 135.

（4）Q: Tell me a little bit about yourself please?

A: My name is Wangqing , I graduated from Peking University in 2002, my major is economics. After graduation, on the year 2002 I joined China mobile as a business manager. I like traveling very much and enjoy sports.

2．有关工作背景

（1）Q: What are your best professional skills?

A: I think I am skilled in computer operation and maintenance.

（2）Q: What kind of people do you prefer to work with?

A: I prefer to work with those who are willing to work with other people.

（3）Q：How do you normally handle criticism?

A: when we cool off, we can discuss it later.

（4）Q: How do you handle your conflict with your colleagues in your work?

A: I will try to present my ideas in a more clear and civilized way in order to get my points across.

（5）Q: What do you find frustrating in a work situation?

A: Sometimes, the narrow-minded people make me frustrated.

（6）Q: How do you handle your failure?

A: None of us was born "perfect". I will sure to be given a second chance to correct my mistake.

3. 有关教育背景

（1）Q: When did you graduate?

A: I graduated in 1998.

（2）Q: What's your major?

A: I majored in economics.

I specialized in accounting.

I did law.

International finance.

（3）Q: Which university did you graduate?

A: I graduated from Peking University.

（4）Q: Did you get any honors and awards at college?

A: Yes, every year I was awarded scholarship /first prize scholar ship from the University.

（5）Q: Have you received any degree?

A: Yes, In 1998 I received my bachelor degree of economics from Shandong University.

（6）Q: Which course did you like best? Why?

A: Computer Programming. It turned out to be the most useful one whatever job you engaged in.

4. 特色问题：

（1）Q: What do you think about MBA program in China?

A: Some of the prestige/famous programs are pretty good for their rigid training not only in management theory and related area but also there are a lot of opportunities to practice. Meanwhile the courses suit the current situation in China as well as our real needs. But some of the programs don't deserve their reputation.

（2）Q: Do you think the MBA training you a lot in the future?

A: I think these courses for most MBA students will be a big help. Because for most MBA students what they need is the combination of work experience and theory supports, the theories we learn in these course will be the foundation when we deal with current issue.

（3）Q: what kind of personality do you think you have?

A: Well, I approach things very enthusiastically, I think and I don't like to leave something half –done. It makes me nervous—I can't concentrate on something else until the first thing is finished.

（4）Q: How would you describe your personality?

A: I am a person of great perseverance .If you pick up something, I never leave it half-done .I am strong-willed, and I never withdraw before difficulties. I am ready to help others, because it can not only do others good but also give me a sense of satisfaction.

（5）Q: Would you describe yourself as outgoing or more reserved?

A: Well, sometimes I want to be by myself, but most of the time I prefer being with a group of people, so I guess you'd say rather outgoing.

（6）Q: Do you call yourself introverted or extroverted?

A: It just depends when I promoted sales for my company, I was quiet extroverted and persuasive. When I was promoted to the director of sales department, I got along quiet well with the staff members; I liked interacting with them .on the other hand, In my spare time I prefer to be alone, thinking about my work and organization, my past, present and future, my failure and success, or anything I'd like to .At this time I'd rather call myself introverted.

（7）Q: What would you say are some of you faults and strong points?

A: Well, I'm afraid I'm poor talker, and that isn't very good, so I've been studying how to speak in public. I suppose a strong point is that I like developing new things and ideas.

（8）Q: Are you more of a follower or a leader?

A: I don't try to get in front of people and lead them, particularly. I'd rather cooperate with everybody else's and get the job done by working together.

I don't agree with someone else's opinion if I think he's wrong ,but if when I understand his thinking and see he has some good ideas, then I'm very happy to go along with him .

（9）Q: What do you think is the most important thing for you to be happy?

A: I feel happy for the happiness for others resulting from my work. When I see what I do benefits others. I have done nothing on purpose that might harm others but "benefit".

（10）Q: what kind of reaction does you like best?

A: I like seeing films dubbed in English.

I like reading books.

在写简历时常用到的词语比如个人资料、个人品质、教育程度、工作经历等常用词汇都可以在下面的“参考实录”中查到。

参考实录　英文简历常用词汇中英文对照

个人资料常用语

name 姓名

pen name 笔名

alias 别名

Mr. 先生

Miss 小姐

Ms （小姐或太太）

Mrs. 太太

Age 年龄

blood type 血型

address 地址

permanent address 永久住址

province 省

city 市

county 县

prefecture 专区

autonomous region 自治区

nationality 民族；国籍

citizenship 国籍

native place 籍贯

duel citizenship 双重国籍

family status 家庭状况

single 未婚

separated 分居

health condition 健康状况

in. 英寸

ft. 英尺

street 街

road 路

district 区

house number 门牌

lane 胡同，巷

height 身高

weight 体重

born 生于

birthday 生日

birthdate 出生日期

birthplace 出生地点

home phone 住宅电话

office phone 办公电话

business phone 办公电话

current address 目前住址

date of birth 出生日期

postal code 邮政编码

marital status 婚姻状况

married 已婚

divorced 离异

number of children 子女人数

health 健康状况

excellent （身体）极佳
far-sighted 远视
date of availability 可到职时间
president 会长
director 理事
society 学会
secretary-general 秘书长
short-sighted 近视
ID card 身份证
membership 会员、资格
vice-president 副会长
standing director 常务理事
association 协会
research society 研究会

个人品质常用词汇

able 有才干的，能干的
active 主动的，活跃的
ambitious 有雄心壮志的
amicable 友好的
apprehensive 有理解力的
audacious 大胆的，有冒险精神的
careful 办理仔细的
competent 能胜任的
cooperative 有合作精神的
dedicated 有奉献精神的
diplomatic 老练的，有策略的
dutiful 尽职的
efficient 有效率的
expressivity 善于表达
frank 直率的，真诚的
genteel 有教养的
humorous 有幽默
independent 有主见的
ingenious 有独创性的
intelligent 理解力强的
logical 条理分明的
modest 谦虚的
precise 一丝不苟的
adaptable 适应性强的
aggressive 有进取心的
amiable 和蔼可亲的
analytical 善于分析的
aspiring 有志气的，有抱负的
capable 有能力的，有才能的
candid 正直的
constructive 建设性的
creative 富创造力的
dependable 可靠的
disciplined 守纪律的
well-educated 受过良好教育的
energetic 精力充沛的
faithful 守信的，忠诚的
generous 宽宏大量的
gentle 有礼貌的
impartial 公正的
industrious 勤奋的
motivated 目的明确的
learned 精通某门学问的
methodical 有方法的
objective 客观的
punctual 严守时刻的

realistic 实事求是的
sensible 明白事理的
steady 踏实的
purposeful 意志坚强的
temperate 稳健的
responsible 负责的
sporting 光明正大的
systematic 有系统的
sweet-tempered 性情温和的
tireless 孜孜不倦的

教育程度常用词汇

education 学历
educational background 教育程度
major 主修
educational highlights 课程重点部分
specialized courses 专门课程
special training 特别训练
part-time jobs 业余工作
vacation jobs 假期工作
extracurricular activities 课外活动
recreational activities 娱乐活动
social activities 社会活动
scholarship 奖学金
excellent leader 优秀干部
off-job training 脱产培训
educational system 学制
semester 学期（美）
supervisor 论文导师
fail 不及格
examination 考试
post doctorate 博士后
master 硕士
graduate student 研究生
abroad student 留学生
government-supported student 公费生
extern 走读生
educational history 学历
curriculum 课程
minor 副修
curriculum included 课程包括
courses taken 所学课程
social practice 社会实践
summer jobs 暑期工作
refresher course 进修课程
physical activities 体育活动
academic activities 学术活动
rewards 奖励
excellent League member 优秀团员
student council 学生会
in-job training 在职培训
academic year 学年
term 学期（英）
pass 及格
marks 分数
degree 学位
doctor（PhD） 博士
bachelor 学士
abroad student 留学生
undergraduate 大学肄业生
commoner 自费生
intern 实习生

prize fellow 奖学金生
graduate 毕业生
auditor 旁听生(美)
boarder 寄宿生
guest student 旁听生(英)
day-student 走读生

工作经历常用词汇

work experience 工作经历
professional history 职业经历
responsibilities 职责
achievements 工作成就,业绩
assist 辅助
accomplish 完成(任务等)
adept in 善于
authorized 委任的;核准的
break the record 打破纪录
control 控制
cost 成本;费用
demonstrate 证明,示范
design 设计
devise 设计,发明
double 加倍,翻一番
effect 效果,作用
enlarge 扩大
exploit 开发(资源,产品)
establish 设立(公司等);使开业
execute 实行,实施
generate 产生
guide 指导;操纵
initiate 创始,开创
invest 投资
justified 经证明的,合法化的
maintain 保持,维修
negotiate 谈判
occupational history 工作经历
specific experience 具体经历
second job 第二职业
administer 管理
adapted to 适应于
appointed 被认命的
analyze 分析
behave 表现
breakthrough 关键问题的解决
conduct 经营,处理
create 创造
decrease 减少
develop 开发,发挥
direct 指导
earn 获得,赚取
eliminate 消除
enrich 使丰富
enliven 搞活
evaluation 估价,评价
expedite 加快;促进
good at 擅长于
improve 改进,提高
innovate 改革,革新
integrate 使结合;使一体化
launch 开办(新企业)
modernize 使现代化
nominated 被提名,被认命的

overcome 克服
perform 执行，履行
be promoted to 被提升为
realize 实现（目标）获得（利润）
recorded 记载的
registered 已注册的
replace 接替，替换
revenue 收益，收入
self-dependence 自力更生
settle 解决（问题等）
simplify 简化，精简
standard 标准，规格
supply 供给，满足
test 试验，检验
valuable 有价值的
working model 劳动模范
perfect 使完善，改善
profit 利润
be proposed as 被提名（推荐）为
reconstruct 重建
refine 精练，精制
regenerate 更新，使再生
retrieve 挽回
scientific 科学的，系统的
serve 服务，供职
shorten 减低……效能
spread 传播，扩大
supervises 监督，管理
systematize 使系统化
well-trained 训练有素的
target 目标，指标
advanced worker 先进工作者

离职原因

for more specialized work 为更专门的工作
for higher responsibility 为更高层次的工作责任
for wider experience 为扩大工作经验
due to close-down of company 由于公司倒闭
for prospects of promotion 为晋升的前途
due to expiry of employment 由于雇用期满
sought a better job 找到了更好的工作
to seek a better job 找一份更好的工作

业余爱好

hobbies 业余爱好
reading 阅读
play 话剧
play bridge 打桥牌
play tennis 打网球
sewing 缝纫
listening to symphony 听交响乐
play the guitar 弹吉他
play chess 下棋
long distance running 长跑
collecting stamps 集邮
jogging 慢跑
traveling 旅游
do some clay sculptures 搞泥塑

第五节　面试礼仪

每年 4 月份 MBA 面试的那天，在光华楼外等候面试的准 MBA 们一个个西装革履，三五成群地交谈着，绝对是校园里一道亮丽的风景线。如果你穿着运动鞋去参加面试绝对被同学和考官认为是一个另类。必要的面试礼仪是必须掌握的。

一、文明礼貌

不讲究文明礼貌是面试失败的重要原因之一。基本的礼节是必不可少的，文明礼貌、讲究礼节是一个人素质的反映、人格的象征。因此，面试时应注意以下几点。

（1）在开始面试之前肯定有一段等候的时间，切忌在等待面试时到处走动，更不能擅自到考场外面向里观望，应试者之间的交谈也应尽可能地降低音量，避免影响他人应试或思考。

（2）切忌贸然闯入面试室，应试者一定要先轻轻敲门，得到主考官的许可后方可入室。入室时不要先把头探进去张望，而应整个身体一同进去。

（3）走进室内之后，背对考官，将房门轻轻关上，然后缓慢转身面对主考官。

（4）向主考人员微笑致意，并说“你们好”之类的招呼语，在主考人员和你之间创造和谐的气氛。

（5）若非主考人员先伸手，你切勿伸手向前欲和对方握手，如果主考人主动伸出手来，就报以坚定而温和的握手。

（6）在主考人员没有请你坐下时切勿急于坐下，请你坐下时，切勿噤若寒蝉，应说声“谢谢”。

（7）尽可能记住每位主考者的姓名和称呼，不要弄错。

（8）面谈时要真诚地注视对方，表示对他的话感兴趣，绝不可东张西望，心不在焉，不要不停地看手表，要注意和考官的目光接触。

（9）回答问题要口齿清晰，声音大小适度，但不要太突然，答句要完整，不可犹豫，不可用口头禅。

（10）说话时目光要与主考人员接触，若主考人有几位，要看首席或中间的那一位，同时也要兼顾其他主考人员。

（11）注意用敬语，如“你”、“请”等，市井街头常用的俗语要尽量避免，以免被认为油腔滑调。

（12）不要随便打断主考人的说话，或就某一个问题与主考人争辩，除非有极重要的理由。

（13）口中不要含东西，更不要吸烟。

(14) 不要在主考人结束面试前表现出浮躁不安、急欲离去或另赴约会的样子。

(15) 主考人示意面试结束时，微笑、起立、道谢、说声“再见”，无须主动伸出手来握手。

(16) 出去推门或拉门时，要转身正面面对主考人，再说声“谢谢，再见”，出门后轻轻关上门。

(17) 如果在你进入面试房间之前，有秘书或接待员接待你，在离去时也一并向他致谢告辞。

二、表情

面试成功与否与表情关系很大。应试者在面试过程中，应轻松自然、镇定自若，给人以和悦、清爽的感觉，需要注意以下几点。

(1) 进门时要表现得自然，不要紧张或慌张。

(2) 面试时要始终面带笑容，谦恭和气，表现出热情、开朗、大方、乐观的精神状态。

(3) 不要无缘无故皱眉头或毫无表情。

(4) 不要直盯对方，也不要以眼瞟人、漫不经心，眼光宜落在主考人的鼻子上为佳，这样既保持了接触又避免了不礼貌的直盯。

(5) 对方提问时，不要左顾右盼，否则主考人会误认为你缺乏诚心和兴趣。

(6) 切忌面带疲倦，哈欠连天，考试前一天一定要保持睡眠充足。

(7) 不要窥视主考人员的桌子、稿纸和笔记。

(8) 面试顺利时，不要喜出望外，拍手叫好。

(9) 作为应试者，不仅要时时注意着主考人员在说什么，而且也要注意着主考人员的表情有哪些变化，以便能准确地把握住说话者的思想感情。

(10) 为了吸引听者的注意力，使言谈显得有声有色和增强感染力，在说话中可以适当加进一些手势，但动作不要过大，更不要手舞足蹈和用手指人。

(11) 在说话时切不可面露谄媚、低声下气的表情，企图以鄙薄自己来取悦于对方，这样做只是在降低自己的人格，只有抱不卑不亢的态度才能获得对方的信任。

三、举止

举止体现着一个人的修养和风度，粗俗习气的行为举止，会使一个人失去亲和力，而稳重大方则会受到人们的普遍欢迎。在陌生的主考人面前，坐、立、行等动作姿势正确雅观、成熟庄重，不仅可以反映出青年人特有的气质，而且能给人以有教养、有知识、有礼貌的印象，从而获得别人的喜爱。具体说来，以下几点值得注意。

(1)“动有动态”。走动时应当身体直立，两眼平视前方，两腿有节奏地交替向前迈步，并大致走在一条等宽的直线上。两臂在身体两侧自然摆动，摆动幅度不要过大。脚步声应控制，不要两脚擦地拖行。如果走路时身体有前俯、后仰或左右摇晃的习惯，或者两个脚尖同时向里侧或外侧呈八字形走步，是不规范、不雅观的举止。

(2)“站有站相”。站立时身形应当正直，头、颈、身躯和双腿应与地面垂直，两肩相平，两臂和手在身体两侧自然下垂，两眼平视正前方，嘴自然闭合。双脚对齐，脚尖分开的距离以不超过一脚为宜，如果叉得太开是不雅观的。不应把手插在裤袋里或交叉在胸前。

(3)“坐有坐相”。坐姿要端正。坐在主考人员指定的座位上，不要挪动已经安排好的椅子的位置。在身后没有任何依靠时上身应正直稍向前倾（这样既可发声响亮、中气足，令人觉得你有朝气，又可表现出你对主考人感兴趣、尊敬），头平正，目光平视。两膝并拢，两臂贴身自然下垂，两手随意放在腿上，两脚自然着地。背后有依靠时，也不能随意地把头向后仰靠，显得很懒散的样子。就座以后，不能两边摇晃，或者一条腿放在另一条腿上。双腿要自然并拢，不宜把腿分得很开，女性尤其要注意。

(4)“手势宜少不宜多”。多余的手势，会给人留下装腔作势、缺乏涵养的感觉。反复摆弄自己的手指，要么活动关节，要么捻响，要么攥着拳头，或是手指动来动去，往往会给人一种无聊的感觉，让人难以接受。在交际活动时，有些手势会让人反感，严重影响形象。比如当众搔头皮、掏耳朵、抠鼻子、咬指甲、手指在桌上乱写乱画等。

(5) 避免一些不必要的小动作。身体各部分的小动作往往令主考人分心，甚至令其反感。下面这些动作都是要不得的：玩弄衣带、发辫、打火机、香烟盒、笔、纸片、手帕等分散注意力的物品；玩手指头；抠指甲；抓头发；挠头皮；抠鼻孔；跷起二郎腿乱抖；用脚敲踏地面；双手托下巴；说话时用手掩着口；摇摆小腿等。

四、形体语言

1. 眼观六路：眼神的交流（eye contact）

交流中你的目光要不时注视着对方。国外的礼仪书上往往精确到“要看到对方鼻梁上某个位置或眼镜下多少毫米”，这有点过于精准，笼统地说“看着对方的眼部”就行了。但是，万万不可目光呆滞地死盯着别人看，这样会让他以为你对他“满怀深情”，或是和他有什么“深仇大恨”，让他感到很不舒服。如果有不止一个人在场，你说话的时候要经常用目光扫视一下其他人，以示尊重和平等。

2．耳听八方：主动的积极聆听者

最优秀的销售人员往往不是滔滔不绝地大侃，而是积极地聆听。考官不希望面试者像木头桩子一样故作深沉、面无表情。面试者在听对方说话时，要不时做出点头同意状，表示自己听明白了，或正在注意听，同时还要面带微笑，当然也不宜笑得太僵硬，要发自内心。在面试中如果招聘经理多说话，说明他对你感兴趣，愿意向你介绍情况，热情交流。但许多学生误认为只有自己说话才是最好的销售，往往会抢着说话，或打断对方的讲话，这些都是很不懂礼貌的表现，会使自己陷于被动。

3．稳如泰山：只坐三分之二

面试时的坐姿，有两种极端不可取。一是全身瘫倒在椅背上，二是战战兢兢地只坐椅边。正如花有花语一样，坐也有坐意：仰坐表明轻视、无关紧要；少坐意味着紧张、如坐针毡；端坐，意味着重视、聚精会神。

面试时，轻易不要紧贴着椅背坐，也不要坐满，坐下后身体要略向前倾。一来表明你坐得很稳，自信满满，不会因为稍向前倾就失去重心，一头栽下去；二来证明你没有过于放松地全身靠到椅背上，没把办公室当成茶楼酒馆。

但也不宜坐得太少。如果只坐椅子的1/5，意味着你几乎要靠自己的双腿支撑住自己的体重。这是一种极度紧张的表现，也会把面试官的注意力吸引过去。

一般以坐满椅子的 2/3 为宜。既可以让你腾出精力轻松应对考官的提问，也不至让你过于放松、乐不思蜀而忘了自己的来意。建议你多多接触社会，观察沉稳人士的坐姿，并回到家里、寝室里稍加练习，改善坐姿，别让椅子拖了后腿。

五、小常识

1．面试的水，该动吗

一般在面试时，别人会给你用塑料杯或纸杯倒一杯水。这些杯子比较轻，而且给你倒的水也不会太多，加上你面试时往往会比较紧张，不小心碰倒杯子的情况难免发生。你的水杯放的位置不好，就很容易把水弄洒。一旦洒了水，心里一慌，不是语无伦次就是手忙脚乱，很长一段时间都调整不过来。虽然对方通常会表现得很大度，但也会留下你慌慌张张、局促不安的印象，所以要非常小心。杯子放得远一点，水喝不喝都没有关系。有些人临走了，看到满满一杯水没动，觉得不好意思，就咕咚咕咚喝上几大口，这也没有必要。

2．“随便”的要求

如果考官问你喝什么或要你提出选择时，一定要明确地回答，这样会显得有主见。最忌讳的说法是：“随便，你决定吧。”更有甚者还自作聪明，认为这样回答十分有礼貌。“随便”是一种非常不好的回答方法，有些企业领导一听到这两个字就要皱眉头。

另外，在面试时，考官非常不愿意被征求意见的一方说“随便，你决定吧”一类的话。一方面，这使考官不知道如何是好，考官该如何满足考生“随便”的要求呢？另一方面，考官也不太喜欢这种缺乏主见的应聘者，这种人在将来的合作中会浪费大家的时间，降低工作效率。

3. 无声胜有声的形体语言

要不时检点自己的一言一行，善于察言观色、明察秋毫。比如，自己说得太多了，就要注意一下考官是不是面露疲态或者心不在焉。如果是的话，你就要悬崖勒马，迅速将发言权交给对方。

第三章　MBA 面试谁主考——考官

MBA 入学面试不仅是对考生的考核，对考官也有很多要求。面试是由考官小组集体面试，全国 MBA 教育指导委员会关于考官的组成有这样的规定：招生院校应组织面试小组对考生进行面试，每个面试小组评委人数不少于 3 人，面试小组中应包括企业界评委。招生院校须依照公平、公正的原则，制定面试评委行为规范，被聘请的面试评委须签字承诺遵循评委行为规范。面试考官目前有两种组成方式，一种是综合组成，即由学校教师、企业界人员组成；一种是 MBA 教师组成，一般都是有高级职称。有些考官表面看很年轻，但可能是企业的精英或年轻的领导，有些可能很年长，是知名教授。不管怎样，考生对此要有平常心，千万不要以貌取人，给自己制造紧张空气或过于放松自己。

不论考官背景如何，一般情况下对考生的取舍大致意见是相同的。因为不论从理论上分析，还是从行为实践方面考虑，大家对什么样的人适合上 MBA 的大体方向认识是基本一致的。而广大考生只是要把自己提到考官的位置，进行换位思考，这种共同价值认同是可以揣摩出来的，就可以为自己准备面试打下良好的基础。

全国 MBA 教育指导委员会关于面试过程控制有这样的规定：

招生院校须在面试开始前确定面试组织方式、面试程序以及录取原则，并事先以“面试须知”的方式向考生公布。在可能的前提下，应组织两个或两个以上面试小组，由学生现场抽签随机分组（初试成绩不作为分组标准）。

各面试小组的面试方式、面试时间、评分标准应该统一，对各个考生的面试方式、面试时间、评分标准应该一致。应事先制定标准的评分表，明确考察项目和评分标准（考察项目和评分标准不一定要公布）。要保证面试时间的充分性和面试的有效性。

评委间可以讨论对考生的评价，但须独立评分（或排序）。为避免不同小组和评委对评价标准的掌握不一致，可先进行试评。必要时，须对不同小组和评委的评价结果进行系统纠偏，以减少小组间的差异。

面试过程和面试主要内容应有书面记录。

面试结束后，招生学校应及时公布初步录取结果，以便有关考生选择调剂其他学校。必要时，教育主管部门或全国 MBA 教育指导委员会可派观察员监督面试和录取过程。

由此可见 MBA 面试是很规范的，不仅体现在人员组成、面试形式方面，面试内容也一样规范。

接下来我们看看考官怎么看待对学生各个方面素质的考察。

第一节　清华大学面试考官谈面试

清华 MBA 的面试考官由经管学院教师与来自企业的人力资源总监、高级管理人员或是高级顾问共同组成。面试主要考察考生是否具备攻读 MBA 的素质和潜质。面试过程中三位考官会分别为考生打分，评分依据包括考生的教育背景、工作经历及综合素质等。考生最终的面试成绩应是考官所给分数的加权平均。

教育背景包括本科所在院校、大学成绩等。这是考生不能改变的事实，因而无论你原来是否毕业于国内一类院校，大学时成绩是否优异，都不要再去多想。

工作经历是面试中尤为注重的一方面。好的工作经历会增添你的自信，丰富的管理经验也能充分体现你适合于攻读 MBA 的条件和素质，但事事无绝对。即便你没有管理经验，也没有好的工作经历，依然有机会赢得考官的肯定。那就是说你要充分表现出你所具备的管理潜质，如人际沟通的能力，工作协调的能力，善于影响他人领导他人的能力，等等。去年我所在班上的同学中，既有纯技术人员，又有英语教师，也有翻译，他们都同样优秀。你可以通过你的实际管理经验来说服考官，或是表现出你的管理潜质，如果无法做到这一点，你就要考虑自己是否适合攻读 MBA 了。

谈及考生的综合素质，首要的衡量标准是考生的人品。一位来自经管学院的面试教授谈到，作为将来的职业经理人，诚实、守信是最基本的原则。所以考生必须在面试过程中如实反映自己的真实情况。如果考生在面试过程中显露出任何虚假的行为，比如个人简历同陈述的内容不能一致，或是陈述的前后有矛盾等，那么他是不大可能通过面试的。

其次，考生的价值观以及对人生的态度是考察的另一个方面。考生应该具有明确的价值观，即对问题要有自己的明确观点（当然明确不一定是指正确，因为有些观念并无对错之分），并能给出支持该观点的依据。积极的人生观尤为重要。乐观、进取、坚忍不拔是作为一个成功职业经理人的必备条件。如果你对未来充满了迷茫或是畏惧，你又如何能做好管理者的角色去领导他人呢?

另外，面试过程中还会考察你的抗压能力和应变能力。有时候面试官会故意提出一些较为尖锐的问题来让你作答，或是提出连环套一样的问题，短时间内一环紧扣一环，看你是否能在这样的情况下稳住阵脚，并从容回答问题。如果你不能承受压力，就会影响到面试的发挥。

综合素质还包括考生的合作能力，即团队精神。如果一个考生的个人能力很突出，但却不能很好地与他人合作，甚至不屑于与他人合作，那么他也一定会被淘汰。

由于面试的成绩包含客观因素和主观因素两个方面，所以除却一些硬性的评分指标外，面试官对考生的整体印象在面试过程中起了很大的作用。来自罗兰贝格咨询公司的一位面试官认为，考生是否能表现得很专业也非常重要。从服饰的搭配到神态言行，有些人明显显示出其职业化的程度，而这是来自企业的面试官们非常看重的一点。当然，这种职业化的要求并非每个考生都能具备，但可以通过训练培养出来。如果你不具备这种职业化的整体形象，那么就要充分表现出你的自信。尤其是低分段的考生，没有自信，通过面试的概率就会非常小。在面试过程中切勿过于紧张。紧张会增加人的精神压力，从而导致发挥失常。纵使你有再好的经历、再好的形象也一无用处。当面试官看到你的各种因紧张而无意中表现出来的言行举止时，他会认为你已经默认了自己的失败。

如实、自信和从容，做到这些，你的面试就不会有问题。

第二节 企业考官谈MBA入学面试

为更全面地展示面试中的注意事项，为考生提供更为详尽的参考，作者特地约请曾参与MBA面试选拔的某著名饮料公司的人力资源总监就其对MBA入学面试的认识略谈一二。

1. 注重人品

越来越多公司将对应聘者人品的考核放在最为重要的地位。一般说来，能力的体现需要一个过程。新员工进入公司后，能力不会立刻得到体现。在这种情况下，个人品德的重要性就显得尤为突出。对企业不诚信，在简历上提供虚伪的信息等行为，一经查实，都会得到相应的处理。

2. 客观表现自己

此外，公司人力资源老总特别青睐那些对自己有客观认识的学生。对普通人来说，能力上的差距其实非常小。一份工作，有人一个小时可以完成，有人需要一个半小时，但对工作不会有很大影响。如果能对自己有正确定位，务实肯干，合理规划，将会有很大发展前途。

3. 组织能力很重要

在对考生的能力上，公司人力资源老总比较关注学生在以往工作中取得的业绩，以及在活动中起的作用，最主要是看重考生的策划组织能力是否优秀。

4. 需要注意的问题

这里主要谈谈跳槽问题。每个考官都能理解：生存能力是第一位的，在满足生存条件之后，追求自由发展、保持积极平和的心态，是一个非常重要的优点。而无目的的跳槽，很容易让考官怀疑你的人品。具体地说，最好说出对方能信服的理由，就算答案是“工作无聊”、“人际关系不好”等原因，也要准备“会尽量改变并克服自己缺点”的答案作为缓冲。此时如果一味批评以前的工作，便很难得高分。而应说是为了“实现自我”之类的话语。在面试中回答这题时，应从面试考官的角度出发，比如说“我离开原单位是为了寻找更好的机会”听起来还是以自我为中心，而“我正在寻找一个更能让我充分发挥技术和经验的空间”则要好得多。要力求使答案简单精练，如面试官还有什么疑问，将发挥自身的知识与技能作为回答的基础。

参考实录

某大学的面试评委注意事项

1．请准时出席面试前的评委预备会，内容非常重要，不要迟到。

2．请仔细阅读本注意事项。面试当天发给评委“面试评分指标及说明”，针对每个评估指标我们会提供几道供参考的面试问题，你也可围绕这些评估指标再做些准备（请不要将评估指标外传）。

3．面试时认真倾听考生的讲述，尽量对考生的谈话表示兴趣。

4．不要以貌取人。

5．不要对考生所讲述的内容进行评论，更不要与考生就某个观点或者做法进行争论。

6．避免提出引导性问题。

7　面试过程中，在你提问或与考生的对话中，请注意尊重考生，礼貌用语。

8．按各项评估指标对考生进行全面考察，依据评分标准，评委独立打分。

9．面试前请关闭你的手机（呼机）或改为震动方式；在面试过程中，请不要接打电话，以免面试受干扰，保证面试的严肃性。

10．在面试教室内请勿吸烟。

参考实录

某大学管理学院MBA入学面试方案

1．总则

为了通过规范的面试环节考察申请人的相关素质，特制定本方案。

2．面试小组与成绩

2.1　面试小组的构成：每个小组由1名组长、2名成员和1名秘书构成。

2.2　组长主持面试；成员参与提问和评分；3位成员均需填写“面试评价表”。秘书负责填写“面试记录表”，协助组长汇总面试成绩。

2.3 面试采取百分制，最终成绩由4位成员的算术平均值确定，计算到个位数。

2.4 面试成绩将占到录取总成绩的50%。

3．面试内容与方式

3.1 采用结构化面试的方式，具体内容与形式如表3-1。

表 3-1

序号	面试内容	拟考察的维度	备注
1	两分钟的自我介绍	表达能力 （表达的条理性、概括性、突出性）	考察整个面试中的沟通能力
2	提问：对所在行业的认识与理解	管理经验/行业经验 宏观经济信息/战略眼光	1～2个问题
3	提问：经济管理领域的热点问题或模拟的管理情景	市场经济的理念 经济管理基础知识/广度知识 分析问题的思维能力	2～3个问题

3.2 由面试小组的成员根据以上结构与内容要求，自主确定面试题目。

3.3 不同考生的面试题目可以相似或相同，以便得出比较结果。

4．面试的实施步骤

4.1 MBA办公室负责准备考生的“个人简历”，并将简历送到各面试小组。

4.2 考生按照名单顺序进入面试场所，参加面试（办公室负责做好接待工作）。

4.3 面试主持人要求考生做自我介绍（2分钟之内），同时查阅考生“个人简历”。

4.4 向考生提问题（包括“行业方面”的问题、经济管理方面的问题）。面试小组的秘书负责在“面试记录表”中记录所提的问题及简要回答情况。

4.5 整个面试时间控制在20～25分钟。

4.6 面试人退出后，面试小组成员填写“面试评价表”进行评分。

4.7 完成所有考生的面试后，面试小组成员调整确认本人填写的面试成绩，并在“面试评价表”上签字。

4.8 根据各位考生的最终面试成绩，填写MBA办公室事先准备的“面试成绩统计表”，面试小组组长签字确认。

4.9 请各组秘书将以上所有材料（“面试成绩统计表”、“面试评价表”、“面试记录表”、“个人简历”等）整理清楚，在面试完成后立即送交MBA办公室。

5．面试所用的表格

5.1 面试成员用“面试评价表”。

5.2 面试秘书用“面试记录表”。

5.3 面试小组用“面试成绩统计表”。

参考实录

某大学管理学院 MBA 考生面试评价表

第　　面试小组　　　　　　　　　　　　　　面试评委：

序号	考生姓名	评价维度					面试得分（总分 100）
		沟通能力（满分 20）	管理经验（满分 20）	管理理念（满分 20）	管理知识（满分 20）	思维能力（满分 20）	
1							
2							
3							
4							
5							
6							
7							
8							
9							
10							

说明：本表由面试评委填写，要求根据考生面试表现给出得分。

参考实录

某大学 MBA 考生面试安排简介

1．面试老师的组成

每个面试组的老师由 3 位组成，2 位是我校的老师，1 位是企业的人力资源部经理。

2．面试方法

面试采用小组讨论方式。每个小组用30～35分钟，分别讨论一个英文题目和一个中文题目，老师根据考生的现场表现分别给每位考生打分。

3．面试过程

（1）考生从我校网上查到自己是否具有面试资格和具体的面试时间安排。考生带好准考证和身份证在规定的时间里，到指定地点参加面试。

（2）考生到面试地点后，凭准考证和身份证领取个人名牌（作为入场证明）。然后到休息室等候具体安排。

（3）每组面试前15分钟，MBA办公室到休息室公布由计算机自动分组的考生面试名单。

（4）考生参加面试后，即可回去。

（5）面试结果在网上公布。

4．面试分数的评定

每位考生的最后面试成绩为3位面试老师打分的加权平均分。

5．最后录取

考生的最后录取由其联考分数、面试成绩、背景评估3方面决定。每一方面都设立底线，必须同时满足3方面要求，方能被录取。

参考实录

某大学MBA面试时间安排

8:00　面试评委预备会

（19日：经管××楼北508；20、21日：××楼北204）

8:35　全体评委进入各面试房间

8:45　开始面试

8:45～9:50　个人面试（4个人，每人15分钟）

9:50～10:00　休息

10:00～11:05　个人面试（4个人，每人15分钟）

11:05～11:10　休息

11:10～11:55　小组面试

11:55　小组面试结束，评委给出最终成绩

12:00　上午面试工作结束

12:00～13:20　午餐（××楼二楼休息厅）

休息（××楼南213、××楼北306）

13:20　评委进入面试房间

13:30　开始面试

13:30~14:35　个人面试（4个人，每人15分钟）

14:35~14:45　休息

14:45~15:50　个人面试（4个人，每人15分钟）

15:50~15:55　休息

15:55~16:40　小组面试

16:40　小组面试结束，评委给出最终成绩

17:00　下午面试工作结束

提示：一天的面试时间安排非常紧凑，工作强度很大，请评委前一天晚上注意早些休息，保证第二天以饱满的精神投入工作，谢谢你的合作！

参考实录

上海交通大学2011年MBA面试通知[⊖]

一、复试资格申请

为确保录取工作的公开、公平、公正与公信，所有达线考生（包括已获得C线资格考生）均需完成网上报名、填写网上“复试信息表”、并完整递交书面复试申请材料，方具有复试申请资格。

1．网上填写“申请表填报”。此系统将仅在3月1日8:00~3月17日24:00间开放。公网和教育网用户请点击对应链接进行报名。请所有达线考生在上述系统内完整填写信息。

已在提前批面试申请阶段在此系统内完整填写报名信息并生成安泰报名号者，无须重复填写，请务必使用原用户名及密码登录。

2．网上填写“复试信息表”。在完成上一步骤的网上报名后，请所有达线考生（包括所有已获得C线资格考生）在上述系统内完整填写“复试信息表”。“复试信息表”将包含考生的志愿选择、调剂志愿、提前批面试成绩是否保留等重要信息。考生确认信息无误后，打印并亲笔签字，于规定时间交至复试现场，具体时间地点另行通知。

无论是否参加过提前批面试，所有达线考生必须网上填写此“复试申请表”。

3．申请材料递交：所有达线考生可于下列时间地点进行递交。

3月17日（周四）14:00~17:00安泰教学楼204室；

3月17日（周四）18:00~20:00安泰教学楼202室；

⊖ 资料来源：上海交通大学安泰管理学院MBA项目官方网站。

3月19日（周六）13:00～16:00安泰教学楼204室。

已在提前批面试申请阶段递交完整材料者，无须重复递交；未在提前批面试阶段递交材料或在提前批面试阶段递交材料不完整者，需在规定时间递交申请材料或补齐申请材料。

申请材料具体要求请见http://www.acem.sjtu.edu.cn/mba/—“招生信息”—“交大安泰2011年MBA复试所需申请材料通知”。

逾期未进行网上申请或逾期未递交完整书面申请材料者，视为自动放弃复试资格。恕不接受快递及邮寄等形式的资料递交。

深圳地区考生可于上述时间至深圳市梅林路11号深圳青年学院教学楼401室递交资料。

二、政治考试

1．参加人员。所有达线考生（包括所有已获得C线资格考生）。

2．考试形式。开卷笔试。请携带准考证、身份证、复试信息表（需亲笔签名）、笔（钢笔、黑色水笔）、参考资料参加考试。

3．考试时间。2011年3月19日（周六）18:30开始。

4．考试地点。上海交通大学安泰经济与管理学院（法华镇路535号）。

5．教室安排。2011年3月17日（周三）在http://www.acem.sjtu.edu.cn/mba/—“招生信息”公布，请各位考生届时务必上网查询。

6．考试题型：填空题、选择题、辨析题、论述题。

政治考试参考篇目及参考资料请见附件。

三、全日制复试

1．复试时间。2011年3月20日（周日）。

具体报到时间另行通知。

2．复试报到地点。

上海市长宁区法华镇路535号 上海交大安泰经管学院 南楼一楼大厅。

注意：面试当天谢绝自备车进入校区，请自带饮用水。

3．复试所需携带的证件与材料。准考证、身份证、黑色圆珠笔以及标注安泰报名号的签收回执。

四、业余制复试

1．复试时间。2011年3月27日（周日）。

具体报到时间将于2011年3月23日(周三)17:00在http://www.acem.sjtu.edu.cn/mba /—“招生信息”公布，请各位考生届时务必上网查询。

复试当天请按分批名单准时前来报到。

2．复试报到地点。

上海市长宁区法华镇路535号 上海交大安泰经管学院 安泰教学楼一楼大厅。

注意：面试当天谢绝自备车进入校区，请自带饮用水。

3. 复试所需携带的证件与材料：准考证、身份证、黑色圆珠笔以及标注安泰报名号的签收回执。

五、复试内容

1. 英语面试。形式为口试，每人约为8~10分钟。

2. 综合面试。包括个人面试（15分钟左右）及小组讨论（60分钟左右）。

（1）个人面试：①由考生本人进行2分钟个人情况自述，包括毕业院校、工作经历等；②由考官根据考生的有关情况进行提问，考官将从领导潜力、人际沟通能力、逻辑思维能力、团队合作能力、学习能力、职业素养等方面进行考查。

个人面试结束后，请在指定的休息教室等待小组讨论。

（2）小组讨论：以小组形式进行的测试活动，小组讨论阶段请务必自带一支黑色圆珠笔。

小组讨论结束后，面试内容全部结束，离开前请将面试试题及小组规则等书面材料交至面试官处方可根据工作人员的指引离开面试教室。胸牌请交还给各楼层楼长。

注：每位考生面试将持续约半天时间，请各位考生提前做好准备。

六、体检

体检时间及相关要求另行通知，请关注http://www.acem.sjtu.edu.cn/mba/—“招生信息”。

七、复试流程介绍会

为了帮助广大考生了解复试流程，特举办交大MBA项目复试流程介绍会，欢迎前往咨询。

时间：3月17日（周四）晚上19:00~20:30；

地点：上海市法华镇路535号安泰教学楼一楼演讲厅（上海考生）；

深圳市梅林路11号深圳青年学院教学楼402教室（深圳考生）。

交大安泰MBA办公室

2011年3月11日

参考实录

美国芝加哥大学采取的面试评估表㊀

美国芝加哥大学为MBA面试设计了一张评估表，从考官的角度详列了考生在面试中可能出现的得分点/失分点，如表3-2所示。

㊀ 资料来源：美国芝加哥大学商学院官方网站。

表 3-2

得分点	失分点
清楚表达的能力	表达能力欠佳
能清晰地组织并传达思想和信息	思维不清楚，思路不清
简洁，切中要害	偏离主题
是一名积极的好听众	说话冗长，啰嗦
回答问题有一定深度	过于简短
有说服力，能成功地推销自己的想法	刻板，单调乏味
提供清楚的解释	有太多的“如果”，不关心听众的需要
有一定的表达能力	缺乏感情色彩
求知欲强	缺乏求知欲
提出尖锐的问题	显得漠不关心
显示出求学的渴望	尽量不提问
寻求新的挑战与机遇	显得好像无所不知
寻求解决问题的独到方法	观点狭隘
有广泛的兴趣爱好	头脑慵懒，或许聪颖但不求上进
充分展示自我，举止得体	过于遵循前人的经验
对校方教学计划的要点有一定了解但又充满好奇	几乎对于校方的MBA教程一无所知
有较强的社交能力	缺乏社交能力
颇具风度	冷嘲热讽，为人刻薄
能与他人友好自如地交往	过于严谨、刻板
适度的自信，得体地表达个人观点	性格孤僻，过于腼腆，沉默寡言
与人为善，乐于与他人交往	目空一切，盛气凌人
具有团队协作精神	固执己见
力求担当领导角色	为人冷淡，使人有距离感
在团队中有一定威信	谈吐生硬，缺乏技巧
能欣赏他人的幽默	回避冲突
为人热情，处事积极	挑剔，消极
自信	缺乏自信
树立积极向上的职业形象和态度	趾高气扬，目空一切
说话令人信服	过于敏感，吞吞吐吐，犹豫不前
恰当处理人际矛盾	容易受惊吓
对于个人专业技能信心十足	对学术上的挑战忧心忡忡
渴望事业的挑战与新的学习机会	愤世嫉俗，处世消极
有成功的自豪感	紧张不安
注重与他人交往	不注重人际关系
参与社团	独来独往
寻找拓展人际交往	不参与社会活动
在正规的组织社团中表现活跃	对个人在团队中的获益无动于衷

（续）

得分点	失分点
关心对组织或团队的回报	等待他人出面组织团队或活动
对过去的人际交往充满自豪	对外界活动不感兴趣（高中、大学及工作经历）
工作勤奋	缺乏毅力
坚忍不拔	过于关注短期收益
有干劲有决心	骄傲自满，随波逐流
乐于付出	知难而退
有创新精神，不是消极待命	面对失败，过于沮丧
乐于承担责任	缺乏干劲或小题大做
有远大目标	胸无大志
视问题为挑战、积极进取	没有明确的奋斗目标或方向
自主、独立	缺乏独立性
要求有一定自由度	过于依赖别人的帮助与指导
希望能控制局面	寻求依靠
自力更生	漫无目标，精力不集中
处事灵活	僵化或见风使舵
对事物轻重缓急的变化敏感	过于按部就班
能同时应付几项工作	经不起挫折
能较好地处理学业及工作中的成就与挫折	思想僵化
从容地应付挫折	软弱无能

参考实录

某大学秋季MBA面试成绩单（考官专用）

考生姓名		总分	

1．自我介绍（每位考生在3分钟时间内进行自我介绍，考察内容见表格，此部分建议考官给分范围为12～18分，凡是给12分以下，18分以上必须给出明确理由。满分20分）。

考察内容	得分	给出12分以下，18分以上的理由
举止得体、仪表庄重大方		
语言表达流畅、声音清晰		
时间控制在3分钟以内		
毕业学校、工作职位、管理经验、个人工龄等		

2．英语面试（每位考生在3分钟时间内回答英文老师提问的问题（问题包括自身情况和工作经历情况），此部分建议考官给分范围为12～18分，凡是给12分以下，18分以上必须给出明确理由。满分20分）。

得分	给出12分以下，18分以上的理由

（续）

3. 综合抽签题（每位考生随机抽3道题目，在规定时间10～12分钟内回答完毕。考官可以适当提醒考生一些比较生僻的内容，但是不得提供参考答案。建议考官每道题给分范围为9～13.5分，凡是给9分以下，13.5分以上必须给出明确理由。满分45分。）

考题	得分	给出9分以下，13.5分以上的理由
第一题（15分）		
第二题（15分）		
第三题（15分）		
合计总分（满分45）		

4. 企业考官问题：（企业考官针对考生实际背景随机提问1个问题，考生在3～5分钟的时间内回答完毕。若企业考官不提问问题，面试组长可以提醒企业考官提问问题，也可以指派其他考官提问问题。建议考官每道题给分范围为9～13.5分，凡是9分以下，13.5分以上必须给出明确理由。满分15分。）

得分	给出9分以下，13.5分以上的理由

备注：

考官签字： ××年××月××日

参考实录

某大学MBA面试实施细则考生须知

1. 复试工作本着公平、公正、公开的原则综合考核考生的基本素质和综合能力，确保MBA招生质量。

2. 根据国家教育部、全国MBA教育指导委员会有关文件通知要求确定复试分数线及复试考生名单。

3. MBA入学考试的复试环节包括政治理论考试、专业能力笔试、外语口语测试以及综合素质面试。最后录取将综合考虑初试和复试成绩择优录取。

4. 复试形式、方法及内容。

（1）政治及专业笔试考试时间为3小时，满分为60分（各占30分）。按百分计算，成绩60分以上为合格，否则不合格。

（2）面试形式：采用个人面试的方式，实行双抽签制，由学生本人先抽出所在面试组（每组20人），分到面试组后再抽出面试题目进行面试。

（3）面试方法：个人自我介绍、面试评委提问、回答抽签问题、企业考官随机提问。题型包括简答题、小论述题、小案例分析题、角色扮演题、演讲题等5类。

（4）考生面试时间：每人约 20～25 分钟。

（5）抽签分组地点在管理楼 108 室，抽签完毕到相应面试教室等待面试。

（6）面试测评内容有以下几项。

① 管理工作的经历、经验、业绩；

② 对经济、管理等基础知识掌握的程度；

③ 对国内外重要时事的了解及国家政策的理解程度；

④ 形象、仪表举止、心理素质、特长及爱好；

⑤ 逻辑思维与综合应用知识的能力；

⑥ 语言表达和沟通能力；

⑦ 判断、自制力与应变能力；

⑧ 创业精神与创新意识；

⑨ 价值取向与职业道德；

⑩ 人际交往、团队精神；

⑪ 领导与组织协调能力；

⑫ 外语水平（掌握听说能力的程度）。

5．录取分数线的计算方法及要求。

（1）总成绩=初试成绩+复试成绩+减分（复试成绩包括政治和专业笔试成绩）。

（2）复试成绩：综合素质成绩占 80 分，外语测试成绩占 20 分，政治理论占 30 分，专业笔试成绩占 30 分，总分为 160 分。

（3）减分：面试过程中如果考生申请换题，每换题一次扣掉 1 分。换题次数不能超过 3 次。

6．面试相关信息及要求。

（1）审查相关内容由面试组长负责，审查内容包括：身份证、准考证、资格审查表。所有证件要求原件。

（2）面试过程如下。

① 自我介绍（20 分）。考察内容为：举止得体、仪表庄重大方、语言表达流畅、声音清晰、时间控制在 3 分钟以内。介绍的内容主要是毕业学习、工作职位、管理经验、个人工龄等。

② 英语口语面试（20 分）。每位考生在规定的 3 分钟时间回答英文老师提问的问题。

③ 抽签题目回答（45 分）。每位考生随机抽 3 道题目，在规定时间（10～12 分钟）回答完毕。在考生回答过程中，考官可以适当提醒考生一些比较生僻的内容，但是不能提供参考答案。

④ 企业考官随机提问（15 分）。企业考官针对考生实际工作背景随机提问 1 个问题，考生在 3～5 分钟的时间内回答完成。若企业考官不提问问题，面试组长可以提醒企业考官提问问题，也可以指派其他考官提问问题。

面试结束后，考生须在面试内容记录本上签字确认。面试现场有录音设备全程记录考生面试过程。

第四章 个人简历、自述短文及申请材料写作指导

从2005年开始，个人综合面试得分在各个学校录取分中所占比重越来越大。2006年北京大学取消了多年来一直沿用的小组案例讨论的综合面试方法，开始采用个人单独面试，每个考生面对2～3个考官，时间为15～30分钟，面试包括英文个人面试和中文个人面试。在这种情况下，个人简历和个人自述的撰写就变得越来越重要，可以说准备好个人简历和个人自述，面试就成功了一半，以下就是一些成功学员简历、自我介绍的初稿和修改后的简历和自我介绍，通过对比分析，给大家一个如何准备简历和自我介绍的思路。

第一节 个人简历的撰写

清华大学、北京邮电大学等学校要求考生在面试时提交个人简历3～4份，考官根据个人简历结合个人自述对考生进行提问，因此个人简历的撰写显得比较重要。个人简历主要包括个人信息、教育背景、工作经历、外语水平等方面的内容，有的还包括个人优势或能力特长以及其他信息。许多考生将个人简历与个人自述相混淆，造成个人简历的结构比较混乱。

【例4-1】修改前的简历范例

个人简历

王华

北京市××街6号楼

办公电话：010-×××××× 手机：13555555555 电子邮件：××@163.com

目标：MBA

个人优势

对售后经营有丰富的经验，精通××经销商管理标准。具有成本控制、业务增长和流程改善的能力，曾使经销商业务大幅增长，客户满意度提高，扭亏为盈。在销售、市场和市场开发方面具有想象力和革新能力。

善于并勤于思考，遇事沉着冷静。有较强的学习能力。善于与人沟通，有建立建设性人际关系的能力。逻辑思维能力强，对事物发展有战略性的眼光。

职业经历

××销售有限公司，北京， 2005 至今

职位：售后服务北方区地区经理

上级：售后服务北方区域经理

××有限公司，大连， 1996~2005 年

××经销商

职位：售后服务经理

上级：总经理

个人情况

姓名： 工华

出生日期： ××××年×月×日

国籍： 中国

政治面貌： 中共党员

婚姻状况： 已婚

学位： 工学学士

学历： 本科

爱好： 阅读，体育锻炼

计算机水平： 能熟练操作办公软件

英语水平： 在大学期间通过 CET 6 级考试

教育经历：

××大学××系××专业 1992~1996 年

修改后的简历范例

王华

联系方式：13555555555

E-mail:××@163.com

个人信息

性别：男　　　　　　出生年月：××年×月

学位：工学学士　　　学历：本科　　　　政治面貌：中共党员

教育背景

1992～1996年　××大学××系××专业　工学学士

工作经历

2005年至今 ××销售有限公司　北京　售后服务北方区 地区经理

主要业绩：

1996～2005年　××有限公司　　大连　售后服务经理

主要业绩：

外语水平

CET-6，能用英语进行交流。

个人优势

1. 对售后经营有丰富的经验，精通××经销商管理标准。具有成本控制、业务增长和流程改善的能力，曾使经销商业务大幅增长，客户满意度提高，扭亏为盈。在销售、市场和市场开发方面具有想象力和革新能力。

2. 善于并勤于思考，遇事沉着冷静。

3. 有较强的学习能力。善于与人沟通，有建立建设性人际关系的能力。

4. 逻辑思维能力强，对事物发展有战略性的眼光。

其他信息

能熟练操作办公软件，爱好阅读，体育锻炼。

点评：

修改前，个人简历的结构比较混乱，一般来说个人简历包括个人信息、教育背景、工作经历、外语水平等，有的还包括个人优势或能力特长、其他信息。在个人信息中只要注明自己的主要情况就可，不必面面俱到。在教育背景中要写明自己的毕业学校、专业、是否取得学位。工作经历中要写明每段工作的起始时间、最终的职位、主要的工作业绩，有时还包括工作的职责。但简历最好不超过1页。

【例 4-2】修改前的北大面试优秀考生简历

一、个人信息

姓名：××　　性别：女　　学历：本科　　学位：经济学学士

电子邮件：××@sina.com　　联系方式：13×××××××××

二、教育背景

199×年 9 月～2002 年×月　首都经济贸易大学　经济学学士

三、工作背景

2003 年 6 月～2005 年 3 月　北京××信息有限公司　产品部经理

2002 年 6 月～2003 年 6 月　北京××信息有限公司北京分公司　市场专员

2002 年 3 月～2002 年 6 月　北京××信息有限公司北京分公司　销售代表

毕业后，我一直就职于××信息有限公司。该公司是一家外商独资企业，注册资本 1.3 亿元，拥有员工 300 余名，是目前国内规模最大、最正规的金融信息服务公司，致力于为国内金融投资者提供客观、专业、及时的信息服务。

产品部是公司的核心部门，负责产品的研发设计工作。作为产品部经理，我的职责是制订产品研发计划，组织部门员工开展研发工作，协调技术、信息、质量控制等各部门资源，以确保产品计划按时、按质完成。我在任期间，逐步完善了公司的产品体系，推出面向企业市场的专业信息产品，不仅填补了市场空白，还为公司开创了一个新的利润增长点。

为了实现我进入北京大学攻读 MBA 的梦想，2005 年 3 月我辞去工作全职备考。

四、外语水平

CET-6；TOFEL：620 分。

五、所获奖励

在校期间，共获一等奖学金 1 次，二等奖学金 4 次，三等奖学金 1 次。

1999～2000 学年因学年总成绩年级第一，综合评定优异，获得东京奖学金。

2000～2001 学年因综合表现优秀，获得校“三好学生”称号。

修改后的北大面试优秀考生简历

一、个人信息

姓名：×××　　性别：女　　学历：本科　　学位：经济学学士

电子邮件：××@sina.com　　联系方式：13×××××××××

二、教育背景

199×年×月～200×年×月　首都经济贸易大学　经济学学士

三、工作背景

- 2003 年 6 月～2005 年 3 月　北京××信息有限公司　产品部经理

职责：制订产品研发计划，组织部门员工开展研发工作，协调技术、信息、质量控制等各部门资源，以确保产品计划按时、按质完成。

业绩：带领团队完善了公司的产品体系，推出面向企业市场的专业信息产品，不仅填补了市场空白，还为公司开创了一个新的利润增长点，年增长利润1 000余万元。

• 2002年3月～2003年6月　北京××信息有限公司北京分公司　市场专员

职责：负责开拓市场、维护客户。

业绩：1. 成功开发××等大客户，并与其建立良好的合作关系。

2. 为××等金融投资者提供客观、专业、及时的信息服务。

四、外语水平

CET-6；TOFEL：620分。

五、所获奖励

1. 在校期间，共获一等奖学金1次，二等奖学金4次，三等奖学金1次。
2. 1999～2000学年因学年总成绩年级第一，综合评定优异，获得东京奖学金。
3. 2000～2001学年因综合表现优秀，获得校"三好学生"称号。
4. 2002年、2003年被评为单位优秀员工。

点评：

修改前，个人简历的结构比较混乱，内容杂乱，有许多内容过于口语化类似于个人自述。公司的规模、特点可在申请材料或个人自述中说明，不要出现在个人简历中，另外简历中不要出现辞职等比较生硬的词语，因为考MBA而辞职，这不是一个好的理由。修改后的简历中考生的自身工作亮点比较突出，考官会据此询问考生有关个人工作和个人能力的问题，考生可以有的放矢，积极准备。

【例4-3】修改前的清华面试优秀考生个人简历

个人简历

姓名：赵飞　　**籍贯：**山东　　**出生年月：**19××.×

教育背景

1997.09～2001.07　××大学电光学院　光电子技术专业　学士

2001.09～2004.04　××大学研究生院　物理电子学专业　硕士

1998～2001：担任××大学电光学院文学社副编辑，负责院刊《远航》杂志的审稿和撰稿。

2001～2004：先后担任光电子器件和数字电路课程助教。

工作背景

2004.05～2006.03　××股份有限公司　硬件工程师

1. 2004.05～2004.10　负责××外销日本的机型××的设计和生产指导；

2．2004.10～2005.03　承担××酒店客房电视项目，设计完成××唯一一款带网络解码接口的液晶电视系统，并为其配置了酒店局域网。

3．2005.04～2005.03　承担××机芯的项目开发。

工作评价

我负责的××项目和××项目，产品研发周期短，生命周期长，问题解决及时，受到领导的高度重视。

我带领的团队，工作效率高，同事之间相处融洽，密切配合，默契合作。

专业技能

液晶和等离子电视等视频系统的开发设计；有良好的硬件系统设计经验和软件编程能力；有现场分析和解决问题的能力。

修改后的清华面试优秀考生个人简介

个人简历

姓名：赵飞　　**籍贯**：山东　　**出生年月**：19××.×

教育背景

1997.09～2001.07　××大学电光学院　光电子技术专业　学士

2001.09～2004.04　××大学研究生院　物理电子学专业　硕士

- 1998～2001：担任××大学电光学院文学社副编辑，负责院刊《远航》杂志的审稿和撰稿。这份杂志为学院的文学爱好者提供了展示自我的平台，内容深受同学的喜爱。
- 2001～2004：先后担任光电子器件和数字电路课程助教，作为沟通老师与学生之间的桥梁，为学生答疑解惑，并将学生的情况反馈给老师，辅助老师教学。

工作背景

2004.05～2006.03　××股份有限公司　硬件工程师

- 2004.05～2004.10：负责××外销日本的机型××的设计和生产指导，目前仍持续接到该机型的生产订单，是××生命周期最长的一款液晶电视机型。
- 2004.10～2005.03：承担××酒店客房电视项目，设计完成××唯一一款带网络解码接口的液晶电视系统，并为其配置了酒店局域网，该项目已完成生产。
- 2005.04～2005.03：承担××机芯的项目开发。带领团队面向美国、日本市场推出23～47英寸液晶电视十几款，均已通过客户验收。并陆续投入生产。面向国内市场的××高端液晶电视也已经投入生产，将在“五一”推向市场。

工作评价

我负责的××项目和××项目，产品研发周期短，生命周期长，问题解决及时，受到领导的高度重视。很多新电视系统功能和新的液晶屏都是从之前我的项目中开始实验和测试，获得成功后再推广到别的项目使用，并与其他项目组充分分享设计经验。

我带领的团队，工作效率高，同事之间相处融洽，密切配合，合作默契；在公司的节约成本活动中获得二等奖奖励；与客户沟通良好，客户数量稳步上升，订单具有持续性，多次受到客户称赞和领导表扬。

专业技能

液晶和等离子电视等视频系统的开发设计；有良好的硬件系统设计经验和软件编程能力；有现场分析和解决问题的能力。

英语水平

CET-6，能用英语熟练进行交谈。

点评：

修改前考生的个人简历过于简单，而且没有提及英语水平，修改后的清华学员的个人简历，考生的自身工作亮点比较突出、自我评价比较恰当，会引起考官的关注，考官会据此询问考生有关个人工作和个人能力的问题，考生可以有的放矢，积极准备。

【例4-4】修改前的人大面试优秀考生个人简历

个人简历

姓名：章强　　**性别：**男　　**出生日期：**××××

学历：本科　　**学位：**工学学士

个人履历

1995.9～1999.7　××学院××系　计算机及应用专业

1999.10至今　××有限公司　市场中心　负责东北区销售和售后服务

个人简介

本人毕业于××大学计算机及应用专业。毕业后在××电脑设备有限公司市场中心任东北办事处经理，一直从事市场销售和售后服务工作。主要负责东北市场的开拓、产品的销售和售后服务工作。熟悉东北行业市场的情况，对市场的开拓和销售工作有一定的经验。熟悉计算机和网络。

个人业绩

1. 2002年任东北销售经理，在吉林行业市场都不认可本公司及产品，公司决定延后开拓吉林市场的情况下，独立开拓了吉林的行业市场。

2. 2003年任东北销售及售后服务经理，由于公司、客户、代理公司之间的种种原因，当时公司在辽宁市场的份额几近于零，通过近1年的努力，使公司产品占辽宁行业市场销售额的比例达到90%。

3. 2005年度被评为单位先进个人。

修改后的人大面试优秀考生个人简历

个人简历

姓名： 章强　　**性别：** 男　　**出生年月：** ××××年×月

学历： 本科　　**学位：** 工学学士

电话： 13×××××××××　　**邮箱：** ××@163.com

一、教育背景

1995.9～1999.7　××学院　数学计算机系　计算机及应用专业　工学学士

二、工作背景

1999.10 至今　××电脑设备有限公司 市场中心　销售经理、售后服务经理

1. 2002 年任黑龙江销售经理，在吉林行业市场都不认可本公司及产品，公司决定延后开拓吉林市场的情况下，我自荐独立开拓吉林的行业市场，经过 1 年的努力发展经销商 20 余家，年销售额 400 余万元。

2. 2003 年任东北销售及售后服务经理，由于公司、客户、代理公司之间的种种原因，当时公司在辽宁市场的份额几近于零，我带领销售团队通过近 1 年的努力，使公司产品占辽宁行业市场销售额的比例达到 90%，年销售额 1 000 余万元。

三、外语水平

大学英语四级、可用英语进行交流。

四、所获奖励

2002～2004 年连续 3 年被评为单位销售先进个人。

2003～2005 年所带领团队被单位评为年度优秀团队。

五、能力特长

1. 熟悉东北行业市场的情况，对市场的开拓和销售工作有一定的经验。
2. 熟悉计算机和网络，具有处理计算机软硬件问题的能力。
3. 善于与人沟通，有建立建设性人际关系的能力。

点评：

修改前，个人简历的结构比较混乱，内容杂乱，有许多内容过于口语化类似于个人的自述，说明学员对个人简历的用途不是很清楚。个人简历主要是给考官的，让考官拿到简历后，对考生的整体情况有所了解。修改后的简历考生的自身工作亮点（市场开拓能力）比较突出，会引起考官的兴趣，由此入手询问考生有关的问题，考生可以着重准备。

第二节　个人自述的撰写

个人自述是个人面试的必备环节，一般要求在 1～2 分钟，也有的学校要求不超过 3 分钟。

个人自述要求包括你的工作、学习经历、工作中的闪光点、报考该学校MBA的原因以及期望通过MBA的学习得到的最终效果等。

【例4-5】修改前的北大面试优秀考生个人自述

个人自述

我叫吴梅，现年27岁，毕业于山东财政学院，拥有4年的工作经历。从一线业务员到主管、销售经理再到代理首席代表。

在两家公司工作过。一家是××，我在其进口食品酒水销售公司做业务工作，从业务主管到北方区域销售经理。做一线业务员的时候，这个项目刚刚起步不久，只有北京、上海以及大连建有分公司。我和销售部门的同事们经过努力，在我离开这家公司的时候，它在北京、上海、大连、青岛的4家公司已经发展迅速。第二份工作是在一家叫××的跨国公司的中国办事处。职位是代理首席代表，当时暂无正式首席代表。我从一个人开始进行招聘、员工培训到与我的团队一同开始中国市场的研究，寻求战略伙伴。目前在中国地区寻求合作伙伴和商谈业务的任务基本结束，已经进入建立合资公司的阶段，一旦成立合资公司，在谈中的几个大项目随后就可以开展。

因为年龄尚轻，经历尚浅，做管理工作曾困难重重。但是我的学习适应能力和良好的交际沟通能力以及坚忍的意志，帮助我得到了上级、下级、合作伙伴以及客户的信任和支持。我清晰地认识到我的不足，为了实现当一个优秀的职业经理人的职业目标我选择了MBA教育，选择了这个领域内我认为最有含金量的北京大学。相信我在这个教育项目当中可以与我的同学们一起提高完善自己，为自己实现自己的职业目标插上一双翅膀。谢谢。

修改后的北大面试优秀考生个人自述

个人自述

各位老师：

大家好！

我叫吴梅，2002年毕业于××，获管理学学士学位。

毕业后我应聘到××工作，在其进口食品酒水销售公司从事销售工作，经过自己的努力从一线业务员到业务主管再到北方区域销售经理。做一线业务员的时候，这个项目刚刚起步不久，只在北京、上海以及大连建有分公司。我和销售部门的同事们经过努力，到2002年，公司在北京、上海、大连、青岛的4家公司已经发展迅速，年业务收入达3 000余万元。我本人管辖的北方地区市场，已经在11个省市建立了代理商体系，北京地区的直营客户达到了80余家。2002年我应聘到××的中国办事处工作，职位是首席代表。××是一个总部在韩国的上市公司。我从一个人开始进行招聘、员工培训到后来带领我的团队一同研究中国市场，寻求战略伙伴。目前我所在的办事处有4个部门，16个人，在中国地区寻求合作伙伴和商谈业务的任务基本结束，已经进入建立合资公司的阶段。而且公司成立后要开展的几个项目也已基本确定。

在带领团队、开拓市场的过程中我遇到了很多问题，许多问题通过我对管理知识的理解和运用得以解决。我从中也深切地意识到了管理的重要性，于是我选择攻读北京大学的MBA。北京大学有著名的教授，有优秀的同学，我相信可以通过在北大的学习实现我的人生理想。

我的介绍完了，谢谢。

点评：

修改前，个人自述的结构比较混乱，内容比较杂乱。有的内容过于口语化，例如“在两家公司做过工作，一份是，另一份是”。有的内容不用在自述中特别说明例如“我离开这家公司的时候”。有些内容是可以省略的，例如年龄。有些内容是需要修改的，例如将“我离开这家公司的时候，它在北京、上海、大连、青岛的 4 家公司已经发展迅速”改为“我和销售部门的同事们经过努力，到 2002 年，公司在北京、上海、大连、青岛的 4 家公司已经发展迅速”，“第二份工作是在一家叫××的跨国公司的中国办事处。职位是代理首席代表，当时暂无正式首席代表”改为“2002 年我应聘到××的中国办事处工作，职位是首席代表。××是一个总部在韩国的上市公司”。有些内容是需要量化的，例如规模发展的程度可用销售量和销售收入来度量，例如“2002 年，公司在北京、上海、大连、青岛的 4 家公司已经发展迅速，年业务收入达 3 000 余万元，我本人管辖的北方地区市场，已经在 11 个省市建立了代理商体系，北京地区的直营客户达到了 80 余家。”考 MBA 原因应当积极跟管理相关，不应出现“因为年龄尚轻，经历尚浅，做管理工作曾困难重重”这类语句，应适当修改。

修改后的个人自述中考生的个人职业生涯主线比较清晰，自身工作亮点比较突出，考官会据此并结合考生简历询问考生有关个人工作和个人能力的问题，考生可以有的放矢，积极准备，在面试中脱颖而出。

【例 4-6】修改前的清华面试优秀考生个人自述

个人自述

各位考官大家好！我叫赵宁，毕业于××大学。毕业后就职于××国际金融信息有限公司。公司注册资本 1.3 亿元，拥有员工 300 余名，致力于为金融投资者提供专业、客观、及时的信息服务。

在 2002 年 3 月进入公司后，我从事了 1 年的销售和市场工作。在 2003 年公司决定成立产品部时，我成为当时公司中最年轻的部门经理。部门刚刚组建时，我手下只有 1 名员工。经过严格筛选，我招聘了 3 位具有丰富专业知识和多年投资经验的专家。虽然我的下属无论从工作经验、专业知识还是年龄上都比我有优势，但是由于我领导方法得当，我们总是能够愉快而高效地完成任务。

在工作之中，我深深地感受到目前国内金融信息服务市场存在很多不规范的地方，信息服务产品的品质也有待提高。我的理想是成为一名卓越的职业经理人，但是以我目前的专业知识、管理水平和人际交往层次，实现这一目标是不现实的。我迫切希望能够找到突破现状的途径，于是产生了攻读清华MBA的想法。

我希望能够通过清华世界一流的师资，学习到国际水平的管理知识和经验；借助清华多样化的讲座论坛同清华优秀的同学一起学习生活提升自己。

真心希望各位老师能够给我这个深造的机会！谢谢！

修改后的清华面试优秀考生个人自述

个人自述

各位考官大家好！我叫赵宁，毕业于××大学，国际贸易专业，获经济学学士学位。毕业后就职于××国际金融信息有限公司。公司注册资本1.3亿元，拥有员工300余名，致力于为金融投资者提供专业、客观、及时的信息服务。

在2002年3月进入公司后，我从事了1年的销售和市场工作。在2003年公司决定成立产品部时，我成为当时公司中最年轻的部门经理。部门组建初期，我手下只有1名员工。经过严格筛选，我招聘了3位具有丰富专业知识和多年投资经验的专家。虽然我的下属无论从工作经验、专业知识还是年龄上都比我有优势，但是由于我对工作分配合理，领导方法得当，我们总是能够愉快而高效地完成任务。在任期间，我组建了产品部；完善了公司产品体系；推出了面向企业市场的专业产品，该产品不仅填补了市场空白，还为公司开创了一个新的利润增长点。

在工作中，我深深地感受到目前国内金融信息服务市场存在很多不规范的地方，信息服务产品的品质也有待提高。我的理想是成为一名优秀的职业经理人，能够为改变市场现状做些事情。但是以我目前的专业知识、管理水平和人际交往层次，实现这一目标是不现实的。我迫切希望能够找到突破现状的途径，于是产生了攻读清华MBA的想法。

我希望能够通过清华世界一流的师资，学习到国际水平的管理知识和经验；借助清华多样化的讲座论坛，接触到世界前沿的思想火花；并且清华有许多优秀的同学，同他们一起学习生活是我提升自己、拓展人际关系的最好机会。

真心希望各位老师能够给我这个深造的机会！谢谢！

点评：

修改前的个人自述基本内容比较齐全，但缺点是过于简单，尤其是工作的亮点不够鲜明，过于笼统。主要修改的地方有增加了“经济学学士学位”，增加了“在任期间，我组建了产品部；完善了公司产品体系；推出了面向企业市场的专业产品，该产品不仅填补了市场空白，还为公司开创了一个新的利润增长点”这一工作亮点，将“我的理想是成为一名卓越的职业经理人”改为“我的理想是成为一名优秀的职业经理人”，因为“卓越”这个词过大。

【例 4-7】修改前的人大面试优秀考生个人自述

各位老师：

大家好!

我叫刘朋，毕业于××大学的电信专业。5 年以前，受到新东方 CEO 钱永强老师的影响，我立志成为一名优秀的职业经理人。大学毕业后，我进入了一家很有潜力的公司——中体同方，这个公司是由中体产业、清华同方和 IBM 三方出资组建的。有志者事竟成，不到 1 年，我当上了客服中心的副经理。2004 年 6 月，我进入了联想集团，职务是技术支持主管。3 个月后，我所带领的团队业绩就升至全中心的第二名，而我也得到了绩效考评的季度优秀，公司还奖励了我参加 COPC 培训的机会，可以说我实现了人生的第一个五年规划。

我希望通过在人民大学的学习能系统地让我了解管理知识和业界标准帮我实现人生的第二个五年规划。

我的介绍完了，谢谢!

修改后的人大面试优秀考生个人自述

各位老师：

大家好!

我叫刘朋，毕业于××大学的电信专业。5 年以前，受到新东方 CEO 钱永强老师的影响，我立志成为一名优秀的职业经理人。大学毕业后，我进入了一家很有潜力的公司——中体同方，这个公司是由中体产业、清华同方和 IBM 三方出资组建的。有志者事竟成，不到 1 年，我当上了客服中心的副经理。又过了 1 年，我组建了客服中心，为公司创造年收入约 130 余万元，并且组织了 2 次全国性的渠道技术培训会，多次受到经销商和客户好评，还被公司评为 2003 年度优秀员工。抱着学习的态度，2004 年 6 月，我进入了联想集团，职务是技术支持主管。3 个月后，我所带领的团队业绩升至全中心的第二名，而我也得到了绩效考评的季度优秀，公司还奖励了我参加 COPC 培训的机会，不负众望，我以 98 分成绩取得了部门的第一名。以上就是我简要的工作经历，可以说实现了我事业发展的第一个 5 年计划。

人民大学有著名的教授、有优秀的同学，我相信人大的各位教授以及我身边的同学，能系统地让我了解管理知识和业界标准，使我的管理工作少走弯路。同时联想国际化的大潮使我的心灵受到了震撼，我也希望人大能把我塑造成优秀的管理者，推动民族企业的国际化进程。

我的介绍完了，谢谢!

点评：

修改前的个人自述基本内容比较齐全，但缺点是过于简单，尤其是工作的亮点不够鲜明，过于笼统。主要修改的地方是将工作的亮点更加具体化，将报考人大的原因阐述的更加详尽。

【例 4-8】个人自述通用模板

各位老师早上/下午好，我叫××，在××工作。××年毕业于××，××学学士。

毕业后加入××，我先后从事过××。（介绍工作的闪光点）

在×年的工作时间里，我所学知识得到了充分应用，管理能力、创新能力、应变能力不断提升。通过广泛接触许多企业的高级管理者和营销主管，锻炼了我的沟通能力。在与他们合作的过程中，我逐步确立了自己的职业目标，这就是做一名成功的职业经理人。同时我认为自己虽然具备一定的××知识，也有一定的实践经验，但缺乏管理科学与管理技术方面的系统培训，于是产生了读MBA的想法。期望通过在××的学习，在未来实现我的人生理想。

我的介绍完了，谢谢!

一般的个人自述可分为3大部分，第一部分个人情况的简单介绍，第二部分叙述工作的经历着重说1~2个工作上的亮点，第三部分叙述报考的原因及结尾。上述模版给了每一部分的开头和第三部分以及结尾，考生可以灵活运用这一模板，准备自己的个人自述，争取在最短的时间内脱颖而出。

第三节 MBA面试重点问题及解答

1. 你为什么选择MBA?

从国家经济发展的需要来看。一提到中国科教的落后，大家往往只谈中国科技的落后。其实，由于长期以来“左”的思潮的影响，使中国在人文科学方面更为落后。长期以来 由于制度和观念等诸多方面的原因，西方发达国家的管理方法和管理经验不能为我所用，我们在管理上远远地落后了。

中国改革开放30余年，制度和思想解放所带来的生产力革命已没有太大的发展空间，发展国家的两个重要支柱：科技和管理，尤其是管理，亟待加强，中国需要一大批懂经营、会管理的人才，特别是优秀企业家，这已形成了广泛的共识。

从个人来说，个人已经处在企业中层领导的岗位上，深刻地理解管理之必要，并知道管理之复杂。我长期以来致力于改善企业管理的愿望需要建立在新的视野、思维、理念之上，而MBA是世所公认的培养管理能力的有效途径，结合个人特点，经过认真思考和分析判断，我选择了MBA。

点评：

回答这个问题时阐明了自己对管理的热爱及希望以管理振兴国家或是企业的崇高理想。解答重点在于说明MBA对国家和企业是必要的，对自己是适合的。

回答的上半部分，追本溯源，点明国家之需要，管理落后之根源，旨在展示个人眼界，同时也是说明个人选择MBA的铺垫。

这个问题是一个较强的个性化问题，回答的内容和个人背景关系最大。如果是一个民营企业，则直接从自己个人控制的企业发展需要出发论述，更贴切感人。所以说，大多数问题都没有固定的答案，答案和个人特定的定位、面试场景密切关联。

2．你如何看待当前国内的MBA教育？

问题很多，但前景美好。

办好MBA教育的4个基本条件：一是生源；二是教师；三是教材，四是MBA就业市场。MBA生源方面，由于招生制度和现时条件还不十分成熟，MBA入学考试还不能像国外顶尖商学院那样，从总体上招收到理想的MBA研究生，所以我非常赞同搞面试改革；从MBA师资队伍来看，由于MBA教育在国内开展为时尚短，有工商背景的合格MBA老师队伍还处在锻炼和形成阶段，目前还不能满足MBA教育的需要；从教材上看，无论是理论教材还是案例教材都严重不足，只能从国外引进，难以真正适合国情；最后一方面是由于多种复杂原因，国内MBA还没创造出品牌价值，社会认同度不高。

但国内MBA存在的问题只是MBA发展过程中的一个暂时现象，随着MBA招生制度和招生方法的不断完善和发展，师资水平的不断进步和更多有志于工商管理的优秀青年加入MBA，国内MBA一定会迅速崛起的。

点评：

指出问题要切中要害，知道问题的根源，就会使人感到深刻。但一定不要把国内的MBA批得一无是处，要从大处着眼，既承认现实不足，更描绘未来美好前景。

3．读MBA需要哪些素质，你有哪些优势？

MBA是以高级管理者为培养目标，因此其基本的要求是有强烈的事业心和敬业精神，有管理的强烈愿望，有坚强、果敢的气质，有管理知识。

我的优势主要是：首先，无论是工作还是生活，我都有激情，有比较高的理想并愿为之付出，为之奋斗；其次，我对未来事物的发展有自己的见解，经常能从战略的高度，从全局出发，考虑事物的发展和变化；最后，知识面较广，个人品格端正，敢冒风险，敢承担责任，敢于采取行动。

点评：

对MBA需要的素质阐述并不是关键，因为这个问题很容易组织语言回答。关键是你的优势在哪里，回答这个问题，一是来源于定位，二是要总结自己在面试的过程中真正表现出来了哪些优点，是否能够获得面试官的认同。基于以上两点，再考虑如何回答。

上面的回答非常简练，内涵相当丰富，人物表现有立体层次感。其中的关键词所表达的意境如充满激情、理想远大、有战略远见、品格端正、敢冒风险、敢担责任、敢于行动等是非常经典的形象。

4．你希望从学习中得到的最重要的东西是什么？

我学习的目的就是为了提高思想和道德境界，增加才智，多结良师益友，为事业发展打基础。

最希望得到的东西是塑造人格和个性。

点评：

这样的问题一般要多强调思想、道德等问题，还要像个经纪人（为自己的事业）。强调思想、道德、人格等问题，是因为它们确实比知识、技能更重要，强调思想、道德是“知本”的表现，意境较强，还可适当说明自己的个人欲望，证明自己实在和实际，两方面都要照应到。

5．在今后5年你想做什么，为什么？

总的想法是希望在现有事业的基础上再上一个新台阶，成就更大一点，这对我这个年龄的人非常关键。但设想5年具体做什么，我真的有点说不清楚，干我们这行的人也很少有人能说清楚。在我所处的IT行业里，每天都发生新的变化，变化如此之快，有时真让人无所适从，网络经济、电子商务、新概念、新应用层出不穷，去年纳斯达克股票从1 000点狂涨至3 000多点，都有点不可思议。因此，现在对我最重要的，就是密切关注行业动态，做好战略决策，使公司业务保持在最有希望的方向上，使公司业绩在5年内再增长两倍。

点评：

这是一个定位在IT公司决策层的管理者的一个回答。回答主要根据行业特点，说明自己希望在事业上有更大成就，又没有说明具体如何去做，非常现实，非常实际。最后给出事业发展的目标（增长两倍），又非常明确，关注结果而非过程（由于IT行业多变，难以意料过程），说明回答者对自己的事业设计轮廓清晰。此外，回答中描述了自己所负责的业务增长，而不是描述自己个人的增长（如获得晋升机会等），显得很大气。

第五章　个人单独面试之自我介绍

全国 MBA 教育指导委员会规定各招生院校应积极探索有效的面试方式。个人面试、小组面试或个人面试与小组面试相结合都是可以采取的方式。面试题要体现 MBA 教育的特点，适合于选拔 MBA 学生，可以采用简答题、案例分析题、论述题、决策模拟题、角色扮演题、辩论题、演讲题等各种题型。

个人单独面试在 MBA 面试中占据重要地位，其中涉及个人自我介绍、与考官的一问一答、抽答题。随机抽答题目是很多学校采用的一种方式，可以包括简答题、案例分析题、论述题、决策模拟题、角色扮演题、辩论题、演讲题等各种形式的题目。

个人单独面试一般是从开场问候、自我介绍到回答考官提问，最后告别结束。下面我们从各个角度讲解个人单独面试。

第一节　自我分析与定位

MBA 面试考官要判断的是考生是否适合读 MBA，是否是其中的优秀者。要回答好考官的问题首先要做一下自我分析。这样回答问题就有中心和重点，有逻辑性，不至于在考官的追问下乱了阵脚。

MBA 面试成功的基础，很大程度上取决于个人对自己的定位，以及在此定位基础上的设计的整体策略是否成功。所谓自我定位，就是通过精心设计，强化个人特征中的某些方面，使考生能在面试官心目中产生个性清晰鲜明、符合优秀 MBA 特征的形象。在 MBA 面试中，有关个人定位的问题是基本问题，也是经常会考到的问题。要想能够较好地回答考官，必须先做好自我分析。

做自我分析有这样几个方面的问题值得大家细想，最好用纸笔写下来。

1．我是谁

听上去这个问题很好回答，其实还是要好好想想。

我来自什么样的家庭、受过什么样的教育、我的地域和工作背景是什么？这和看问题的角度、工作的动机、喜欢与什么样的人打交道有很强的关系。

我是什么样的性格？自己的性格缺陷是什么？自己的性格优点是什么？

我有什么样的生活和工作的信念与理想？

我有哪些优点和缺点？具备能够持续学习的能力吗？具备自学的能力吗？喜欢和人打交道吗？平时喜欢和什么样的人打交道？

我拥有什么？还缺少什么？这个方面的欲望有多强烈？

我的满意度有多大？主要涉及生活质量、工作环境、同事的期望、工作的强度等方面。

我有哪些兴趣和爱好？这些兴趣和爱好与我的日常工作有没有关联？

我容易和人相处吗？我喜欢和什么样的人在一起？

我容易被影响吗？我经常影响别人吗？

我喜欢钱吗？如果对钱这个东西没有兴趣的人，是不应该选择来读MBA学位的，因为MBA学位就是学习对金钱取之有道的各种知识和技巧的，是完全不同于其他如教育学、物理学、化学、人类学等学科的。

我喜欢自律和讲原则吗？你还可以问自己很多类似的问题，甚至可以做自我测验，或者请别人来测验你的耐性、热情、激情、责任心等。询问自己这个问题，可以对自己目前和既往的工作和生活定位有一个更清晰的认识，这样有助于对自己将来职业发展的筹划。

2．我具备哪些先天和后天条件

这些问题可以由自己来回答，也可以请朋友来评判。

我长相出众吗？可人吗？端正吗？令人烦吗？喜欢争执吗？为什么？（先天部分）

如果将人们分为不同的类别，我属于哪种类型的人？

我的家庭（父母、姐妹、太太/丈夫和孩子）是什么样的？（先天和后天部分）对我的影响是什么？

我怕什么？不怕什么？（先天部分）

我的教育情况和读书喜好。(后天部分)

我的经历给予了我什么样的烙印？对我的未来意味着什么？（后天部分）

我天生善于倾听？还是善于争执？是内向型的性格？还是外向型的性格？

3．关于选择MBA方面的

我为什么要选择MBA？是为了将来的高薪、更高的学历、找到一份好工作，还是为了通过学习成为业界高手？

我希望通过MBA学习可以使自己在哪方面得到提高？

我想选择MBA的哪个方向？

我选择 MBA 的优势与劣势是什么？

MBA 到底是一个什么样的东西？我是要达到大师级的水平还是普通管理者的水平？

怎样学习 MBA？

注意：这里提到的目标一点要尽可能具体化。

4．通过 MBA 学位的学习，我想达到什么样的人生目标和预期

事业上面？要根据自身的特点和长处设定自己的业务奋斗领域，这领域相对能够集中精力建立自己的专长。比如在市场营销、财务管理、资本运作、人力资源管理等焦点相对集中的领域内注意自己的业务发展。

职位上面？自己对自身所具有的领导才能、影响能力、策划能力的分析和估计，设定自己最佳定位的企业内职位，作为一个职业经理人，要努力在这个方面建立自己的市场价码。

财富上面？给自己勾画一个财富曲线，在自己职业生涯的过程中，不可能总是处在收入和职务的巅峰，即便是有，也只有很小的概率，要实事求是地为自己设定量化的奋斗目标。

社会层面？每个人都有自己的社会地位，并且力求社会认可自己的贡献和影响。对于职业经理人来说，这也是很重要的，要清楚对自己应该有哪些要求呢？自己又具备哪些能力来达到呢？

我的生命曲线（年龄、事业、财富、职位、社会地位等）如何形成？可以勾画出一个综合的曲线来观察分析自己心目中的生命曲线，这个曲线在遇到各种事件的时候，都会有所偏离和重新定位，但是由于个人性格等天生素质的恒定，每个人还是会按照一定相关的规律性在运行，机遇是其中很大的因素之一。

我的事业、职位、财富等在我心目中的定位？每个人其实对这几个目标有着不同的排列和追求，我自己不认为这里有太大的对与错的区别，完全与每个人的价值观取向相关。

5．什么会阻止我实现这个或这些目标

我的各种个性上的先天特点（情绪化？喜欢张扬？喜欢沉默？没有耐心？喜欢单独做事情？喜欢和兴趣相投的人在一起共事？害怕独立做事情？）。

有没有语言障碍和人际沟通障碍？

我的独特的做人原则和脾性有哪些？

碰到各种困难的时候我的态度通常会是什么样的？

我对接触新的东西和知识是否有障碍？或者对什么样的事情可能会有抵触情绪？

6．我能否或如何克服这些阻力

我是否在各种情况下都能表现得意志坚定？

通过学习我是否可以提升自己的认识，是否会有大的变化？

我是否可以通过注意自己的不足来达到一种境界？

我的做人信念是否允许自己达到自己设定的各种目标?

我是否在下定决心做一件事情的情况下,可以长期坚持做下去?

7. 用执著的精神和悟性达到自己选定的目标

从做事情和从事一件工作的时间长短来看自己的耐心程度。

对别人认为是不可能做成功的事情自己如何去看。

在自己的职业生涯和生活中是否有过独辟蹊径的经历?

经常会出现对自己所做过的事情感到缺憾吗?

对自己心仪已久的专业领域,如果没有既往的经历和学历,有决心和能力去通过学习与实践达到掌握和运用它的精髓部分吗?

通过对自己各个方面尽量全面的分析,这时候来为自己未来的职业选择开始定位比较好。在老师问到职业生涯相关问题的时候,就不只是感性的认知,而是尽力将已经有的经历转化成为自己的资本,将负面的东西转化为正面的东西。让考官感到你选择读MBA是职业生涯中一个合理的必然选择。

在对自己进行深入的了解之后,再进行自我定位就变得相当容易了。但必须注意:自我定位并不是将自己包装成韦尔奇或李嘉诚,而是按照考官对MBA理解、期望出发,重新塑造自我形象,关键是突出优势、淡化劣势,并在此基础上设计出一整套展示给面试官的包括语言、行为、态度等全方位的策略。

学习MBA,就应该了解MBA人才的优秀素质或潜能。根据国内外一些得到普遍认同的观点,MBA的特质可以从以下6个方面来判断,这6个方面是:分析表达能力;领导管理能力;自信、勤奋;个性、气质;智商和眼界;自我激励。

(1)分析表达能力。分析表达能力如何完全是通过观察得出判断的,也是面试时最容易被面试官识别判断的。如果回答问题简洁明了、切中要点,分析问题层次清晰、有深度,这方面的能力会自然体现出来的。因此在任何时候都不要直接说自己“有较强的分析表达能力”,而应完全留给面试官来检验,甚至必要时适当自谦一下,效果可能会更好。

(2)领导管理能力。这方面能力的体现也是比较客观的。例如考生已经成功地较长时间担当领导者或是管理者,或者成功地组织过某些大型活动等,具备一定的领导管理能力是不言而喻的,这时考生要做的就是如实叙述自己的一些领导和管理经历,切记不要变成自我吹嘘,谦虚一点更好。而如果考生还从没有过担当企业领导者或管理者的经历,则一定要坦诚,绝对不能凭空捏造,因为到底有没有过类似经历,面试官能轻易地看出来。这个时候应该从其他侧面来展示自己的领导和管理潜质,记住只需简单说明自己确实有潜在的领导和管理能力即可,否则只会令人厌烦。

(3)自信、勤奋。自信这个抽象的特征往往也是通过语言、行为可以判断出来的,所以应避免直接说自己很自信。可行的方式是技巧性地表现自信的其他层面，如乐观、积极的形象和态度，对人对事所持的开放式的态度，接纳不同意见的胸怀等。至于勤奋的特征，通过短短的面试是看不出来的，需要考生自己去主动表达。但这种表达同样不应是“我确实很勤奋”式的自我宣言，而要用一些生动的事例来间接反映，例如在工作繁重的情况下，自己如何坚持 1 年之久来复习备考，等等。

(4) 个性、气质。气质如何，更多的是一种感觉，考官凭借面试能有一个大体判断，对于考生也就比较难于临时塑造。而个性方面的多数特征则不容易在面试中观察出来，所以考生应该主动诉求，通过直接描述或间接的事例来说明自己的意志力、坚定性、正义感、风险意识和对困难的态度等。

(5) 智商和眼界。考官对智商的检验，一方面可以通过考生回答问题的反应速度、机智程度等做个简单判断，另一方面也依靠考生自己的说明。当然最好不要直接说自己智商如何高，而要实证说明，如学生时代获得什么优异成绩、重要奖励，特别是竞赛方面的奖励；在日常学习、工作、生活中的创造活动；幽默感和丰厚学识等。而眼界则通过考生对事物或事件的分析所处的高度和深度来加以体现，它建立在知识的广泛性和智力的独创性以及广阔的胸襟等基础上，没有实力是无法展示的。因此眼界是一种很高的要求，不要试图用技巧来证明自己的眼界很高，眼界只能用实力证明，伪装不得。

(6) 自我激励。自我激励也主要是通过考生自己的描述来进行判断的，而要说明这一点并不难。通过具体的经历来说明个人具有的远大目标，对个人目标的明确程度和信奉及执著程度，对新的挑战的渴望，强烈的求知欲望，独立解决困难的能力，等等，都是体现自我激励的方式。

第二节 自我介绍的技巧

个人自我介绍是面试实战非常关键的一步，因为众所周知的“前因效应”的影响，你这 2～3 分钟见面前的自我介绍将在很大程度上决定你在各位考官心里的形象。这份介绍将是你所有工作成绩与为人处世的总结，也是你接下来面试的基调，考官将基于你的材料与介绍进行提问。

个人单独面试基本上都是从开场问候开始，开场问候很重要，它有可能决定整个面试的基调。开场问候是给面试考官的第一印象，从言谈举止到穿着打扮将直接影响到你被录取的机会。进门应该面带微笑，但不要谄媚。话不要多，称呼一声“老师好”就足够，声音要足够洪亮，底气要足，语速自然，总之彬彬有礼而大方得体，不要过分殷勤，也不要拘谨或过分谦让。

接下来就是自我介绍；面试中一般都会要求考生先做简单的自我介绍，自我介绍的时间一般为 2～3 分钟。自我介绍是很好的表现机会，应把握以下几个要点：首先，要突出个人的优点和特长，并要有相当的可信度。特别是具有实际管理经验的要突出自己在管理方面的优势，最好是通过自己做过什么项目这样的方式来验证一下；其次，要展示个性，使个人形象鲜明，可以适当引用别人的言论，如老师、朋友等的评论来支持自己的描述；再次，不可夸张，坚持以事实说话，少用虚词、感叹词之类；最后，要符合常规，介绍的内容和层次应合理、有序地展开；最后，要符合逻辑，介绍时应层次分明、重点突出，使自己的优势很自然地逐步显露，不要一上来就急于罗列自己的优点。

有一个笔试分很低，并且只有5年工作经验的考生被录取，其中一份6易其稿的个人介绍底稿起了关键的作用，因为在将近25分钟的面试时间里，面试老师的提问都是围绕着个人介绍以及基于这个介绍制作的一个PPT图进行的。现整理该底稿如下（框架如图5-1所示），仅供大家参考。

自我介绍的概要

各位老师好，我叫××，1998年毕业于哈尔滨工业大学，同年分配到北京工作，现在就职一家外企亿书堂公司，任市场部部门经理。

（下面我想从两个方面介绍一下我自己。）

工作业绩

1．1998年7月分配到北京××公司重点实验室。

1999年5月作为首席代表组建并运作上海办事处，1年就为公司实现了××万销售业绩。

2．2000年5月加入××公司，在市场部任商务经理，带领sales人员，推动中小企业的网站建设。

3．2001年1月，加盟美资企业——亿书堂科技发展有限公司，任市场部部门经理，主要负责培养销售团队，带领客户经理人及销售人员推广公司的软件系统。

其中最大的成绩

在亿书堂公司，作为市场部部门经理，带领客户经理，面对北大方正等竞争对手，最终将我们的软件系统与惠普、康柏、联想、恒基伟业四大随身电脑硬件平台捆绑成功，使我们的软件成为该行业的一种标准！

个人的几个特点

勤奋、执著、求学上进。

富有团队合作精神。

具备敏锐的市场嗅觉。

（实例：2001年10月，惠普公司在全国搞一次巡展，我抓住这个机会，为惠普制作了一个礼品软件包，一个E-Mail就为公司带来了××万的利润。）

我的上司，哈佛大学MBA，认为我擅长于“目标管理”，所以也非常支持我报考光华MBA，光华是我的一个梦想，希望9月能够在这里聆听老师们的教诲！我的介绍完了。谢谢老师!!

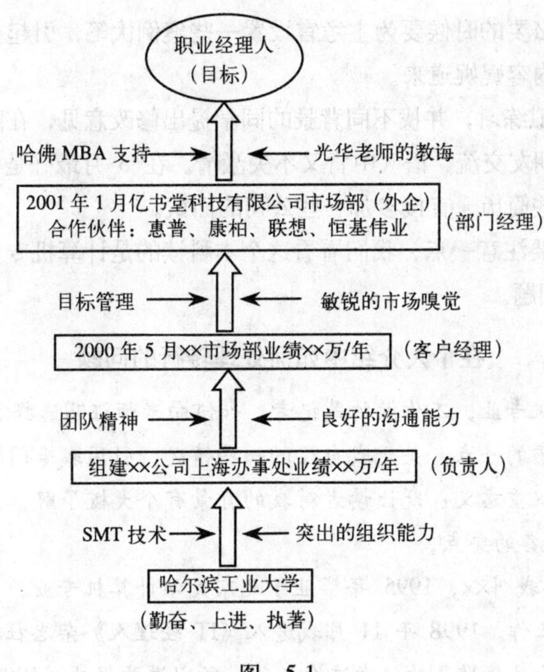

图　5-1

在个人自我介绍中有几点值得读者探讨体会的。

是你需要深造还是你值得名校录取？

自我介绍必须非常简洁地回答清楚这样一个问题“我需要得到来名校来深造的机会，同时我也值得北大选择我”。很多同学的介绍里都急切地表明无论从哪个方面讲都到了急需充电、急需到最高学府深造，往往忽略了前面这个问题。所以介绍的核心是你值得学校录取，而不是你需要深造！

重在个人经历介绍还是个人品质和能力？

在写自我介绍前，要静下心来想一想，自己这些年所有发生的事情，从十年寒窗到每一年的工作经历，自己到底拥有哪些优秀的品质，哪些事情反映了这些品质；在本章第一节的自我分析一定要当做一个重要的事情去做。

自我介绍要用事实说话，切忌使用含糊的字眼，要知道主考老师都是有很强的辨别能力，比如：你的第一学位学校在很大程度上反映你学习新知识的能力，你在很短的时间内被提拔为部门经理在很大程度上反映你工作方面的能力。所以在写自我介绍时候要用个人的经历来证明自己的品质和能力！

露出马脚还是留下伏笔？

作为考官都有很强的鉴别能力，对你面试中表现出的不严密的地方，能够很快感觉到，从而进一步提问，很多考生就乱了阵脚，导致出现更多的漏洞。其实自我介绍对突出业绩的介绍要精练，要点到为止，必要的时候要为主考官设置一些案例伏笔，引起主考官对你进行提问，然后你才将早已准备的内容娓娓道来。

自我介绍要反复模拟练习，并找不同背景的同学提出修改意见，在陈述时，不能让人感觉在背纸稿，而应该是与朋友交流，语气中肯又不失激情。在3月最好是多参加一些团队的模拟面试，或者多到网上投些简历，直接参加一些公司的面试。

对于转行的考生更要注意一点，我们看看这个本科读的是计算机专业，工作做的是记者，如何阐述选择MBA的问题。

在个人介绍中如何处理转行的问题

我本科读的是计算机专业，工作做的是记者，如何向老师证明选择MBA是个理性的选择，这是我在介绍中特别注意的一点。关于我自己的一些情况，引用我专门为面试开始时的“自我介绍”而准备的脚本有双重意义：既让读者对我的背景有个大概了解，又可以顺便解说面试时“自我介绍”部分应该准备的要点。

“各位老师早上好，我叫××，1995年毕业于北京大学计算机专业，先后从事过软件开发、产品销售、技术支持等工作。1998年11月我进入《IT经理人》杂志社，由于既有技术背景，又有较好的文字功底，而且我很喜欢记者这个工作，所以进步很快，1998年、1999年先后被评为报社和报社所在媒体集团先进个人，2000年年初被提为部门副主任，半年后提为部门主任。

在长期的记者工作中，我广泛地接触了许多著名企业的高层管理者、政府官员和专家学者，在和他们的交流过程中我对企业经营管理的问题产生了浓厚兴趣，同时发现自己缺乏经济学和管理学方面的系统训练，使我不可能和他们在更高的层次展开对话，于是我产生了读MBA的想法，经过了解我选择了光华。

我的介绍完了，谢谢!”

根据我的经验，准备“自我介绍”时要注意几个问题：

(1) 时间以两分钟内为宜。面试官一般会说“先简单介绍一下你自己”，有时候会强调不要超过2分钟，或5分钟。有人以为自己经历丰富，2分钟哪足以展示自己多彩的一生？我要强调，任何人都不喜欢听别人吹嘘自己，面试官更希望尽快走完必要的程序（自我介绍，两道抽签题），剩下更多时间问一些他们感兴趣的问题，所以，千万不要把“自我介绍”弄得太长。

(2) 要以事实、数据证明自己的优秀，不要出现诸如“我很能干，我很优秀”等自我吹嘘的字眼。比如“1998年、1999年先后被评为报社和报社所在媒体集团先进个人，2000年年初被提为部门副主任，半年后提为部门主任”这句话只字不提我的能力如何、我的贡献如何，但显然给面试官留下深刻印象，以致后面专门问了一个问题“假如你很优秀，老板对你很欣赏，把你提为部门经理，而你的部门有一位年纪比你大、资格比你老、业务能力比你强的同事，你将如何处理和他的关系？”

(3)“自我介绍”的核心应该是用你最成功的一段经历或曾做出的最大贡献来证明你是一个优秀的人。用“先进个人”“提升”等不容置疑的事实证明自己的优秀至今我都认为在策略上是非常正确的。

(4) 不要提及一些消极、负面的信息。前面的脚本原先还有介绍转行的部分，后来被我删掉了，原因在于说了这一段，我很容易受到攻击：既然干得很顺利，官也当了，怎么会想到要换工作呢？虽然我确实有向大众媒体和财经记者转的想法，但如果不是因为和主编后来闹出了矛盾，我也不至于轻易就离开。这段故事要被面试官触及，我很难证明自己的清白，一不小心可能就给毙掉了。

(5) 要对自己为什么考 MBA 有一个可信的说法。最好在“自我介绍”部分交代这个问题，免得后面考官再问你。虽然大部分人，包括我自己，是因为目前实在没有什么好机会，才铁了心来读 MBA，但显然你不能对面试官说“原来的工作很没劲，没前途，所以我想通过读 MBA 改变命运”。你应该说，我有很多机会，读了 MBA 我会更好地把握这些机会。我的解释就大有深意：我跟很多著名企业高层有接触，意味着将来可以给商学院带来一些可资利用的关系，所以我是有价值的；我本科专业是计算机，缺乏经济学和管理学方面的系统训练正成为我事业的瓶颈，MBA 教育正是解决这个问题的，所以我这样的人来读 MBA 是天经地义的。

(6) 要把写好的脚本烂熟于胸。虽然脚本是自己写的，字数也不多，背下来并不难，但如果因此而不注意准备，也可能到时一紧张脑子发晕，说话都不利落，那就麻烦大了。我被老婆逼着一本正经做自我介绍，刚开始的时候有几次中间忘了“台词”，在练过十几遍后，才基本不打顿。在老婆的督促下，我还在好几个朋友面前背“自我介绍”的台词。录音机是一个必要的工具，有数码录音笔更好，因为有时间显示。多听自己的录音你就会发现其实有很多需要改进的细节，比如是否清晰，是否平和，是否底气足、有自信。

第三节　成功面试例子精选

我们来看几个自我介绍的成功例子，体会一下实际面试的方法。

人都有弱点，问题是如何藏起来

与联考比较起来，面试是另外的一种感觉。有人觉得容易有人觉得难，有人觉得幸运有人觉得倒霉。这里不再有同一的尺度，联考就像是买了一袋机器擀的饺子皮，面试就是一家几口人在大年夜一起动手包饺子，饺子的大小胖瘦全在于个人。等各包一堆儿后拢在一块儿下锅，众饺子在上下翻腾之际，总会发现各个饺子的分量并不一致，可谁又知道哪个馅儿多，哪个馅儿少呢。

考高分的人大概有这么两种吧：其一是一直坚持着工作的，或者只有短暂的请假但毕竟还算工作、联考两不耽误，这种人很是难得，他有能力把所有的优点很容易地传达给考官。其二就是早早地抛开了工作，埋头在学习上多耕耘多收获的一种，期望能顺利过关，但是由于沉浸在复习大纲之中使自己多少失去了一些人际沟通的节奏。

去年清华大学刻意地制造考生与考官的不期而遇，不希望考生太早掌握面试的程序，不希望考生太早熟悉自己面试的团队。应该是考虑到太多的准备会遮掩考生的弱点，在短短的时间里让考官无法分辨。清华大学希望这样的安排可以尽量看到考生本色的反应，可以尽量看到考生的弱点。优点未必是通过的保证，弱点一定是淘汰的理由。然而面试无论如何都是可以准备的，无论程序怎么变化都还将是个人面试和团队面试的组合。

弱点如何藏起来呢？以下教你几个小办法。

(1) 从细节处动手。个人面试时候一定会要求做自我介绍，准备3个版本吧，2分钟版、1分钟版和30秒版。不同的考官会做不同的要求，无论之前你看到的面试要求上是怎么说的。去年我的面试通知上说2分钟，进了考场验明正身后考官明确告诉我：给你30秒介绍自己。可是我还是很啰唆，迈出了得低分的第一步。后来我知道自我介绍一定要控制在考官要求的时间以内，这是一个人职业与否的标记，同时也是测试你反应能力的标志。多数考官会根据你的经历问你问题，回答问题的时候要把最重要的一条答案放在前面，如果你习惯把最好的理由放在最后，会让考官觉得不耐烦。而且有的考官惯于在你回答的中途打断换问题，那样他就听不到你最好的答案。我就是这样在得低分的路上越走越远。不要猜测考官给了你什么样的分数，曾经听说有一个考生，经过努力看到了考官某一栏里填写的数字，发现自己的是5，别人都是6、7，甚至8，马上心智大受影响，在随后的小组讨论中集中不了注意力，同学启发他也没有能说点什么。等到下午口语考试的时候才明白那一栏是工龄，不过已经追悔莫及。

(2) 早做准备。关于你经历的问题通常你都有准备，但是无论你准备得多么好，不要让考官觉得你倒背如流。不然的话考官干脆扔给你一个你从来都没有思考过的问题就麻烦了。就像你看到你暗恋的人在前面走，你绕路飞奔到她或他必经的前方等着，做出一切都是偶然的惊讶说："真巧!"这时不管你跑了多远的路，你都不能大口喘粗气，不然都暴露了。考官很在意你是否说了假话来给你的经历整容，哪怕微不足道的细节也能撬动你实际上完美无瑕的人生。所以诸如问你什么地方的人一类的问题不要随口就来，你在表格上怎么填的就怎么说。

(3) 扩大交往。能给高分考生带来伤害的弱点就是过分的内向，尤其是在长期埋头复习之后。内向与否在一问一答的时候不容易暴露，但是小组讨论的时候就是个麻烦。这样的话最好在考试后就找个工作，一方面用招聘时候的面试练兵，一方面找找社交的节奏。不然的话就多参加一些活动。

小组讨论的话题熟不熟差别很大，在面试前多读点报纸，多上上网站，比如，中国MBA教育网的首页，都有很好的热点新闻。

面试也不用准备的太过充分，保持适度的紧张感会提高你的反应敏捷程度。只要在生活中很多的事情你都经过思考，面试时有限的问题根本就算不了什么。

个人面试流水线

几个去年考清华的朋友在考完笔试后，就打电话问我怎么准备面试。其实我认为：面试的准备不必花太多的时间。相信大家都参加过各种面试，MBA 的面试也有一些它自己的特点。

首先，面试官一般是由两类人组成，一是经管的老师，二是来自企业的管理者（特别是一些大的外企的人力资源部经理或从国外顶尖商学院毕业回国后被聘为顾问的"海归派"）。面试官一般有 3~5 个，主要问问题的是 1~2 人。其中有一个角色尤其要注意，在面试中他（她）始终会给你施加压力，要么表现出对你的回答不耐烦，要么对一个问题进行追击，其实这里面考的是学生对此类场景的处理能力和把握能力，往往人在这样的情况下就会紧张，进而语无伦次、答非所问。对于这个情况的处理，我的办法是"放松地以笑容对待他（施压之人）"。如果这个考官仅仅是以一些细微的动作来表示出他的不耐烦，那很容易对付：回答问题时要看着问你问题的人，同时也要不时看一下其他的面试官，特别是施压的考官，表明你不仅没有因为他的不耐烦而放弃与他的交流，而且还希望他能够注意你对问题的回答。如果施压采取的是对问题的追问办法，则相对就困难一些了，主要看你临场的发挥了，最重要的是不要紧张，语无伦次的回答显然表明你不适合做管理。而轻松最重要的表现形式就是职业的笑容，如果你对你的笑容把握不好，照着镜子好好练练吧。

其次，MBA 的考生来自各个行业，而且工作经验、年龄都有很大的区别。在这里，我不得不以我个人的观点来判断一下清华的考官更倾向于有什么背景的人。我记得自己在面试准备期间，听到有人说"清华培养的 MBA 是国有大企业的领导"，所以说什么来自国企的人更有优势，我不知道这样的观点从哪里来的，但实在是不敢苟同。我感觉有以下几点是考官更容易给高分的。

(1) 曾在著名公司工作过。无论是什么职位或部门，在大公司（包括外企和国企）的工作经历，无疑会给考官一个很好的感觉。比如来自诺基亚的考生往往会在第一时间引起考官的关注。这是因为考官知道：诺基亚的招聘人员程序已然很复杂，所以他会相信能被诺基亚聘用的人一定有可取之处。同样，在国内著名企业工作，比如，华为、联想等也会被考官高看一眼。

(2) 做过管理工作。既然都说 MBA 招的是管理人才，如果曾经做过管理工作的当然是读 MBA 的理想人选。这里的管理工作是广义的：既包括人员的管理（比如说 marketing manager, sales manager)，也包括对项目的管理（比如 account manager, project manager)。所以，如果你做过管理工作的话，会有一些优势。

(3) 有一些创业的经历。这里说的创业不一定是自己当老板开公司，因为真正有钱的大老板多数都不会来读 MBA，要读也会选择国外的商学院或类似于 EMBA、老板研修班来读。这里的创业经历是指帮助或协助过老板经历过创业过程。举个例子，兴起的互联网热潮给了年轻人很多机会，年轻人也有很大的空间去发挥自己的能力，所以尽管互联网创业的人大多没有成功，但是只要把经历总结出来，已经表明了你的分析能力、创新能力和决策能力，相信会吸引考官的注意力。

(4) 工龄稍长的考生。工龄长的考生虽然已经在笔试的分数上有了一些加分的照顾，但是在面试中依然还是有优势的。试想，三四十岁的考官甚至是50岁的清华教授选择谈话的对象，他是愿意选30岁有很多工作经验的人谈呢，还是愿意找一个20多岁的小伙子谈？注意：这里说的是MBA这样的未来优秀管理人员的面试而非其他。

(5) 研究生学历或本科名校毕业的考生。有这类资历的考生不仅在综合评价项目上能够得到较高的分数而且会给考官一个较好的第一印象，毕竟这可以从某一方面反映一个人的素质。

其实以上几点只是我个人认为这样的考生有一些优势的地方，但是这也符合“二八原则”，这些优势只会占到20%甚至更少，更多的是在面试中你所展现的素质。下面我就我经历的面试谈一些面试的所谓技巧方面的东西。

从2003年开始，考官手里再没有了考生的笔试成绩和排名，这是为了避免考官先入为主，也就是说每一位考生又走到了新的同一起跑线上。

首先谈谈着装。其实相信大家这方面都应该有了解，比如男士穿西装的忌讳，女士着职业装的特点等。我只简单说一下穿西装需要注意的最基本的问题。① 正式场合一般西装成套穿。西服配牛仔裤是20世纪80年代的香港电影最酷的亮相也是现在最没品位的穿法，这一点，从事IT行业的同学切记，不要认为比尔·盖茨也这样打扮，你就盲目跟学。而且西服跟裤子的颜色搭配不好的话，非常扎眼，所以如果你没什么把握的话，记住穿衣最简单的定律——同色系。② 衬衫领带要搭配好。不一定非要白衬衫、深色领带，又不是餐厅服务员，不用穿得这么统一，但要与西服颜色搭配好，自己没把握的话，穿上试试，然后问问老婆、朋友的意见。③ 最好不要穿浅色袜子。特别是当穿上深色西服黑皮鞋后，尤其注意不能穿白袜子（想知道为什么？穿上，然后坐下来，跷起腿，让朋友在对面看一下就知道了）。

其次，面试中对自己的定位。我认为在面试中很重要的一点就是“本色表演”。对于工龄较少的或没有真正做过管理的考生一定要注意一点：千万不要把自己装成有管理经验的人。你又不是演员，考官又不傻，一个好的考官随便追问你几个问题就能把你的底摸清。要注意MBA要招的学生是“具有一定的管理经验或具有管理潜能的人”，没管理经验只能表现管理潜能了。想清楚一点：你到底要表现给考官什么？多年的会计经验？良好的销售业绩？有创意的顾问？优秀的助理？也许你换过很多工作或部门，但是不一定要将各方面都展现给考官，抓住你最得意也是最熟悉的一方面向考官介绍。记得我面试的时候，在个人面试的自我介绍阶段，我就采取了重点介绍的办法，引起了考官的兴趣，所以当有人问我考官问了我几道题和什么问题的时候，我已经不知道了，因为后来跟考官形成了互动，甚至他们也对我所回答的问题提出了自己的看法。选择一个比较熟悉的工作来谈，可以让自己形成主动优势——因为这方面你肯定比考官知道得多，你是专家你还怕什么?

再次，面试中的形体和语言。这都是细节问题，很难一一讲清。主要要表现出气质和修养来。有些面试辅导中教考生进门应该怎样怎样，出门应该怎样怎样。其实我觉得很多都是“文化人”应该知道的，你可以想想如何在面试中用细小行为显示出你的礼貌和成熟。不要跷二郎腿大家都应该知道，但是还有很多所谓标新立异的事情尤其要注意，比如千万不要做出临走之时给每个考官递张名片的举动，也许有些考官会觉得你很专业，但是我认为大多数考官会觉得你很傻，是一个不分场合的傻瓜。

语言方面，你的声音也许不好听，但这不是你的过错，而且考试不考唱歌，所以请放心。选择你的语调和速度，语调不宜过高，因为你不是参加辩论赛；语速也不要太快，没人跟你抢时间，要让考官听清楚；情绪不要激动，容易激动的人往往说明了他的为人不很成熟，但是要表现出你的热情和对未来的信心。

最后，面试内容的准备。因为是本色表演，你不知道考官会问你什么问题，所以不可能做大量的准备。但是有些准备还是需要的，特别是有可能会问到你很尴尬的问题。比如说:“你为什么经常换工作?”“你对你的老板怎么评价?”“你的简历告诉我们，你已经做到××公司的高级职位，那你为什么还要辞职?”“你认为读 MBA 对你的帮助是什么?”等。很多的面试辅导都会发一些常见问题给学生，尽管我觉得里面的大多数问题都挺可笑，但是还是有一些需要准备一下。当然，对于开始的自我介绍是你完全可以准备得很充分的，5 分钟自我介绍时间很短，要突出重点，引起考官对你的兴趣。不妨给考官设几个套，比如我曾经在一家做 CRM 解决方案的外企做过，而 CRM 本身理念就很新，特别是在中国“雷声大雨点小”，企业都说要做 CRM，但真正了解的人并不是很多，所以我在自我介绍的时候突出了这点，但是我又说的不详细，想知道具体情况吗? 好吧，下面你就问我 CRM 和 E-BUSINESS 吧。果然，在下面的 10 多分钟里面，我们就对这个问题进行了探讨，正中下怀。如果你不能把考官吸引住，那可能你就会被问到你所不熟悉的问题上，比如：股票、公司兼并、安然事件等，这样“专家地位”到了面试官那里，很有可能让你措手不及，对你的面试不利。为了以防万一，对于重大事件你总得知道点儿吧。

在最后，面试官都会问你一到两个管理学的问题，都很简单，比如问我的是“三个和尚没水吃”反映了管理学中的什么问题? 所以，如果有时间，把管理理论稍复习一下没什么坏处。

从联想面试到光华之路

得到了联考的分数，虽然上了北大的面试线，但刚刚够线，根本就没有什么优势可言，好在北大重视面试，面试成绩要占一半，还有希望去争取一下。仔细想想自己辛苦的复习应考阶段，感觉如果不将面试拿下，那么实在是对不住自己这一年的辛苦努力。当然，也绝不能因此而背上心理包袱，毕竟脚下的路很多很长，尽自己最大努力就是了。

为了准备好北大的面试，我做了以下的一些准备工作。

首先，详细了解北大的面试程序。当时准备笔试的时候，我遵照辅导老师的建议，专心复习文化课，对面试的基本情况，包括基本程序、考察的要点、涉及问题的范围均一无所知。这时辅导班的免费培训使我对北大的面试有了一个初步的了解。我认真分析了一下，有了这样一个大体的认识：① 个人陈述，案例讨论为重，想瞎编工作经历只能有害无益，这是最考验你的能力的地方；② 自我介绍将会决定你的第一印象，也将为后面的问题留下一个基础，这是必须认真细致准备的工作；③ 老师自由提问，谁也不知道自己会有什么题目，反而显得比较公平，因此回答这个阶段的问题可以以四平八稳为目标，不求标新立异获得高分，只求万无一失，尽量少丢分。

其次，我对自身的基本情况做了一个简要的SWOT分析。我在一家北京市属的大型国企工作，属于刚够报考年限的考生，工作时间短，刚刚符合报考条件，而我的工作一直与财务有关，没有做过真正的企业经营工作。

现将有关基本分析列于表5-1中。

表 5-1

S	所在企业有一定的社会知名度，在基层单位做过财务经理
W	工作时间短，刚刚符合报考条件，没有做过真正的企业经营工作
O	紧扣自己熟悉的工作内容，将老师的注意力吸引到自己最熟悉的领域上来
T	如果老师对我的工作经历不感兴趣，将对面试成绩影响很大

根据这个表格的分析，我决定重点将我的工作经历讲清楚，以激发老师的兴趣，毕竟在自己最熟悉的领域吃亏的可能性是最小的。因此，我草拟了一个自我介绍，并反复演练，使之正好可以控制在1分钟以内。做了这些工作，我觉得剩下的最重要的就是与老师如何在短时间内进行有效沟通了。听说考官主要有两位，一位是北大的老师，另一位是企业人力资源的老总，也就是说，企业界人士的看法要占一半的面试分。于是，我决定开始我准备工作中最关键的一步：我决定到社会上以求职者的身份去找单位面试，增加自己对面试的感性认识，同时也为自己找份工作。

可能由于3月份是招聘高峰，加之运气还好，通过上网投简历，我得到了联想、嘉里、科利华、平安保险等数家大公司的面试通知，特别是联想，竟连续去了3次，受益匪浅。下面我就以联想为例先讲讲我的企业面试感受。

联想的面试确实很正规，首先，你要参加它的综合能力测试，合格者才能进入下一关。其次接下来的面试由两位考官组成，一是人力资源部门的人员，一是招聘部门的人员，如果进入

第三关，招聘部门的考官将由主管副总担任。

在通过第一关后，我很快接到通知，参加第二关的面试，面试时首先由人力资源部门的考官发问，问题是你为什么选择联想，类似问题我在嘉里遇到过，因此便按照仔细思考过的思路这样回答：我想加入贵公司主要有 3 方面的原因，第一是我喜欢富于挑战性的工作，原单位的工作虽然我能够胜任，但总觉缺点什么；第二我觉得自己的能力、素质和学历完全符合贵公司的岗位要求；第三联想的高速成长给我留下了深刻的印象。

为什么这样设计这种问题的答案，我是按照如下的思路进行的：对于第一个理由，即可说明自己的工作个性特征，同时也间接回答了想离开原单位的原因，防止在这个问题上被问住；第二个理由主要表现自己的信心，其实也是如此，工作肯定是能拿下的，要不就不来面试了；第三个理由当然也一定不能少，要不干吗来面试啊!

接下来的第二个问题来自具体业务部门的考官，果然问的是你为什么要离开原单位？由于第一个问题已设下伏笔，因此又将第一个原因重复了一遍，并进一步阐述自己对挑战工作的喜爱。一切都是那么合情合理，因而也没有在这个问题上被纠缠。接着就是有关业务的问题了，毕竟都干过，因此顺利地过了关。

上面讲的那么多，我是想说明一个问题，那就是刚开始的问题回答的好坏对后面的交流影响很大，不仅联想如此，其他几家面试都是这种情况。所以在总结了几次实际面试的经验后，我又将我的自我介绍仔细修改了一番。然后静静地等待北大面试的到来。

记得我的面试安排在下午的第二批，自我陈述后，主考官的第一个问题是：为什么要辞职离开原单位？这正是我在联想面试时回答过的问题。在此之前我仔细分析了一下，觉得这个题目看似简单，其实很不好回答圆满，主要原因在于很多人之所以辞职报考，一方面是因为竞争非常激烈，不辞职很难考上；另一方面是不辞职去考，原单位多半不会太乐意，其中原因大家恐怕都深有体会，这里就不再叙述了。而这个问题是我通过企业正规面试已背得滚瓜烂熟的问题，我回答考官，我很喜欢挑战性的工作，原单位的工作太缺乏挑战性，所以我不想干了，想找份更有挑战性的工作来干；同时加之我工作时间较短，所以选择在职班希望能增加实际工作经验。答完后，考官微微一笑，好像还算满意，没有进一步深问，接着又问我匆匆辞职将来工作如何打算？这也是我希望被问的问题。于是我就将在得到考试分数后的参加企业面试的情况大体说了说，并告诉女考官，这些公司的面试我都顺利通过，面试完后我会挑一家最有挑战性的公司去干。听到这里，考官又问我为何要这样找工作？我说一来我本身就要找工作，二来北大这里是面试，找工作也是面试，正好可以锻炼锻炼。说完我看见考官会意地笑了一下，我想这关看来是过了。

一周之后，我被光华录取了。

回想我的整个面试准备过程，我觉得有以下一些方面是值得总结的。

(1) 面试的自我介绍部分一定要下工夫认真准备，如果你没有很好的工作业绩也不要气馁，关键在于要能和考官有效的沟通，因为考官不仅看你已取得的成绩，还要看你以后的发展潜力，所以首先要对自己有信心。

(2) 如果你觉得自己平常不是很善于与人沟通或是容易感觉紧张，那么不妨先争取参加真正的企业面试，特别是一些知名的大公司的面试，可以提高你的实战水平，克服心理恐慌。

(3) 对没有把握的问题不要冒险，以稳重为好，同时尽可能将考官的话题引入你所熟悉的领域，这样最是万无一失。

MBA单独面试攻略

面试成绩终于下来了，果不出所料，成绩优秀。应社科赛斯甄老师所约，写一篇面试心得，也算为后来的兄弟姐妹做些贡献。

1. 认清形势，积极准备

考完试后，感觉还可以，这仅仅是完成一半，想利用春节期间准备一下面试，就到社科赛斯请教甄校长。他建议我们在春节期间找一些《中国经营报》《销售与市场》《21世纪经济观察》等报纸以及《大败局》《联想为什么》等书，以扩充一些知识，重点看一些企业的故事，将一些故事变成自己的故事，消化好，同时不要贪多。我在回家前，到海淀图书城买了几本书，就回家了，利用春节期间重点研究了一些企业案例和热点知识。同时还经常到中国MBA备考网的论坛看一些网上的资料（案例、比较好的面试经验等），中国MBA备考网的信息很丰富。建议考友经常到网上取一些信息。

2. 准备英语口语

为了更好地准备英语面试，我特意买了一些英语口语方面的图书，将一些英语表达职位、面试常用的口语表达方式等整理，反复记忆，大声朗读，灵活运用。英语面试应重点准备：我为什么考MBA，我的业余爱好，我的优势是什么，我MBA毕业后的目标是什么等问题，面试完后，一问我的同学，几乎全是这样的问题，因此英语面试不用太担心。

3. 参加面试辅导班

这很关键，我从中得到的收获也很大。春节后，一天在中国MBA备考网上，看到有面试辅导，一打听，有历年高分的优秀学员介绍经验、企业人力资源专家等，还有录像让你过后自己检查，就马上报名参加。通过全真模拟面试，收获还真大，细到你的待人接物、衣着服饰，大到面试流程、评分标准、考官观察角度和重点、技巧等。尤其是一些小的事项，完全可以通过录像认真反复观察，以避免一些小但关键，同时又不好克服的错误，如身体语言、口头禅等日常习惯中的小毛病。

4. 进考场面试前，仔细检查

你报考MBA，以后是职业经理人，必须以职业经理人的标准要求自己。

(1) 检查衣着搭配是否合适，尤其是有些同学穿衬衫打领带，但有时一不小心，衬衣就露出来，影响效果。

(2) 检查皮鞋是否有灰尘。

(3) 检查发型是否凌乱。

(4) 检查手机是否关机。

(5) 进考场前，先用手揉揉脸，放松一下自己。

5. 自信、积极的心态很重要

老师想通过面试选拔合适的以后有培养价值、能做职业经理人的考生，因此自信很关键。进入考场，要很礼貌、很自信地与老师打招呼。到老师面前与老师握手，注意握手的要求，然后落座。所有这些从你敲门到考试结束都是考试的范围，一定要充分体现职业的标准。

6. 掌握回答问题的技巧和老师的目的很关键

(1) 我请同学们思考老师面试的目的是什么？其实，老师面试的目的是想通过面试选拔更合格的考生，不是想把同学们考住，他们是想通过面试发现你的管理的潜能或发展前途。因此，我们应该思考如何组织能更好地满足老师期望的答案。

(2) 面试不同于笔试，笔试的答案是标准的，而面试不同，如何向考官展示你的管理的潜能很关键，也许你的回答还可以，但考官未能发现你的管理能力，恐怕你的面试成绩就很一般了。

(3) 要善于利用说明的其他几种方法。你要解释一件事，完全可以利用说明文的几种说明方法：下定义、举实例、打比方、做比较、类比等方法都可以使用。在面试试题中名词解释很多，解释一种现象的说明文也很多。但你不一定非要在这道题上纠缠，可以举些你的工作过程中或你所了解的这方面的知识或观点展开，充分展示你的优势。而且，每个人的面试时间是一定的，只要在你的时间内让老师感到满意就可以了。我们有一个同学是海尔的业务经理，老师在面试中就根据他的背景问了一个问题，这位同学就介绍这个背景和具体操作，然后老师就这个故事中的几个细节做一进步提问。因为这是他亲自经历过的，很熟悉，因此回答令面试考官很满意，结果他的面试成绩是优秀。

(4) 要善于“挖坑”。在面试中老师除了让你抽题外，还会对你的简介和回答中的一些问题进行深究，其目的是看你是否诚实和看看你是否真正做过管理工作或是否有管理的潜能或悟性。因此你在回答试题时可以考虑在你的擅长处或精彩处留下一个小破绽，让老师来提问。

(5) 注意眼下流行的管理热点或焦点。老师大多是学者，很关注流行的管理热点和焦点，因此在你的面试回答中，如果能谈出这些共同感兴趣的话题，会让老师感到你的知识很渊博。这些热点和焦点可以到网站、报纸、期刊中发现，还可以到街边的书摊上看看最近流行什么管理热点和焦点。

(6) 善于“跑题”。当你遇到你不了解的题时，可以通过举例子，打擦边球，跑到你擅长的领域，然后通过第四条经验“挖坑”，让老师来发现“问题”。

(7) 将没有新意的常规题创出新意。一些试题是大路试题，没有新意，如果你选择常规回答，就不可能出众，也就不可能成为优秀。如我在面试中抽到一个常规试题“请列举一个你崇拜的人或喜欢的一本书，为什么？”这是一道很普通的试题。但我的回答令老师很满意。我答道：我最喜欢的一本书是卡耐基的《成功大全》，因为这套书包括“写给女孩子”，我推荐给我的女朋友，与她共同阅读，并就书中的一些章节共同探讨，目的是让她更加支持我的工作和事业；“人性的弱点”，让我在事业成功时，及时反省自己，避免得意忘形，冷静分析形势；“人性的优点”当我的工作情绪低迷时，可以鼓舞我的士气（一般人也就答到这里，很平平）。我很喜欢这套书，而且我在宜昌做销售经理时，买了5套，每个员工每个月借一本，然后写读书笔记，并在月末例会时谈感受（这就告诉考官，我曾做过管理一方的经理，有相当的管理经验）。虽然我们那时处于市场开拓期，工作难度很大，压力也很大，但员工精神很饱满，认为工作虽然很苦，但因为年轻，能学到东西，吃苦就是资本。虽然工资低些，难度比较大，但工作依然很努力，对公司的认可程度和忠诚度很高（通过这些可以看出我的管理水平）。我感到管理一支队伍，要提高效率提高工资仅是一种手段，保持我们的团队的持久的学习能力是一个团队建设的至关重要的工作。（讲到这里，我说的特别慢，一定让老师听清楚）

(8) 把你的精彩的地方讲的慢些，让所有的考官听清楚。亮点是要加分的。一个在企业工作的老师问我一个问题：你们公司是如何控制业务员的费用的？我就举了几个实际方案，同时分析其中的利弊和漏洞，及其补正措施。（能来参加面试的考官一般都是企业的高层领导，工作距离基层管理有一定的距离，这些也是他们感兴趣的地方。同时学校的老师大多是理论居多，可以给企业制订方案和政策，但一般很少知道下边是如何对付政策的，因此他们对这类话题很感兴趣。）这位老师接着问道，你就不怕业务员拿假票报销吗？我回答道：“‘水至清则无鱼’，一个经理要明白哪些是你的核心利益，哪些是业务员的核心利益，你将业务员管得很死，差旅费控制得很死，会严重影响业务员的情绪的，同时会增加许多控制费用。”讲到这里，三位老师都很满意地点点头。时间到了，我与老师打招呼离开了考场。

人大考生的面试之路

赴京面试的日子越来越近了，虽然对自己信心比较足，但上一些中国MBA教育网站浏览，看到网上对面试问题讨论得异常热烈，而且列出的模拟考题五花八门后，心里不免也有些紧张。仔细分析一下，除了一些关于报考目的以及结合考生实际工作的问题外，其他问题都是天马行空，很难有针对性地准备，只能靠平常积累的一些常识临场发挥。因此心里越发没底，不由自主也效仿起网上那些与我一样没谱的难兄难弟们，到处收集历年来各高校的面试题目，煞有其事地“备考”起来。

眼瞅着第二天就要面试了，我也没有太多心思表达我的同情，还得静下心来想想自己的辙。于是躺在床上，闭目养神。第二天一早起来赶往面试地点，想打探一下上午考试同学的情况，为自己下午考试做好准备，果然老远就看见三五成群套装着身的帅哥靓妹走向考试地点。

在大楼门口，已经聚集了很多等待考试的考生。有些面试完毕的考生刚从里面出来，立刻被一群熟悉或不太熟悉的同学团团围住，请他介绍一下面试的步骤和所提的问题，我也凑拢过去，想沾沾光。有的考生出来以后满面春光，精神焕发，当然也就滔滔不绝地讲述一番，而有的考生可能自我感觉不太好，一方面简要回忆老师提出的问题，一方面神情沮丧，长吁短叹，给还没进去的同学增加了不少压力。大多数同学都担心英语提问，实际上也是这一环节出现问题最多。有一位同学说当主考官用英语向他提问时，他没有听懂。当他请求给他一个机会换个问题时，遭到了拒绝。另一位同学也是同样问题，他得到的问题用中文表达很容易，用英文表达则让他语无伦次。我站在大门口聆听了一会儿大家的讨论之后，大概了解了面试过程，就返回住地。

午饭后早早躺在床上休息，养精蓄锐准备迎接下午的考试。虽然是躺在床上，其实根本睡不着，脑子里乱哄哄的，只能头蒙在被子里，强迫自己安静下来。在床上辗转反侧了近 1 个小时，实在躺不下去，干脆起床。用清水洗了一下脸，清醒一下头脑。然后换上面试的正装，出发参加考试。本以为自己是到得比较早的，可到那儿一看，已经挤满了准备参加面试的各地考生，在楼道里或窃窃私语，或高声谈笑，很是热闹。好不容易等到了两点，在有关老师的安排下，面试考生被分成数个小组分别面试。

过了一会儿，其他考生和主考老师陆续到了。主考官让我们先在考场外等候，叫到名字的进去面试。第一位进去的是一名女同学，大概过了 15 分钟，她从里面出来，长出了一口气，叫另一位男同学进去。我们其他人马上围住那个女同学，向她打听老师提问的方式和题目内容，她说有一个题目不会答，中间又换了一道，不知是否会扣分，那是一道有关高层管理者薪资制度方面的，问如何看待红塔集团褚时健，她说自己连褚时健是谁都不太清楚。听她这么一说，有几个同学也开始紧张起来，生怕自己也抽到时事性特别强的题目。第二个进去的同学在里面待了足足 20 分钟，出来时头上都冒汗了，这让大家都比较紧张。随着时间的推移，看见一个又一个的考生进去，还没有轮到我，我一次又一次地忍受着煎熬，等轮到我进场时，其他人都走光了。

我故作镇静地坐在考官对面，按照主考官的指示从信封里抽出两道中文题，然后开始回答问题。第一道题是“请说明一下企业文化与企业使命的区别与联系”。这道题有点理论化，好在我以前在这方面稍有点知识，便凭着自己的感觉简单做了回答。看见考官没有打断我的意思，心想赶紧答下一题。第二道题是“说明一下利润率与市场占有率之间的关系”。这道题比较好答，我回答得比较仔细。我从企业目标到竞争环境按不同角度进行了分析。接着老师让我用英语做简单的自我介绍，我心里想真是老天保佑，这恐怕是最容易的一道题了，于是我便把早就背熟的几句英文流利地说出，还没等我说够，主考官示意我停下，告诉我可以走了。我向老师表示感谢之后，便离开了考场，

出来以后，心里豁然开朗。其实面试也不过如此，也只能如此。考官不会太过于看重你答得是否绝对正确，是否全面，而更看重你的理解问题、分析问题、解决问题的能力。满怀自信，沉着应对，尽可能抓住短短20分钟的时间，展示你的个人魅力和学识，得到考官的认可，就是你面试的成功。

人大面试流程细解

本人2005年参加联考，进入人民大学，应朋友邀请，写点面试体会。面试的准备应该在笔试之后的一段时间就开始了，如果等出了成绩再做准备可能会感觉有点晚。

人大的面试没有分组面试的过程，都是个人面试，比较简单。面试的流程是这样的：当一名同学在面试的时候允许有一名同学在教室外面等待，其他同学在固定教室等待。前面同学回答要结束的时候，会有助理人员让你进去抽题，是案例题，给时间思考。前一名同学结束后，开始正式面试。直接在信封中抽题回答，一般是5～6个信封，属于不同类型的题目：一道英文听力，一道口语，一道时事，一道政治，一道管理。如果没记错的话。所有问题全部答完，最后回答之前抽的案例题。回答完毕可以出去。面试时间因人而异，一般在20～30分钟，也有50分钟和10几分钟的。我的面试是12分钟。

面试考官共有5人，2名老师，2名企业代表，1名助理（一般是英语系的研究生，读英文的）。老师中有一个比较严肃，另一个话比较多，企业代表一般不怎么说话。

由于笔试的时候取消了管理的内容，改为在面试的时候考察管理知识，因此，在准备过程中管理就显得尤为重要。应该至少用1个月的时间来熟悉和了解管理知识，特别是一些没有学过管理的同学，一些重要的概念都应该记住的，而且我觉得把它作为考试的一科来看待，加强重视也不为过。毕竟面试过程中对管理知识的考察所占的比重是相当大的。

英语是另外一门非常重要的科目，重要性不用我多说，大家都能明白。在面试中对英语的考察主要是通过口语和听力两种途径。因此在准备面试的时候要着重这两个方面的练习。人大2005年面试的听力考的是《新概念英语》第2册的文章，很多读过的同学就占了很大的便宜，因为毕竟在现场紧张的环境下，想发挥出自己全部的英文水平是很难的。因此花点时间多听听，看看“新概念英语”的文章还是有好处的。口语水平不是一朝一夕就能提高的，因此准备一些可能会用到的东西是很必要的。我们在参加面试辅导的时候一般都是准备了2份简历，一份是英文的，一份是中文的。尽量把自己觉得可能用到的东西都放到英文简历里，因为你不知道哪句话可能会在面试的时候用到。我本人在面试的时候被问到的问题正好和我准备的可以联系起来，应该说起到了相当大的作用，我的英文不好，但是背诵自己熟记的东西的效果是可想而知

的。

对于时事的了解是不能忽视的，因为在面试的时候是一定有时事问题的，倒是不需要太深入的了解，只要知道发生了什么就可以了，一般有卖那种时事的小册子，可以买一本，没什么事情的时候看看就足够了。

面试的时候是有案例问题的，不是很难，但是尽量把自己的想法说出来，不能说不会，想到什么就说什么，老师要看的主要是你的思维能力，不一定非要你答出标准的答案，因为我们是来学习的，如果什么都会了也就没有学习的必要了。

以往的面试是有自我介绍的，2005 年面试中取消了这项，进门后直接抽题回答。但是自我介绍的准备是必不可少的，因为在回答的过程中，很有可能会用到自我介绍里面准备的东西，回答的流畅性会让老师觉得你的思维敏捷，回答的完整性和层次性会让老师觉得你有管理者的潜质。

我自己觉得在面试的过程中，外语听力一般，口语答的不错，因为用到了一些自己准备的东西。管理的题和案例题答得也比较一般，但是没有出大的错误。时事题答的不对，政治题还不错。

有些错误是不能犯的，我一个同学面试的时候手机居然响了，类似这样的问题是一定不能出的。面试的礼仪不想多说，面试之前网上有关这方面讨论的帖子很多，看看就知道了。

人大 MBA 选拔的宗旨是淘劣，而不是选优。只要你的表现不是特别差一般应该没有问题。我们的同学很多都是刚过线的，所以不要以为自己刚过分数线就觉得没希望，大家的机会是均等的。

总之，人大的面试没有什么可怕的，而且个人觉得还是比较公平的（虽然有的同学说对专科生不利）。只要大家正常地表现自己应该都是没有问题的。

关于人大面试的体会

人大面试和北大、清华有所不同，一般采用个人面试的形式。2005 级 MBA 面试，分成了若干小组，每组 12 人左右，用 1 天的时间进行。考生通常会在复试前提交学历证明时收到面试分组通知，通知上会明确说明你的面试组号和顺序。

面试流程：案例分析——专业知识答题——英语。

当排在你前面的同学快结束面试时，考官会让你提前进入考场并让你抽一道案例分析题。你只有 5 分钟的时间做准备。前一位同学结束面试时，你就得走上讲台了。在做案例分析的时候，考官会不时地提出一些问题，以考察你对问题的理解。这一方式将贯穿面试的始终。接下来还是采用抽题的方法对专业、政治、英语听力进行考核。最后，英语考官会和你进行口语交流。

整个面试时间大约为 30 分钟。

接下来重点说说面试的准备。一般说来，从接到复试通知到参加面试不会有很长的时间，你应提前做好准备。尤其是以前没有学过管理的同学更应早下工夫。

面试是对考生所掌握的与工商管理有关的知识和技能的考核，要求考生有较全面的专业知识体系、较强的逻辑思维能力和综合运用能力。专业知识包括管理、会计、财务、营销、人力资源和最基本的证券常识。在复习过程中，你应把重点放在对基本概念、基本理论的理解上，着重培养自己分析问题的能力，要学会用自己已有的知识和经验来理解这些概念，而不能死记硬背。英语考试分为口语和听力，这两样技能都需要较长时间的训练。所以，尽可能尽早着手。人大的英语面试通常不会涉及专业问题，但你一定要准备一份2~3分钟的自我介绍。这很可能会是英语考官对你提的第一个问题。此外，还要有针对性地准备一些关于社会现象的话题。英语听力的难度近似于四级的难度，只要能听懂一段话并能说出其大意即可。政治包括马克思主义政治经济学、邓小平理论和时事，建议用参考普研的政治辅导书。

在准备面试的过程中，模拟面试是很重要的一个环节。你可以参加一个面试辅导班，或者通过人大的网站或中国MBA教育网等专业网站联系一些和你一样备考的同学，自己组织几轮面试并相互纠正彼此存在的问题。这会使你在面试中更快地进入状态。

分析几个案例，不必太多，只要掌握方法就行。

我的体会是面试注重的是基础和能力，不要求考生有很专业的知识，但知识面一定要广，在回答问题时要尽量使用一些商务术语。这些术语你自己一定要理解（有的考官会针对你的回答追加提问）。

对于“谈看法”一类的问题，考官会特别注意你的分析能力。这类问题没有标准答案。所以相比之下你的结论显得不是特别重要。你要展现给考官的是你的思路，是你分析问题所用的方法。这就要求你能“自圆其说”。

要设法保持轻松的心态。即使面对不会的问题，也要保持镇定，试着用你所知道的加以解释。你是否具有一个职业经理人的基本素质，从你进入考场的那一刻就已经展现在考官面前了。

管理高手栽倒之后的感悟

经济管理专业毕业，从事6年管理咨询工作，独立开展过十几个大项目，见过小战阵无数。只要笔试能过，面试应该说十拿十稳，这是所有认识我的同事和朋友共同的见解。而实际结果出乎所有人的意料之外，我以206分（北大第一面试线185分）拿到北大面试通知书的时候，就预感自己已经成功了，甚至连上学的钱都提前准备好了。可北大公布录取名单之时，我不知将网页翻了多少遍，却始终没有发现自己的名字，几乎晕倒了。抱着一线希望，打通了光华管理学院招生办公室的电话，结果……

半年过去后，心情早已平复，今日应编者之邀，将落败的经历总结如下，避免后来者重蹈覆辙，也算是“废物”利用吧！

(1) 盲目自信。我现在体会到自信的对岸是自负。了解光华的面试流程后，我只是简单地将个人经历整理了一下，并没有特别认真地准备。我没有深入考虑虽然案例分析是我的专业，日常管理也是我的强项，但这都不是在面试时展现水平的充分条件，只不过是一个必要条件。要想在当时条件下发挥出水平，没有准备是难以轻松胜出的。因为面试成员个个都是精英分子，哪一个都不肯作分母。

(2) 信息不灵。由于今年取消了管理知识考试，各大高校普遍重视面试，但对光华管理学院对面试的重视程度及面试与考试二者之间的关系不很了解又没有设法探听，结果匆忙上阵。

(3) 临阵失误。我们小组共有 6 人，其中有 2 名女士。讨论过程中，其余 5 人发言接连不断，好像有意将我隔离出去（其实不是，只不过因为别人准备充分，反应快而已）。当时情况下，我不由得心慌意乱，不知该怎么办？好容易找到一个机会索性不管三七二十一，连头带尾说了足足四五分钟，说完以后，连自己都不知道说了些什么。

(4) 画蛇添足。由于对自己的表现感到心虚没底，因而一门心思想办法挽救，忘记了小组面试的主旨——团体意识。讨论即将结束，小组 Reporter 向组内成员做总结发言时，我突然意识到，他的总结出现了一个漏洞，我赶紧非常夸张地补充上去，有意让主考老师看到，以图多抢些分。当我觉得老师没有反应时，心里顿时没了底，我想，这可能是最后的败招。

(5) 运气不佳。总结时，我一直没有在意这点，始终在自身上找原因，直到前几天，见到几位面试朋友才认识到这个问题——错过了面试团队的模拟演练。本来想找几个朋友，提前热身，可后来，由于周日连续加班未能成行，错过了机会，而演练过的同学都考得不错。

第六章　个人单独面试之回答问题

第一节　回答问题的诀窍

回答问题是面试的主体部分，考生一定要高度集中注意力。对于一些比较简单的问题，自然可以从容应付；而遇到一些难题的时候，则可以适当思索数秒钟，再组织语言，如果一时没有思路，可以先从“复述问题”开始，因为问题往往是给出一个事实来让考生分析，可以将问题的题干部分略微展开，在此过程中逐步将思路引到所问的内容上，再予以回答，这样考官会认为你的思路逻辑性强。另外，回答提问时仪态也很重要，要保持大方自然。

考生应充分利用读题的时间在脑中形成对问题回答的基本框架，并可以适当思索数秒钟，组织语言，但思考时间不可太长，面试官希望你有比较快的反应。这时你要根据提问，给出一个明确的是或否的回答，然后论证自己的观点。很多问题是没有标准答案的，这时说理清晰、表达流畅、观点明确、分析透彻就能得高分，面试得高分的关键很多时候不在于回答问题的内容，而在于你如何回答。需要指出的是，回答问题首先要坦诚，不要强词夺理，文过饰非，尤其是在一些难题上，先承认自己对这个问题研究不够，了解不深，接着尽可能地讲出几点，要比装成万事通去胡说八道一气好得多。回答提问时仪态很重要，关键是自然。从头到尾都应该保持“坐如钟”的端庄姿势，绝对不要跷二郎腿。上身在听问题时可以略微前倾（这是虚心倾听的姿态）。如果是扶手椅，可以将肘部搁在扶手上，两手轻松地互握。目光要有神，坚定有力，不要游移不定。我们建议，目光大概有70%左右的时间应注视考官，30%时间可以下垂，这两者应交叉轮替。注视考官时目光应柔和，不要变成长时间的死盯。听提问时目光要聚焦，但回答问题时可以适当散射。面对一个以上的考官时，应交替注视每一个人，但切忌变成一扫而过（这往往是轻蔑的表示）。

初看面试题目范围极广，时事、管理、财务、金融、营销、人力资源、信息管理无所不包，让人有点眼花缭乱，不知该从何处入手准备。其实，把题目进行归类，便会发现如下特点：综合类题目所占比例最大；管理类题目也占很大的比例，特别是今年在初试中取消了管理考试，改在复试中考察；这一部分比例将会大大增加，其他专业性强的题目所占比例次之；个人情况及对MBA的认识又更次之。现根据这个分类，逐一说明。

综合类题目所占比例最大，这体现了学校对考生综合能力的重视。校方通过考生对当今社会经济方面的热点问题的分析，观察考生的管理等相关知识的储备。由于MBA是一个实践性很强的学科，学校除了要求考生掌握攻读MBA所需的基础知识，更注重考察考生的管理者潜质，考察考生实际分析问题、解决问题的能力。实际上，面试的标准不是你的回答与理论上的正确答案有多接近，而是看你对经济、管理方面的热点的关注程度。因为，作为一名职业经理人，对宏观、微观经济环境的关注是其基本职业技能的要求。

其他专业性很强的题目，由于其专业性强，如果你正好学过该专业知识或工作与此相关，你可以尽情发挥你的优势，回答可突出自己的独特观点，而不人云亦云，这会给老师留下深刻的印象。但如果你不是，也不用紧张。你可以根据你的管理基本常识及工作阅历，给出你对问题的认识。其实，老师在考察你面试题目的同时，更重要的是考察你对问题的总体把握，及在工作、学习中形成的分析问题、解决问题的思路。你能对一个你不熟悉的问题，迅速形成自己对问题的整体把握，其实就体现了你的管理能力。

关于个人情况及对MBA的认识主要涉及6个方面的内容：① 个人成功、失败的经验；② 如何处理上下级之间的关系；③ 对企业家的认识；④ 职业规划；⑤ 社会对MBA的看法和评论；⑥ 读MBA的动机及以后方向的选择。

以上是从内容上对问题进行分类的，从另一个角度来看，也可以把问题这样分类：行为问题，压力面试问题，案例问题，非常规问题。

一、行为面试类问题

准确判断一个考生是否有职业经理人的潜质不是一件容易的事。面试中有一种通行的考察应聘者胜任特质的方法，是行为事件面试（bevaivoral event interview, BEI）。这种方法是由哈佛大学已故心理学教授麦克米兰博士及其研究小组于20世纪70年代初期首创，当时美国政府委托他们寻找驻外联络官。麦克米兰研究小组就用行为事件面谈法收集信息，总结出杰出者和胜任者在行为和思维方式上的差异，从而找出对外联络官的核心资质，并进一步确定最终人选。

行为事件面试法是通过一系列如：这件事情发生在什么时候？你当时是怎样思考的？为此你采取了什么措施来解决这个问题？等这一类型的问题主要是帮考官收集考生在代表性事件中的具体行为和心理活动的详细信息。基于考生对以往工作事件的描述及面试人的提问和追问，来评价考生在以往工作中表现的素质，并以此推测其在今后工作中的行为表现。

行为面试还有一类型的题目是：

你目前的职务或头衔是什么？

你向谁汇报工作？

你的直接领导是谁？

谁向你汇报工作？

你的直接下属有多少？

在不同时期你的工作主要任务和职责是什么？

这些问题是为了考察考生在归纳主要职责上是否有困难，考官人员可能旁敲侧击，请考生描述日常工作并举例说明，以便从具体细节中做出判断。从这个步骤开始，考生就是主要的叙述者。这一步骤的主要收获除弄清对方的工作职责外，更为主要的是要从考生提供的初步材料中捕捉到下一步开展行为事件调查的突破口（如请应聘人员描述一些代表性事件）。这部分也不要花费太多的时间。

具体的行为事件面试会要求考生讲述关键事件，事件应包含以下几个方面：事件发生的情景；事件中所涉及的人；在该情景中的思想、感受和愿望；在那个情景中究竟是如何做的；事件的最终结果是什么。这是面谈的关键阶段，却常常出现问题，不是考生想不出描述什么行为事件，就是描述过于简单，还要注意不要洋洋洒洒以至于跑了题，绕了半天也许你还是没有弄清楚究竟要表达什么问题。正是因为总有这些情况发生，所以在回答问题的时候要整理思绪，引导自己集中谈论真正体现个人素质的关键事件。

考官还会针对考生讲述的事件进行提问，具体问题有如下几个。

针对行为的情境和任务部分提问，如："领导为什么要你代表公司与客户进行谈判"、"该谈判的目标是什么"、"你当时对该谈判有什么准备"等。

针对行为的结果提问，如："对方答应了你方哪些具体的条件"、"公司对你谈判的结果的评价怎样"、"你又是如何知道的"等。

针对最成功之处提问，如："你觉得在这次谈判中最成功的地方在哪里"等。

对最失败之处提问，如："在这次谈判中，你遇到的主要困难是什么"、"你又是如何克服的"等。

二、压力面试类问题

这类问题旨在考核应聘者的应变能力和承受压力的能力。面试题目环环相扣，要求应聘者在 3 秒钟之内作答，基本上没有过多思考和准备的时间。考官更多看重应聘者在压力情境之下的创造性和职业综合素质。而考生的表现在此环节也是大不相同，有的愈战愈勇，有的则明显开始丧失信心，从而最终导致整个挑战的败北。我们发现，大多考生物质准备较充分，比如着装的职业化、资料的充分性、问题的预估等，但只有在现场表现得放松的考生才能充分发挥出自己的真实水平，最终胜出，所以心理准备至关重要。

往往先提一个不甚友好的问题，一开始就劈头浇你一盆冷水，让你在委屈和激愤中露出本色。在他看来，击溃你的心理防线，才能筛选出真正有心理承受能力的智者，找到能面对劣势和压力的“新鲜血液”。假如工作中真遇到蛮不讲理的客户，你是不是也能一避了之呢？以下将针对这一类问题列出一些可供参考的回答。

考官：你从原来公司部门经理的角色换成一个普通员工，你心里没有任何不平衡？

答：没有，因为我离开原来的公司最主要的因素是因为行业不景气，然后公司业务不多，尤其是我们部门的工作任务不大，我觉得会有些荒废，所以我选择离开。现在的网通，是一个比我原来的公司大很多的公司，相对而言管理也更加规范，再加上我没有做过这个电信行业，所以从头做也是应该的，如果一个人有能力的话，一定会得到公司的赏识或许会得到很快的晋升。

考官：你这么高的分数如果不录取你，你会怎么办？

答：(略略思考了半分钟) 我还会考清华，有几个原因，一个是清华一直是我的梦想，而且由于小时候没有意识到学习的重要性，荒废了很多时间，错过了第一次考上清华的机会，我希望我能圆这个梦。还有就是因为MBA对我来说是必须要考上的，清华又是我心目中MBA教育最好的学校，所以我还会考清华。

考官：你周围的同事对你的评价如何，指出最大的缺点是什么？

答：总体评价我觉得还是不错的，但是也有很突出的缺点，比如说沟通能力有问题。

考官：能具体一点吗？

答：比如说，开会的时候，我会特别急着把自己的想法说出来，其实很多东西大家都是共识，只是没有说而已，而我就会以为大家没有想到而夸夸其谈。这样的问题会使得开会时，很难激起大家的思考和共鸣。

类似的问题还有：

你工作5年还毫无建树，我怎么能相信你是优秀的人才？

如果我们没有录取你，你又听到你非常信任的朋友告诉你，招生中有黑幕，你怎么办？

你从事的是销售工作，你在销售工作中是否遇到过串货的问题，你是如何处理的？

在简历中看到，你原来在学校教书，后转为公司副总经理，谈一下你是如何完成角色转变的？

如果我们不录取你，你怎么办？

一架波音737飞机有多重？

你要是死了，想在自己的墓碑上写句什么话？

这就是你的简历吗？怎么这么差？

你不是上海人吧？不会说上海话，你在这里怎样开展学习？

三、案例面试问题

案例面试是给你一个实际场景，根据案例提问。

有这样一个题目是“某啤酒企业将要在S市新建一工厂，你是项目负责人，该工程下周就要举行奠基仪式，给市领导和媒体的邀请函已发出，这时，一位从德国进修回来的工程师对项目提出了严重质疑，作为项目负责人，你将怎么办？”

根据考官的要求，我把题目大声读了一遍，大概想了一两分钟，我这么回答：

因为离奠基仪式还有一些的时间，我会立即召集我的项目成员，研究工程师的质疑有没有道理，他提出的问题是我们确实没考虑到，还是他不了解情况。如果我们认为我们是对的，那么并不影响其他的工作；如果确实是我们的疏漏，项目有严重的问题，投产之后会带来巨大损失，那么我会立即报告公司高层，请求立即停止有关工作。

考官问，如果想避免项目流产，你会怎么做呢？

我回答说，除非研究之后证明工程师的质疑没有道理，否则我不会为了保住我的乌纱帽而想方设法挽救这个项目。我宁愿因为工作失误而丢掉饭碗，也不愿意看到一个可能给企业和社会带来巨大损失的工程上马。这是我做人的原则。

可以说，虽然我没有正面回答考官的问题，但显然我的回答博得了他们的好感。

考官又问，你觉得德国回来的工程师可能从哪些方面对项目提出质疑？

我回答说，可能这个工程师在德国进修，比较了解啤酒生产技术的发展趋势，觉得我们的方案并不符合世界潮流；另外，也许他刚好学到一些啤酒行业的案例，觉得我们这个项目在工厂选址、消费者定位等方面存在问题。

考官说，有没有这么一种可能，工程师的质疑只是针对生产工艺的细节，而这完全可以在工厂投建过程中加以解决，并不影响下周的奠基仪式？

我立马明白我前面的分析不够全面，只想到项目要么继续，要么终止，忽略了虽然存在问题，但可以逐步完善的第三种情况。于是我赶紧接过话茬：我非常同意你的说法，如果工程师的质疑不是致命性的，有改进的余地，那么仪式可以正常举行，以后再解决工程师提出的问题。

这种类型的问题还有：

假如你很优秀，老板对你很欣赏，把你提为部门经理，而你的部门有一位年纪比你大、资格比你老、业务能力比你强的同事，你将如何处理和他的关系？

面试中的案例分析题其实质是要考察考生思维的清晰性、完整性、层次性，其答案不会“完全穷尽，相互独立”，重要的是看考生懂不懂得结构化分析思路，善不善于抓住问题的关键点。

缜密的思维是一个经理人获得成功的必要条件，因此如果你在面试中被发现思维简单、颠倒因果、逻辑混乱，那实在是很悲惨的事——当然这种情况一般不会出现，否则你不可能考到能面试的分数。但因为紧张或别的原因而在回答问题时过于简单或出现漏洞却是可能的，所以掌握一套完整分析问题的框架并配以必要的练习，才能在面试时胸有成竹、游刃有余。

在面试中有些考官会轮番提问。短时间内他一连串地问了很多问题，这些问题也都是衔接紧密。

比如：

在你参与完成的项目中，你的具体职责有哪些？

在与外商交流的过程中你认为需要注意些什么？

你所从事的是某某行业，那么你对国内该行业的发展前景如何看？

如果外商准备在国内投资于该行业，请你来做代理，那么你会推荐其投资什么样的产品？具体实施需要哪些步骤？

以你的经验，你认为所投资的项目在具体实施过程中将会遇到的最大问题是什么？

……

这些问题一问出，就好像考官正是我所在行业的行家一般，这个时候根据自己所知如实表达看法，关键是要自圆其说。

个人面试中还有同学被问及的问题包括你和上司之间的关系如何处理，例如：

上司签发的报告中有一错别字，一旦公布之后你会做何处理？

上司经常剽窃你的 idea，比如事先批评你的建议并不实际，事后却向其上级推荐了该建议且并未说明这是你的原创。你又该如何处理？

四、其他分类

从另外一个方面来看 MBA 的问题可以分为以下几个形式。

1. 基本命题

基本命题的设计是从 MBA 选拔的标准出发，设计出的用于挖掘考生背景材料和特征的问题。而挖掘背景材料最佳的方法是找出典型素材，典型素材又往往是和“最”字及学习、工作、生活中的转折点等联系最为密切，因此，基本的命题经常涉及下面的问题：

和“最”字有关的，比如，你最大的成功／失败／痛苦／幸福是什么？你记忆最深刻的一件事是什么？……对这样的问题，大家可自己构思一些，也可以从一些书中找一找，关键是掌握“最”字的规律……

和工作、学习、生活转折有关的，如你为什么要攻读 MBA？作为一个数学教师，你是否认为你攻读 MBA 转折太大了点？我们注意到你 1 年内换了 3 次工作，为什么？你这样容易变化，是否意味着你现在选择 MBA 也仅仅是因为冲动呢？……

和 MBA 概念和内涵相关的，如，你如何评价中国的 MBA 教育？你认为什么样的人才适合读 MBA？你读 MBA 比其他人有什么优势？有什么劣势？你认为读 MBA 能给你提供哪些帮助？你最看重哪一点？……

2．定位命题

定位命题一般和个人的自我定位及个人特质相联系。如定位为管理者，就有可能会被问到关于管理风格、激励、沟通等问题；定位为人力资源经理的可能被问及绩效考评、人员培训安排、企业文化等问题。

定位命题的出现有3个原因。① MBA面试是一个高度动态的交互过程，在这个过程中面试官起着主导的作用，他们从总体上控制着面试的节奏和进程，但面试的交互性使得面试官有时会自然地将问题集中在考生的隐含话题中；② 定位说明了考生的成就、专长、个性等情况，面试官根据定位进行提问检验考生有更强的针对性；③ 根据定位进行提问，可使多数问题限制在一定的范围内，避免出现过多的生疏问题，影响面试的信度。

3．其他命题

其他命题是指不便归类于基本命题和定位命题的问题，它包含的内容广泛而复杂。如，社会经济生活中的热点问题，主要集中在管理、道德、经济、文化等范围，近几年由于网络经济和WTO成为焦点，有关这些方面的问题也很容易出现。平时应注意关注社会经济等方面的热点问题，有选择地对重要问题进行分析并形成分析、解决这些问题的方法。又如，压力面试的问题，可以看看前面提到的例子。这样令人沮丧的问题，以测验考生的压力反应，怎么回答就看你怎么艺术处理这些尴尬了。

其他命题并不是没有规律可循，而是它太广泛，不像前面两类命题那样仅通过归结一定数量的问题就能命中相当的考题。所以，在有限的时间内，应将精力集中在对基本命题和定位命题的分析和把握上。

其他命题中难度特别大的题并不是很多，不要总想着哪些难题会让自己难堪，要抓主要矛盾，暂时不要考虑难题，难题出现时，沉着应对，能表现多少就表现多少。

第二节　经典问题362问

这里有个问题集，考生可以思考一下，这些问题从不同角度来看是属于什么类别的，是考察考生什么方面的，该怎么回答。

(1) 组织中什么样的人最难领导？

(2) 你如何看待企业“借鸡生蛋”的负债经营模式？

(3) 你最欣赏的企业家是谁？为什么？

(4) 你第一志愿报考的是清华，现在还没有结果，如果我们学校和清华同时录取你了，你选择哪一个。

(5) 举例说明激励的方法及其利弊。

(6) 组织结构变化的趋势。

(7) 请分析一下北方经济环境与南方经济环境的区别与联系。

(8) 企业上市的利与弊。

(9) 如何保证并提高员工的积极性?

(10) 作为财务经理,你如何选择筹资渠道?

(11) 从企业的角度谈谈银行利率市场化的影响。

(12) 你如何看待国企的股份制改革?

(13) 你为什么学 MBA? MBA 与管理硕士有什么区别?

(14) 企业财务与会计有什么区别?

(15) 如果你是总经理,你认为员工的能力与业绩哪个更重要?

(16) 假如你是领导,怎样对待品高才低与品低才高的人?

(17) 如果你是银行人员,你愿意将款贷给生产经营单一产品还是生产经营多产品的企业?

(18) 谈谈你对央市广告投标的看法。

(19) 谈谈企业法人治理结构的必然性。

(20) 如果入学后感到 MBA 教育不理想,你会如何做?

(21) 你认为如何才能当好国有企业的负责人?

(22) 什么叫物流,商流?

(23) 青岛啤酒集团在全国扩张,兼并 30 多家啤酒厂后,会遇到什么样的营销问题?

(24) 简述公司治理结构。

(25) 小企业如何融资?

(26) 谈谈营销在企业经营活动中的地位和作用。营销与销售有何异同点?

(27) 你如何理解企业文化的内涵?每个成功的企业都有优秀的企业文化,你认为这种说法对吗?

(28) 如果上司不理解你,你会怎么办?

(29) 管理信息系统在企业中的作用怎样?

(30) “目标管理”的概念、作用及其应用。

(31) 激励有哪些方式,其作用怎样?

(32) 请谈一谈你对中国股市的看法。

(33) 如果现在有一项目需要投资,预计收益率为 10%,此时银行的利率也为 10%,问:如果你是此项目的决策人,是否投资?

(34) 一家企业经营状况良好,但月底却发不出工资,请问企业运营中出现了什么问题?

(35) 请对我国现在的保健品市场的现状发表一下看法。

(36) 请用现代企业制度来谈一谈国有企业改革。
(37) 如何使你的管理幅度更大?
(38) 面对入世，中国企业该如何应对外企的竞争?
(39) 什么是授权，权利和职责应如何搭配?
(40) 谈谈你作为一名管理者对管理的看法。
(41) 你觉得什么是作为一名管理者应该具备的素质?
(42) 请回答知识经济时代企业无形资产的意义和价值。
(43) 你和原来的上司在工作中如何相处?
(44) 如果你和下属发生矛盾，你如何处理?
(45) 谈谈你认为自己成功的一次经验。
(46) 谈谈你认为最失败的一次经验。
(47) 谈谈你认为什么是管理的精髓?
(48) 你对中西方不同的管理学说和经验有什么看法?
(49) 你最喜欢的管理格言是什么? 你怎么理解它?
(50) 你认为企业家是天生的呢? 还是可以后天培养的?
(51) 谈谈你自己职业生涯的规划问题。
(52) 你是否对读MBA后选择的方向有比较清晰的认识?
(53) 你认为读MBA能给你带来什么?
(54) 你对社会对MBA的看法和评价有什么看法?
(55) 你选择在职的MBA还是脱产的MBA? 为什么?
(56) 谈谈你对中国资本市场的认识。
(57) 你认为中国的国有股减持怎样才能做到多赢?
(58) 你对安达信在安然事件中的遭遇有什么看法?
(59) 你认为怎样才能促进中国资本市场的发展?
(60) 你认为加强监管对资本市场的意义在哪儿?
(61) 谈谈你对财务管理的看法。
(62) 谈谈你对会计作用的认识。
(63) 简要回答现金流对一个企业的意义。
(64) 会计师和审计师对公司的意义是什么?
(65) 为什么在中国有很多上市公司热衷于粉饰财务数据?
(66) 谈谈你对市场营销的认识。
(67) 你对健特生物的脑白金在市场上的表现有什么看法?

(68) 你认为市场营销的主要构成要素有哪几项？

(69) 你了解渠道管理吗？你对窜货现象有什么样的解决办法？

(70) 你对绿色营销有什么看法？

(71) 你心目中的人力资源管理是什么样的？

(72) 为什么人力资源管理越来越重要了？

(73) 为什么只有人力资源是需要激励的？

(74) 什么样的机制有利于开发和激励人力资源？

(75) 你对企业文化有什么认识？你认为它有作用吗？

(76) 你认为电子商务的哪个方向可能在今后有比较大的机会？

(77) 谈谈你对仍处于寒冬中的互联网产业的认识。

(78) 谈谈你对网络股泡沫破灭后的看法以及为什么会破灭。

(79) 谈谈你对ERP的认识。

(80) 谈谈你对管理信息系统在管理上的应用的看法。

(81) 谈谈你对中国咨询产业的看法。

(82) 你对麦肯锡兵败实达有什么认识？

(83) 中国企业需要洋参谋吗？为什么？

(84) 海尔是中国企业中国际化做得很好的一家企业，请问它国际化比较成功的原因是什么？

(85) 你对格兰仕在微波炉产业中的发展策略有什么看法？

(86) 以三株集团的沉浮为例子谈谈对危机公关的看法。

(87) 谈谈太阳神、秦池集团经营上的问题。

(88) 谈谈你对诚信的认识，以及对史玉柱和巨人集团的看法。

(89) 你对中国电信在"创新类"、"全球服务"、"产品和质量"三项指标进入《财富》杂志最差企业的看法？

(90) 你对惠普和康柏的合并有什么看法？合并为什么会在20世纪90年代后期愈演愈烈？

(91) 你认为什么是加入WTO后中国企业面临的最大挑战？

(92) 谈谈你对中国风险投资行业的看法和认识。

(93) 全球化的趋势下，你认为MBA应具备哪些方面的能力？

(94) 谈谈你对资本市场出现的银广夏和蓝田等现象的看法。

(95) 以通用电气或其他企业为例子谈谈企业多元化的问题。

(96) 请以宝洁公司为例子谈谈多品牌管理的问题？

(97) 以麦当劳公司为例子谈谈你对品牌的认识？

(98) 以沃尔玛特为例子谈谈百货业的连锁经营的看法?

(99) 以招商银行最近要上市为例子谈谈你对商业银行上市的看法?

(100) 以IBM或联想为例子谈谈你对IT企业向服务转型的看法?

(101) “计划经济”与“市场经济”的本质区别是什么?

(102) 什么是“现代企业制度”,其主要特征是什么?

(103) 谈谈现代企业家应具备哪些基本素质,如何培养和造就中国的企业家队伍?

(104) 什么是亚当·斯密的“看不见的手”?

(105) 科技进步与经济增长有何关系?

(106) “可持续发展”理论的基本思想是什么?

(107) 谈谈“科教兴国”对我国经济社会发展的战略意义?

(108) 简述“固定成本”和“可变成本”的经济意义。

(109) 解释“盈亏平衡分析”的基本思想?

(110) 投资项目的主要筹资方式有哪些,其特点是什么?

(111) 企业在制定一项较重大决策时,你作为厂长与书记持支持态度,而班子其他成员均持反对态度,你如何抉择?

(112) 经理股票期权的含义是什么?

(113) 你认为作为一名领导者,对员工行为影响最大的是什么?

(114) 一个企业管理性部门与技术性部门经常出现矛盾,你作为厂长,如何解决这些矛盾?

(115) 你公司最近有一主要技术人员到其他公司任职,并带走了主要技术,这使你公司受到巨大损失。你认为应如何避免类似事情再发生?

(116) 什么是公司的治理结构?

(117) 设计研究院常遇到一种情况,就是研究人员一旦技术成熟后,就跳槽走了,而且往往跳到同行业竞争对手单位去,你认为怎样才能留住技术骨干?

(118) 你是一名厂长,最近在职代会上想公布一较重大方案,你担心方案不过会对现有的威信产生较大影响。你将怎样做?

(119) 你的企业是个技术性较强的企业,对员工的素质要求较高。你作为厂长,采取什么方式保证员工的素质?

(120) 你作为一名厂长,如何使用正、负激动方法?

(121) 你从事哪个行业,目前行业现状如何?突出问题是什么?怎样解决?

(122)你所在的企业制定了具体的战略规划了吗?你认为企业战略规划的意义是什么?在我国,如何制定企业的发展战略?

(123) 在我国,某些行业已变为买方市场,在买方市场条件下,市场开发至关重要,制定市场开发计划时，应考虑哪些因素？

(124) 你在哪个企业工作？你认为对贵企业发展影响较大的因素是什么？最关键的因素是什么？（体制？）

(125) 企业的发展关键因素是人的问题，作为企业主要管理人员，如总经理，怎样稳定现有的人才队伍，怎样调动员工的积极性？

(126) 股份制改造是国有企业发展的方向，为什么许多国有企业都在争取股份制改造并争取股票公开上市？

(127) 资本运营是近年来的热点话题，什么是资本运营？资本运营有哪些方式？有什么作用？

(128) 研究和开发是企业发展的保证，企业为什么要独立从事 R&D？

(129) 利用外资是我国的一项基本国策，企业在与外商建立合资企业时应考虑哪些因素？

(130) 企业融资有多种渠道，你如何理解直接融资对企业发展的意义？

(131) 我国经济体制改革的目标是什么？你作为企业的负责人为实现这一目标应该做哪些工作？

(132) 我国国有企业改革的目标是什么？现代企业制度的基本特征是什么？

(133) 领导的本质是什么？一般地说，作为一个领导者应具备哪些素质？

(134) 个人决策与集体决策各有什么特点？如何处理好二者的关系？

(135) 什么是集权、分权？怎样处理好集权与分权的关系？

(136) 什么是规模经济性？如何处理好规模经济与竞争的关系？

(137) 传统营销观念与现代营销观念有什么区别？

(138) 影响企业发展的有哪些外部环境因素？

(139) 影响企业市场竞争能力的主要因素有哪些？

(140) 在市场经济条件下，企业与政府部门的关系是什么？

(141) 你如何看待计算机在企业管理中的应用？

(142) 谈谈你对信息技术的理解和认识。

(143) 你如何看待信息技术对企业发展的影响。

(144) 你认为在企业中应如何应用计算机（信息处理技术）？

(145) 如果你是一企业的厂长，你认为如何应付信息经济与知识经济的挑战？

(146) 你认为应如何处理企业面临的紧迫问题与计算机应用等的关系？

(147) 请你谈谈中国加入 WTO 后对国有企业的影响。

(148) 你谈谈国有企业怎样才能在与民营企业的竞争中处于有利地位。

(149) 什么是管理信息系统？谈谈你的认识。

(150) 什么是产品寿命周期？了解它对企业管理有何意义？

(151) 你公司在招聘员工之前，应做好哪些工作？

(152) 在知识经济条件下，企业管理应具有哪些特点与变化？

(153) 人力资源开发与人事管理有什么区别，怎样在企业中实施人力资源开发？

(154) 在管理中会遇到有关弹性的概念，你如何理解？

(155) 你的工作能力超过你的上级，你如何在工作中处理好上下级之间的关系？

(156) 有人认为企业支付大量的推销费用会使产品的销售价格上升，你如何解决？

(157) 小型国企改革的方向是否就是非国有化，为什么？

(158) 你对知识经济这一提法怎样理解和认识，有何重大意义？

(159) 怎样理解决策是领导的基本职能？如何认识领导决策的重要性？

(160) 我国经济体制改革的性质、任务是什么？为什么企业改革是经济体制改革的中心环节？

(161) 你工作中感到的最困难的事情是什么？你是如何应对的？你对你的表现满意吗？

(162) 你的同事、下属或上级中有没有非常难相处的人？你是如何与他们相处的？

(163) 如果你的上司想让你做一件你认为不符合商业伦理的事情，你该怎样做？

(164) 你认为你最成功的一件事是什么？

(165) 印象中最深刻的一件事是什么？

(166) 你期望从MBA学习中获得什么？

(167) MBA毕业后，你的短期计划是什么？

(168) 你认为什么是“影响力”？你认为自己的影响力如何？

(169) 你的五年职业目标是什么？十年目标是什么？

(170) 举例说一下你曾经领导并影响了的某个项目或任务。

(171) 你是否有过这样的经历：你的新观点是某项活动或项目成功的关键因素。

(172) 举例说明，你为自己制定了一个目标，并实现它。

(173) 介绍一下你与由不同性格、特点的人组成的团队共同完成的某件事情。

(174) 如果现在给你10万元人民币，你会怎么创业？100万呢？

(175) 你为什么要读MBA？现在很多人认为报考MBA的学生眼高手低，你怎么认为？

(176) 你为什么想要报考这所学校？

(177) 你认为我们是否能够录取你？

(178) 你最大的成就是什么？

(179) 你的事业目标是什么？

(180) 在大学中你最难忘的经历是什么？

(181) 你为何选择你上大学的那所学校?

(182) 哪些因素对你的选择会有决定性作用?

(183) 谈谈你对大学生谈恋爱的看法。

(184) 你的专业是什么?为何选择该学校?

(185) 现在看来,你是否庆幸选择了该专业?

(186) 如果你可以重新选择,你会选择哪一个专业?

(187) 大学时你每周的学习时间有多少小时?

(188) 你最优秀的功课是哪门?为什么?

(189) 你最不擅长的课程是哪门?为什么?

(190) 你的学习成绩是否反映出你的能力?如没有,那你为什么没有取得更好的成绩?

(191) 到目前为止,你所受的教育从哪方面为你的事业打下了基础?

(192) 你最喜欢大学生活的哪些方面?

(193) 你最不喜欢大学生活的哪些方面?

(194) 大学时你参加了哪些课外活动,你在其中担任的职务和做出的贡献是什么?

(195) 你如何支付你的学习费用?

(196) 你如何形容作为大学生的你?你现在有所改变吗?

(197) 如果大学的生活重新开始,你将如何安排你的学习和生活?

(198) 你希望从事什么样的工作?

(199) 你为什么选择这个职业?

(200) 你认为什么样的工作岗位最适合你?为什么?

(201) 你直接负责什么工作,领导哪些人?你在工作方面关键的技术难题是什么?管理方面的呢?

(202) 你工作中最擅长的是什么?有哪些不足?为什么?

(203) 你会如何改进你的工作表现?在改进过程中你会采取哪些具体行动?

(204) 你主要的成绩有哪些?这些成绩对你的经济收入或者其他方面有什么影响?

(205) 你是独立取得这些成绩的,还是有别人参与了,是以何等方式参与的?

(206) 你每周工作多少个小时?

(207) 你最突出的专业技能是什么?

(208) 对于目前的职位,你最喜欢或最不喜欢哪些方面?为什么?

(209) 你是否做过决策?你的决策是否成功?为什么?

(210) 请举出一个例子说明你的创新精神。

(211) 你面临过的最大的挑战是什么?你如何面对这些挑战?

(212) 在未来的5年中，你所在行业的发展方向是什么？
(213) 描述一下你同老板的关系，对于你的表现他最满意和最不满意的是什么？
(214) 描述一下你工作中的失败。
(215) 你如何面对失败？
(216) 你会如何改进你的工作？
(217) 谈谈你现在的工作，令你满意吗？为什么？
(218) 对于你现在的工作，你认为哪些方面是事业成功的关键？为什么？
(219) 与公司中同等水平的同事相比，你的工作表现如何？
(220) 你的工资情况如何？与公司中的同等水平的人相比又如何？
(221) 你最理想的工作是什么？
(222) 你的职业目标是什么？你如何保证它的实现？
(223) 描述一下你所在部门的组织和你如何在有限的事实上做出重要决策？
(224) 你的管理理念是什么？
(225) 你的管理风格是什么？有哪些方面你觉得需要改进？
(226) 你是如何组织、参与团队工作的？
(227) 你如何评估自己的成绩？
(228) 你认为一名优秀的管理者，什么样的个人品质最重要？
(229) 你喜欢制定比实际能达到的稍高一点的目标还是非常高的目标？
(230) 你通过什么方式发掘下属的潜力？
(231) 你对下属监管的松紧度如何？你允许他们有多大的自由度？
(232) 你怎样激励下属？
(233) 请描述一下你的经营管理哲学。
(234) 作为管理者，你的长处、缺点是什么？
(235) 作为管理者，最难的工作是什么？
(236) 你更愿意做一名领导者还是被领导者？
(237) 你的下属对你作为他们的上级如何评价？为什么？
(238) 举例说明你是如何预料潜在问题，并采取主动积极的对策的。
(239) 什么样的主管能让你工作更出色？
(240) 什么时候需要保守的思想？
(241) 未来的5年中你有何打算？10年、20年呢？你一生有哪些想要实现的目标？
(242) 你为何想读MBA？你想从中有哪些收获？
(243) 请讲述一件你在过去的生活中努力达到某个目标的事件。你当时的目标是什么？

你为什么有这个目标？你制定出什么样的计划？在这过程中你曾经遇过哪些困难？最终结果如何？

(244) 某公司 4 位研究开发小组成员在研究出一项重要技术后准备集体辞职，到竞争对手公司去，你是该公司的总经理，你觉得应当采取什么措施？为什么？

(245) 如果你一会儿走出这个房间时，其他等待面试的人向你询问你的面试题目。你将如何回答？为什么？

(246) 请讲述你在未来 5 年内对你的职业生涯的打算。你的目标是做职业经理人还是当老板？为什么？两者有什么主要差别？你为什么选择这样的目标？你将如何达到这个目标？

(247) 如果用三个形容词来描述你，将是哪三个词？

(248) 你通常读哪些书籍、报刊，为什么？

(249) 你最近读了哪些书？哪本书给你印象最深，为什么？

(250) 你如何使自己把握时代的脉搏，或是在你的工作领域中发展个人技能？

(251) 技术精英将成为未来管理者的主流，你相信这句话吗？

(252) 你的业余时间如何安排？

(253) 你目前在事业、家庭、朋友和兴趣爱好中找到的平衡点，从长远来说是否适合你？

(254) 你最喜欢哪种活动？为什么？

(255) 在你成长过程中谁对你影响最大？对你有怎样的影响？

(256) 你的偶像是谁？为什么？

(257) 你的朋友如何描述你？你的老师呢？

(258) 你为自己制定了什么样的目标？打算如何实现你的目标？

(259) 你认为自己很成功吗？

(260) 在企业里，决定一个人成功的因素是什么？

(261) 你最大的优势是什么？

(262) 诚实总是上策吗？

(263) 顾客永远是对的吗？

(264) 你是从成功中还是失败中学到的更多？

(265) 网络经济下 MBA 还有用吗？

(266) 美国的比尔·盖茨、戴尔、杨致远等人都是辍学从商，成为世界级的商界英雄，你认为他们为什么能够成功？

(267) 在校学习还有多大作用？

(268) 当前有利于中国发展的国际环境是什么？又有哪些不利因素？

(269) 中国最大的竞争力将来自何处？

(270) 你如何看待教育的商业化?

(271) 对于未来10年，你有何打算？为什么有此打算?

(272) 目前美国经济发展到了什么阶段？这个经济阶段的主要特点是什么?

(273) 请谈谈什么是期货？什么是期权？二者有什么共性？又有什么区别?

(274) 谈谈你的10年计划。

(275) 你表哥下岗了，想开个复印社，要向你借钱，但你不看好复印社。请劝说你表哥，但不要伤了感情。

(276) 谈谈国有企业股份制改革的困难及解决困难的办法。

(277) 为何选择北大?

(278) 如何解除工作中感到最棘手的问题。

(279) 请你结合专业谈谈对管理的理解。

(280) 为什么要读MBA?

(281) 对海尔公司进入IT行业有什么看法?

(282) 现在向企业派稽查特派员，你认为如何?

(283) 怎样发挥下属的积极性?

(284) 你的理财观是怎样的?

(285) 如果你同公司领导发生意见分歧，你会如何处理？是否坚持己见?

(286) 谈谈你对中国未来经济发展的看法?

(287) 激励下属的机制有哪些?

(288) 你认为自己有什么缺点?

(289) 挑选工作单位考虑哪些首要因素?

(290) 如何挑选学校？为何选择北大?

(291) 谈谈对当前民营企业的认识。

(292) 你认为企业家应当具备什么样的素质?

(293) 请讲述巨人集团沉浮的原因，或者讲出相关的案例。

(294) 在工作中遇到的最大挫折是什么?

(295) 谈谈你到职业生涯第10年想达到的目标，怎样达到?

(296) 亚洲金融危机给中国带来的长期和短期的影响是什么?

(297) 你对有奖销售有什么看法?

(298) 你认为国有企业的总会计师和外企的财务总监有什么区别?

(299) 你认为一个人取得成功的关键因素是什么?

(300) 如果有一个MBA速成班，1年内就可以读完，你愿意上吗?

(301) 目前国内金融监管部门已逐渐向外资银行开放了人民币业务，你认为国内银行与外资银行各自的优势在哪里？如果你是一家商业银行的行长，你将如何应付日渐激烈的市场竞争？

(302) 假如你是一家大公司的销售部经理，在年终对下属人员进行考评时，有人提出业绩考核不能仅仅以销售量来衡量，还要考虑地区差异。你认为他的做法是否合理？你将会怎样去做？

(303) 你的知识结构中哪方面强，哪方面弱，你认为 MBA 教育对你有何帮助？

(304) 谈谈宏观经济形式对企业预测的作用。

(305) 你最看好的中国家电企业是哪家？为什么？

(306) 谈谈企业重组。

(307) 如果一位不如你的同事得到提升，你会怎么办？为什么？

(308) 你所在的公司一片混乱，如果你被任命为总经理，你会怎么办？

(309) 谈谈我国住房制度、养老制度、医疗制度改革的重要性和对经济的影响。

(310) 国有企业改革的方向、目标及目前的形势。

(311) 谈谈对东南亚金融危机的看法。

(312) 某科研机构在进行研究项目的工作划分时，如何保证公司的秘密不外泄？

(313) 信息及高科技公司如何在竞争过程中保证产品的领先地位？

(314) 谈谈工作中成功的经历。

(315) 你所在的公司有什么地方需要改进？

(316) 请谈谈“marketing”和“sales”的区别。

(317) 你愿意到大公司打工，还是到小公司当老板？

(318) 你是否跳过槽？如果是，为什么？

(319) 如果你手下的员工达不到你的要求，你会做出什么反应？

(320) 你觉得你在公司中最适合什么工作？为什么？

(321) 设想你是一个领导者，而你的下级由于不满你的领导，要调走，但由于他很能干，若调走对工作影响较大，你将会怎么办？

(322) 论述民营企业、国有企业、外资企业市场竞争的优劣势。

(323) 你认为中国的外汇储备是否太多了？中国政府还应加强吸引外资的力度吗？

(324) 全日制 MBA 和在职 MBA 哪一个更好？为什么？

(325) 怎样衡量一个人的管理素质？

(326) 怎样看待环境保护的问题？

(327)“经营企业和经营人生一样”，对此你有何理解？

(328) 对于南方和北方两个地区的人，你怎么区别他们的不同之处？如何针对这种不同，采取不同的管理或被管理方式？

(329) 你认为电子商务实行的障碍是什么？

(330) 谈谈中国民营企业发展的前景和障碍。

(331) 如果公司的人事和财务主管位置空缺，你愿意选择哪个职位？为什么？

(332) 如何判断一个企业的管理水平？

(333) 一个人受教育程度和他的管理水平有什么关系？

(334) 你希望在北大得到什么？

(335) 请你谈谈对金融、股票市场的看法。

(336) 在某饭店，服务小姐给客人的菜上错了，比客人点的菜贵，服务小姐按原来的菜价收费，经理对她的处理结果很满意，表扬了她，你对这位经理怎样评价？如果你是这位经理，你该如何处理？

(337) 你认为女性适合读MBA吗？

(338) 你如何看待人才流动问题？你为何变换工作？

(339) 企业财务管理与会计的联系与区别是什么？

(340) 你认为自己适合做技术工作还是管理工作，为什么？

(341) 你认为在校学生与企业职工有哪些不同？

(342) 当你的下属与你的上级领导闹别扭，你要如何协调处理？

(343) 你如何处理与领导间的矛盾？

(344) 介绍下你的工作单位，具体负责的工作以及公司的市场、销售、人事、产品、公司的组织结构。

(345) 你认为民营企业一般具有哪些优势？

(346) 谈谈自己最喜欢的一本书。

(347) 结合你的职业谈谈当今中国的信息产业和你的思考。

(348) 如果你是北大全日制MBA，正好有一个你梦寐以求的大公司要正式聘用你，你会不去？

(349) 简要说明黄河断流对中国股市的影响。

(350) 你认为你适合学MBA吗？

(351) 你的业余爱好是什么？当你工作紧张时，如何放松自己？

(352) 如果让你策划一个福利彩票的发行，你如何去做？

(353) 当你与同事的观点、看法不同时，你会采取什么办法？

(354) 你读过哪些与MBA有关的书？谈谈读后感。

(355) 信息革命对社会及商业环境产生了什么影响？你有什么看法？

（356）如果你是人事经理，如何面试新的员工？

（357）说说在工作中与管理有关的事情。

（358）如果你在电梯中遇见总经理，只有短短的几分钟，如何向他陈述你的想法？

（359）你认为最适合你的工作是什么？

（360）你认为中国国有企业改革面临的最大障碍是什么？请评价平均主义对公司经营的影响。

（361）谈谈你对金钱和权利的看法，对获取金钱和权力的方法的看法，对金钱和权力使用的看法。

（362）假如你是一名销售人员，发现其他商家的人大多靠不正当的手段从事销售。你将会怎么做？为什么？

第三节　精选问题回答

1．“假如我是一滴水，就滋润大地，假如我是一颗粮食，就去哺育人们。”请谈谈对这句话的理解？

【出题意图】考查考生的理解和分析能力，也可从侧面了解到考生的人生观和价值观。

【解答思路】回答该问题时应注意以下要点：

（1）谈谈这句话本身的含义；

（2）当前社会，人们的思想与这句话之间的差距；

（3）谈谈作为未来管理者，我们应当如何选择；

（4）注意，回答这种类似的问题时，可大胆地表达你积极健康的观点和看法，切忌夸张做作和不着边际。

2．从政府服务和民营经济自身如何发展的角度，谈谈如何认识民营经济？

【出题意图】考查考生综合分析问题的能力。

【解答思路】

（1）目前，民营经济已成为我国国民经济发展的重要支撑力量，其经济地位日益突出。市场经济体制初步建立并逐步走向完善，市场法律体系已经建立，完善的政策制度逐步形成，这些外部条件为民营经济的发展提供了充足的阳光和肥沃的土壤。

（2）同时，我们应该看到，民营企业自身存在着不少弱点。从总体上看，民营企业的实力极其有限，面临的困难还有很多。一方面，民营企业规模普遍过小，还没有实行规范的科层制管理的内在要求，另一方面，企业缺乏可靠的信用制度和成熟的职业经理人群体。另外，计划经济体制下不相适应的政府管理方式和手段实际上已经阻碍了民营经济的发展。为此，政府应当加强对民营企业的监督、引导和服务，完善立法、依法保护民营企业的合法权益，创造出有利的舆论环境和鼓励人创业的机制，并提供和创造理论环境，为民营经济的发展提供新见解和新视角。

3．“上帝在关上一扇门的时候打开了另一扇窗”，你怎么看？

【出题意图】考查考生的理解能力以及逻辑思维能力。

【解答思路】答题要点如下：

(1) 谈谈这句话本身的意思；

(2) 与实际生活相联系，谈谈自己的理解和我们面临问题时应该抱有的态度；

(3) 注意回答时要强调积极向上的意义。

4．小王和李科长是牌友，小王工作一直不太踏实，但李科长常常在张局长面前说小王的好话，张局长也常常表扬小王。你工作一直勤勤恳恳，但李科长从不在张局长面前说你的好话，张局长也对你不太重视，你如何处理和这3人的关系？

【出题意图】考查考生的人际关系处理的能力和技巧。

【解答思路】面试中往往会出现类似情形，给考生模拟一个人际环境，设置压力或矛盾，看考生如何应对。答这类题关键在于把握原则、抓住重点。下列回答思路可供参考。

(1) 首先，我会更加努力地工作，找出自己的缺点和不足之处，努力提高自己，认真出色地完成每一次领导安排给我的工作任务，用工作实绩来赢得领导对我的认同。

(2) 增强与同事及领导的沟通，在感情上缩短与他们的距离；在生活上，与人坦诚相待；在工作上，服从领导的安排，与同事较好地配合。

5．农产品销路不好，有什么解决措施？

【出题意图】考查考生的分析和解决问题的能力。

【解答思路】

(1) 深入调查，确定销路不好的真正原因。

(2) 如果是质量或市场开拓等相关原因，就严抓质量、开拓渠道、拓宽销路，同时广开思路，促进农产品的产业化。如果并非质量问题，现实中这些农产品已不具有市场竞争力，并非当地优势产业，就应仔细研究，开发本地优势产业，进行重新整顿。

6．有人说一个人如果20岁不漂亮，30岁不富有，40岁不健康，50岁不智慧，那他的一生就是虚度了，请你谈谈对这句话的理解。

【出题意图】考查考生的文化素质及逻辑思维能力。

【解答思路】答题要点如下：

(1) 谈谈自己对这句话的理解；

(2) 谈谈这句话给自己的启发。

7．请简要自我介绍。（1分钟版）

【出题意图】用一个熟悉的话题使考生很快进入面试情景，同时使考官能够了解一些考生的基本情况，并考查考生的言语表达能力和自我认知能力。

【解答思路】好的表现应是情绪稳定、从容自然、言语流畅、条理清晰、主次分明，应有意识地突出与报考职位有关的经历。

8．请详细介绍你自己。（3 分钟版）

【出题意图】此题旨在用考生熟悉的话题使其尽快进入面试情境，并借此考查考生的语言表达能力、自我认识能力。

【解答思路】

（1）自我评价要适度，语气诚恳、自信而不矫饰。叙述时条理清晰，前后呼应，语言得体、妥当。

（2）自我介绍时有关学历、专业课程、工作经历、家庭情况等应与有关文字材料相一致。

9．为何报考 MBA？

【出题意图】本题旨在考查考生的职业规划与现在选择的匹配性，提供背景信息，着重考查考生对职业的理解、对自身特点的分析及其表现出的素质特点和思维成熟度。

【解答思路】好的表现应该是两者相匹配，若你的职业规划与 MBA 专业特点不一致，甚至大相径庭，那么你肯定不会被录取的。

10．你对本校 MBA 项目有什么了解？（为何报考我校 MBA？）

【出题意图】在为何报考本校 MBA 的基础上，本题旨在考查考生的职业规划与现在选择的匹配性的同时，考查考生对本校的了解，提供背景信息，还着重考查考生对职业的理解、对自身特点的分析及其表现出的素质特点和思维成熟度。

【解答思路】好的表现应该是三者高度相关，若你的职业规划与 MBA 专业性不一致，或者与本校的特点大相径庭，那么你肯定不会被录取的。

11．谈一谈你个人的优缺点。

【出题意图】通过考生的自我评价，考查考生的自我认知能力。这个问题主要考查考生对人才的基本素质的正确认识以及能否全面、客观地评价自己。

【解答思路】

（1）尽管这是你的主观评价，受个人自信程度、价值取向等因素影响很大，也就是说你所作的陈述也许与实际有些不相符，但在一定程度上会影响考官对你的能力的判断。

（2）谈优点时一定要突出重点，即强调那些非常出色的特质及与报考职位相关的优点。

（3）谈缺点时应避实就虚，不要过于坦白暴露自己能力结构中的较大缺陷。

12．你是怎样的性格？

【出题意图】用于导入，旨在使考生很快进入面试情境。考查考生的自我认知能力、自我评价能力。

【解答思路】简洁地介绍自己，客观而真实地评价自己的性格特点和优势。

13．谈谈你的工作或学习的经历（从历史看未来，你为什么要报考这个职位？）

【出题意图】借此考查考生的职业积累、求学动机及与将来发展的匹配性。

【解答思路】

（1）回答这个问题时，要肯定、准确。没有管理工作经验的考生，最好强调自己的专业能力。对有丰富工作经验的考生而言，这是一项重要的无形资产，也是优势。在简述自己的工作经验时，要挑选与MBA相匹配的不足之处，体现求学的价值。

（2）第二问的回答应体现出自己对就读 MBA 的兴趣和热忱，使考官相信你具有做好工作的基本前提。

14．故事：一个渔夫有一鱼竿和一篓鲜鱼，两个路人其中一个要了鲜鱼，一个要了鱼竿。要了鲜鱼的路人很快就将鱼煮熟吃了，不久他就饿死了。而要了鱼竿的路人向大海走去，可是还没到海边他也饿死了。你是怎么理解这个故事的？

【出题意图】考查考生逻辑思维能力、理解能力和应变能力。

【解答思路】

（1）谈"科学的发展观"问题。故事中要了鱼竿的人最后也饿死了，这就可以从可持续发展的角度进行阐述。

（2）谈"合作"问题。要了鲜鱼的人和鱼竿的人最后都饿死了，因为他们缺乏合作精神，没有意识到如果他俩合作，可能两个人都不会饿死。

（3）注意，无论从何种角度谈论，都应有理有据，做到自圆其说，才能使考官赞同。

15．智者说，快乐是由自己带给别人的，要把自己看成别人，要把别人看成自己，不能只把别人当成别人，把自己当成自己，你怎么看？

【出题意图】考查考生的逻辑思维能力。

【解答思路】我很同意这种说法，任何事情都是相互的，一个人要想让别人怎样对待自己，他（她）就应该怎样对待别人。对方对你的态度，正是你对对方的态度的写照。所以，我们每个人要理解"己所不欲，勿施于人"的深刻内涵，也就是现在我们常说的换位思考。

16．围绕关键词编故事：发展、诚信、事业、智慧、小康。

【出题意图】考察考生在有压力的情况下的应变能力、创新能力和语言表达能力。

【解答思路】巧妙合理地将这几个词连接起来，编成一个小故事，故事应有一定的哲理性。

17．如果派你到一个新单位，将怎样使自己适应新的岗位？

【出题意图】考查考生的人际沟通能力、适应新环境的能力。

【解答思路】

（1）如果你工作经历少于 4 年，可以从以下几个方面阐述，注意逻辑性要强、语言顺畅、得体。

① 适应环境，尽快实现角色转变。面对现实，尽快缩短自己与单位领导、同事的感情距离，使自己自觉融于新的人群中。感情距离的缩短，关键在于交流。人与人之间的感情是在相互认识、交往和了解的基础上形成的，随着相互熟悉程度的提高，感情才有可能日益加深。

② 放下架子，不要自认为是“天之骄子”，虚心向同事们请教。到一个新的环境中要老老实实地向同事们学习，要做到“嘴勤、眼勤、手勤”。只有这样，才能很快融入到新的集体中，得到领导和同事的一致好评，学到自己不懂的很多东西。

③ 踏踏实实地工作，用工作实绩赢得领导和同事们的信任。在与领导、同事们缩短感情距离的基础上，必须靠汗水创造工作成绩，才能完全博得领导和同事们的信任与认同。

④ 平等待人，正确处理人际关系。处事待人要诚实讲信用，实事求是，不口是心非，不言过其实。要关心同事，在同事遇到困难时，要主动伸出友爱之手，热情帮助其克服困难。

⑤ 正确认识自己，找准自己的社会位置。只有正确、客观地认识自己，才能更好地发展自己，也才能找准自己充分发挥才干的最佳社会位置。

(2) 如果你是工作 6 年以上的考生，请就你的亲身经历，谈谈自己的观点，观点应体现出你良好的适应能力和优点。

18. 请说出 3 个你最感激的人，为什么？

【出题意图】考查考生的言语表达能力和自我认知能力，了解考生的人生观和价值取向。

【解答思路】阐述为什么要感激他们，语气诚恳、真挚，感激之情表达得自然，令人深有同感。

19. 请问你认为今天的面试有何缺点？

【出题意图】考查考生观察、分析问题的能力以及应变能力。

【解答思路】如实、大胆地说出你的看法，最好能抓住关键问题。考生应根据现场的情形灵活把握。

20. 针对你学的是理工科，而我们是偏文科的财经学校，请你谈谈自己入学的优势。

【出题意图】考查考生的思辨能力及反应能力。

【解答思路】

(1) 这是大家对文理科的普遍思维定势。当然，这种思维定势有它存在的现实根据，但并不完全正确。中国高层行政人员大多数都是理科出身，这就证明文理分科并不等于是对人的属性和特长的绝对性质的分类。

(2) 现代社会要求的是全面复合型的人才，而且财经专业已经成为管理中的一个重点。虽然我是理工科出身，但学财经有我突出的优点，逻辑思维能力强，井井有条。当然，开始难免有困难的地方，但相信利用我具备的优势，经过我的努力和锻炼，定能成功完成转型。

21．毕业后，打算创业还是求职？

【出题意图】对考生进行下一步追问。

【解答思路】无论求职还是创业，都要准备好后面的追问。

如回答，求职。那么将追问：

在你面前有3个职业可供选择：① 外资企业的管理人员；② 大学里的教员；③ 国家公务员。

你选择哪个职业？为什么？

【出题意图】考查考生的求学意向与职业规划是否相匹配。

【解答思路】要点如下：

(1) 确定自己会选择哪个职业，但所选职业最好与MBA专业相匹配；

(2) 用简明、扼要的语言说明自己为什么会选择这个职业。

22．简要介绍自己和家庭的情况。

【出题意图】初步了解考生的背景情况，通过这类简单而轻松的话题使考生尽快进入面试情境中，考查考生的自知能力、自信程度，了解考生的素养环境和社会关系。

【解答思路】要点如下：

(1) 语言简明扼要；

(2) 客观、实事求是地介绍、评价自己及家庭成员；

(3) 介绍的内容要与相关资料一致。

23．请你谈谈你的兴趣和爱好。

【出题意图】考查考生的自我认知能力，了解考生的个性特征、业余爱好。

【解答思路】

(1) 把自己的姓名、年龄、毕业学校、所学专业、参加工作时间、现工作单位、现任职务和任职时间等，简明扼要地介绍一下；

(2) 在介绍兴趣和爱好时，扼要地说明自己为什么会有这样的兴趣和爱好，它对你的生活、工作有什么好处；

(3) 所介绍的情况一定要与有关文字材料（个人简历）相一致。

24．你近期目标和远期目标是什么？为了达到你的目标，你需要在哪方面加强什么能力？你希望有什么样的工作环境？

【出题意图】考查考生的职业规划和求学动机。

【解答思路】

(1) 具体客观地说明自己的近期目标和远期目标，要切合实际，具有可操作性，条理清晰；

(2) 加强自己的综合能力、专业能力、实际操作能力等；

（3）关于工作环境，如：团结、友好、和谐、积极向上的工作环境，对工作环境的要求要切合实际。

25．单位对新来的人员进行培训，如果你是直接组织者，你会如何进行？

【出题意图】考查考生在某一事件中体现出来的计划、组织和协调能力、人际交往能力以及相关的工作经验和自我认知能力。

【解答思路】要点如下：

（1）对人员进行统计，以便安排培训场所；

（2）具体安排负责培训的人员；

（3）对培训目的进行策划；

（4）具体安排时间、地点；

（5）对培训结果进行检查。

26．请简述你的简历。

【出题意图】一方面让考生放松、自然地进入面试情境；另一方面，要了解考生的学习、工作情况。同时，考查考生的表达能力和自我认知能力。

【解答思路】此类试题的测评诚信。要点有两点：

（1）考生的学习、工作经历；

（2）考生的自我认知能力。所以考生应客观、真实、详细地介绍自己的学习和工作经历以及学习和工作后的心得体会。

27．你认为你自己有哪些优点？（为何适合读MBA？）

【出题意图】考查考生的自我认知能力、求学动机及与将来发展的匹配性。

【解答思路】我从不认为自己有特别突出的优点，我认为自己学习和工作最重要的收获是学到了一些分析问题和看待事物的方法。我是学建筑设计的，在设计上，尤其是在设计大型和功能复杂的公用建筑时，经常牵涉到一些复杂问题的简单化，需要从整体到局部，从局部到整体的反复验证，以便能够把握住问题的主要矛盾，找出合适的解决方法。我觉得这个经验对我十分有益。另外，工作中我体会到，人的因素是很重要的——建筑是因为人而存在的，经常需要考虑人的感受和感觉，因此，尊重人已经成为我思考问题的一个习惯。以上两点我认为非常重要，而这两点已经扩充到我对待生活的各个方面。总的来说，我觉得自己分析和解决问题的能力较强，口头语言和文字表达能力还不错，我想进一步深造，为提高自己的综合素质打下一个坚实基础。

28．假如领导派你和一个有矛盾的同志一起出差，你如何处理？在日常生活中，出现这样的事情你是如何处理的？试举例说明。

【出题意图】考查考生的人际关系处理技巧以及团队协作精神。

【解答思路】首先，我认为在日常生活中，由于每个人的观点和立场以及看待和分析问题的方法不同，矛盾是不可避免的。假如我和一个与我有矛盾的同志一起出差，我想我会开诚布公，因为有矛盾，就把许多东西隐藏起来，这只会加深误会。假如互相坦诚相见，以一种客观的不带个人情绪的态度看问题，可能会发现原先自认为十分得意的想法并不完全正确，先前反对的看法和观点可能只是事物的另一侧面，原来，在许多方面我们可以互相补充，互相完善。我个人认为在处理矛盾问题上要有一种宽容的态度，俗话说得好：宰相肚里能撑船。心胸狭隘是化解矛盾的大敌，而一个心胸狭隘的人是绝不可能成就一番事业的。

其次，我认为领导既然安排我们共同出差，要办好事情，我们就应该以工作为重，因此，在合作中，我会主动谦让，让对方感觉到我是以工作为重，如果他也认同这种观点，那么，也许在接下来的合作中，我们会发现，原来彼此可以成为很好地合作伙伴。如果他依然很在意我们之间的矛盾，我只有努力做好应当做的工作，不介意为了把工作做好而付出更多的劳动和努力，出差回来后如实和客观地向领导汇报工作。

29. 古人云“疑人不用，用人不疑”，你在使用下属干部时，是否采用“用人不疑”的观点？

【出题意图】考查考生的综合分析能力和领导才能的潜质。

【解答思路】评析这个问题，不应简单地肯定或否定。对古人格言要做辩证分析，此句有其可用的一面，也有弊端。

(1)“用人不疑”体现了在用人上，经考察、分析、判断之后应有的一种充分信任、大胆使用的气魄和风格，应感化、激励被用者，促其产生“士为知己者死”的精神状态。但用人完全“不疑”也不可取，因为所用之人的成长是受各种因素影响而不断发生变化的。

(2)“不疑”论会把事物看死，容易以偏概全、以优掩劣，产生放任现象，忽略使用、培养、教育、考察、监督的措施，使被用人发生变故，所以正确地用人的“疑”与“不疑”是辩证的，不应绝对化。

30. 作为副职，在和主要领导研究问题时，你认为自己的意见正确，提出后却不被采纳，面对这种情况，你如何处理？

【出题意图】考查考生的人际交往及沟通能力。

【解答思路】你在思考时，应明确以下思路：

① 出于公心，冷静对待；

② 全面分析自己意见的正确性和可行性；

③ 如确认自己的意见切实可行，则可以向主要领导进一步反映陈述；

④ 经过反映陈述，仍得不到赞同和支持，可保留意见，若属重大问题可向上级反映。

回答时，一步一步将自己的观点逐层展开，使之环环相扣，从而增加逻辑性。

31．如果你在入学中遇到了挫折，没有录取，你将怎么办？（压力面试）

【出题意图】考查考生承受挫折的能力和态度。

【解答思路】事业有成、一帆风顺是许多人的美好愿望。事实上，不可能一切都一帆风顺，要接受这样一个现实，人的一生不可能是一帆风顺的，成功的背后会有许许多多的艰辛、痛苦甚至挫折。在人生的一段时期遇到一些挫折是很正常的，只有经验、知识和经历的积累才能塑造出一个成功者。我觉得面对挫折要做到以下几点。

（1）要敢于面对，在哪里跌倒要从哪里爬起来，不应惧怕困难，要敢于向困难挑战。

（2）要认真分析失败的原因，寻根究源，俗话说："失败乃成功之母"，在挫折中吸取教训，为下一次奋起提供经验。

（3）在平时的工作生活中要加强学习，人的一生是有限的，不可能经历所有的事，要吸取别人的经验教训。

（4）可能由于当局者迷或者知识经历的不足，自己对于挫折并没有特别好的处理方法，这时可以求教于自己的亲人朋友，群策群力以渡过难关。

32．你最喜欢的一本书是哪本？

【出题意图】了解考生的世界观、人生观以及思考问题的深度能力。

【解答思路】我喜欢读书，一个人最早看的一本书可能会对他（她）的一生产生很大的影响。我小时候最早看的一本书是《三国演义》，《三国演义》这本书博大精深，书中描写的一些人物对我的成长起了许多潜移默化的作用，现在看来我还是最喜欢《三国演义》。如果我说我喜欢关羽，可能俗了一点，但从关羽身上表现出来的诚信和忠诚一直是我很推崇的。我觉得诚信是立身之本，而对单位的忠诚是你做出一番事业的前提条件。当然这个忠诚还包括对领导的忠诚。从周瑜身上我学到对别人要宽容，不要有嫉妒心；从诸葛亮身上学到要加强自己学习等。《三国演义》这本书博大精深，对我的影响也是全方位的，时间原因我不再赘述。

33．在完成某项工作时，你认为领导要求的方式不是最好的，自己还有更好的方法，你应该怎么做？

【出题意图】考查考生人际交往及沟通方面的能力。

【解答思路】

（1）原则上我会尊重和服从领导的工作安排；同时私下找机会表达自己的想法，看看领导是否能改变想法；

（2）如果领导没有采纳我的建议，我也同样会按领导的要求认真地去完成这项工作；

（3）还有一种情况，假如领导要求的方式违背原则，我会坚决提出反对意见；如领导仍固执己见，我会毫不犹豫地向上级领导反映。

第四节 简要评分标准

1．请你用3分钟的时间简要介绍一下你自己的基本情况，并说说你主要的优缺点，有哪些特长和爱好。

追问：① 喜欢书、报、刊吗？② 喜欢读哪类书籍？③ 经常看的刊物有哪几种？

【问题思路】

此题的目的是以轻松的话题使考生进入面试，并考查其言语表达能力和自我认知能力。追问部分的问题着重考查考生的业余爱好、知识面以及在业务方面充实、提高自己的意识。一般考生的回答都是爱看书报，让其罗列常看的报纸时，往往脱口而出，从报刊种类可知其爱好、知识面。从考生看专业类报刊的情况，可了解其对自身专业的关注程度和自我提高的主动性。

【评分标准】

好：介绍自己的情况简明扼要、全面，语言流畅，对自己有正确客观的评价。回答追问部分问题时，反应敏捷自然，表达真实可信，爱好层次高，知识面与专业面都很广。

中：表达基本清楚，对自己有比较客观的认识。回答追问部分问题时，反映自然，爱好有一定层次，有较宽的知识面。

差：表达不清或对自己缺乏客观认识。回答追问部分问题时，反映真实但面窄，层次不高或不符合MBA专业要求。

2．对自己将来要达到的事业目标有什么设想吗？为此你做过哪些准备？已具备了哪些条件，或者已取得了什么成绩呢？请你用3分钟左右时间谈一谈。

【问题思路】

初步了解考生的基本情况。考官可适当就考生学习情况、工作情况进行追问，尽可能询问已经取得的成绩，以便考生增强临场自信，消除紧张感。这类问题可以考查考生的动机与拟录取的匹配性以及动机的坚定性。

【评分标准】

好：考生对自己未来有明确的计划，准备充分，表达流畅，动机与MBA要求相匹配。

中：考生对未来有设想，有一定准备；表达有条理，动机与MBA要求基本匹配。

差：考生对未来迷茫，没有实际准备；表达不清，与MBA要求无联系或相背离。

3．请讲一件你在生活或学习中做得成功的事。当时是什么情况？你是怎么做的？有何体会？请讲得尽可能详细一些。

稍停后可逐步追问：最后结果是什么？

别人怎么评价？

你自己怎么评价？

你从中得到了什么经验，或得到了什么教训？

【问题思路】

考查考生的计划能力、组织能力和协调能力，以及自我认知能力，同时从该题中也可以看出考生的价值。

【评分标准】

好：事情确实做得非常成功，显示出可信的计划能力和组织协调的能力，别人的评价高，自己的评价也很客观。能正确对待其中不足之处。

中：事情做得一般，但可看出一定的能力，自己的评价基本中肯。

差：没有成功事例，或自认为成功的事情并不是真的很成功，自己不能客观评价自己，缺少相关经验。

4．在以前的工作或学习过程中，你可能会遇到这种情况：你与一位同事（或同学）需共同完成一项任务，由于某种原因他有些情绪，表现出工作积极性不高。

你是怎样对待这种情况的呢？请举个例子，好吗？

追问：① 该同事有什么问题？对工作有什么影响？② 你是怎么做的？③ 结果怎样？

考官也可根据回答随机追问。

【问题思路】

考查考生人际交往能力，着重考查其人际沟通及与同事建立信任关系的技巧和能力。

【评分标准】

好：具备主动合作意识，善于沟通，通过对他人的理解和支持来促进工作。

中：有合作意识，能够与对方沟通，基本上能采取措施处理好双方的关系。

差：没有合作意识，不能理解他人，可能影响工作。

5．在你的工作经历中可能出现过这样的情况，你所在的组织（如单位、科室、班级、工作组等）与另一兄弟组织之间产生了矛盾或冲突，要由你来解决，请你谈谈如何解决这个问题。

能举例，则追问：① 当时遇到的是什么矛盾（问题）？② 你的任务是什么？③ 你采取了什么办法？（措施）④ 最终的效果如何？

不能举例，则请考生假设有这样的情况。请他谈谈想如何处理两个组织之间的矛盾。

【问题思路】

通过考生的回答了解他的组织协调能力、人际沟通能力，特别是处理平级之间关系能力。

【评分标准】

好：考生能够很好地协调处理各种关系，能够全面考虑问题，能抓住问题关键，并且能有条理地表达。

中：考生能够针对问题加以解决，办法基本可行，表达的条理基本清楚。

差：在所组织的活动中表现出组织协调能力差，工作措施不当，表达混乱。

6．你的领导让你将一份急件送给单位A，第二天却发现送错了单位。他不仅不承担责任，还生气地批评你马虎大意，没按要求将材料送给单位B。这时，你要怎样表白自己，同时又不影响工作，不加剧你与领导的矛盾？

【问题思路】

考查考生的应变能力和情绪稳定性，考生应该尽快找出压力情况下合乎情理地解决问题的办法。该题也能考查考生处理与上级关系的能力与技巧。

【评分标准】

好：情绪稳定，思维敏捷，考虑问题全面。

中：情绪基本稳定，反应基本得体。

差：情绪慌乱，不知所措。

7．假设你手头上有好几项工作没有完成，可是上级又给你安排了一项任务，你感到自己完成这项工作有困难，你如何处理这个矛盾。

【问题思路】

考查考生的人际沟通的意识与技巧，主要是在组织中处理权属关系的能力。

【评分标准】

好：能够很好地与人沟通，有很好的交往方法和技巧；能够在尊重他人的前提下恰当地表达自己的意见。

中：能与人沟通，交往中有一些技巧，能适当地表达出自己的意见。

差：不能与他人沟通，交往中缺乏技巧，难以表达自己的意见。

8．在这次报考中，你的笔试成绩一般，面试情况也不突出，你觉得我们会录取你吗？

适当追问：① 你对我校MBA录取情况有什么看法？② 听说你找人帮你疏通关系了？

【问题思路】

考查考生的应变能力和自我控制能力及自信力。

【评分标准】

好：情绪稳定，思维敏捷、自信，对自己有正确的评价，并设法得体地表现自己的优势，变被动为主动。

中：情绪在控制后趋于稳定，对自己的情况做出合理的解释。

差：不知所措，语无伦次，缺乏自信，完全迎合考官的意见或否认考官的陈述。

第五节 个人单独面试精选

这里收集了一些考生的心得体会。考生可以仔细揣摩一下，面试时候的心情，以及一问一答的艺术。

工龄极少，笔试分数不高考生的清华之路

惊心动魄的面试结束了，新的学习生活也开始了，虽然过去的一幕幕就好像在昨天一样，但毕竟已经结束，所以应朋友之邀，将当时的情况描述出来，如实记录当时自己的考虑和经历，供大家参考。

我是3月初查到成绩，208分，绝对不高，虽然单科都超过65，但工龄较短，只有4年（后来得知，是我班最小的，在全校排倒数第三）。无论怎样，梦中的清华终于向我招手了，绝不能就此放过。于是开始对有所担心的面试全力准备。

早在报考的时候，因为可以报考多所学校，所以报考的时候可以基本不考虑各个学校的最后录取分数，可以各个档次的学校都选择一所报名（到时候根据自己对成绩的估计去参加一个学校的考试就可以了）。当时我遇到的最大的问题就是在第一档次的学校：清华大学和北京大学中进行选择。考虑了很多的因素，这里单单谈谈当时考虑的面试成功可能性这个因素。

一直有传言，清华大学更加注重工龄，而北京大学更加注重活力。当时没有权威的说法，只是自己暗自揣测清华大学录取结果显示平均工龄长的一种可能的原因是学校认为工龄长的人工作经验丰富，所以偏爱工龄长的报考者。二则可能学校注重考生的管理经验，录取结果体现了更多的管理经验，而这个人群在长工龄的报考者中相对集中，所以被录取者的平均工龄和年龄都偏高。

而自己只有4年工作经验，管理经验才1年，正是因为这样的顾虑，所以作为一个工科大学毕业的学生，尽管和很多朋友一样仰慕清华大学，但是始终不敢下决心报考清华大学。后来一个原因让我下定决心，那就是记得当时自己看到清华去年的录取结果比例分析，然后对照一下社科赛斯辅导班中的同学名录，做了一个简单统计，发现两个样本的年龄、工龄分布非常相似，考虑到清华大学选择培养MBA学生，不会只需要一个特点的学生，年轻活力同样可能是学校需要的一个因子，然后又自以为在辅导班的年轻人当中，自己素质不是特别差，这才下定决心报考。

说了这么多，不只是想说自己报考的经历，还想表明对面试存在很多的担忧。担忧之后就开始准备，参加了中国MBA教育网举办的面试团队活动，以及清华大学上届师兄举办的面试辅导，觉得受益匪浅。特别是，一个师兄还给我出了一套方案。当然最大的收益不是短期内提高自己的素质，而是通过这些活动感受氛围和群体气质特点，选择展现自我的方式。这就是我的

第一点收获：尽可能地接触群体，熟悉和适应组织文化，选择合适的行为方式。

接下来的准备主要有3方面，当然因为考试完了以后是过年，有大块的时间。即使没有面试这些准备也是很值得一做的事情。

1. 就是由于备考，脱离了环境一段时间，所以短期内要补充各种信息充实自己，不要给考官留下脱离了社会，只是一个死读书的人的印象。而且即便是不参加面试，长时间的脱离社会也会让自己的敏锐性有所下降，对工作也不利。

2. 看了很多与商业和自身发展联系很紧密的书籍，比如德鲁克的《卓有成效的管理者》、吴晓波的《大败局》以及难度不高的经济学类的书籍等，都是补充自己非常好的书籍。

3. 趁时间充分，好好考虑一下自己未来的职业规划，考上了怎样，没有考上又怎样？也为自己在新的一年定下一个目标和计划，并考虑一下如何将短短1年的目标、计划和自己长远发展结合起来。总结自己过去的时间，有的就只总结1年，有的会总结5年，甚至自记事起开始总结也不过分，看看自己走过的路，做过的选择，回忆一下当时情景和选择理由。如果愿意，同样可以想想自己和自己周围的环境、人之间的关系，发现自己被认可的品质和总有人建议自己改变的个性。这些问题都是在面试的时候考官非常愿意和考生探讨的问题。

下面谈谈当时面临的情况。

去年面试和体检集中安排在两天举行，每个考生要做3件事情：体检、中文面试、英文面试（面试IMBA是通过这第一步面试后根据英语成绩等条件的加试，IMBA面试不影响录取结果，只影响是否进入IMBA的培养计划）。每个人都被安排在两天中的一天完成所有的3个任务。这3件事情中体检是必备条件，英文面试由全校统一安排，外语系组织面试，问题不会很大，同体检一样合格是必备条件，但是如果联考中英语成绩不高的考生可以通过高分口语面试获取IMBA的面试资格。重中之重是中文面试，也是淘汰的主要依据（体检和英语面试几乎不会淘汰人）。

中文面试分为两个部分，一个部分是个人面试。3个老师（由经管学院老师和外聘的职业经理人组成）面试一个学生，大概15分钟，包括3分钟的自我简述和12分钟左右的提问和回答阶段；另一个部分是由你所在的那个时间段同时在一个面试考场的8位考生组成团队讨论问题，分成两组进行团队面试。

我的中文面试是面试分组最后一天（一共两天）的最后一组。所以当我到考场的时候，我即将合作的小组成员都已经完成个人面试，在等待我完成个人面试之后一起参加团队面试。在进考场之前，我知道没有时间和他们商量，所以很简短地介绍了一下自己的背景，并且表示希望他们议定一下分工和表达了我愿意接受任何安排的意愿。通过短短的几句话互相认识并且很快我们打成一片，形成了很好的团队气氛并统一了如何面对团队面试的价值观，这为后来的合作打下了很好的感情基础。

然后，我进入面试教室参加个人面试。在介绍自己的过程中，着重体现自己在不同阶段做出选择时是有计划、有逻辑的，对自己的现在和未来的打算思路是比较清晰的。这个部分针对自己工作经验不是特别长（只有 4 年）的弱点，我当时突出的是自己对自己的认识还是比较清楚的，最终想体现的是管理潜质。同时，我把自己曾经做过的一个管理项目的经历巧妙地介绍了出来，明显让考官感到我的潜质。而且由于不紧张，语速也不是特别快，希望让老师感到我比较诚恳。这个部分我觉得是整个面试中最重要的部分，在这个部分的很多细节都会影响考官的心目中的第一印象。最后，在愉快的气氛中，有一个老师问旁边助教：还有多长时间？助教心领神会：时间到了。（其实，根本没有 10 分钟）老师马上说：那这样，你的表现不错，安心准备小组面试吧！当时，我真的好感动啊！

人说不能以貌取人，并不代表不用注意自己的外在形象。气质是关键，本身是管理者的考生需要体现一个优秀、自信的管理者气质，不是管理者的考生需要体现自己是一位良好的职业者和具备管理潜质的考生。关于穿着，在大家都知道西装领带和职业套装是必备的穿着之后，一般来说深色的西装、稳重的领带颜色和白（或者浅蓝色）衬衫是比较安全的选择。同时良好的面料、质地（包括衬衫）和平整的熨烫，甚至皮鞋的整洁都是需要注意的问题。

除了穿着，沟通能力也非常重要，良好的沟通能力体现在聆听的能力、语言的精练和语言组织的逻辑性，以及肢体语言（眼神、表情、姿势和手势等等）等各个方面。我觉得面试的时候，沟通需要做到以下几点。首先要听，不急于回答，领会问题的真正含义和问这个问题的目的。然后是有针对性地回答问题，并且用很有逻辑和简练的语言回答问题，同时让考官相信你的回答是你真实的想法也非常重要，这是关系到诚信、良好的职业道德问题，这就要求考生的语言、表情诚恳，前后的回答没有矛盾。

在提问阶段，遇到的几个印象深刻的问题有：

考官：年纪这么小，为什么不考普研呢，学历一样，还不用花费太大？（这是问我的职业人生的设计了。）

答：我原来在大学学习就还可以，考上普研也有可能，但是我在大学就没有选择考普研，因为那个时候通过各种渠道了解了一些 MBA 教育的情况，给自己设计的路就是工作几年就考 MBA。因为我一直以为这是我的理想职业中必须经历的一步。那个时候我想过，对于一个人来说未来也就是 3 种职业：从政、从商和做研究。我觉得从政和做研究不是我的兴趣所在，也不是我的相对优势，所以就考虑从事商业，所以 MBA 对我的职业生涯来说就变得非常重要。

考官：如果不录取你，你会怎么办？（压力测试）

答：（略略思考了半分钟）我将从头再来。有几个原因，一个是清华一直是我的梦想，而且由于小时候没有意识到学习的重要性，荒废了很多时间，错过了第一次考上清华的机会，我希望趁自己年轻，能圆这个梦。还有就是因为 MBA 对我来说是必须要考上的，清华又是我心目中

MBA教育最好的学校，所以我还会考清华。

考官：工作中，你最大的缺点是什么？

答：总体评价我觉得还是不错的，但是也有很突出的缺点，比如说沟通能力有问题。(希望考官进一步追问。)

考官：能具体一点吗？（连续追问，正中下怀。）

答：比如说，开会的时候，我会特别急着把自己的想法说出来，其实很多东西大家都是共识，只是没有说而已，而我就会以为大家没有想到而夸夸其谈。这样就会使得开会时，很难激起大家的思考和共鸣。

考官：毕业后，有什么具体打算？（远期目标）

答：这个已经计划好了，还是在我原来的行业内，但我会去国际知名公司如壳牌等，进一步锻炼国际运作经验，因为我们国家要解决能源危机，根本出路只有国际化，在全球市场中找到原料。当然如果能够如愿考上清华，将为我实现将来的理想奠定坚实基础。

……

以上就是我个人面试的经历。个人面试以后，是团队面试，我们几个成员在外面简单商量了一下，大家基本心里有数，没有太多的麻烦，整体来讲，我觉得今年清华的面试关键在个人部分，小组只能算是参考！总结整个面试过程，我也收获了很多，慢慢明白了一个MBA学生和职业经理人需要的更多的是：人品、思想、与别人相处的能力以及完成工作的能力和技能。所以一个真正能够通过面试的人最好是平常用心积累，用职业经理人的标准要求和培养自己，并且达到相应的素质的考生。准备只是锦上添花，而不能雪中送炭。

总结就是提高

又到冬季，那些为联考而奋斗了大半年的朋友，就要面对接下来的严峻挑战。相信又有一批以考上清华为梦想的人正在奋斗之中。回想过去的那段难忘的经历，正是我梦开始的地方。此刻，在这清爽的天气里，我很乐于把自己的那段经历回忆起来，既是对过去的思考，又是与后来者之间的交流，共同收获吧。

经管学院一楼咖啡厅是面试前考生集中交流的地方。我担心的并不是面试，倒是想利用这样的机会练习口语。能够在面试前见到不同类型的人士，了解各自的特点，并通过比较而增长自信或是明确差距，对于大多数人来说不无益处。先到的同学已经热火朝天地聊上了。至今我还记得那位高个子、面带沧桑的男士当时的紧张神情，“呵呵，分数刚够线，一点优势都没有啊！”过后知道，他曾经自己做老板。其实以他的那些经历，通过面试应该不成问题。而另一个，神态略显焦急却依旧正襟危坐的女士，正在用极富逻辑性的语言吸引着邻座的几位同盟。在互通情况之后，一大桌人分成了两组。我们后到的6人组成了一组。在接下来的几天内，组员迅速扩展到10位。

谈话中发觉大家果真志同道合：小组的一致想法是先练习口语，最后一次再进行模拟面试。我们随意找了一些话题开始讨论。并且由于都是在职，故约定每周聚会两次练习英语（实际我每周只去一次）。每一次除了口语之外就是闲聊，考友也渐成了朋友。幸运的是其中一位从事人力资源工作的女士本科专业是英语，故在交流的过程中，我们邀请她充当主持人，并给大家逐一指点不足。

这样的机会很难得，如果你今年有机会参加类似的面试前交流，最好能够选择一些口语较好或者有经验的考生一起练习。练习口语时，首先要清楚自己到底想说些什么，其次是每句话在脑子里的构思。最好别一字一词地蹦，而是应尽量整句整句地讲出来。对于那些平时口语练得不多的考生，要尽量选用最简单的词语和句型来表达你的思想。这样对于听者而言才能更易了解你的用意，从而使交流更加充分。学习记住一些地道的口语表达，会提高你的印象分。如果你的口语还不错，那么主要练习的就是流利。

时间转瞬即逝，离面试还剩两天。模拟面试尤其有助于缓解那些易紧张的考生的心情。有人希望通过模拟面试早点儿让自己找到感觉，有人则是因“日久生情”，不愿脱离团队，因而那天早上，我们的组员几乎全部到场。模拟面试从组长开始，挨个进行，除却被面试者，其他人都充当考官的角色。而那些对被面试者提出的问题也都各具特色，几乎综合了面试现场的各种情况。每次模拟结束之后，每个人会对被面试者进行点评。这样一轮下来，绝大多数人便对自己及其他人的情况有了相当的把握。

当晚有学长举办的面试辅导会。这样的辅导今年若不出意外也应该会有。因为它不仅是学长的经验传授，更是多方面信息的传达与交流。你也可以看到一部分你将面对的竞争者们的状态。如果你有足够的自信，或是参加了面试前的交流，这样的会无所谓。对于外地考生来说，像这样的机会最好还是不要错过。

英文口语面试除却提前的准备之外，寻找 Partner 也是个必要环节。练习时要选择口语水平高于自己的人，而面试的 Partner 最好要找和自己口语水平相近的人。水平差距过大对两方的面试都不利。在口语面试之前，我和 Partner 由于水平基本相当，只在一起磨合了两次，第二次在一同吃晚饭的路上闲聊也是在用英语，如此一来相互之间对发音和语言的表达方式上都有了较多的了解。

面试当天上午的口语面试中，我们抽取的题目大约是讲顾客向餐厅经理抱怨餐厅的服务质量。在极短时间内进行了角色分工后，我和 Partner 简要商定了谈话内容，准备时间大约为七八分钟。

那个来自外语系的男考官和蔼而亲切，他先是向我提出一系列关于个性特点上的问题。

你工作多长时间？你在公司同事眼中是个什么样的人？你的性格特点是什么？性格中的优点是什么？缺点是什么？特别要提醒注意的是，一定要听清考官的问话，不要想当然地去回答。

比如面试中考官用到一个词：qualification。据前面几组同学称，被问及此词时，有人回答了自己获得了哪些专业证书，有人说自己何年何月申请到了何类专业工程师等，而从考官的神情中已能感觉得出类似的回答均未对题。因此明确考官的用意非常重要，比如当你不确定考官在问什么的时候，你也可以礼貌地回问，“I think that maybe you want to ask me…,am I right? So In my opinion…”考官是在考察你用英文与人沟通交流的能力，仅仅是个别词汇还不至于对你的成绩有太大的影响。包括在后来的面试过程中，我也有就某一问题同考官相互探讨的过程，如此一来，既避免了答非所问，也能给面试带来轻松的气氛。

问及我的 Partner，考官则把重点放在他的工作背景上。比如在何处工作，任何职位，主要职责是什么，以及上下级关系处理上的问题等。接下来是就抽到的题目进行讨论。有了前面的铺垫，我们都非常放松，交流自如，甚至在谈及将来就餐打折的问题时还进行了讨价还价，居然把考官也逗笑了！最后考官非常满意地示意我们面试结束，并预祝我们能够在整个的面试中取得成功。后来公布成绩时，我没有想到口语竟是满分。

在与一位同在国际班就读、口语面试亦是满分的好友的探讨过程中，他谈到了口语面试的成功因素在于两点，一是要流利，二是关键词语要使用准确。这两点非常重要。流利的口语可以让听者顺畅地理解你要表达的内容，但并不需要所用的语法结构完全准确。而关键词的正确使用则是确保对方的理解无误。对于抽取的题目，多为简单的内容，简单到足以让你和你的 Partner 有充分发挥想象的空间，也能够让彼此用最为熟悉的方式去交流。同学抽到的题目还包括如何对待邻居的抱怨，比如吵闹声、宠物、花园的浇水问题等，发挥的余地也相当大。

中午，回到经管学院。报告厅里人很多，但却很静。多数人都在小心翼翼地交谈着，就好像生怕打扰了气氛，破坏了规则。每个人的紧张程度几乎都写在脸上。张望了一阵，我碰到几个曾在面试准备过程中结识的考友，互相都询问了上午的进展情况，然后我便选择了后排的一个位子同其他几个考生开始闲聊。下午 1:30 老师宣布可以抽号时，许多人蜂拥而上，坐在后排的我们便相约留到最后再去抽签，原本期望能抽在同一组。结果适得其反，一起抽签的同学其实是遍布二十几个考场教室，而我们都分别是这些考场的最后一名考生。

走进考场，3 位考官都正在低头整理手中的资料，表情非常严肃。我立刻向他们打了招呼，此时考官才抬起头示意我就座。当时突然想起一件事，手机有没有关掉？真是幸运！面试出来后我才发现，我根本忘记了关掉手机！现在回想起来，如果当时有电话打来……差点儿就前功尽弃了，呵呵，还真有些后怕。所以在此特别提醒你，千万要牢记：进考场前务必让自己先静下来，然后好好检查一下诸如妆容、服饰，还有手机等细节。

我的个人简述非常顺利。接着是考官的轮番提问。而引起我特别注意的是最右边的考官，短时间内他一连串地问了很多问题，这些问题也都是衔接紧密。

在你参与完成的项目中，你的具体职责有哪些？

在与外商交流的过程中你认为需要注意些什么?

你所从事的是某某行业，那么你对国内该行业的发展前景如何看?

如果外商准备在国内投资于该行业，请你来做代理，那么你会推荐其投资什么样的产品?具体实施需要哪些步骤?

以你的经验，你认为所投资的项目在具体实施过程中将会遇到的最大问题是什么?

这些问题，早在模拟训练时就已经全部熟悉过，但回答时，我还是沉思了一下，一是，表示对老师问题的重视，间接表示对老师的尊重；二是，借机整理一下思路。由于我平时说话的语速就偏快，所以几分钟之内，就全部讲完，并多讲了一些内容。

在接下来的小组面试中，老实说我的表现很一般。那时的我几乎预料到了结果，早已沾沾自喜无心恋战，或者冠冕堂皇地说是希望把更多的机会让给其他考友去表现，因此他们把想要的序号都挑走了，剩下的顺序给了我。辩论讨论很正常，美中不足在于，也许是太过随意了，以致我们的时间观念有点淡化，当主考官提示还有两分钟时，我们的收尾工作有些仓促。

细细回想起来，恰如其分地表达观点，从容自如地同考官交流，是让你获得面试成功的通径。恰如其分，也即实事求是：既不要随意夸大，也不要过分谦虚。从容自如，也即保持平常心态：既不过于紧张兴奋，也不能消极懈怠。积极的人生观、强烈的进取心和旺盛的求知欲将是你取得成功的重要因素。而团队精神则是小组面试的重点所在。在今后的学习和职业生涯中，能否与他人合作是MBA所应具备的基本素质之一。一方面善于聆听他人的意见，另一方面就问题只说其一而把其二其三之类留给他人，这都是相互配合的表现。作为协调人，应确保讨论按照正常程序进行，对于离题的话题要及时回转，对于时间的控制也要有很好的把握。

不论怎样，面试的经历就像是一笔宝贵的财富，它在检验自己的同时，也丰富了自己的人生。

那些在面试中遇到的考友，有些已经成为与我一起学习和生活的同学，有些虽未如愿，也同样成为我生活中不可缺少的挚友，同样是我的人生中无比珍贵的财富。

再次凝望窗外，雪停了。太阳已经出来，空气里到处迷漫着暖洋洋的气息。走在清华园，我仿佛静静感受着它的一呼一吸，那就是梦开始的地方……

在对外经贸大学面试的经历

MBA教育不同于普通研究生教育，它是一种以培养未来企业家为目标的教育，为了能够确实选拔出那些真正具有实际工作管理经验的人，面试成绩在入学考试中所占的比率与日俱增。孙子说：知己知彼，百战不殆。为了在面试中更好地发挥自己，取得好的成绩，很有必要了解报考单位的面试情况，并有针对性地加以准备。

相比较清华和北大，对外经贸大学的MBA面试略显简单。

面试当天早上8:30考生首先要持复试通知书、准考证到对外经贸大学诚信楼7层MBA办公室签到，工作人员会给你一些表格（主要是让考生填写简历等基本资料，最为重要的一项是确认你是要报全脱产还是在职班。如果你要报考全脱产则必须清楚无误地填写你的档案所在地地址，便于将来投递调档函)，并告知你是在第几组面试。

考生按照笔试成绩的高低被分成4组，每组30人，分别在4个地点同时进行。

面试考官是由外经贸大的MBA院领导和教授们组成，主考官1人，副考官2人。面试时考生先在门外等候，没有固定顺序，谁觉得准备好了就可以推门进入。在门口会有一大堆纸条反面朝上，堆放在桌子上，进去时副考官会示意你从中随机抽取一张纸条，也就是问题（外经贸大的问卷题设计的很有趣，是按照成绩来进行问题的准备的，大概是第1组1个问题，第2组2个问题，第3组2~3个问题，第4组3~4问题。由此可见，外经贸大还是比较重视笔试成绩的)，并将刚才填写好的表格交给主考官审查。

首先进行的是自我介绍。对了，贸大的面试地点有些是会议室，考官与考生面对面坐在U形桌的两边，距离约3~4米；有些是小办公室，用三四张办公桌拼在一起，考官与考生分坐在办公桌的两边，距离很近，可以清楚地看到考官的表情。自我介绍的时间大约是3分钟，然后主考官一般会问“为何要报考对外经贸大学？”回答完这个问题之后，就是回答纸条上的问题。题目范围主要是在经营管理领域。考生略做思考和准备后，就要做出回答了，针对考生回答的情况，考官还可能针对性地提问，但一般都不会太尖刻。面试问题的范围一般比较广泛，而且宏观微观的东西都有，具体如下。

第一组：

请问你怎么看待员工的危机意识？

第二组：

1. 请问人口老龄化现象对中国经济有什么影响？
2. 如果你是一个公司的经理，那么人口老龄化对你的公司有什么机遇和挑战？

第三组：

1. 请问你认为中国国企改革存在那些问题？
2. 你认为国企改革应该采取哪些措施？
3. 如果你下岗了，你将如何对待？

第四组：

1. 请问中国进入WTO之后，中国应采取何种对外经济贸易政策？
2. 如果你是一个外贸公司的老总，你将采取什么措施来应对WTO？
3. 请问你对于洋快餐在中国的快速发展有何看法？

面试的题目不是很难，主要是看你的思维能力和表达能力。面试不在于你说的是什么，而在于你怎样说。要争取能一条一条地说出来，条理要清楚，表达清楚、流畅，就会显得很有能力的样子。我觉得这个准备是准备不来的，就是在平时要多积累知识，关心时事，经济热点问题，遇到问题多思考，多讨论，在日常学习工作中对事物要形成自己的观点，具有自己的认识。

考官们在考生回答问题时一般均毫无表示，所以不必操心想从考官的面孔上看出什么端倪。由于每组有30个人，所以考官一般都不会给你多余的时间来长篇大论，如果超过时间还未答完问题，副考官会提醒你，告诉你时间已到。在下一位考生进入之前，有2～3分钟的间隙，考官们会利用这段时间当场进行评分。整个接受考官面试的过程一般持续8～15分钟，至此，在外经贸大的MBA面试就结束了

面试过后，就是等待通知了，这一段时间对所有人都是比较难熬。外经贸大的老师们采取了仅通知落榜考生的做法，其他未接到通知的就是被录取了。

中国MBA教育网人大面试情况调查

这是某位考生对人大MBA面试做的情况总结，既有流程，也有相应的对策及方法。可供想报考人大MBA的同学参考。

第一部分：面试准备

主要想了解考生在面试前需要哪些信息？（我们可以根据需求准备材料）

第二部分：面试流程

详细了解面试的整个过程及相关环节，如英语面试是先于小组面试还是在小组面试之后进行；面试中考官的问题，学员的回答及其他反应等。

首先，英语面试，其中一个问题是英语的听力，老师首先读一篇150字左右的短文，然后要求同学用英语概述该短文，同时也会根据这个短文提出1～2个问题，我的另一个题目不是由抽签决定的，而是老师根据当时的面试考场的情况和学生进行一个简短的对话。

其次，政治以抽取题目的方式进行口头问答，题目的内容分别由资本主义经济学和邓小平理论的内容及时事政治组成，政治部分的内容主要是由各个学校自己决定的考试范围。

最后，管理方面的问题，是采用抽取题目的方式。在回答的过程中，老师采取了不断追问的方式。我觉得这个时候最重要的是保持冷静，不要被老师的追问打乱了自己的思路，把自己准备的与题目相关内容有条理有逻辑地回答出来就可以了，老师关注的重点主要在于回答问题过程中的逻辑思维能力和语言表达能力，而非题目的答案是否完全正确。

第三部分：了解面试中的闪亮及失误之处的经验总结

1．面试准备工作

(1) 关于面试最想了解哪些信息？

所报考院校的面试方式，各个部分的复习重点、往届的面试题目和评判标准。

(2) 从哪几个渠道了解相关面试信息？

了解信息的渠道有MBA及学校官方网站，朋友和往届同学。

(3) 面试准备从何时开始？

在知道初试成绩后，开始着手准备。

(4) 面试之前如何准备?

① 上网：了解到什么信息?

了解有关面试各部分的相关题目和其他同学整理好的管理方面知识点的文章。

② 看书：面试辅导书、商务知识。

除了在网上寻找需要信息外，还看了管理方面比较权威的书籍，例如管理学和MBA联考的管理教材；同时也读了一些管理方面杂志，从其中了解和学习解决实际问题的有效方法。

③ 英语：是否进行专门准备?

英语除进行了听力方面的准备外，对一些日常生活方面的问题上做了准备，还搜集了有关管理方面问题的一些文章。虽然英语方面的准备不是一朝一夕的事情，但是在面试前对某些方面的问题有一定的了解，也会对自己在面试时很好地回答问题有很大的帮助。

④ 结识朋友：提供了什么帮助?

可以信息共享，促进交流，组成面试团队，认识到自己的不足，从而互相借鉴、共同进步以完成任务；同时也参加了几次有学校和MBA网站组织的面试辅导讲座，在准备的过程中，明确了方向，清楚了面试复习的重点。

⑤ 心得体会

最重要的是要有自信，要沉着镇定，即使遇到不会的题目，也要尽可能地从相关方面进行回答。

(5) 面试辅导情况。

① 参加辅导班。

没有参加辅导班。

② 自行组织。

和一些同学自己组织过面试辅导小组，讨论面试中可能遇到的各种问题。

③ 其他形式。

自己阅读一些管理、政治方面的相关材料，同时在网络上寻找需要的信息并参加一些面试辅导的讲座。

(4) 心得体会。

在准备面试的过程中，认识了很多同学，大家在一起相互讨论；同时也得到了往届同学的指点，使得我对面试的情况有了系统的认识；网络也是一个收集需要信息的很好的来源，在上面可以找到很多同学总结的面试经验和面试相关的试题，所以我们也要充分利用网络资源来为面试提供更多的帮助。

2. 面试情况回顾

(1) 面试流程。

(2) 面试内容。

英语、政治和管理问题，每类问题各2道。英语有短文听力和情景对话；政治为学校指定复习内容范围的题目，其中有时事政治、资本主义经济学和邓小平理论各一道题目；管理基础知识有两道题，其中一道是问答题，另外一道是一个小的案例分析，需要从管理的角度谈谈自己对该案例的认识和解决方法。

(3) 面试形式。

人民大学采取个人面试的方式，有3位面试老师。

(4) 分析案例。

(5) 考官组成。

面试考官由3位老师组成。

(6) 你的位置。

(7) 心理活动。

还算比较镇定，即便在最后一道案例分析时有些不会回答，但是一直表现得比较自信和镇定。

(8) 失误环节。

管理没有经过特别准备，最后一道案例题有些不会，所以只能从这道题的相关方面进行回答，因此遭到了老师的不停追问。

(9) 点评自己的表现。

整体表现尚可，大部分题目的回答的都还可以，对自己的表现还算满意，正常地发挥了自己的水平。面试过程中表现得很自信和镇定，没有自乱阵脚。但由于之前对管理方面的内容了解比较少，导致在回答问题时有些抓不住重点。

中国MBA教育网人大面试情况调查分卷二

第一部分：面试准备

真正开始准备面试的时间并不是很长，是2005年3月份成绩出来之后才开始准备的。之前通过人大BBS和中国MBA教育网站也是不断地在寻找一些面试的相关信息，比如大概时间、形式、内容等。

在准备面试的时候，并不知道将会是一个什么样的内容，只是知道大概的模式。所以面试准备主要是政治（包括时事）和管理基础知识的准备，因为人大面试管理和政治都分别有3道问题。英语因为实在无法去想象面试的会是什么题目，所以只能靠平时积累。

第二部分：面试流程

我因为是小组第一个，准备也不是很充分，由于时间的关系，整个面试的过程有些仓促。首先是英语听力的测试，有人给你阅读一篇短文（新概念的课文），然后要求你翻译成中文，并口述，能翻出来多少取决于你听懂了多少和记住了多少。如果有准备的话，应该用只笔把你听懂的部分记录下来，这样有助于你稍后口述翻译时的回忆。我因为是第一个，没有准备，所以听到最后，前面听懂的也忘了。

英语的会话能力，在我面试的时候是在一大堆事先打印好的问题中随机抽两个，内容很广泛，你无法去事先把握，只能临场发挥，不过我想回答的正确与否不重要，重要的是你开口说的能力。我抽的两个问题是你如何与你的同事相处以及你觉得读MBA对你的帮助是什么。

政治3道题是2004年建行的重大商业活动是什么；什么是商品，什么是商品的使用价值，还有一道记不清了。

管理有两道理论题，具体的内容也忘了，政治面试和管理面试都是抽题目来回答，这个过程很简单了，看完题目然后回答。

有一个案例分析内容大意就是作为一个销售人员应不应该根据性格来选择你的客户。

有的小组里老师可能会问比较多的问题。但这并不一定，比如我在整个面试过程中基本都是我在说话，老师并没有过多的问题。

第三部分：了解面试中的闪亮及失误之处的经验总结

我的面试总体上来说并不是很完美，英语翻译只翻译出了1/3，政治有一道时事题不会，重抽了一道，管理部分的问题相对来说还不错。后来回想整个面试过程，我想自己最值得总结的经验就是回答问题一定要流畅，无论是会还是不会都应该是很连贯地在叙述，整个面试过程中不要出现语言的中断。

第七章　MBA 面试流水线之无领导小组面试

第一节　无领导小组面试的理论及对策

无领导小组讨论采用情景模拟的方式对考生进行集体面试，是近些年 MBA 面试经常使用的一种方法。该方法通过一定数目的考生组成一组（5～7 人），进行一段时间围绕一个主题进行讨论，讨论过程中不指定谁是领导，也不指定考生应坐的位置，让考生自行安排组织，考官来观测考生的组织协调能力、口头表达能力，辩论的说服能力等各方面的能力和素质是否达到 MBA 的要求，以及自信程度、进取心、情绪稳定性、反应灵活性等个性特点是否符合拟任岗位的团体气氛，由此来综合评价考生之间的差别。

一、方法及分类

在 MBA 面试技术中，常采取两种方式。①小组作业：参与者处于这样一种情境，任务的圆满完成需要参与者们的密切协作。②个人作业：测试要求参与者独立完成任务，无领导小组讨论属于前者，是 MBA 面试中常用的一种技术，也是一种进行集体测试的方法。通过给一定数目的考生同一个主题相关的问题，让他们进行一定时间长度的讨论，来检测考生的组织协调能力、洞察力以及非言语沟通能力（如面部表情等）等各个方面的能力，另外考官还会观察考生的自信程度等个性特点和行为风格，以评价考生之间的优劣。

无领导小组面试根据不同的标准分为以下类型。

（1）根据讨论的背景的情境性，可以将无领导小组讨论分为去情境性的无领导小组讨论和有情境性的无领导小组讨论。

（2）从是否给考官或考生分配角色的角度来划分，可以将无领导小组讨论分为定角色的无领导小组讨论和不定角色的无领导讨论。

（3）根据小组成员在讨论过程中的相互关系，可以将无领导小组讨论分为竞争性的、合作性的和竞争与合作相结合的。

(4) 根据无领导小组讨论的情境与拟任工作相关性，可以将其分为与工作相关情境的无领导小组讨论和与工作无关情境的无领导小组讨论。

二、特点分析

1. 无领导小组面试的优点

无领导小组讨论作为一种有效的测评工具，和其他测评工具比较起来，具有以下几个方面的优点：

(1) 能测试出笔试和单一面试所不能检测出的能力或者素质；

(2) 能观察到考生之间的相互作用；

(3) 能依据考生的行为特征来对其进行更加全面、合理的评价；

(4) 能够涉及考生的多种能力要素和个性特质；

(5) 能使考生在相对无意之中暴露自己各个方面的特点，因此预测真实团队中的行为有很高的效度；

(6) 能使考生有平等的发挥机会从而很快地表现出个体上的差异；

(7) 能节省时间，并且能对竞争同一岗位的考生的表现进行同时比较（横向对比）；

(8) 应用范围广，能应用于非技术领域、技术领域、管理领域和其他专业领域等。

2. 无领导小组面试的缺点

无领导小组面试由于组织的随意性，因此具有以下几个方面的缺点：

(1) 对测试题目的要求较高；

(2) 对考官的评分技术要求较高，考官应该接受专门的培训；

(3) 对考生的评价易受考官各个方面特别是主观意见的影响（如偏见和误解），从而导致考官对考生评价结果的不一致；

(4) 面试者有存在做戏、表演或者伪装的可能性；

(5) 指定角色的随意性，可能导致考生之间地位的不平等；

(6) 考生的经验可以影响其能力的真正表现。

3. 评价标准

在无领导小组讨论中，考官评价的依据标准主要是：

(1) 受测者参与有效发言次数的多少；

(2) 是否善于提出新的见解和方案；

(3) 是否敢于发表不同的意见，支持或肯定别人的意见，在坚持自己的正确意见基础上根据别人的意见发表自己的观点；

(4) 是否善于消除紧张气氛，说服别人，调解争议，创造一个使不大开口的人也想发言的气氛，把众人的意见引向一致；

（5）能否倾听别人意见，是否尊重别人，是否侵犯他人发言权。

另外还要看语言表达能力如何，分析能力、概括和归纳总结不同意见的能力如何、看发言的主动性、反应的灵敏性等。

三、试题形式

无领导小组讨论的讨论题一般都是智能性的题目，从形式上来分，可以分为以下5种。

1．开放式问题

所谓开放式问题，是其答案的范围可以很广，很宽。主要考察考生思考问题时是否全面，是否有针对性，思路是否清晰，是否有新的观点和见解。例如：你认为什么样的领导是好领导？关于此问题，考生可以从很多方面如领导的人格魅力、领导的才能、领导的亲和力、领导的管理取向等方面来回答，可以列出很多的优良品质，开放式问题对于考官来说，容易出题，但是不容易对考生进行评价，因为此类问题不太容易引起考生之间的争辩，所考察考生的能力范围较为有限。

2．两难问题

所谓两难问题，是让考生在两种互有利弊的答案中选择其中的一种。主要考察考生分析能力、语言表达能力以及说服力等。例如：你认为以工作取向的领导是好领导呢，还是以人为取向的领导是好领导？一方面此类问题对于考生而言，不但通俗易懂，而且能够引起充分的辩论；另一方面对于考官而言，不但在编制题目方面比较方便，而且在评价考生方面也比较有效。但是，此种类型的题目需要注意的是两种备选答案一定要有同等程度的利弊，不能是其中一个答案比另一个答案有很明显的选择性优势。

3．多项选择问题

此类问题是让考生在多种备选答案中选择其中有效的几种或对备选答案的重要性进行排序，主要考察考生分析问题实质，抓住问题本质方面的能力。此类问题对于考官来说，比较难于出题目，但对于评价考生各个方面的能力和人格特点则比较有利。

4．操作性问题

操作性问题，是给考生一些材料、工具或者道具，让他们利用所给的这些材料，设计出一个或一些由考官指定的物体来，主要考察考生的主动性、合作能力以及在实际操作任务中所充当的角色。如给考生一些材料，要求他们相互配合，构建一座铁塔或者一座楼房的模型。此类问题，在考察考生的操作行为方面要比其他方面多一些，同时情景模拟的程度要大一些，但考察言语方面的能力则较少，同时考官必须很好地准备所能用到的一切材料，对考官的要求和题目的要求都比较高。

5．资源争夺问题

此类问题适用于指定角色的无领导小组讨论，是让处于同等地位的考生就有限的资源进行分配，从而考察考生的语言表达能力、分析问题能力、概括或总结能力、发言的积极性和反应的灵敏性等。如让考生担当各个分部门的经理，并就有限数量的资金进行分配，因为要想获得更多的资源，自己必须要有理有据，必须能说服他人，所以此类问题可以引起考生的充分辩论，也有利于考官对考生的评价，但是对讨论题的要求较高，即讨论题本身必须具有角色地位的平等性和准备材料的充分性。

四、作为应试者，如何在小组面试中“出彩”

(1) 对自己充满信心。无领导小组讨论虽然是求职竞争者之间的“短兵相接”，但也不是特别难对付的可怕事情，因为各个应试者都是一样的公平竞争。

(2) 放下包袱，大胆开口，抢先发言。对于每个小组成员来说，机会只有一次，如果胆小怯场，沉默不语，不敢放声交谈，那就等于失去了考查的机会，结局自然不妙。当然，如果能在组织好表达材料的基础上，做到第一个发言，那效果就更好，给人的印象也最深。

(3) 讲话停顿时显得像是在思考的样子，这么做能使你显得是那种想好了再说的人。这种做法在面对面的面试时是可以的，因为面试者可以看得出你在思考而且是想好了才回答。另外，在电话面试和可视会议系统面试时，不要做思考的停顿，否则会出现死气沉沉的缄默。

(4) 论证充分，辩驳有力。小组讨论中，当然不是谁的嗓门大谁就得高分，考官是借此考查一个人的语言能力、思维能力及业务能力，夸夸其谈，不着边际，胡言乱语，只会在大庭广众中出丑，将自己不利之处暴露无遗。语不在多而在于精，观点鲜明，论证严密，一语中的，可起到一鸣惊人的作用，及时表达与人不同的意见和反驳别人先前的言论，也不要恶语相加，要做到既能够清楚表达自己的立场，又不令别人难堪。

(5) 尊重队友观点，友善待人，不恶语相向。相信每一个成员都想抓住机会多发言，以便“突显”自己。但为过分表现自己，对对方观点无端攻击、横加指责、恶语相向，往往只会导致自己最早出局。没有一个公司会聘用一个不重视合作、没有团队意识的人。

(6) 千万别搞“一言堂”。不可滔滔不绝，垄断发言，也不能长期沉默，处处被动。每次发言都必须有条理、有根据。

(7) 准备纸笔，记录要点。随身携带一个小笔记本，在别人滔滔不绝地讨论时，你可以做些记录，表明你在注意听。

(8) 逐一点评，充当领导者。最好找机会成为小组讨论的主席，以展示自己引导讨论及总结的才能。尤其是对该问题无突出见解时，当主席实在是明智之举。在讨论结束之前，你将各成员交谈要点一一点评，分析优劣，点评不足，并适时拿出自己令人信服的观点，使自己处于讨论的中心，无形中使自己成了领导者的角色，自然就为自己成功“入阁”增加了筹码。

(9) 上交讨论提纲。将最后讨论纪要迅速整理成文，一目了然，上交主考官，既展示了自己流畅的文字功底，又给人办事得力、精明能干的好印象，这样的人谁不爱?

第二节 无领导小组面试经验谈

无领导小组面试是现在 MBA 招生中常见的一种方式，比如北大面试采取无领导小组面试和个人面试相结合的方式。我们可以看看一些同学参加 MBA 面试的经验体会，好好体会一下，仔细揣摩一下面试的技巧。

走过才知道什么重要

个人情况：考分：225 分，大型国企 8 年工作经历 IMBA

凡事预则立，不预则废，这是我一直以来的工作习惯。由于今年取消管理知识考试，笔试的权重肯定下降，最后可能只是入门资格考试。因此，我的面试准备工作早在联考复习时就同步开始了。学习空余，我就留心在中国 MBA 教育网、备考网及北大网上搜索各种各样有关面试的文章。从面试总体原则到具体注意事项，从求职面试到求学面试，中英文面试区别，男女面试差异，成功失败面试心路历程，等等。它给我枯燥的备考生活增添了乐趣，同时也让我深刻领悟到：面试，其实就是将你前半生为人处世态度及工作作为在短短十几分钟内体现出来。对于面试官来说，你只是他眼中的一个个体，无所谓好与坏，对与错，只有合适与不合适之分。

感悟只是准备的开始。既然重心一个是自己，一个是面试官，那么就在两者之间搭建一座桥梁，寻找心灵的沟通。我的第二重准备是虚心向过来人请教，上两届的师兄师姐给了我许多有益的指导和帮助，这是 MBA 圈里最令人感动的，普研没法比!

我的面试过程大抵是这样两轮：第一轮是自我介绍以及面试官问及一些有关工作经历、兴趣、性格方面的问题；第二轮是团体讨论案例。这两轮的目的是什么？想考察你什么素质？你应该如何去做？我希望需要面试的人自己去思考、去总结并给出适合自己的答案。这绝对要比只是单纯从别人那里得到照搬更有好处。把整个环节打通了，面试整个过程其实就变轻松了。你想，时间、任务等都有别人去安排好，你只需要动动脑、耍耍嘴而已，有什么难的？需要你说话时，你随意、清晰地表达你自己；不该你说话时，你需要细心、认真倾听他人的回答，必要时做些回应。脸上挂着蒙娜丽莎般的微笑。我想，这样一种气氛下，谁都会觉得舒服并希望它能一直延续下去的。

最后一句：牢记两个重要性。一是信息的重要性；二是自我思考的重要性。

面试成功的方法论

名校 MBA 之路注定是一条充满艰辛和磨砺的道路，只有不畏艰险、执著地跋涉着的奋斗者，才有希望实现自己的理想。从备考到笔试到准备面试再到面试，每一个环节都是那么重要，也许只要任一环节稍有疏忽，我们就有可能被理想中的大学拒之门外。笔试的通过，只说明我们成功了一半，随之而来的面试就显得尤为重要。我在备考时，参加了社科赛斯学校的培训班，过线后，这所学校为我们组织了几次面试辅导，我都参加了，并且觉得很有收获。下面结合我个人的面试经历和感受谈一谈 MBA 入学面试中应该注意的问题和可以从哪些方面准备。

1．认清自我，正确定位

参加面试之前，我们要将自己的学习和工作经历进行认真分析，找出成功与不足。然后确定自己的职业定位，并在填完报名表后，反复演练。正确的定位，就是要求我们在面试中的表现要符合自己的历史和想追求的未来。面试，是一次与老师的遭遇战，没有脚本的表演，这就要求我们认真塑造自己的形象，包括仪表、谈吐、礼仪、行为等。有位朋友建议我们去国贸观察在那里工作的人们的仪表、举止和行为，以便有些感性认识。这是很有道理的，曾有文载，说哈佛大学的学生为什么那么容易成功，有一方面的原因是经常来往于哈佛作报告的人几乎都是商界领袖和政界要人，学生看得多了，耳濡目染，潜移默化，不自觉地就会模仿，这样也就塑造了自身形象，同时眼界也开阔了，因此有助于他们日后的成功。塑造自身形象，还可以从电影、电视中获得借鉴。影视中演员的仪表和举止都是经过精心设计的，选一些好的角色加以揣摩，肯定是会有帮助的。

2．面试准备，细节为王

(1) 仪表与礼仪。面试的时间很短暂，一般为 30 分钟。在这么短的时间内来评价一个人，很大程度上与第一印象有关。有位摩托罗拉中国区人力资源经理曾说，在面试中是否录用一个人，其实自他进门的那一刻起，到第一句话说出口，就已经决定了 75%。所以面试时好的仪表与礼仪相当重要，这会给人一个良好的第一印象。

面试中，男士一律要着西装，且要注意衬衫、领带、袜子、皮鞋的匹配。最忌讳的是穿黑皮鞋配白色袜子。西装最好是欧式的，即有三粒纽扣的那种，注意最下面的一粒纽扣不用扣。记得我们在模拟面试时，一位男生讲完后，由老师和同学提意见，有位女同学就对那位男生说："你能不能换一套时尚一点的西装？"那位男生当时穿的是一套美式西装，即双排扣的那种。也许考官也会注意到这方面的问题，并非美式西装一定不能穿，只是欧式西装更适合中国人，穿起来更帅气一些。西装的颜色方面，最好是深色的。和我同分在一个小组而在我之前面试的那位同学，穿的是一套枣红色的西装。这种颜色的西装一般是节目主持人、演员或歌星穿的，在这样的场合不太适合。那天，他面试了近 45 分钟，出来后，我问他感觉怎样，他直摇头。

至于女士的仪表，最好是着职业套裙，施素雅淡妆，高跟鞋。在面试中间不要将套裙上衣脱下，而只穿一件紧身毛衣。这样的衣着，在西方被认为是老板的女秘书用来吸引老板的着装。

礼仪方面，主要是进出门时注意礼貌，在面试中注意目光的交流。不要回答哪位老师的问题，就只盯着这位老师看，而应环顾其他老师。

(2) 自我介绍与后续问题。自己要先收集一些往年被问到过的题目或知名外企在面试中常会问到的一些问题，自己思索一下答案，这样可以避免在面试时思考过久或答不出来。例如，有这样的问题，“你最大的缺点是什么”或者“请简述你的一次最失败的经历，并说明你从中学到了什么”类似这样的问题，如果事先没有接触过，是很难在那样短的时间内，而且又紧张的环境中想出好答案的。也许有的同学会回答没有缺点或失败经历，这并不是一个很明智的回答，应该挑一些容易改正又对个人人格并无影响的缺点作答。

关于自我介绍，时间一定要控制在3分钟以内，一般从哪一年毕业于哪所学校开始，或者表明自己来自哪里。重点放在工作经历、业绩的介绍，至于那些诸如“我在农村长大，能吃苦耐劳”或“我曾在学生会担任某某职务”等，一般可以不说，没有特色！有很多考生都是生长于农村，也有太多的学生在学生会干过，但是具体到工作中则会有很大不同，要善于挖掘工作中的闪光点。自我介绍可以背熟，但在面试官面前千万不要表现出像在背书，这样肯定会被扣分。

(3) 模拟面试与实战揣摩。仅仅思考某些问题和思考后把它表达出来二者的效果是不一样的，后者效果更好，所以我们一定要做一些模拟面试。在家可以对着镜子做自我介绍，或者请朋友、同学做考官来提问我们。这是一种行之有效的避免紧张和怯场的练习方法。

其实，面试考官问的最多的还是与考生工作经历有关的问题，对于离自己工作经历太远的问题，就不要花太多心思。最近的管理或金融类的热点问题可以了解一下，上上网、看看报纸，了解国际国内的一些重大新闻。

3. 应对面试，把握本色

自信是通过自己的举止、谈吐、气质等所表露出的一种沉着、镇静、朝气和向上的精神。谦虚而不自卑，自信而不狂傲。说大话或撒谎在面试中是很容易被考官发现的，因为我们不知道考官会追问一些什么问题。有位老师告诉我，某名牌大学在面试时就当场揭穿了一位考生的谎言，他将自己在某知名外企的一段实习经历，说成第一份工作并做到项目主管，岂知，主考之一就是该公司的人力总监，三问之下，就露出破绽，自然将其淘汰。据说，他的笔试成绩还挺不错的。所以，我认为，诚实的表现能增强自信，而抱有任何侥幸的心理都是不应该的。我们就是要在诚实的基础上，将人格、个性、经历中的闪光点展现出来。

我的面试过程中，老师曾问道：“假如在你收到光华的录取通知书后的第二天，你们单位派你到美国参加一个为期 3 个月的培训，培训回来后老板为你升职提薪，请问你是选择去美国接受培训还是来光华上 MBA？”我的选择是来光华上 MBA，理由是：“首先，来光华学习我可以学到更加系统和深入的管理知识，光华有很多优秀的老师，可以长时间和学生交流，这是短期培训所不具有的。其次，北大历史悠久，具有深厚的文化底蕴；资源丰富，有亚洲最大的图书馆，可以很好地利用这些资源，学到更符合我国国情的知识。最后，去国外培训是一次机会，这样的机会以后还会有。如在光华毕业自身素质和能力提高了，这样的机会还会更多，也可以更好地利用这样的机会。”老师接着追问：“如果你们老板留你，说，‘我们待你不薄，你为什么请函要走呢？’你怎么回答？”我的回答是这样的：“首先，我本部门的工作已经做得很顺利，并且培养了接班人，我的离开不会给公司带来大的影响；另外，毕业后，如果公司发展需要，我会再回来，和公司共同发展。”至此，我的面试宣告结束。

面试的总体感觉还算是很顺利的，气氛也比较轻松。面试前，我也是很紧张，我的一位很要好的同学鼓励我说，你就把考官当做你的商业伙伴，真诚地和他们交流！也许她的话起到了作用吧，也许幸运女神朝我微笑了一下！于是，我来到了光华。

我能，你也能，相信自己，没错的！

团队的力量，面试的保证

个人简介：本科，工作4年，入学前为部门经理

1．收集面试资料

首先，我买了一本MBA面试的资料，并从网络上搜索大量的面试方法。

前车之鉴，后世之师，我相信前一届的师兄师姐留下的肺腑之言一定能够助我一臂之力。

2．发起并与大家一道组建面试团队

个人的力量是有限的，我坚信团队的力量是个人力量的延伸，我更相信大家的智慧，更何况我们是准MBA，我们大家都有这个需求，为了实现资源共享，我们搭建了清华、北大模拟面试平台，并充分发挥了此平台的作用。记得一位同学抽到的那道题：“你如何定义优秀的职业经理人？”正好是我们在模拟面试时问过他的问题，由于准备充分最后他获得了成功！

在这里有几点组建面试团队的体会与大家共享。

(1) 团队必须有奉献精神，每个希望成功的队员应该相信：如果你真诚的付出，把你找到的好资料、掌握的好技巧贡献出来，你将得到其他队员更丰厚的回报。

(2) 不能为了组建团队而组建团队，大家应该清楚自己参加团队的目的不是来凑热闹，应该是争取在团队里获取更多的资源，寻找能够提高自己的面试技巧，适合自己的模拟面试练习伙伴。

(3) 不能为了满足个人的Leader欲望而组建团队，不能把时间浪费在联系组织工作上，因为能够被自己向往的学校录取才是我们最重要的目标。

(4) 团队宜大不宜小，练习伙伴宜精不宜滥；团队越大，面试的信息就越多，练习伙伴越适合自己就越有利于提高自己。

(5) 团队在定期聚会前要有固定的聚会地点和Topic，这样，聚会的效率将会大大提高。

(6) 熟悉面试的流程，这好比参加游戏前必须熟悉游戏规则一样重要。

3. 撰写个人介绍

在了解了面试规则之后，撰写个人介绍是面试实战非常关键的一步，因为众所周知的“前因效应”的影响，你这两三分钟见面前的自我介绍将在很大程度上决定你在各位考官心里的形象。这份介绍将是你所有工作成绩与为人处世的总结，也是你接下来面试的基调，考官将基于你的材料与介绍进行提问。我可以肯定地认为：我之所以能够在笔试分很低，并且只有4年工作经验的前提下被录取，我这份曾经5易其稿的个人介绍底稿起了关键的作用。

有几点心得值得大家来探讨。

- 自我介绍必须非常简洁地回答清楚这样一个问题“我需要得到来北大深造的机会，同时我也值得北大选择我”。很多同学的介绍里都急切地表明无论从哪个方面讲都到了急需充电、急需到最高学府深造，往往都忽略了前面这个问题。一位上届师兄直接问过我：“你们都需要到北大来，可是北大今年只有320个招生名额，能否谈谈北大为什么要选择你，你有哪些工作业绩，有哪些潜质？”北大的招生原则就是宁缺毋滥，北大希望录取的考生是全国最具有管理潜质的青年。
- 在写这份自我介绍前，要静下心来想一想，自己这些年所有发生的事情，从十年寒窗到每一年的工作经历，自己到底拥有哪些优秀的品质，哪些事情反映了这些品质。
- 自我介绍要用事实说话，切忌使用含糊的字眼，要知道主考老师都有很强的辨别能力，比如：你的第一学位学校在很大程度上反映你学习新知识的能力，你在很短的时间内被提拔为部门经理在很大程度上反映你工作方面的能力。
- 自我介绍对突出业绩的介绍要精练，要点到为止，必要的时候要为主考官设置一些案例伏笔，引起主考官对你进行提问，然后你才将早已准备的内容娓娓道来。介绍的内容不说，但字里行间要流露出你是一个积极要求上进并且是个值得栽培的人才。
- 自我介绍要反复模拟练习，并找不同背景的同学提出修改意见，在陈述时，不能让人感觉在背纸稿，而应该是与朋友交流，语气中肯又不失激情。在3月份最好是多参加一些团队的模拟面试，或者多到网上投些简历，直接参加一些公司的面试。

神奇寓于平淡之中

在攻读光华之前，我在通用做过三年的客户经理，主要从事大客户销售工作。由于经常接触高级经理并和其他陌生人打交道，因而对于MBA的面试并不惧怕，并愿通过自己的经验与大家探讨面试中需要注意的方面。

1. 面试中的个人表现问题

今年光华表面上取消了个人面试，但在小组面试中，还是保留了每人一分钟的个人陈述，这里我暂时就称为面试中的个人表现问题，其实，这就是个人面试。做过面试准备，个人面试可以说是比较轻松的。个人面试应该留给考官的印象是态度自信、举止有礼、表述有层次、分析有逻辑、应变能力强和未来有计划。以下从行为和语言两部分来谈谈个人面试。

(1) 行为。行为是针对个人重点的考察项之一。从考生敲门进入面试教室的那一刻起，考生的一举一动都将成为面试考官考核的内容。首先，考生敲门的频率及声音的大小应该适中。当得到允许进入时，考生应该轻轻推门进入，并转过身将门轻轻关上，然后向面试考官问好，并将准考证、其他证件和个人简历交给考官。其次，小组成员一起进入考场，事先一定要有所协调，是大家一起向老师问好，还是不说话，用点头示意，这些动作都要事先演练，避免到时乱作一团。在面试过程中，面部应该始终保持微笑，目光应与面试考官进行交流，尽量避免不必要的小动作。面试结束时，应该向考官致谢，若在面试过程中发生任何物品的移动应该放回原位，然后离开面试教室。

(2) 语言。语言是面试中一切表现的载体，一问一答间，常常就决定了你的命运，语言的表述往往就是一切的关键。简介一般为两三分钟，今年面试个人陈述只有一分钟，语言更加要求简洁明了，不要超过时间限制。但切忌为了赶时间而加快语速，整个过程语速要适中。对于问题的回答应该注意权变的思想，即在什么情况下采取什么样的措施，对于一个特定的问题解决时应该有若干备选方案。考官可能会在后面的提问中专注于某个问题，一问到底。在我们小组面试中，考官根据其中一个人事主管，问他在面试过程中最看重什么？他回答是价值观并恰到好处地给出了理由。考官接着问现任总裁与前任总裁的价值观往往不一致，这又如何解释？他的回答是个人差异，但会慢慢融入组织的价值观中，否则将会出局。事后想想，这个回答出现了较大问题。没有深入考虑的是公司的价值观在一定时期内具有稳定性，但并不是固定不变的，公司的最高管理者往往都有各自的风格，他们的差异是对公司价值观的丰富。当然对于以上的问题不会有标准答案，都是看你如何自圆其说。到后面面试问题已经与案例和实际工作没有什么关系，考察的是临场的应变能力，以及对于一些管理理念的理解。不论是什么问题都应该注重语言组织的逻辑性。音量要适中，保证在离你最远的考官身后一米处可以听到你说话就可以了。

2. 小组讨论

今年光华采取的是无领导小组讨论，就是进入会场前，不确定小组领导人和汇报人。但各小组基本都在进入会场前确定了各自的分工，各负其责，只是有的组一进考场就明确出来；有的小组并没有明显确定，而是在面试中慢慢形成，给考官的印象是自然形成的，这就避免了丢掉印象分。我们组是这样处理的：事前进行交流，相互之间介绍姓名和主要工作经历。这样可以相互了解并为小组讨论做准备，并在默契中产生小组的主持人和总结人。只是不在进入考场后，马上指定领导人，也就是主持人和总结人，因为小组讨论考核的是考生的团队合作能力、沟通能力和协调能力。对于会议的主持人，考官主要考核其掌控全局的能力、时间管理能力、组织能力、沟通协调能力和决断能力。要求较高，因此不宜提前产生。在我们坐稳后，考官告诉我们可以开始时，我们互相看了一眼，然后很随意地从两边的同学开始，这样自然过渡到中间的同学，在一轮沟通之后，大家有了相互了解，自然就会产生主持人。当时的情况是话题过渡到中间，恰好是我，由于在外边大家已经有默契，于是我便承担起主持职责，我把自己的工作重心放到照顾全局上，也就是尽量保证给予每一位小组成员平等的机会发表个人意见。会议的参与者主要考核是否能够积极参与，是否能够明确地表达自己的意见并与他人进行有效的沟通，是否能够从大局出发并进行团队合作，是否能够接受他人的意见。作为会议的参与者，应该积极参与会议的讨论，并发表自己的意见。发言的数量固然是考核的一项指标，但更重要的是发言的质量。在我们之前面试的小组中曾经发生过组内所有成员抢着发言，争着表现自己的情况，这样的考生基本上都被拒之门外。主持人可以在每一位参与者表述之后对其观点进行简单的概括并确认，这可以为最后做总结的人做好准备工作。当然这也要视时间而定。最后的情况是，小组面试顺利结束，所有小组成员向考官致谢后，离开教室。

点评：离开教室时，从老师的态度上，我们已经知道了结果，小组 6 人，除 2 人因专科学历导致出局外，其余 4 人全部到位，成功率相当之高。

作为主持人是添彩还是填险，关键在于自己。如果你没有主持过会议，你当然就不知道如何控制场面，那么在老师眼里是无论如何过不了关。相反，如果你具有这方面的经验，那么再加上临场的表现，显然容易获得高分。

专科生的北大之路

一年一度的 MBA 联考结束了。与往年相比不同的是取消了管理知识考试后，各高校普遍加大了面试在录取成绩中所占的比重，因此面试显得越发重要了。作为一个专科生，报考的是北大光华这样的名校，我曾一度对前途失去了信心。好在几个备考的哥们一同鼓励我，我才度过那段等分的黑暗时光。

笔试成绩为 216 分，在北大上线考生中位居中上游，但由于我的第一学历背景是专科毕业，因而，面试对我而言就显得尤为重要。最终我是以综合成绩 267 分被北大光华录取，放了一颗卫星。现将我的心得体会整理出来希望能对专科生有所帮助。

1．要摸清 MBA 面试内在规律

关于面试我们并不陌生，面试就是面试官对面试对象就面试内容进行面谈，高明的面试考官会针对面试对象来设计不同内容。对于未来的 MBA 学生，面试内容主要考察学生的综合素质，是对考生现有的思维水平、分析能力、应对能力、工作业绩的综合测试，特别是对自己的理解及把握能力，对他人的理解及把握能力，对环境的理解及把握能力的全面考核。同时，MBA 面试也重视对考生的潜质的考核，这里的潜质应当指考生的可塑造空间，包括对新知识的接受能力，对新环境的适应能力，对自己未来前途命运的信心，等等。除此之外，面试过程中考生如何运用手段去表现你的综合素质及潜力也很重要，这些手段包括语言、语气、着装、精神面貌等。

2. MBA面试的特别准备

北大光华的张维迎教授在一次回答记者关于北大光华MBA面试的问题时，谈到MBA面试虽然涉及的范围很广泛，但是还是有全面准备的可能和必要，并认为那些能够全面准备到面试的方方面面的人很不简单。

的确，再回顾一下面试考什么，其中很多事需要自己在面试前认真思考，找到自己的思维逻辑，通俗地讲就是自圆其说，这些不事先准备而光靠在面试过程中即兴发挥是很难成功的，尤其是当面试气氛不那么平和，面试考官的问题不那么友好，精心的事前准备就显得尤为重要。

那么MBA面试究竟如何准备呢？我觉得MBA面试准备应当是系统的、全面的，而且是针对性很强的。从MBA面试的构成要素来看：面试=面试考官+面试对象+面试内容。面试准备可从以下三方面着手。

第一方面是针对考官的准备，今年北大的MBA面试有三位面试考官，其中两位是来自企业的老总，一位是光华的教授，因此要分别准备两种风格不同的逻辑，回答教授的问题尽可能往理论深度上归纳，逻辑思维条理性要强。而回答企业老总的问题时，则尽可能往问题的实践方面靠，操作性一定要强。此外，还要针对考官做一种准备，那就是通过事先在自己的自我介绍中设置“关子”来诱导面试考官就你已准备得很充分的问题进行提问，比如说，你在自我介绍中说你曾经发表过论文，那么考官很可能就会问：你论文的主要观点是什么。又比如说，你有一些与众不同的很有创意的想法，那么你不妨在面试中先卖一个关子，待考官追问时，你再和盘托出，以便着实地打动考官。

第二方面是针对面试对象自己的准备，这主要包括面试自我简历的准备，面试前的形象准备，如何到达面试地点，如何调整自己紧张的心态。需要突出强调的有两点：其一是面试中的自我介绍时间一般为一分钟，因此事先准备的书面简历内容应该在脑子里非常熟悉，哪些是重点，各个部分分别需要多长时间，都要非常清楚，以便根据面试老师的要求进行介绍。其二是关于心态调整的问题，其实任何人面对这么重要的面试都会紧张，尤其在面试前的等待时间里，心情更加紧张，这段时间是调整的关键，你可以想象一些令你感动的事情，或者不断地对自己说：我只要正常表现和发挥就可以了。这样能够减轻你的压力，紧张心情自然会放松些。需要指出的是，一旦进入面试室两三分钟，心情应该完全跟随面试的节奏，精力要完全的集中，这时候思维再游离于面试之外，即通常所谓状态热不起来、紧张不起来，对你的面试表现肯定是大打折扣的。

第三方面的准备工作是最为复杂的，也就是针对面试内容所做的准备，即如何才能穷尽各种可能的问题，做到心中有数呢？我想把面试可能涉及的内容分为两大方面。一方面是考生不可能控制的方面，诸于考生的第一学历背景、工作年数、工作业绩（包括职位）等。另一方面是考生可以通过精心准备而表现得很好的方面，具体来说就是面试中考官提出的各种问题，关于这些问题，可以说是涉及面非常广，通常会有以下几类问题。

第一类是一些理论常识问题，比如：管理者与领导者的主要区别是什么，国企改革的主要问题在哪儿。到时根据自己的理解进行回答并适当注意理论深度和逻辑的严密性与清晰性就可以了。

第二类是真正考察考生的综合素质与潜力的问题，主要包括：①考生如何看待自己，包括考生的过去、现在和将来，即通常所说的“最……问题”，比如：你最大的优缺点，你为什么要考MBA，你工作中最大的收获是什么，你感受最深的事情，你将来最想从事的工作是什么，等等。②考生如何看待他人并与他人进行沟通，包括上司和下属以及其他人，比如：你如何说服你上司接受你的一个什么观点之类。③考生如何看待环境，这主要是指社会上的一些热点问题，比如：某一企业案例说明了什么问题，你对中国某一知名企业的看法等。④考生对职业道德的认识，比如：你在工作中是否为了灵活性而放弃了原则，你对商业社会中出现的道德问题如何看待。这四类问题最需要考生进行细心的准备，因此对每一类问题进行深入的思考是必不可少的，除此之外，要关注一下社会热点问题，形成自己有理有据的看法，可以看一下近期的报纸，关注一下经济与管理方面的要闻。

第三类问题最有意思，这一类问题本无标准答案，或者是你根本不熟悉或者是问题很模糊你根本无法回答，我权且把这一类问题叫做突然袭击式问题，比如：你喜欢权力吗？对待这一类问题，准备工作是无从下手的，但在面试过程中要有思想准备：首先你可以重新复述一下问题，确信问题提出者想要了解的方面，再有针对性地展开回答。其次你必须清楚，这一类问题考的不是你的答案如何，而是你回答的方式与速度。最后你面对这一类问题时必须保持平和的心态与自信的表情，切忌语无伦次、方寸大乱。在分别对各种问题进行了精心的准备以后，还要考虑到你的观点的一致性的问题，要让自己的思路在不同的问题之间穿梭，即所谓融会贯通。此外，还要注意的就是回答问题时要用简洁的语言，切忌滔滔不绝、言而无物。

点评：虽然每一个人所遇到的面试官和面试环境不一样，每个人面试的内容也不一样，但是只要按照一般原则进行全面准备，临场表现就会做到胸有成竹。不必太过注意具体的面试过程的描写。

倒在门口的冲刺

个人简介：普通本科，工作年限：5年，考分198分

在报考北大的时候我最犹豫不决，因为太多的人谈及北大、清华无不涉及背景，而我恰恰就是背景极缺，普通本科学历、普通硕士学位、5年工作经历，没有太多中层管理经验等一切让我不能不考虑风险，但直接报考一般的MBA院校，又实在不肯付出半年的心血。最后来到了北大，本想笔试拿到一个高分，也能有点底气，可最后只是达到中等水平，心里顿时没有底。

参加了一个模拟团队，每天看到其他同学都自信满天、豪气干云，更加深了我的恐惧，最

后在半放弃的情况走到结束，结果当然是被淘汰。

但出乎意料的是：我距离目标只差了2分。

一位当初在我眼里十分神气，肯定入选的师兄，成绩却惨不忍睹，令我顿感失落。原来你真的不用怕，其实大家心里都充满了恐惧，只是不肯表现出来，而我全交代了。最后录取的不一定是最好的学生，但绝大多数都是超越自我的学生，想想甚至还有大专生。更有一段佳话是有一个同学，当时光华根本没有给她面试机会，在她的尽力争取下，不但争取了二线面试机会，还顺利考入了。

1．失败原因

纵观我面试失败的原因，主要有如下几条。

(1) 极不自信。如果自信的话，再加上自己仪表不错，我觉得还可能有一拼。当然这些都是托词，可见当时是有些糊涂。

(2) 背景没有优势。学校不是名牌，尽管以前高考的分数也超过了重点本科（提前录取取走了），但是人家不知道，工作年限也没有特别的优势。在我们那组排名应该在第三、第四名左右吧。事实上，在大家发挥的水平都差不多的情况下，背景就变得异常重要。看到一些重点大学也被淘汰了，我的心情猛然舒畅了许多。哎，终于发现了自己小人的一面。

(3) 模拟面试参加不足。应该针对北大的面试练好1分钟自我陈述，练好成员之间的互动，练好分析问题的框架，表现得更加自信、稳定，让考官看到自己的潜力。从这方面来说，应该是自己的组织能力不够，因为许多事情应该是自己主动追求、主动组织起来的。现在想来当时完全可以多参加面试团队，大家相互鼓励、相互支持、共同进步。

总之，回过头来想想，事实上我在进入面试室之前，我已经是注定被淘汰的命运了，因为实在没有想到冲刺是要拼尽全力的。

2．教训策略

北大的面试，谈不上是最客观的面试，却还是很有特色的面试。北大录取学生已经有了明确的规则，而面试表现在录取中起的作用变得重要，但又不是非常重要的角色。说它重要，因为如果你背景不好，但是你表现出色，直接录取，那你可以不进入背景评估项了。说它不是非常重要，因为你面试表现不是很好的话，你也不一定失去了机会，你的分数还可以在背景评估和笔试成绩上来弥补。

由此，对于背景好的学生，面试应对策略，相对就可以保守一些，只要不出大的错误，一般都会被录取。而对于背景不太有利和考分不太高的学生，面试就变得至关重要了，因为面试是你弥补其他项不足的最后途径。

2012 年的面试流程可能会有些变化，同学们可以留心最新公布的消息，注意到中国 MBA 备考网的院校交流区和网友多交流。

影响面试分数的因素有以下几个。

(1) 第一学位，学历学校在国内的排名；工作业绩（工作背景、工作单位、所属行业、职位、工作年限、企业规模、月薪、年薪）。

(2) 注会、律师、注税、经济师等证书及相关工作经历很有用，几乎等同于咨询业经历。

(3) 发表文章很重要，据内部人士透露，凡在国家419种重点期刊发表过论文的，几乎可以多出10分。

(4) 考生的综合素质，代表性MBA特征要求的6个方面有：①分析表达能力；②领导管理能力；③自信、勤奋；④个性、气质；⑤智商和眼界；⑥自我激励。

(5) 报名时递交的推荐信相当重要，由此可以推断考生的社会关系。推荐信不是描述工作经历，推荐信从侧面可以反映考生的自身优势。

别了，北大，我爱北大，但北大不爱我

经过焦急的等待，这几天整个身心全都是忐忑不安的，一方面害怕面试被淘汰，因为我感到面试发挥很不好，后怕极了，另一方面还希望能出现奇迹，希望我能成为幸运者。但最后果不出所料，我被淘汰了，看到周围很幸运被录取的同学，心中别提是什么滋味。真想赶紧离开北京，回到家中好好休息一下，太累了。好在我在中国MBA备考网上填写了一份“绿色调剂通道”，由中国MBA备考网帮忙调剂到华南理工大学，我认为华南理工大学还不错，很满意，但相对北大（这所我梦寐以求的理想）有一定的差距。但为了回报甄总，将我的总结写一下，为后来的考生做个反面典型。

1．没能积极准备

由于我是在家自己复习备考的，一些信息很闭塞（这一点我是感到血的代价，损失太大了，当初，我就有到北京全脱产备考的想法，但后来一想，我的基础很好，英语、数学都不错，而且工作不太忙，工作收入还可以，不舍得放弃。但到了北京参加考试时，才发现不参加辅导班，信息太闭塞了。实际上要有所收获，必须有所失。当初到北京参加辅导，也许我的笔试成绩会更高些，这样面试就可能不会被淘汰。没用了!!!! 而且到北京参加面试才知道许多同学都参加过面试辅导，有许多高人和专业的老师指导，比你在家中自己不知如何做要好得多。考完试，在家中想准备面试，但无从下手，只不过每天到中国MBA备考网了解一些信息，但还是不够，尤其是自己的身体语言、口头禅、方言等自己根本不知道，更谈不上克服了。这是我失误的最大问题，不是我不重视，关键是不知如何准备面试。

2．一定了解面试的规则

由于当时抽到的试题是有关项目管理的，而我在一家比较大的公司，做了好几年的项目经理，比较适合我，心中暗喜，天助我也。同时大概也是由于别人不太熟悉这方面，我也担心冷场，于是我就担起重担，我讲得比较多，如滔滔江水绵绵不绝，我成了面试的中心人物，而且

当别人讲的不太合适时，我就及时出手，将我的观点及时讲出，有时及时批评了他们的观点。面试完，心中很兴奋。但一位与我住在一起的同组哥们告诉我，你犯了错误，你一个人讲得太多了，你自己讲了10多分钟，会给老师一个没有团队意识的印象。我当时不服，但到了后来，听到许多同学，尤其是参加过面试辅导班的考生介绍，真黑，居然不告诉我，就想把直接淘汰的名额给我。后来，我们组有 2 个直接被淘汰者，没有一个被评为优秀的，看来我把大家给耽误了，由于我讲得比较多，别人没机会了。

3．一定要注重细节，细节决定成功

我同屋的同组哥们告诉我，我在面试中也许太紧张了，在面试过程中，我在讲话过程中，由于紧张，不停地用手摸眼镜和额头，并且一不小心就讲几句方言和口头禅，满头大汗，真努力。但我的哥们告诉我，这会告诉老师一个信号，你的管理经验不太足，并且心理素质很一般。因此，细节一定要注意。

回头细想，我的面试的失败，主要是由于我的准备不够，犯了许多不应该的错误。

面试教训

窗外春光明媚，我望着屏幕上的字迹，心却凉到冰点。很遗憾，我的芝麻没有为我打开那扇门。200多个日日夜夜的辛苦，多少次梦中惊醒的虚无转眼却成了现实。我已经离我的梦想很近了，可是我却够不着它。只好，只好为我的梦想写个墓志铭了，聊以记录我的哀伤。

考试成绩出来的那天晚上，我兴奋异常，187分，足以让我参加面试了，当晚，我与一群哥们宿醉而归。对于即将来临的面试，我虽心存忐忑，但自信几年来N次的面试经验足以支撑我闯过这一关了。朋友介绍我参加了一个面试辅导班，我去试听了一次。看到参加面试的几位同学，心中暗喜，不过如此嘛。心想，还是把 600 元钱留着买醉更值。考试前我到北大康博思快餐厅参加了几次同一时间段的聚会，并没有太认真，心想无非是多认识几个战友罢了。

3月20日上午，我提前半小时到了光华管理学院，看着同样在等待中的同学，我心中突然感觉到一种从未有过的紧张。这种紧张的情绪一直伴随我走进考场，在开始自我介绍时甚至感觉到脑中一片空白，凭印象磕磕巴巴说完了原来准备好的介绍。同组同学的流利又给了我更大的刺激，于是更急于在案例讨论中搬回劣势。全然不顾言多必失的古训，我抢着多发了几次言，也没有顾及小组中其他同学的情绪。从考场出来，感觉稍好了些，自己给自己打分还算勉强，心想应该可以通过吧，然而最终的成绩给了我无情的打击。当希望化为泡影，你可以想象我心中的哀伤。

回想这段经历，我想到的教训有以下几条。

(1) 盲目自信。面试前我对自己的实力深信不疑，因此并没有花很多时间去准备，只是简单了解了一下面试的流程，认识了几个面试的战友。而且自认为自己什么样的风浪没见过，对于面试的压力没有太在意。事实上，面试开始后在巨大的压力下，我的心理开始失衡，紧张使我的自信荡然无存了。

(2) 准备不足，尤其是自我介绍。在准备面试的过程中，看到别人在反复改写，背诵自我介绍时，我很不以为然。认为无非是说自己的经历嘛，稍稍准备就行了，至于要花那么多时间吗？可实际上，正是由于我对自我介绍的准备不足，在紧张下导致了开场的失利，也间接导致了之后的心理失衡。

(3) 过于注重自我表现，忽视团队。由于在自我介绍中的表现差强人意，于是我在案例讨论开始后急于表现自我，在讨论中，我总想将自己的观点形成团队的意见，因此，不顾小组同学的意见，抢着发言，有几次由于与其他同学的观点有分歧，我否定了他们的观点。走出考场后，在与朋友的交流中，他们谈到在短时间内团队讨论案例的过程，这样做可能是有风险的。回想起来，这也很可能是造成我面试失利的原因之一。

(4) 没有直面老师的提问。在面试的尾声，考官提问了我一个案例讨论中的问题，大意是：我否定了同组同学的某个观点，那我认为按我的观点做要考虑哪些成本？由于我没有考虑清楚这个问题，我先说了一大通自己的观点，最后才简单提了一下考官问到的成本。面试完后，我给我最敬仰的一位老师打电话。在听完我的诉说后，他说我没有直接回答考官的提问可能是不明智的选择。因此，回答问题的环节可能也是我的失分所在。

往事已，痛苦过后生活还要继续，我知道自己不会甘心于这次失败，毕竟北大光华是我长久的梦想。或许明年，我还会卷土重来，也希望我的教训能够给和我一样在共同为理想而奋斗的战友们一点启发，谨此聊以自慰吧。

看了这些成功和失败的经验，总结一条：MBA面试成功的基础，首先在于个人对自己的准确定位，以及确立在此定位基础上的整体诉求策略。面试前的自我定位就是通过对自我的精心设计，使个人能在面试官心目中产生个性清晰鲜明、符合优秀MBA特征的形象。(在“第五章第一节自我分析与定位”中有详细的讲解。)

自我定位重要的并不是改变自我，而是从面试官对优秀MBA特征的理解出发，塑造自我形象，并基于这个形象设计出一整套影响面试官对个人认同的最佳策略。

定位时要考虑如下几个问题：你过去是什么样的一个人，将来要成为一个什么样的人；将来的你和现在的你有何差异，如何实现个人的转折，如何使人信服你能成功地实现转折；你的优势、劣势是什么，个性、气质如何，等等。

在个人定位前一定要以简历（报名表）和推荐信的内容为基础，结合自己个人实际水准，勾勒出一个大致比较适合于自身的形象，在此基础上应用策略和技巧加以塑造，使自己的形象更加鲜明、突出，其中的关键是要突出优点，淡化缺点，使形象适合自己，并用实证证明优点。

1．基于MBA素质特征的定位

比如：按有代表性的MBA特征要求的6个方面来实施定位：①分析表达能力；②领导管

理能力；③自信、勤奋；④个性、气质；⑤智商和眼界；⑥自我激励。

(1) 分析表达能力。这方面的能力在任何时候都不要自己通过直述性的诉求方式表现。如果你回答问题简洁明了，切中要点，分析问题层次清晰、有深度，这方面的能力会自然体现出来的。所以，这方面的能力是面试时最容易被面试官识别判断的，应完全留给面试官检验，必要时，可以对这方面的能力表示一下自谦，但总的来说以自然表现为最好。

(2) 领导管理能力。这方面的能力最集中的表现是你是否已经成为领导者或管理者，如果是，一定要突出强调自己处于领导者或管理者职位，并在这个职位上表现出来了领导才能，这是MBA特征要求中极重要的方面。如果你从没担当过领导者或管理者角色，不要吹嘘自己，没当过领导的和真正当过领导的人还是有显著区别的，面试官也有办法、有能力鉴别，这时诚为上策。

还有其他办法可以表现自己的管理能力，比如：在学生时期当班长；是课外活动和兴趣小组的倡导者和组织者；在工作中是项目小组的核心；是朋友圈中的核心；在团队中发挥主导作用等，都是表现自己领导管理能力的有效途径，只要认真体悟和挖掘，展示领导管理能力的途径是很多的。

(3) 自信、勤奋。自信心十分重要，但一般也不要直接谈论自己自信。因为是否自信，面试官仅通过对你的直觉就可以大致掌握。但可以技巧性地表现自信的其他层面，如乐观、积极向上的形象和态度，有成功的自豪感，对自己的某些方面信心十足等。要着力刻画自己勤奋、敬业、坚忍不拔和对事业执著的形象，这些特征不容易通过直觉识别，但易于用生动的事例说明。

(4) 个性、气质。气质如何，更多的是一种感觉。个性方面，大多数的特征是可以通过直接的诉求说明，如意志力、坚定性、正义感、热情奔放、风险意识和对困难的态度等，在个人的表现上有相当大的空间，可通过语言或实例来传达正面的信息。

(5) 智商和眼界。智商用直觉是不容易检验的，所以也有较大的表现空间，但直接说自己智商高也不符合中国的文化环境。可通过引述和实证说明，如：学生时代获得的优异成绩、重要奖励；学习、工作、生活中的创造性活动；幽默感和丰厚学识等。

眼界通过你对事物或事件的分析所处的高度和深度来体现。眼界建立在知识的广泛性和智力的独创性以及广阔的胸襟等的基础上，没有实力是无法展示的。因此，眼界是一种很高的要求，不可试图用技巧证明自己的眼界很高，眼界只能用实力证明，伪装不得。

(6) 自我激励。要说明自己能够自我激励并不困难。个人具有的远大目标，对个人目标的明确程度和信奉及执著程度，渴望新的挑战，强烈的求知欲望，独立解决困难的能力等，都能体现出自己的高度自我激励特点。

2. 定位原则

要实现自己的有效定位，一要注意和简历、推荐信的内容、个人实际状况保持一致，要充分估计个人能够在面试中展示的形象，以此为基调，知道塑造的正面形象和优点哪些可行，哪些不可行。

定位也是一种承诺。你把自己塑造成某一类型的人，你就必须能够表现出你是那一类人。所以定位一定要掌握分寸，既不能过高，更不能过低。定位过高，你在面试现场无法展现这么高的水平，面试官很难信任你。定位不能混乱不清，不论你如何定位，一定要能清晰地展现自己的形象。

3．基于角色和个性的定位

由于定位是一个高度个性化的问题，因而不同的人应有不同的定位。如果你已经把自己定位为某一角色，你就要在某种程度上适合这个角色（不适合就是不称职、不尽责），表现出你在这个角色上的创造性和卓越贡献等。如果你定位的角色使人感到与MBA格格不入，与你现在的选择反差太大，你一定要事先准备一个合理的解释，因为这时你已经处在被怀疑的状况中。

总之，在整个无领导小组面试中要把握自己是一个优秀MBA的定位。

第八章　MBA 面试流水线之辩论面试

第一节　MBA 面试辩论的技巧和方法

在人际交往中，每个人都会遇到相异于自己的人。大至思想观念，为人处世之道，小至对某人、某事的看法与评论。这些程度不同的差异都会外化成人与人之间的争执与辩论。留心我们周围，争辩几乎无所不在：一场电影、一部小说、一个特殊事件、某个社会问题都能引起争辩，甚至连某人的发式与妆饰也能引起争辩。从某种意义上看，不同见解的争辩过程就是寻求真理的过程。辩论，就是为了探求真理，坚持真理，维护真理而相互劝说。然而由于论争的任何一方都想推翻对方的看法，树立自己的观点，故此，辩论和寻常说话不同，它是带有“敌意”的语言行为，因而有所谓唇枪舌剑之说。于是，大凡争论留给我们的印象都是不愉快的，最容易使我们良好的交际愿望落空。如果你能够在辩论之前多投入一些思考，在辩论结尾搞好“善后”工作，就能使你在辩论这种特殊交际场合，既做到个人心情舒畅，探求了真理，又不伤人际和气。作为职业经理人在工作中，不可避免地会遇到要与人辩论的情况，如何让对方赞同自己的观点又不伤和气，是一门需要训练的艺术。在 MBA 面试中，很多学校引进了辩论赛，清华更是辩论赛的典型代表。

一、为争辩定下一个积极的格调

1．避免无益的争辩

当你意识到自己的想法、意见与人相左时，当你的言行遭人非议时，你的本能大概就是奋起辩驳。许多毫无意义的事情往往就在这时发生了。为了避免无益的辩论，此时，你需对如下问题进行冷静思考。

（1）如果你能最终获得争辩的胜利，它有什么意义？没有什么积极意义，大可不必动用你的“唇枪舌剑”，一笑置之最妙。同样，你向别人提出“挑战”的时候，一定要选择有价值的，通过争论使自己和他人都能受到启发和教育的问题，不必在那些无关宏旨的细节琐事上做文章。

（2）你辩论一番的欲望更多的是基于理智还是感情原因？诸如虚荣心、表现欲望或面子上下不来。如果是感情原因，大可就此打住。同样，我们向人提出问题是否有感情的因素？如有，就同辩论的实质——探求真理背道而驰了。所以最好别去做这种不积极的提示而把他人引入无谓争辩的歧途。

（3）对方是充满敌意的吗？他对你有深刻成见吗？如果是，那么在这种非理性的氛围中最好不要再火上浇油。同样，如果你是处于这样一种心境，绝对不要向对方提出论题辩论，因为此时你提不出理性的论点，在辩论伊始，就注定了你失败的命运。

2．使争辩成为一种愉快的、和平的思想交换

辩论是为了明是非、求真理。只要我们的辩论出自公心，就能采取积极的态度，使用积极、文明、恰当的辩论语言去参加辩论。

（1）树立正确的辩论价值观，即为追求真善美而去积极地争辩，做到观点正确，旗帜鲜明。

（2）树立正确的辩论道德观。把辩论置于科学基础之上，以理服人，让事实说话。辩论者要有高深的涵养；不搞诡辩，不揭隐私；不搞人身攻击；不把观点的敌对引申为人际的敌对；不靠嗓门压人，有理不在声高，如果你能以有制有节的音调语气道出你的理，其效果不亚于如雷贯耳。

（3）用真情、善意、美感与人辩论，就能做到晓之以理、动之以情。情与理恰恰是列车通往“积极争辩”的双轨，缺一不可。有位诗人说过，情是理智的心，好像一把全是锋刃的刀，让使用它的人满手流血。在争辩中，“理”是争的目的和取胜的保证。然而人又是感情动物，如果你在辩论中既能做到以理制理，又能以情明理，你的辩论将会成为一种愉快的、和平的思想交流。你们彼此会以这样的话语来结束辩论：“听君一席话，胜读十年书”或“你让我心服口服”真正是既争出了公理，又增进了人际和谐，达到了积极辩论的目的。

3．掌握“解剑息仇”的妙方

经过一阵唇枪舌剑，胜负已成定局。做好辩论的善后工作，具有非常重要的意义。在生活中，观点的对立极易产生人际间的隔阂。因此，学习辩论语言既要学会辩论技巧，更要懂得如何“解剑息仇”，这是在辩论这种特殊交际场合下，社交者做到言谈有“礼”的最高境界。下面就是使你达到这种最高境界的三种途径。

（1）如果你失败了，而且败得其所，必须要有敢向真理低头的胸怀。向真理低头并不等于向辩论者本人低头，在真理面前人人平等。你所服从的是对方所道出的真理，只能说你同他一样，对真理有了同等水平的认识，在人格上你们永远是平等的。所以，当你败下阵来的时候，应该以坦诚的态度来表达自己在这场争辩中所受的教益，以此道出你人格的伟大。这在心理上足以弥补因辩论失败所造成的遗憾。

（2）如果你在辩论中已经眼见对方哑口无言，败势已定，便应拿出不杀降者的气魄来，一是主动打住话题，结束对立场面；二是巧妙地为对方搭个台阶，让他在不失面子的前提下得以“平安下台”，胜负自是彼此心照不宣，何不抓住重归于和平的机会呢？

（3）如果你因辩论的需要而已经把对方打得一败涂地，切不可为了一点点虚荣把旗帜挂在脸上。人在得意时，克制更是一种美德。争论结束后，给对方端一杯茶，笑言一句：“瞧我们像孩子一样，这么认真！”或轻松自如地转一个话题。请记住：争论是一回事，人际交情又是一回事。人性都有很软弱的一面，易被击垮也易被扶起，你只要说一两句得体的话语，便可恢复一个刚刚失去的心理平衡，让他重返愉快平静，那又何乐而不为呢？！

二、如何准备辩论赛

辩论赛是许多青年同志喜爱的一项侧重于人们言辞表达能力的比赛。然而，不少青年，尤其是一些年轻的学生，虽参赛热情很高，却由于缺乏一定的辩论赛知识，或赛前不懂如何正确准备，或赛中不得要领，初次上阵便遭受挫折。因此，对初学者来说，掌握一些辩论赛的基本入门知识显得十分必要。

那么，初次参加辩论赛的参赛队员在赛前该做好哪些准备呢？其主要有 4 项：认识准备、核对准备、立论准备和试辩准备。

1. 认识准备

认识准备是指参赛队员在赛前对“辩论赛”的性质和特点要有所认识。我们知道属于口头辩论的大致有三类：一类是专门场合下进行的有特定议题的辩论，如谈判辩论、法庭辩论；一类是由日常生活中、工作中的矛盾引起的人与人之间的争辩，如邻里争辩、同事间争辩、上下级争辩；再一类就是各种形式的辩论赛。前两种辩论，辩论双方各自有明确的立场和主张，辩论的目的是为了说服对方接受自己的观点或争取第三者支持自己的观点。与此同时，自己也有被对方说服或做出妥协的心理准备。辩论赛则不同，辩论赛是一种作为比赛项目来进行的模拟辩论（即辩论演习）。这种辩论往往不问辩论者本人的立场和主张，而侧重于人们的辩论技巧的比赛。比赛双方都不准备说服对方或被对方说服，而以驳倒对方、争取评委的裁决和听众的反响来击败对方。因此，这种比赛有以下三个特点。

（1）辩论的题目、辩论的程序、发言的时间等，都是由辩论赛的组织者所决定，参赛者必须按规定进行辩论，不能随意改变。

（2）比赛胜负标准包括立论、材料、辞令、风度以及应变技巧等综合因素、胜负由评委根据标准及主观印象进行裁定。

（3）辩论时只能针对对方的观点和理由进行攻击，而不能涉及对方的立场和人品。

初赛者了解了辩论赛的这些性质和特点，就不会在比赛中、在思想和方法上与日常争辩相混淆。

2. 核对准备

某队初次参加辩论赛，到正式临辩时，他们突然发现黑板上写的辩题为“当今青年一代是否缺乏社会责任感”，而他们事先准备的辩题却是“当今青年学生是否缺乏社会责任感”。某队经过初赛、复赛进入了决赛，在决赛开赛前，突然听到比赛主持人宣布各方允许发言时间比初赛、复赛时增加一倍，而他们事先却按初赛、复赛规定的时间准备辩词。更有甚者，进入赛场后，双方才发现谁为正方谁为反方都未搞清楚。凡此种种，都是由于初赛者缺乏经验，在事先准备过程中缺少仔细核对有关比赛事项这一环所造成的。

前面已经说过，辩论赛是一项新近发展起来的比赛项目，目前虽有“国际雄辩赛”这样大型的辩论赛，但还没有统一的比赛规则。事实上，辩论赛的规模有大有小，层次有高有低，各主办单位的具体要求也会因时因地而不尽相同，所以辩论赛的规则也很难趋于统一。既然目前辩论赛的规则难以统一，这就要求参赛者在接到比赛通知后，不能立即简单地按照通知上的要求去准备，更不能想当然去准备，而应设法主动地找主办单位仔细核对一下通知上各项比赛规定和要求是否确实无误，包括辩题的确切的字面样子、正反方所属、辩论程序细则、各位队员的分工和允许发言时间等，这既是为了确保本方准备辩词时无误，又是为了防止主办单位工作上有可能的失误。一些主办单位本身也是初次主办辩论赛，由于缺乏经验，难免出现疏忽，包括通知传递时的差错，这就要求参赛者每次都要主动认真地核对有关比赛事宜，以使比赛获胜取得起码保证。

3. 立论准备

辩题被明确无误地确认后，参赛队员就可以根据辩题，共同商量，研究确立一个最有利于本方论证的具体的总论点。所谓最有利于本方，就是指该总论点不仅观点正确，旗帜鲜明，而且用之攻能破对方任何的立论，用之守能抵挡对方的任何攻击。能否确立这样一个总论点是一次辩论赛准备的成败关键。

为了要确立这样一个总论点，首先要对辩题进行严格的审题，也就是要对辩题字面上的每个词或词组逐个进行概念分析，即通常所说的“破题”。这种分析要同时站在双方的立场审视，不能一相情愿。尤其是要分析出哪些词或词组对对方立论具有潜在的有利因素，可能成为双方首先争论的焦点，因为一般的辩论赛双方都会抓住辩题中的某个词项解释入手开始辩论，有时会出现整个辩论赛始终围绕这种解释来进行。因此，尽量设法站在一定理论高度，对辩题做出有利于本方观点的界定，以获得大多数听众的“公认”，是极为重要的一环。为了典型说明这个问题，下面试举 1990 年第三届亚洲大专辩论会一例。

1990 年第三届亚洲大专辩论会有一辩题为“儒家思想是亚洲四素”。南京大学为反方。为了说明儒家思想不是主要推动因素，南京大学对“儒家思想”“亚洲四小龙经济快速增长”“主要”

“推动因素”四项词组进行了剖析，发现辩论双方争论焦点肯定会在“主要因素有多个，儒家思想是其中之一”上。于是，南京大学把“主要因素”界定为必须是具有总揽全局功能这一点上。这样一来，南京大学总论点的方向便明朗了：儒家思想只是四小龙取得经济快速增长的背景条件，而并不是一个主要推动因素，推动四小龙经济快速增长的主要推动因素是四小龙做得尤为突出的能总揽全局的正确而灵活的战略和政策。

能攻能守的总论点的确立是辩论赛准备的关键，但并不等于说在实际辩论中就一定获胜。如何使这个总论点在实际的唇枪舌剑中充分发挥好，还要有一定的战略战术与之配合。所谓战略，是指辩论中用以争取胜利的带有全局性的总的论战方法；所谓战术，则是指论战中的一些具体的技术方法。上面列举的南京大学一例，就是制定了“避实就虚”的战略和设计了一些具体的战术，才保证了整个辩论赛的成功。

由此可见，立论准备包括三个过程：审题、确立总的具体论点、设计相配的战略战术。应该说，这三个过程是整个辩论赛准备的灵魂，初学者在这个准备阶段应找一些有一定理信论水平又有一定实际辩论能力的人请教一下。此外，不应把立论准备看做一个孤立的静止准备阶段，而应在以后的辩词撰写和试辩过程中随时审视先前的审题总论点及战略战术设计有无不慎之处，以便及时修正。

在立论准备好之后，各辩手便可分头撰写自己分工的辩词。

4. 试辩准备

如同其他比赛一样，辩论队要想在正式比赛中获胜，一定要在正式比赛前搞一次尝试性的比赛，以检验自己的赛前准备是否经得起实际的考验。为了达到检验的效果，试辩条件和气氛要尽量搞得逼真些，这就需要在正式参赛队员进入准备阶段的同时，应有一支与之实力相当的假设“对方”也进入准备阶段，并且双方都应处于“保密”状态。不过，为了增加正式队员的一些难度，正式队员应故意泄露些立论方面的要点，来吸引“假设对方”做有针对性的进攻准备，用之在试辩中检验参赛一方的立论和战略战术是否能奏效。

试辩的另一个意图，是让参赛队员进入角色。前面已经说过，辩论赛的最大特点就是辩题观点不一定与辩论者本人最初的观点相一致，就像某些演员本身的性格与剧中人的性格不一致一样，需要深入生活、深入实践才能进入角色。辩论赛在比赛过程中不仅有理论上的正面交锋，还有辩论风度、情态等方面的表演，通过试辩往往能促使参赛队员不仅在论上，而且在情感上也完全站在所持的辩题观念上，以便逼真地表现出理直气壮、慷慨激昂、义正词严而又通情达理地维护真理的样子。对于初赛者来说，试辩还可以先锻炼一下上场的胆量，培养一下临场的经验。

试辩一般宜在正式比赛前一两天举行，这类似于赛前的热身赛，使参赛队员保持最佳竞技状态。试辩的程序应严格按照正式比赛的程序进行，不过不管正式比赛是否设有赛后听众提问，试辩赛一定要有听众提问。这个道理很简单，不管假设的对方准备得如何充分，总比不上众多听众的眼亮耳明，参赛队员在试辩中完整地亮出主要观点和战略战术，“假设对方”可能没有一下子找到“破”的方法，听众赛后提问揭短则可弥补“假设对方”论战之不得力。

试辩结束后，参赛队员应与“假设对方”迅速共同进行总结，对原先准备的辩词和辩论技巧做相应的调整、修正和补充，这样赛前所有的准备便完备了。

孙子曰“上兵伐谋”，高水平的辩论赛首先是认辩双方在辩论思路与立场上的较量。对于一个已经确定下来的命题，如果能找到一个最佳的思路，确立好自己的立场，那么就能为整个辩论的胜利奠定基础。

在辩论赛中，辩论命题一般可分为价值命题、事实命题和政策命题三种。价值命题一般是讨论某件事是否较好，如“发展旅游业利大于弊”。这类命题要求辩论员有很强的逻辑推理能力，对辩题的背景知识有通盘、深入的了解。事实命题是讨论某件事是否真实，如“儒家思想是亚洲四小龙取得经济快速增长的主要推动因素”。这类命题注重举例实证，要求辩论者掌握大量材料；政策命题是讨论某事该不该做，如“亚太区国家应该成立经济联盟”。它要求理论与实践的结合，既需逻辑推理，又应有大量材料佐证，所以辩论比赛中政策命题较为常见。对辩论命题分类的意义在于根据不同命题的特点和要求来确定思路、建立框架、组织材料，最终的目的是要形成自己的立场。在确定思路时最重要的一点是必须知己知彼。对一个辩题，围绕正反方立场，可以有多种理解。这时候就不仅要找出自己论证辩题的各种思路，而且还要找出对方可能出现的各种思路，尽可能地把双方可能的思路都逐一考虑，并找出应付之策，这样对己对彼都心中有数，就为我方确立适当的立场找到了根据。

确立立场就是针对对方可能出现的思路，在我方可以选择的各种思路中找出对本方观点论证最有利、例证材料最丰富的思路。

确立立场的两个基本原则是。

(1) 弱化我方命题，强化对方命题。确立立场不仅应确立我方对辩题的理解，还须限定对方对辩题的理解，也就是必须明确指出对方应该论证的内容。尽可能扩大我方立论范围，从而给我方留下较大的回旋余地。其主要方法有两种：一种方法是对辩题中的主要概念做限制性解释。如在南大队对台大队“人类和平共处是一个可能实现的理想”辩论中，正方南大队一辩开头就指出“人类和平共处是和战争相对而言”，消除了战争也就实现了人类和平共处。这样就把其他形式的暴力行为排除在外，为本方以后的论述打下了较好基础。另一种方法是对辩题加条件。如1986年亚洲大专辩论会北大队对香港中文大学队的比赛中，辩题是“发展旅游业利大于弊”，北大队是反方，正方香港中文大学队举出许多例子论证许多国家由于具备某些条件，发展旅游业获得了成功。北大队马上指出，正方的立场并不是“在所有条件下”发展旅游业利大于弊，所以香港中文大学队跑题了。这实际上是要正方证明“在任何情况下”发展旅游业都利大于弊，当然使正方无从论证，陷入被动。

(2) 尽量选择逻辑性强、不易受攻击的立场。其主要方法是“高立论”。在任何一个细节上都和对方纠缠不休往往会丧失本方的优势，到最后仍是“一笔糊涂账”；不如干脆对一些显而易见的事实、众所周知的观点予以承认，接着立即指出：这些仅仅是问题中一个方面，但我们应该讨论的是更重要的东西，把争论上升到更高层次，使对方精心准备的材料无从发挥，在我方熟悉的阵地上与其交锋，高屋建瓴，势如破竹。如在北大队和澳门东亚大学队的比赛中，辩题是“贸易保护主义可以抑制”，北大队是正方。具备一点经济学知识的人都知道，当今世界范围内贸易保护主义愈演愈烈，而新加坡更是饱尝贸易保护主义之苦。澳门东亚大学队开始就大谈“贸易保护主义是否严重”，并在这一层次上与对方纠缠，显然要占下风，而且很可能引起评委和观众的反感。所以北大队经过仔细斟酌，辩论伊始就明确说明，当今世界范围内贸易保护主义确实相当严重，在这一点上我们非但不否认，而且还可以举出比你们多得多的例子。但是，我们应该讨论的是贸易保护主义是否可以抑制，而不是贸易保护主义是否存在或是否严重。这样就避开了对方拥有大量材料的事实，把辩论中心提高到对我方有利的“可以抑制”层次上来，避其锋芒，争取主动。

确立立场时还应该注意的是：立意要新奇，要能够“言人所未言，见人所未见”。从新的角度来分析问题，给人耳目一新之感，往往会起到很好的场上效果。同时，对手对此准备不足，也会措手不及，仓促应战。当然不能故作惊人之语，应当在“意料之外”，又在“情理之中”。这就要求教练和队员们对辩题仔细揣摩和思索，努力使自己的立场既无懈可击、固若金汤，又新意迭出，令对方猝不及防，从而使自己立于不败之地。

三、辩论技巧

反客为主的原意是：客人反过来成为主人，比喻变被动为主动。在辩论赛中，被动是赛场上常见的劣势，也往往是败北的先兆。辩论中的反客为主，通俗地说，就是在辩论中变被动为主动。下面，本文试以技法理论结合对实际辩例的分析，向大家介绍几种反客为主的技巧。

1. 借力打力

武侠小说中有一招数，名叫“借力打力”，是说内力深厚的人，可以借对方攻击之力反击对方。这种方法也可以运用到辩论中来。

例如，在关于“知难行易”的辩论中，有这么一个回合：

正方：对啊！那些人正是因为上了刑场死到临头才知道法律的威力。法律的尊严，可谓“知难”哪，对方辩友！（热烈掌声）

当对方以“知法容易守法难”的实例论证于“知易行难”时，正方马上转而化之，从“知法不易”的角度强化己方观点，给对方以有力的回击，扭转了被动局势。

这里，正方之所以能借反方的例证反治其身，是因为他有一系列并没有表现在口头上的、重新解释字词的理论作为坚强的后盾：辩题中的“知”，不仅仅是“知道”的“知”，更应该是建立在人类理性基础上的“知”；守法并不难，作为一个行为过程，杀人也不难，但是要懂得保持人的理性，克制内心滋生出恶毒的杀人欲望，却是很难。这样，正方宽广、高位定义的“知难”和“行易”借反方狭隘、低位定义的“知易”和“行难”的攻击之力，有效地回击了反方，使反方构建在“知”和“行”表浅层面上的立论框架崩溃了。

2. 移花接木

剔除对方论据中存在缺陷的部分，换上于我方有利的观点或材料，往往可以收到“四两拨千斤”的奇效。我们把这一技法喻名为“移花接木”。

例如，在“知难行易”的辩论中曾出现过如下一例：

反方：古人说“蜀道难，难于上青天”，是说蜀道难走，“走”就是“行”嘛！要是行不难，孙行者为什么不叫孙知者？

正方：孙大圣的小名是叫孙行者，可对方辩友知不知道，他的法名叫孙悟空，“悟”是不是“知”？

这是一个非常漂亮的“移花接木”的辩例。反方的例证看似有板有眼，实际上有些牵强附会：以“孙行者为什么不叫孙知者”为驳难，虽然是一种近乎强词夺理的主动，但毕竟在气势上占了上风。正方敏锐地发现了对方论据的片面性，果断地从“孙悟空”这一面着手，以“悟”就是“知”反诘对方，使对方提出关于“孙大圣”的引证成为抱薪救火、引火烧身。

“移花接木”的技法在辩论理论中属于强攻，它要求辩手勇于接招、勇于反击，因而它也是一种难度较大、对抗性很高、说服力极强的辩论技巧。诚然，实际临场上雄辩滔滔，风云变幻，不是随时都有“孙行者”“孙悟空”这样现成的材料可供使用的，也就是说，更多的“移花接木”需要辩手对对方当时的观点和我方立场进行精当的归纳或演绎。

比如，在关于“治贫比治愚更重要”的辩论中，正方有这样一段陈词：“对方辩友以迫切性来衡量重要性，那我倒要告诉你，我现在肚子饿得很，十万火急地需要食物来充饥，但我还是要辩下去，因为我意识到辩论比充饥更重要。”话音一落，掌声四起。这时反方从容辩道：“对方辩友，我认为‘有饭不吃’和‘无饭可吃’是两码事……”反方的答辩激起了更热烈的掌声。正方以“有饭不吃”来论证贫困不足以畏惧和治愚的相对重要性，反方立即从己方观点中归纳出“无饭可吃”的旨要，鲜明地比较出了两者本质上的天差地别，有效地扼制了对方偷换概念的倾向。

3. 顺水推舟

表面上认同对方观点，顺应对方的逻辑进行推导，并在推导中根据我方需要，设置某些符合情理的障碍，使对方观点在所增设的条件下不能成立，或得出与对方观点截然相反的结论。

例如，在“愚公应该移山还是应该搬家”的辩论中：

反方：……我们要请教对方辩友，愚公搬家解决了困难，保护了资源，节省了人力、财力，这究竟有什么不应该?

正方：愚公搬家不失为一种解决问题的好办法，可愚公所处的地方连门都难出去，家又怎么搬？……可见，搬家姑且可以考虑，也得在移完山之后再搬呀！

神话故事都是夸大其事以显其理的，其精要不在本身而在寓意，因而正方绝对不能让反方迂旋于就事论事之上，否则，反方符合现代价值取向的“方法论”必占上手。从上面的辩词来看，反方的就事论事，理据充分，根基扎实，正方先顺势肯定“搬家不失为一种解决问题的好办法”，继而以“愚公所处的地方连门都难出去”这一条件，自然而然地导出“家又怎么搬”的诘问，最后水到渠成，得出“先移山，后搬家”的结论。如此一系列理论环环相扣，节节贯穿，以势不可当的攻击力把对方的就事论事打得落花流水，真可谓精彩绝伦！

4．正本清源

所谓正本清源，本文取其比喻义而言，就是指出对方论据与论题的关联不紧或者背道而驰，从根本上矫正对方论据的立足点，把它拉入我方“势力范围”，使其恰好为我方观点服务。较之正向推理的“顺水推舟”法，这种技法恰是反其思路而行之。

例如，在“跳槽是否有利于人才发挥作用”的辩论中，有这样一节辩词：

正方：张勇，全国乒乓球锦标赛的冠军，就是从江苏跳槽到陕西，对方辩友还说他没有为陕西人民做出贡献，真叫人心寒啊！（掌声）

反方：请问到体工队可能是跳槽去的吗？这恰恰是我们这里提倡的合理流动啊！（掌声）对方辩友戴着跳槽眼镜看问题，当然天下乌鸦一般黑，所有的流动都是跳槽了。（掌声）

正方举张勇为例，他从江苏到陕西后，获得了更好的发展空间，这是事实。反方马上指出对方具体例证引用失误：张勇到体工队，不可能是通过“跳槽”这种不规范的人才流动方式去的，而恰恰是在“公平、平等、竞争、择优”的原则下“合理流动”去的，可信度高、说服力强、震撼力大，收到了较为明显的反客为主的效果。

5．釜底抽薪

刁钻的选择性提问，是许多辩手惯用的进攻招式之一。通常，这种提问是有预谋的，它能置人于“两难”境地，无论对方做哪种选择都于己不利。对付这种提问的一种具体技法是，从对方的选择性提问中，抽出一个预设选项进行强有力的反诘，从根本上挫败对方的锐气，这种技法就是釜底抽薪。

例如，在“思想道德应该适应（超越）市场经济”的辩论中，有如下一轮交锋。

反方：我问雷锋精神到底是无私奉献精神还是等价交换精神?

正方：对方辩友这里错误地理解了等价交换，等价交换就是说，所有的交换都要等价，但并不是说所有的事情都是在交换，雷锋还没有想到交换，当然雷锋精神谈不上等价了。（全场掌

声）

反方：那我还要请问对方辩友，我们的思想道德它的核心是为人民服务的精神，还是求利的精神？

正方：为人民服务难道不是市场经济的要求吗？（掌声）

第一回合中，反方有“请君入瓮”之意，有备而来。显然，如果以定势思维被动答问，就难以处理反方预设的“两难”：选择前者，则刚好证明了反方“思想道德应该超越市场经济”的观点；选择后者，则有悖事实，更是谬之千里。但是，正方辩手却跳出了反方“非此即彼”的框框设定，反过来单刀直入，从两个预设选项抽出“等价交换”，以倒树寻根之势彻彻底底地推翻了它作为预设选项的正确性，语气从容，语锋犀利，其应变之灵活、技法之高明，令人叹为观止！

当然，辩场上的实际情况十分复杂，要想在辩论中变被动为主动，掌握一些反客为主的技巧还仅仅是一方面的因素，另一方面，反客为主还需要仰仗于非常到位的即兴发挥，而这一点却是无章可循的。

6．攻其要害

在辩论中常常会出现这样的情况：双方纠缠在一些细枝末节的问题、例子或表达上争论不休，结果，看上去辩得很热闹，实际上已离题万里。这是辩论的大忌。一个重要的技巧就是要在对方一辩、二辩陈词后，迅速地判明对方立论中的要害问题，从而抓住这一问题，一攻到底，以便从理论上彻底地击败对方。如“温饱是谈道德的必要条件”这一辩题的要害是：在不温饱的状况下，是否能谈道德？在辩论中只有始终抓住这个要害问题，才能给对方以致命的打击。在辩论中，人们常常有“避实就虚”的说法，偶尔使用这种技巧是必要的。比如，当对方提出一个我们无法回答的问题时，假如强不知以为知，勉强去回答，不但会失分，甚至可能闹笑话。在这种情况下，就要机智地避开对方的问题，另外找对方的弱点攻过去。然而，在更多的情况下，我们需要的是“避虚就实”“避轻就重”，即善于在基本的、关键的问题上打硬仗。如果对方一提问题，我方立即回避，势必会给评委和听众留下不好的印象，以为我方不敢正视对方的问题。此外，如果我方对对方提出的基本立论和概念打击不力，也是很失分的。善于敏锐地抓住对方要害，猛攻下去，务求必胜，乃是辩论的重要技巧。

7．利用矛盾

由于辩论双方各由四位队员组成，四位队员在辩论过程中常常会出现矛盾，即使是同一位队员，在自由辩论中，由于出语很快，也有可能出现矛盾。一旦出现这样的情况，就应当马上抓住，竭力扩大对方的矛盾，使之自顾不暇，无力进攻我方。比如，在与剑桥队辩论时，剑桥队的三辩认为法律不是道德，二辩则认为法律是基本的道德。这两种见解显然是相互矛盾的，我方乘机扩大对方两位辩手之间的观点裂痕，迫使对方陷入窘境。又如对方一辩起先把“温饱”看做是人类生存的基本状态，后来在我方的凌厉攻势下，又大谈“饥寒”状态，这就是与先前的见解发生了矛盾，我方“以子之矛，攻子之盾”，使对方于急切之中，理屈词穷，无言以对。

8．引蛇出洞

在辩论中，常常会出现胶着状态：当对方死死守住其立论，不管我方如何进攻，对方只用几句话来应付时，如果仍采用正面进攻的方法，必然收效甚微。在这种情况下，要尽快调整进攻手段，采取迂回的方法，从看来并不重要的问题入手，诱使对方离开阵地，从而打击对方，在评委和听众的心目中造成轰动效应。在我方和悉尼队辩论“艾滋病是医学问题，不是社会问题”时，对方死守着“艾滋病是由 HIV 病毒引起的，只能是医学问题”的见解，不为所动。于是，我方采取了“引蛇出洞” 的战术，我方二辩突然发问：“请问对方，今年世界艾滋病日的口号是什么？”对方四位辩手面面相觑，为不至于在场上失分太多，对方一辩站起来乱答一通，我方立即予以纠正，指出今年的口号是“时不我待，行动起来”，这就等于在对方的阵地上打开了一个缺口，从而瓦解了对方坚固的阵线。

9．李代桃僵

当我们碰到一些在逻辑上或理论上都比较难辩的辩题时，不得不采用“李代桃僵”的方法，引入新的概念来化解困难。比如，“艾滋病是医学问题，不是社会问题”这一辩题就是很难辩的，因为艾滋病既是医学问题，又是社会问题，从常识上看，是很难把这两个问题截然分开的。因此，按照我方预先的设想，如果让我方来辩正方的话，我们就会引入“社会影响”这一新概念，从而肯定艾滋病有一定的“社会影响”，但不是“社会问题”，并严格地确定“社会影响”的含义，这样，对方就很难攻进来。后来，我们在抽签中得到了辩题的反方，即“艾滋病是社会问题，不是医学问题”，在这种情况下，如果我们完全否认艾滋病是医学问题，也会于理太悖，因此，我们在辩论中引入了“医学途径”这一概念，强调要用“社会系统工程”的方法去解决艾滋病，而在这一工程中，“医学途径”则是必要的部分之一。这样一来，我方的周旋余地就大了，对方得花很大力气纠缠在我方提出的新概念上，其攻击力就大大地弱化了。“李代桃僵”这一战术之意义就在于引入一个新概念与对方周旋，从而确保我方立论中的某些关键概念隐在后面，不直接受到对方的攻击。

辩论是一个非常灵活的过程，在这一过程中，可以施展一些比较重要的技巧。经验告诉我们，只有使知识积累和辩论技巧珠联璧合，才可能在辩论赛中取得较好的成绩。

10．缓兵之计

在日常生活中，我们可以见到如下情况：当消防队接到求救电话时，常会用慢条斯理的口气来回答，这种和缓的语气，是为了稳定说话者的情绪，以便对方能正确地说明情况。又如，两口子争吵，一方气急败坏，一方不骄不躁，结果后者反而占了上风。再如，政治思想工作者常常采用“冷处理”的方法，缓慢地处理棘手的问题。这些情况都表明，在某些特定的场合，“慢”也是处理问题、解决矛盾的好办法。辩论也是如此，在某些特定的辩论局势下，快攻速战是不利的，缓进慢动反而能制胜。

例如，1940年，丘吉尔在张伯伦内阁中担任海军大臣，由于他力主对德国宣战而受到人们的尊重。当时，舆论欢迎丘吉尔取代张伯伦出任英国首相，丘吉尔也认为自己是最恰当的人选。但丘吉尔并没有急于求成而是采取了“以慢制胜”的策略。他多次公开表示在战争爆发的非常时期，他将准备在任何人领导下为自己的祖国服务。

当时，张伯伦和保守党其他领袖决定推举拥护绥靖政策的哈利法克斯勋爵作为首相候选人，然而主战的英国民众公认在政坛上只有丘吉尔才具备领导这场战争的才能。在讨论首相人选的会议上，张伯伦问：“丘吉尔先生是否同意参加哈利法克斯领导的政府？”能言善辩的丘吉尔却一言不发，足足沉默了两分钟之久。哈利法克斯和其他人明白，沉默意味着反对。一旦丘吉尔拒绝入阁，新政府就会被愤怒的民众推翻。哈利法克斯只好首先打破沉默，说自己不宜组织政府。丘吉尔的等待终于换来了英国国王授权他组织新政府。

再举一例，在某商店里，一位顾客气势汹汹找上门来，喋喋不休地说：“这双鞋鞋跟太高了，样式也不好……”商店营业员一声不吭，耐心地听他把话说完，一直没打断他。等这位顾客不再说了，营业员才冷静地说：“你的意见很直爽，我很欣赏你的个性。这样吧，我到里面去，再另行挑选一双，好让你称心。”“如果你不满意的话，我愿再为你服务。”这位顾客的不满情绪发泄完了，也觉得自己有些太过分了，又见营业员是如此耐心地回答自己的问题，也很不好意思。结果他来了个180度的大转弯，称赞营业员给他新换的实际上并无太大差别的鞋，说：“嘿，这双鞋好，就像是为我定做的一样。”营业员以慢对快、以冷对热，让顾客把怒气宣泄出来，达到了心理平衡，化解了这一场纠纷。

从上面的例子中，我们可以概括出在辩论中要正确使用“以慢制胜”法，至少要注意以下三点。

其一，以慢待机，后发制人。

俗话说：“欲速则不达。”在时机不成熟时仓促行事，往往达不到目的。辩论也是如此，“慢”在一定条件下也是必需的。“以慢制胜”法实际上是辩论中的缓兵之计，缓兵之计是延缓对方进兵的谋略。当辩论局势不宜速战速决，或时机尚不成熟时，应避免针尖对麦芒式的直接交锋，而应拖延时间等待战机的到来。一旦时机成熟，就可后发制人，战胜论敌。如第一例中，丘吉尔在时机不成熟时，不急于成功，以慢待机。在讨论首相人选的关键时刻，以沉默表示反对，最终赢得了胜利。

其二，以慢施谋，以弱克强。

“以慢制胜”法适用于以劣势对优势、以弱小对强大的辩论局势。它是弱小的一方为了战胜貌似强大的一方而采取的一种谋略手段。“慢”中有计谋，缓动要巧妙。这里的“慢”并非反应迟钝，不善言辞的同义语，而是大智若愚、大辩若讷的雄辩家定计施谋的法宝之一。如第一例中，丘吉尔面对张伯伦的追问，装聋作哑，拖延时间，实际上是假痴不癫的缓兵之计。在这一种韧性的相持中，张伯伦一方终于沉不住气了，丘吉尔以慢施谋终于取得了胜利。

其三，以慢制怒，以冷对热。

“慢”在辩论中还是一种很好的“制怒”之术。辩论中唇枪舌剑，自控力较差的人很容易激动。在这种情况下，要说服过分激动的人，宜用慢动作、慢语调来应付。以慢制怒，以冷对热，才能使其“降温减压”。只有对方心平气和了，你讲的道理他才能顺利接受。如第二例中的营业员，就是以冷静的态度、和缓的语气，平息了对方的怒气，化解了矛盾。

总之，辩论中的“快”与“慢”也是一种对立统一的辩证关系。兵贵神速，“快”当然好。可是，有时“慢”也有“慢”的妙处。“慢”可待机，“慢”可施谋，“慢”可制怒。“慢”是一种韧性的战术，“慢”是一场持久战，“慢”是舌战中的缓兵之计。缓动慢进花的时间虽长，绕的弯子虽大，然而在许多时候，它却往往是取得胜利的捷径。

四、辩论题目

(1) 跳槽对个人发展的利弊。

(2) 上司和下属要保持距离才能树立权威。

(3) 下属的能力可以通过教育来提高。

(4) 办公室政治也是办公室文化吗？

(5) 对部下应该严格要求。

(6) 对下级的成长应负起领导责任。

(7) 没有通过对话不能解决的事。

(8) 人生的成功在于努力。

(9) 事业高于家庭。

(10) 企业也有必要为社区活动贡献力量。

(11) 应当100%接受顾客的要求。

(12) 工作时间应该禁烟。

(13) 赌场对澳门经济发展利多弊少。

(14) 上网有利学习。

(15) 安乐死应合法化。

(16) 中学生不应做兼职。

(17) 网络发展影响人际关系。

(18) 研究生招生单位是否可以办辅导班。

(19) 教授嫖娼是否应当开除。

(20) 大学生是否可以在校园里接吻？

五、考官的主要观察点

(1) 是否注意倾听其他考生的发言，特别是在别人发言时是否足够关注、是否完全理解他人的讲话内容？

(2) 分析问题和反驳对方观点的逻辑性。

(3) 对问题的分析广度和深度。

(4) 发言是否切合主题。

(5) 发言是否言简意赅，发言时间是否过长？

(6) 是否能和本方的其他成员默契配合，包括观点的呼应、节奏的协调等？

考官或者评委注重考察的是考生发言时反映出的本人分析问题的能力，而不是辩论技巧。不会因辩论差异，而给辩论技巧娴熟的考生评高分。

六、辩论赛面试程序

比如某大学的面试程序如下所示。

(1) 抽签决定面试分组。

(2) 评委记录小组面试分组抽签结果并分发观点命题。

(3) 个人准备 5 分钟。

(4) 个人陈述，每人不超过 90 秒，顺序按照 A1、B1、A2、B2、A3、B3、A4、B4 进行，在个人陈述中，请主要陈述自己的观点（不要反驳对方的观点）。

(5) 小组讨论阶段，按小组人数，按平均每人 3 分钟计，共 24 钟。在评委宣布小组讨论开始后，每个人都可以反驳另一种观点或者支持自己的观点。

发言不限次数，但每次发言不超过 90 秒。双方讨论时间到，整个小组面试结束。在讨论时间内，如果超过 2 分钟无人发言，则小组面试自动结束。

(6) 面试学生退场，面试结束。

第二节　MBA 面试经验谈

不论是小组面试还是辩论赛，要考察的目的都是考生作为一个职业经理人的素质，而不是辩论的技巧。或者说，管理者需要一定的辩论才能，但有了辩论才能，却不一定能成为管理者，即使是以辩论赛著称的清华 MBA 面试要考察的也没有辩论技巧这一项。当然，掌握了辩论技巧对体现综合素质是有帮助的。我们看看一些参加过 MBA 面试的考生写的心得体会，实际感受一下辩论赛面试的技巧吧。

我在社科赛斯参加模拟面试的经历

昨晚在社科赛斯培训中心的联系下，一位09级学长过来，选了八位同学进行一场所谓的“辩论”形式的模拟。

模拟结束后，我们大家最深的体会就是，此“辩论”绝非彼“辩论赛”!!!

清华考的是“综合素质”面试，因此考官们并不打算在考场上欣赏到专业的辩论比赛。所以，我们印象中的关于大专辩论赛的程序和形式对于我们这次应对清华的面试可以说不仅毫无帮助，甚至是负面的影响。

以昨晚的模拟为例，讨论一开始，大家就陷入了辩论赛的误区，没有体会模拟考官让大家将名字写在牌子上的用心，而是直呼“对方辩友”。

其实，我们都曾经在企业里参加过大大小小的会议，会议在做决策时，总是难免出现各种意见的分歧和纷争，所以，我们事后都感觉，清华这次团队面试如果采用和去年不同的形式，更有可能是以“董事会开会”、“投标”、“谈判”等类似的企业行为的方式来展开。因此，“解决问题”和“得出更优方案”可能才是团队面试的真正目的，绝非像辩论赛那样，以辩论技巧和方式来争高下输赢。换句话说，究其根本，团队面试还是考的团队协作和分工。

只是过去那种形式的团队讨论，现在演变成了两个团队的讨论，而且两个团队有可能秉持的是针锋相对的观点，当然也有可能是有待完善的观点。所以，两个团队之前各自的讨论时间其实和原来的小组讨论形式是一样的，团队仍然需要协作、配合与分工。两个团队之间也仍然是有合作的可能性存在。

另外，我们都认为，两个团队正式讨论前，各小组的内部讨论也是非常重要的，甚至不排除正式面试时，会安排考官旁听打分。因为内部的分工，四个人中每个人从那个角度来表达本组的观点，这是必须在大家对问题有了统一的整体性把握前提下才能很好进行的。所以，面试官对我们的考察绝对不可能当两队正式讨论时才开始，而是从两队各自讨论时就已经在打分了。

所以，如果面对新形势的团队面试，我们觉得，切忌把这理解为“辩论”！大家只要以自己在企业里的经历来琢磨一下就会感觉到，万变不离其宗，新形式的团队面试还是会议管理的范畴，一切相左的意见还是为了最终得出一个更优方案。只是原来的团队面试是一场较为轻松的表演，而新形式的团队面试中，由于双方事先只能预测到对方支撑其观点的理由，因而这场表演变得更为戏剧性和带有突发性了。正因如此，我们需要更谨慎地考虑情况的利弊或正反面，需要更为谨慎地找到支撑自己这一方观点的理由。

这是我们昨天8人临时小组模拟后的一点零碎想法，毕竟游戏的规则是由我们自己来制订的，清华公布复试程序时，绝对不会给出我们详细的应对方案，所以，我们只能根据它对MBA考生的素质要求来分析面试考察的实质。这样，无论其具体形式有什么细微的变化，我们才都能从容应对。

态度决定一切

这里，我想与大家分享的，实际上是我简单的理想主义——态度决定一切，希望大家能够时时刻刻快乐地面对人生。

当我知道自己的分数超过了清华 MBA 的分数线时，我还是非常高兴的，因为毕竟大半年的准备与期望有了回报，虽然知道这条路才刚刚开始。

当时大家对面试是非常严肃和认真对待的，一边了解新的面试规则，一边根据面试的时间自发地形成了一些面试小组，热烈的交谈以尽可能地熟悉相互的背景、反复讨论热点问题、模拟面试等，现在想来，很多的好朋友（同学）也是从那个时候的合作就开始了。

我们当时的场面很热闹，一共有三十几个人形成了一个大组，有些辞职的同学几乎每天都在经管二楼的咖啡厅，试图碰到尽可能多的同学，以提高面试中在一个组里的概率。我后来果真碰到了，如今就在一个班里，还是同一门功课的 team member，大家都觉得非常有缘分。但后来为了提高效率，又形成了几个小组，但大家还是对各自的背景和专长有所了解的。形成小组还有一个好处就是大家自发形成了为同一个目标而努力的非正式组织，有一种归属感，并且和这么多人共同面对一个未知的将来可以减轻对面试的恐惧。

这里还要提一句，个人面试之前，要参加英语口试，绝大多数的同学都能过关，不过，要提高参加 I 班的面试的概率，如果入学考试的英语成绩不具有竞争力，这个口试也要认真一些的。实际上，大家在形成讨论小组的时候，也在寻找自己的英语口试的搭档，然后进行了大约一天的演练，包括选择题目、计时、由其他人做裁判等。英语口试时，我和搭档抽中的题目是描述当前的五大社会问题并对其中的两个（交通和能源）进行分析与提出解决措施，准备 5 分钟（与上一组的对话同时进行），正式对话 5 分钟。口试成绩也不很高，不过还是过关了。后来，大家总结这个口试只要没有心理障碍，发挥正常就可以轻松过关。

面试（中文）程序分为个人面试和小组面试。

1. 个人面试

这个面试应该说怎么准备都不过分，因为入学考试成绩在这个阶段只能是一个资格了，从某种程度上来说已不再重要，能否被录取完全看这次的努力。

个人面试大约 15 分钟，先是 3 分钟的自我介绍，然后是由三个考官针对你的叙述和报名时提交的材料进行提问。提交的材料是非常重要的，要仔细准备，因为不仅是考官提问的依据，其质量也要被计入你的总分。当写材料的时候，你就需要对自己的学习目的与工作背景（行业与职位及变更）有独到的见解，对自己的职业目标有个清晰的考虑（至少对面试而言）。

我是小组第二个参加面试的，进入考场后，有三个考官坐在沙发上，示意我坐在他们的对面。然后，我被要求做自我陈述，我的感觉是不要像流水账一样叙述，而要按照一个逻辑顺序：

如是否正逐渐接近自己的职业目标，或从每个阶段是否有所收获谈起等。

我记得在自我陈述后的十几分钟里大约被问了八九个问题。

你的近期工作是什么？

如果你的下属越过你，向你的上级汇报问题，怎样处理？

如果你的上司很有个性，你怎么办？

如果安排的工作，下属总是落实不到位，上司追问，你怎么办？

对于“不以恶小而为之，不以善小而不为”与“大礼不拘小节”，你怎样看？

我看到你的第二志愿是P班，还要继续工作吗？如何解决工学矛盾？

这些问题都是和每个人的经历相关，我想大家一定会根据自己的阅历和知识见仁见智。不过回答一定要简练，而且不要不懂装懂，态度要谦虚、诚恳。

2．小组面试

小组面试在面试现场几乎没有时间准备，尽量在开始前明确分工，计时、协调和报告各有一人。一共大约20~25分钟，我们小组共8个人，分为两组。过程中要注意次序，还要在赞同别人观点的同时表达自己，不需要标新立异，只要有助于讨论达成一致的结论。注意，不需要标新立异！否则，第一个被淘汰的很可能就是你。退场的时候，要注意礼貌，并主动拿走前面你的名牌。最后的结果是8个人中，有5个被录取。整个过程要表现得职业化，坦然面对你的失误和认识中的盲区。最后我的中文面试得分是249分，录取的另外4个人也不错，最低225分左右。当然，每个小组面对的考官也不同，也要看个人的运气。

关于I班面试

与个人面试不同之处在于全部用英文，我的搭档恰好是在之前练习的同学之一，因此整体过程，我们比较轻松，虽然水平不是特别高，但信心很足，一直不停地在讲，最后，老师微笑着结束了我们的面试。

危机是这样度过的

入学时的面试是紧张刺激和惴惴不安的。录取后的回忆则成为一段美丽的彩虹。为成功而付出的艰辛总是在成功后转化为幸福和自信的源泉，鼓励我们继续为追求下一个目标付出更多的艰辛。

其实与其他同学相比，我已经不能用幸运来解释了，能上清华，是我今生最大的机缘。因为我犯了一个十分低级的错误。面试那天，中午我赶到经管学院的时候，已经有点晚了，拿到考场号，我便急匆匆地上了楼。在四楼的尽头，两位考生正在窃窃私语，一打听，正是我此次面试的同组考友，4人中的另外1人正在屋内面试。见到我他们十分友好，告诉我最后就要轮到我时，门开了，里面的同学出来，我连汗都未消，就径直走了进去。老师一边让我做自我陈述，一边在查找资料，原本一切正常，可就在我陈述要结束时，中间的老师与两边的老师非常奇怪地互相交流了几句什么，然后一起看着我，说：请再说一遍你的名字？我十分纳闷，不知这是什么问题，略一沉吟，我如实做了回答，三位老师又一次翻开了资料，核对后，说：对不起，你搞错了，你不是我们这组的面试学员。天啊！我当时头脑中一片空白。怎么走出的考场，我都回忆不起来了。为什么会连考场都搞错了，我至今也没有搞明白，唯一庆幸的是，出来后，我并没有急于去找正确的考场，而是在大厅里靠着柱子停了3分钟，正是这3分钟，使我清楚了许多，其实，问题并不复杂，无论我是否走错了，我即将面试的老师并不了解，所以我一定要展现最好的一面给他们。

匆匆赶到考场，显然是最后一个，进门后，一个考官大概因为等时间长了一点，所以笑着说：晚到场的一定都是明星，看来我们没有白等啊。此话一出，我也轻松了，谁说清华的老师个个严肃地像"包公"，面前的这些人感觉好亲切呀！人一放松，思维马上就活跃起来，"多谢你的美誉，我更希望清华的名师把自己培养成为一个有内在实力的演技派"。大大方方承认老师的对自己的评价，既表现出应有的自信，又巧妙地捧了一把老师。几位老师会心地一笑，好像满天阴云中的一缕阳光，那么明亮、那么动人，驱走了所有的阴影。接下来的问题就好像考官正是我所在行业的行家一般，这个时候我暗自对自己笑了笑，因为我知道他想考察我什么。然后我根据自己所知，如实表达我的看法。当然感觉状态不错，思维也一直非常活跃。考官对我的回答表现得饶有兴趣，严肃的气氛渐渐得到缓解。接下来，中间的主考官又问及我对女性攻读MBA的看法，以及自己将来的发展方向，"你已经在技术方面积累了一定成就，那么你将来的发展方向是什么？是会选择做一名主管技术的经理，还是希望做一个企业的老总？"最后，极少发问的左边那位考官问道，你喜欢看哪些书籍？这时的气氛已经十分轻松。我知道自己彻底扭转了局势，结果我走进了清华。

我的经历说明面试过程中危机出现时，一定要镇定，面对老师要学会察言观色，并及时调整自己的情绪，这些非常重要。我在面试结束后遇到一位考友，面色很难看。他说原本进去时感觉还好，可看到考官自始至终都板着面孔，就有些发毛，考官的问题又非常棘手，例如：

你和上司之间的关系如何处理？

上司签发的报告中有一错别字，一旦公布之后你会做何处理？

上司经常剽窃你的idea，比如事先批评你的建议并不实际，事后却向其上级推荐了该建议且并未说明这是你的原创。你又该如何处理？等等，让他越发感觉考官是在故意为难他。结果这位考友不幸落选。

认真总结面试可以准备的不外乎以下几点。

(1) 衣着。专业的衣着，作为一个简单而有效的工具，可以在第一次见面时，给对方一个深刻、良好的印象。因为整天与白领打交道的面试官来自各行各业，他们已经习惯于专业、整洁的着装。

(2) 心态。平和的心态有助于从容地思考和应对面试，正所谓“知者不惑，仁者不忧，勇者不惧”。清华的校训是行胜于言，所以踏踏实实的谈吐风范是可取的，切忌“巧言、令色、足恭”。

(3) 自我确定的谈话基调。一个简化的标准应该是工作年限。年限短的，面谈的内容易多一些畅想；年限长一点的，面谈的内容易多一些与实际相联系的体会。

(4) 面试前的同学熟悉。提前一段时间到面试地点，熟悉同学，熟悉环境。自愿组成考前小组，进行演练。据说这些“屡试不爽”。

(5) 平时的积累。虽然把它列在最后一点，却是最重要的一点。日常的丰厚积累、广泛的涉猎是面试时应对自如、信心十足的基础。

清华面试经验谈

刚刚结束 MBA 入学考试，步履轻盈的我经过二校门旁时，看清冷空气中飞过的灰喜鹊，心中满满是对未来的种种憧憬和激越的情绪，体味着奋斗的愉悦感，以为就此跨过了某一道门槛。此后的一年中，我才体会到，所谓入学考试，可能正是我们即将跨入的通向职业经理人的道路中，我们最能够有把握的一关。那是凭借一个人的努力、刻苦能够得以实现的，而往下的路，才真正是非拥有智慧不可完成的任务。

按下那等待成绩的百鼠挠心的日子不表，也不提每日千百次点击鼠标刷新页面的神经质。终于等到午夜十二点在管院网站上查询到自己的成绩，一时间又是欣喜又是难言的紧张。欣喜的是自己的分数不会成为阻碍得到面试的机会，紧张的是只有 3 年工作经验的我通过面试的概率到底有多大?

搜索网上面试的经验多则多矣，面试的程序也大致了解，可是如何准备，难道闭门造车不成？好在由一位有志于清华的同仁发起了面试准备活动，响应者甚众。

伟伦楼二楼的咖啡厅是大家的根据地，那段时间这里聚集了许多全职备考 MBA 的同学，还有我这样一边上班一边在周末参加准备活动的家伙。自发形成的各个小团队除了偶尔吹牛跑跑题，主要进行的工作是：

(1) 交流从各种渠道获得的面试资料，包括网络、辅导班和其他兄弟院校。

(2) 以不同领域的热点话题为主题，实战模拟面试。除了确定 Time Keeper、Team Leader、Reporter 等外，通常还会有几个旁观者，在模拟面试结束后针对个人的表现提出中肯的意见。

(3) 将写好的面试开场白与大家交流，修改完善。

(4) 英文口语练习。

(5) 随意提问，练习反应能力。

不管他人如何做想，对于一个工作经验不多的人来说，这段面试前的准备工作确实起了相当大的作用，同时还结交了很多好朋友，可以说那是一段非常美好的体验。

中文面试的小组共有 8 个人，而我是之中的第三个。三位面试考官，一位戴着眼镜文质彬彬，一望而知是位老师，他的笑容在整个面试期间给了我莫大鼓励；一位成熟稳重，似是企业界人士，然似乎总是心不在焉；一位英气勃勃，应该是“大师兄”。我怀疑他们事先商定好了红脸白的角色，有人提问，有人赞赏，有人未置可否，如果要顺利通过面试，必须忘记他们的种种暗示！围绕我的工作经历问了一些问题之后，他们的问题似乎开始散漫起来。例如，为什么选择清华，如果今年无法进入清华该何去何从，等等。事后回想，他们是想借此判断我的反应力吧。

从面试的教室出来，我们小组几个人简要沟通和自我介绍，然后抓紧时间分配了角色和战略。团队面试的考题是进入新兴市场的利弊问题，虽然小组成员并没有一个营销出身，但是思路和精诚合作的精神才是最重要的，而我们小组成员恰恰合作得非常成功。最后我们与小组的另一半打成平手，皆大欢喜收场。

参加面试的小组 8 个人中，最后通过的是 6 个人，也算接近圆满吧。而面试分数最高的，就是一位刚出差回来穿着夹克衫的老兄，可见衣着形象固然重要，但清华的考官看重的，应该真是根本的素质和能力，而不是种种表象。

高分考生的惊险清华路

2005 年对熟悉我的朋友来讲，是我收获最大的一年，这一年的 9 月我考进从懂事起就梦想着要去的那所学校——清华大学，成为经济管理学院的一名 MBA。虽然入学已经半年，但当时的一幕幕还清楚地印在我的脑海里，有些片断将伴我一生。有人会说：多大个事，不就考个清华吗？其实，我想告诉未来学弟学妹的是，结果有时并不说明过程，我的面试就是最好的例子：受人误导，差一点送掉了笔试和自身的优势，自毁前程。

也正是出于警示后人的原因，我才应好友之邀，写下这篇文字。

介绍一下本人情况：学历为重点大学本科，学位为微机自动化和英语专业双学位，工作经历 6 年，曾主持过中科院下属研究所的产品研发和销售工作，考前系东北某著名英语学校校长助理，具有一定管理经验。

我的笔试成绩：229 分（综合 158 分，英语 71 分），录取成绩：461 分（清华录取线：445 分）。

较高的笔试成绩，良好的教育背景，不错的工作单位，丰富的工作经验，为人稳重，思路敏捷。所有条件都明确告诉我的朋友，他们的哥们即将到清华读书了。其中，一位好友开玩笑地说：“只要你不去拍主考老师的肩膀，自摆乌龙，肯定没问题。”结果是，我倒没拍老师的肩膀，可差一点与清华失之交臂。各位同学不要急，听我慢慢道来。

今年清华 A 线（196 分）考生人数只有 460 多人，加上取消管理，学校认为笔试已经不能较为全面地区分考生的基本素质，因此发放了大量B线名额，大约200多人，这些人就像捡到救命稻草的幸运儿一样，既激动又担心。我的一位考友恰好就是被幸运挑出来参加面试的人之一。本来我的面试准备已经就绪，一位朋友，还有清华的师兄将个人情况全部整理一遍，各种准备也都就绪，安心等待面试的到来。可那个B线的考友不能这样等待，为了全力一拼，他到处寻找面试辅导。为了安慰他，我只好陪他一起，没有经历过这种情况的人无论如何也不会理解这份考友情，这是一份即使我考不上清华也不会后悔帮他的一份真挚情感。问题就出在这对于别人来讲的“多此一举”上。我们先后走过了几家面试培训班，反复比较后，我们选择了一家号称人数最多、面试最牛的培训班，当然费用也最高。一位年轻老师非常热情地接待了我们，跟我们谈了很多在我看来非常专业的面试内幕，非常神秘，比如，笔试成绩只是入门资格，是否录取全靠面试；面试时间会大幅度提前，防止你准备等，以至于我们本打算谈价格的想法不知道怎么提，虽然当时费用已经不是主要问题，但帮忙总要有个量化的结果，所以我只好硬着头皮去讲价，最后也只是象征性地打了一点折扣，把朋友送了进去，我则返回了住地。不知为什么，从培训班回来后，本来平静的心却像长草了一样，一点也静不下来了，头脑里总回响着那个老师的话，再拿起自己准备的材料就不再那么自信了。我想，要是今年录取不同于任何一年，全凭面试成绩，那他们都经过辅导，我不知道内幕，万一有个闪失怎么办？古人说：闹鬼，闹鬼，想多自然来鬼。

第二天，我又来到了这个培训班，想多了解一点内情，这次谈话，又让我多了一份担心，老师说：今年将着重考察学生的创新能力和未来潜质，即是否能够成为合格职业经理人。我根本就不知道什么才是创新能力和未来潜质，接着请教，他让我把简历给他，看了一眼后，说，你做校长助理，管理经验肯定有一些，为了表现你的潜质，可以加上一条，毕业后，准备自己创业，做一个英语培训学校。这对我来讲，从来也没有考虑过，心里一点底也没有。看出我的疑虑，他接着说，在考官面前，把过去的经历造假容易暴露，对未来的安排，只要你能自圆其说，没问题。如果你参加我们的辅导，我这全是清华的模拟主考，我保证你高分通过，不然，全额退费。就这样，我完全脱离了原来的轨迹，同时，由于患得患失，一直没有安下心来，经过辅导班老师多人改过的面试材料也来不及完全熟悉了。

我是第一天下午面试。清华的考官是由教授同一些外企的总裁或人事总监组成，每组3人。考生是每8人一组，考生在面试前抽签，决定各人分在哪一组，然后每个人就被相应的第X面试组工作人员带去面试。个人面试的时间是15～25分钟。首先是自我介绍两三分钟，然后老师自由提问，直到主考老师通知你面试结束。

当我进了面试室的门后，我看见有3位考官坐在我的对面，一个老头、一个中年女士和一个年轻的小伙子，当时我猜想，年级最老的是经管老师，中年女士是外来的考官。我刚一落座，年纪较老的主考官就先给我说了一句话：“注意，自我介绍请控制在两分钟。”我就开始进行自我介绍，尽量放慢语速，在我想强调的地方加重语气（辅导班提示下午老师较疲惫，只有这种方式更能留下印象一些)，最后我还特意强调我已准备辞去现在的工作，将来打算创业。

我话音刚落，女主考马上发问：打算创业具体准备做什么？

“办个学校，英语培训学校。”没有想到，提问如此急迫，略有点迟疑。

“在什么地方，北京吗？”不容反应，连续追问。

“对，打算在北京。”

“在北京办事，打算采用什么竞争策略？”

“还没有特别具体，只是想先办一个小点的培训机构也行。”

“那你知道，北京一共有多少家英语培训机构吗？”

“这个，我不知道。”

“那你一定知道，北京最大的英语培训机构是谁吧？”

“是北京新东方。”

“你去过新东方吗？”

“没去过。”考官的发问既快又让我摸不着头绪，根本没有时间思考。

女考官问完后，对另一人说：“我没问题问了，你问吧！”

接着年轻的男考官开始问我问题，“说说你贡献最大的一件事情。”

“工作第二年,在中科院金属研究所把研发出来的产品成功推向市场,当年完成销售160万元。”

“说说你任校长助理都有哪些成就？”

“就是从事日常管理，每天工作内容差不多，协助校长工作。”

“说说你组建团队和选人的标准？”

“能吃苦、业务精、有合作精神。”

“只需要这一种人吗？”

“创业期间，人少，只能是一专多能。”

“毕业后准备创业，读MBA期间有什么打算？”

“先把相关的知识学好，然后在同学中积累和挖掘人脉关系。”

“想过怎么融资吗？”

“还没想好。”

考官好像有点半开玩笑地说：“不想邀请同学入股吗？”

“有可能的话，当然好。”

我无论如何也没想到老师能问得那么细致、那么快速，把我根本不成型的东西剖析得稀烂，我的大脑已经转不动了。还有一位没有出手呢？

这时，年老的男考官发话了：“你真的想好了，毕业后创办自己的学校？”

“没有想好！”一刹那，我做了一生中最关键的决定——放下空架子，实话实说。“我只是觉得考清华MBA，必须要有远大的志向，所以想到创业。”

“那你规划好的职业是做什么呢？”

“我的近期目标是成为北京大型外资英语培训机构的项目主管。”

“那远期目标是什么？”

“在深入积累足够经验后，以此为桥梁，探索适合的模式，将汉语培训办到需要的地方。”

“那么读书期间有什么打算？”

“我打算读在职班，其余时间去一个外资培训机构应聘，积累实际经验。”

说到这，我仿佛放下了背后的包袱，完全放松了，将自己曾经理顺的规划一一展现出来。最后，年长的考官说：就到这里吧！希望你记住清华需要的是本色。这是对你们面试的要求，也是百年校训的内涵。其实，你能把自己规划好就是远大的志向。

我已经无言以对了，说：“老师辛苦了，希望有机会继续聆听各位老师的教诲，谢谢老师！”然后就走出了考场。经此一役，我终于明白了为什么自强不息是我们坚持的精神。就是所谓成功关键在自己的修行，根本不用什么哗众取宠的外在装饰。

亡羊补牢，犹未晚矣！接下来的小组面试，我终于找到了真实的自己，也找到了清华园。

点评：不能说辅导班负有全部责任，这不完全。一是，模拟就是模拟，它不能代替真刀真枪的面试；二是，虽然请了已在读的MBA做现场讲解和模拟面试，但他们对面试的真正标准也知之不多，特别是有些年轻的MBA根本没有从事过面试工作，只凭一点过去的自身经验。

我能幸运脱险，是最后关头采取了突出自己的道德价值取向的策略，承认了自己前面的回答是没有完全想好的事情。其实，回答问题并无对错之分，关键是要体现真实的自己，特别是在富有经验的清华考官面前，一定不要异想天开。

2005年清华国际MBA的一封信

各位学弟学妹你们好！首先申明我写作水平一般，论说文是去年考试时最怕的一门课程，但由于进入清华国际班后，多次受主编之托，不好推辞，所以，把自己的真实感受写下来，希望能对报考国际班的学弟学妹起到一点作用。

我是3月25日中文面试，因为普通面试情况一样，下面我主要将清华国际班英文面试情况介绍给大家。3月27日英文面试，面试前以36个人为一拨，提前5分钟进行随机组合，每6个人一组，同时进入6个面试点，分在同一个小组的人就是共同接受挑战的队友，由于时间短暂，小组人员基本没有沟通时间。进入面试考场时，先在门口进行随机抽题（只准抽题，不准看），然后交给面试官，6个人分成两组坐定，考官把所抽题目发给每个考生，正式进入状态。首先要求独立思考3分钟，然后每个人发表自己的观点，接着展开讨论，整个过程中，可以互相探讨、提问、争论、老师也会随时发问，整体历时45分钟，从进入考场计时。面试官为3人。

下面是我的几点体会和建议。

1. No Chinese

从进入考场时，面试官就开始注意你的英语表达，所以从那一刻开始，绝对要做到 No Chinese，直到出了那个门。

关于这一点我举个现实的例子，这次我们面试小组有一哥们，其英语水平真的不错，但他犯了英语面试中忌讳的错误：随时夹杂汉语。例如 I means the illusion is 不对 I means …… 噢 that is……

相反，我本人在前一天的英语口语测试时，老师重复了 3 遍，我还是没听懂那个问题，但从头至尾我都在讲英语，并真诚地望着他，展示自己的英语水平。老师并不想为难你，他在寻找他想要的人才，所以我仍然得了较高的分数。

2. 不要紧张

人在紧张时，再好的水平也难免结结巴巴，但如果放松，会有绝对突出表现。如果明年的面试如同今年，那么英语面试前你记住一点：你是否被清华录取与这次英语面试无关，因为只有被录取了，才有资格进入 I 班。所以你犯不着为这个面试而紧张，最放松地展示你自己，一定 OK。

3. 早做准备

一些同学可能认为不考听力是件好事，减轻复习负担，但清华会加上这门考试，并且如果平时你听的少，要短时间内补上听力是很困难的，就更别提用英语交流 45 分钟了。所以平时尽可能强迫自己多听一些。我在春节之后，制定了一个详细的两个月英语训练计划，效果比较明显，后来已经开始准备背诵《新概念英语》第 4 册了。

4. 瞄准高手

可能有些同学认为面试小组中有一两个英语高手，或有 oversea 背景的队友，会很担心，更显自己不行。可我倒觉得这是件好事，英语表达是为了听懂交流，英语高手在这种场合下更担心如果大家都听不懂他，他再高明也不能显示自己的水平，所以他会说的非常简单易懂。今年我所在小组就有一个英语老师，我便瞄准他，通常可以把整个小组气氛带起来。

5. 听懂的基础上交流

这是 I 班面试的要求，所以切忌只表达自己的观点，不聆听他人的观点，这样老师会认为你听不懂别人说什么，也会被淘汰。

6. 讨论的话题

我们小组所出的题目是 The Colour of Decision——The More in Tuition or the More Reason. 乍一看可能吓一跳，什么意思没搞懂，其实不要太紧张，只是用个唬人的 title，实质上就是讨论一下做决策时理性和感性哪个更重要，谈一下自己的看法。想一想，如果是汉语每个人都可以说上一大堆，那么就把它转为英语马上说出来。

据我所知，另一个题目是谈论春节晚会是否一直举办下去的话题。在此我想，题目不重要，重要的是平常多听、多练，增长讲英语的意识。

7．请注意细节

要有礼貌，不要总低着头，只顾自己说，或不会说时有“嗯”“那个”之类的口头禅或是抓耳挠腮，保持和队友、老师的目光交流。

8．考察的目的

最后我想说，英语面试考察的是一个人说英语的意识和素质，只要放松、大方、尽量流利地去表达、倾听，那么上国际班并不难。

最后送各位学弟学妹一句话：“付出一定会有回报，努力，清华园会向你靠近。”

从失败中反思

去年我参加了面试，由于种种原因没能通过。一直想把自己的一点体会与大家分享一下，以使更多的人免遭覆辙，顺利走完考试的最后一程。今日朋友邀我把自己的感受写出来，我便应承下来，希望能给参加面试的人一些帮助。

1．面试前的准备

(1) 参加面试辅导班或小组。分数出来以后，一般各个辅导班都会办一些面试辅导讲座，请一些面试曾取得优异成绩的同学讲座。也有一些人在网上自组面试准备小组，尽可能参加这类活动，以取得有用的信息或可资借鉴的经验。

(2) 收集相关信息。收集你所报考学校的信息，如学校的课程、设立面试的程序以及可能的面试评分标准，面试老师是来自学校还是企业或兼而有之，以往面试中可能提到的问题等，收集这些信息有助于你更全面也更有针对性地准备面试。而我没有注意这些，一切都按去年的信息去准备，最后才发现今年有了很大的改变，准备的材料在截止日期还没有准备出来。虽然，最后得到了经管学院老师的谅解，但心情大受影响。

(3) 准备，完善自我陈述。自我陈述在面试中占有重要位置。自我陈述时间一般为3分钟，老师提问的问题也大抵基于此，但要多准备几套方案，因为老师可能在临场有些变化。我就是没有多准备几套方案，结果吃了大亏，当我准备开始时，其中一位老师说，请你用1分钟介绍一下自己。我一下愣了，先是不知所措，然后就用急快的语速将个人情况陈述了一遍，结果，可想而知，没有人能听清。下面的问题，大约五六个，我基本上是在梦游中度过。希望未来各位同学要在仿真模拟面试对可能出现的问题预先修正，防患于未然，尽可能减小面试时出问题的可能性。

2．面试中应注意的事项

(1) 着装。第一印象很重要，面试时着装不可大意，男士宜深色西服，浅色衬衣。女士以职业装为宜。

(2) 自信。自信才能镇定，从容作答，克服面试时的紧张感，如果自以为会出问题，那几乎肯定会出问题。相信“你”是最优秀的。没有人无所不能，不同的人有不同的优势，把你的优势展示给面试老师，相信你就能取得面试的成功。

(3) 面试中的互动。面试中忌目光飘忽不定，忌狂盯一点，也忌躲避老师的目光。放松自己，适度的目光接触，既有利于缓和自己的紧张，也有利于创造一个轻松的面试气氛。这是一个和优秀人士“闲聊”的机会，成熟、自信、稳重，你就能博得他们的信赖，取得成功。

(4) 小组讨论注意事项。小组题目随机抽取，成员也是面试之前随机组成，彼此不熟悉。面试前参加一些小组讨论，掌握一些小组讨论的基本常识也很必要。小组讨论时角色适度分工，尽量避免冷场、争抢等现象，相互配合、合作，争取取得好成绩。切记小组成员的成绩并不仅仅取决于各自的表现，还取决于整个小组的讨论是否成功。

充分准备，充满自信，冷静回答，这就是我的感受。

从失败中反思，在跌倒处爬起，我想这是每一个经历过失败痛苦的人在选择继续前行之前要对自己说的话。也许刚刚过线的笔试分数会给你带来无形的压力，也许希望成为清华学子的愿望让你害怕失败，也许与系统的付出相比你更愿意等待幸运女神的光顾……

但是，这些都不能成为你的理由。坦然面对生活，从容应对挑战，你就能获得成功。

第九章　MBA提前面试专题

【名词解释】提前面试：清华、北大、人大、复旦等名校MBA打破传统招生方式，采用先面试、后笔试，大大降低了考生风险与备考成本。如果能通过提前面试，后面联考只需要通过国家分数线，甚至不参加联考都有可能被录取。

为了适应MBA教育的发展趋势，使MBA招生工作更加符合培养高级企业管理人才的定位并与国际接轨，清华大学、北京大学、中国人民大学和复旦大学在全国率先进行了MBA招生改革，打破了以往“先笔试、后面试”的传统招生考试方式，推出了全新的MBA招生考试模式。作为我国MBA教育最具实力和影响力的两所院校，清华大学和北京大学等校的MBA招生改革在我国MBA教育发展史上具有里程碑的意义，也代表了我国MBA招生改革的未来发展方向。

为了帮助广大有志于报考这几所院校的MBA考生准确了解最新报考要求和面试技巧，我们下面分别加以系统介绍和指导。

第一节　清华大学MBA提前面试专题辅导

一、清华大学MBA提前面试招生改革及项目介绍

（一）清华MBA提前面试招生改革介绍

清华MBA招生改革在录取标准和录取方式两个方面做出显著改变，也就是在“招什么人”和“怎么招”两个方面进行改革。

在录取标准上，实行“综合素养考评”。清华的MBA项目重视考生的综合素养。相对于现有的“笔试面试并重”的录取标准，新的录取标准则以考察综合素养为主，笔试为辅。综合素养既包括考生显性素养，更包括考生的隐性素质和潜质。通过仔细深入的申请资料评审和有针对性的面试评审两关，对考生的综合素养进行考评。

在录取方式上，实行“提前条件录取”。采用申请材料评审、面试在前笔试在后的招生方式。

凡是通过申请资料评审和面试评审“两关”的考生，即获得条件录取资格。之后，申请人报名参加全国联考。获得条件录取资格的考生，只需通过全国联考的国家线即可获得入学资格。

新招生方式直接影响到考生的备考流程，备考首先应该从准备申请材料开始，然后是准备面试，最后才是联考。对于考生来讲，评审和面试做得好、表现好更重要，一旦通过评审和面试，唯一要奋斗的就是考过联考国家线。

清华 MBA 招生改革主要基于以下目的。

(1) 招生改革与课程改革配套，更好的生源得到更好的教育。招生改革是继实施新版清华 MBA 课程方案之后，在选拔学生环节进行的改革，是新版 MBA 的重要组成部分。MBA 教育存在市场细分和培养定位。新版清华 MBA 把 MBA 的培养目标明确定位为“培养具有综合管理能力的未来领导者”，这样的定位要求学生应该平衡发展。招收最符合培养目标的考生是对招生工作的必然要求。改革后的招生方法比现行的招生方式，除了保持重视知识水平和兼顾实践经验之外，更重视品格、能力和潜力。

(2) 综合素养重于单纯分数，推动联考从选拔考试变成资格考试。以往的招生实践表明，具有综合素养的学生更符合新版清华 MBA 的培养目标，也更有培养前途。这次招生改革后，我们将强调综合素养为先。综合素养包括：过去的工作、学习、社会活动的业绩；个人志向、能力和特性的表现；个人未来发展的潜力，等等。招生改革后，我们更加重视对考生的综合评价，对考生的考察将在申请人报考资料的评审、面试和获得条件录取后的联考三个环节进行，充分体现对考生的知识与品格平衡的要求。

(3) 增强考生的报考动力，让更适合清华 MBA 的人更自信、放心地选择。现行的招生方式是，考生是在不知道自己是否适合学校需要的情况下参加考试，而不是在得知我是清华所要的人的情况下参加考试，成本高、风险大；若经过评审和面试，得知是清华所要的人后，再参加考试，不仅可以大大降低备考成本，而且会使考生的考试动力极大增强，更好地体现考生利益。

(二) 清华 MBA 提前面试阶段的基本流程

第一步，注册清华 MBA 报考服务系统。

第二步，网上提交申请材料。申请材料包括：申请书、本科成绩单、个人简历、推荐信(自愿)。

第三步，申请材料评审。清华大学经管学院将组织专家评委分批评审考生申请材料，选出进入提前面试的考生。

第四步，查询提前面试资格和时间安排。获得提前面试资格的考生名单将在每批申请材料接收截止一个月内通过 MBA 报考服务系统公布。

第五步，参加提前面试。

第六步，查询提前面试结果。面试后一周左右（MBA联考报名结束前）通过MBA报考服务系统查询面试结果。符合条件的考生将获得“条件录取资格”，获得条件录取资格者只要参加全国联考通过国家线且政治理论考试[㊀]合格即可获得“预录取资格”。

（三）清华MBA项目介绍

1. 清华在职MBA项目

目标：培养具有综合管理能力的未来领导者。

定位：为中高级管理者加速事业升级提供的高端 MBA 项目。该项目以强化领导能力为核心，拓展学生实力，帮助学生优化其个人和组织的发展。适合那些已经在工作岗位和创业中体现出实力，欲进一步提升未来事业发展能力和空间的考生报考。不仅适合北京，也适合其他地区的优秀企业家、管理者报考。

学习方式：中文课程为主，2.5年在职学习，每月两三次周末两天集中上课，无暑假，户口档案可转入清华。

证书：清华大学研究生学历证书和工商管理硕士学位证书。

项目特色：

- 更短的学制，压缩到2.5年；
- 更灵活的教学安排，只在周末和暑假授课；
- 更灵活的课程组合，选修课包或者自愿选择；
- 强化整合和体验式教学；
- 专职班级主管；
- 特定产业课程。

2. 清华全日制MBA项目

目标：培养具有综合管理能力的未来领导者。

定位：为青年才俊实现职业提升和转换提供的标准 MBA 项目。该项目以培养领导能力为核心，激发学生潜力，帮助学生实现平衡发展。适合那些寻求事业进一步发展和创业的考生报考。

学习方式：中文为主、可选英文课程，2年全日制学习，安排清华校内研究生宿舍（费用自理），户口档案可转入清华。

证书：清华大学研究生学历证书和工商管理硕士学位证书。

项目特色：

- 课程更深入了解中国国情；
- 品格和软技能课程；
- 整合实践课程；

㊀ 政治理论考试由清华大学自主命题，考试范围会在考试前公布。

- 参与各研究中心的项目；
- 全球技术创业项目等证书项目；
- 个人职业发展辅导；
- 创业孵化。

3．清华国际 MBA 项目

目标：培养具有综合管理能力的未来领导者。

定位：为全球精英植根中国面向全球提供的国际 MBA 项目。该项目注重培养学生国际化的领导能力。适合那些以国际市场和国际创业发展为目标的各国、各地区考生报考。

学习方式：全英文课程，2 年全日制学习，安排清华校内研究生宿舍（费用自理），户口档案可转入清华。

证书：清华大学研究生学历证书、工商管理硕士学位证书和 MIT 斯隆管理学院课程学习证书。

项目特色：

- MIT、HEC 双学位机会；
- 与美国麻省理工斯隆管理学院合作办学；
- 国际化学习方式和教学内容，国际化学生群体；
- 丰富的出国交换学习、短期国际交流等国际学习机会（给予提前面试成绩优秀的考生国外一流商学院交换学习优先选择资格，具体方法见后续通知）；
- MIT 全球校友身份；
- 全球技术创业项目等证书项目；
- 个人职业发展辅导；
- 创业孵化。

4．各项目共有的清华 MBA 项目资源

新版 MBA 课程体系、100 门以上院内选修课程、1 600 门以上清华校内研究生选修课、每年院内 300 场以上论坛、讲座、研讨会。

AMP 校友导师、企业家班主任、每年 100 多海外商学院交换名额、奖学金、学费贷款、职业发展服务、商业竞赛、国内最大的 MBA 校友组织和清华校友身份、大学校园特色活动。

二、2012 年清华 MBA 招生新政策深度解读及应对策略

在 2011 年首次 MBA 提前面试招生改革后，清华大学于 2012 年又对 MBA 提前面试招生政策进行了全面改进，使提前面试流程和录取标准更为科学合理。2012 年清华对提前面试流程主要做了哪些改进？这些改进对准备申请提前面试的考生来说意味着什么？作为申请人，应当如何应对？为了帮助广大清华提前面试申请人准确把握清华 2012 年最新招生政策，使各自的面试

准备有的放矢，我们对清华的最新招生政策做如下深入解读和分析，并给考生提供了应对策略与建议。

1．对正常批录取名额的缩减和录取标准的改变

清华大学2012年MBA招生总名额与2011年基本保持不变，但提前面试批次（联考前面试）和正常面试批次（联考后面试）的录取名额分配情况有所改变。与2011年的招生名额相比，正常面试批次的录取名额由80人减少为50人。同时，将正常批次的笔试成绩权重由2011年的50%降为35%，面试成绩权重则由50%相应上升为65%。

以上招生政策的变动，表明清华将提前面试逐步作为MBA招生的主要方式，同时更加注重对MBA考生的综合素质的考察，而对联考成绩的要求则逐渐趋于弱化。这一情况要求考生更加重视面试，尤其是对于准备参加正常批申请的考生而言，需要将更多的精力用于面试的准备。此外，正常批招生名额的缩减，也将使该批次申请人的竞争压力有所增加。

2．条件录取资格两年有效

在2011年提前面试改革的基础上，清华首次引入条件录取资格两年有效的录取机制，亦即如果条件录取考生当年联考成绩未达到国家线，条件录取资格可以保留至第二年。这一最新政策意味着，在提前面试中获得条件录取资格的考生可以有两次联考的通过机会，即使在当年的联考中未通过国家分数线，在第二年仍具有条件录取资格，从而在很大程度上免除了条件录取考生的后顾之忧，确保绝大多数清华条件录取考生能够最终成功考取清华MBA。

3．在提前面试阶段，国际项目申请失利不影响提前批次重新申请其他项目

这一提前面试流程有利于广大希望报考清华国际班，但没有很大把握的申请人。基于这一最新招生政策，申请人可以先尝试申请清华国际班，如果申请失利，还可以继续申请其他班级，申请国际班的经历对后续的申请不产生任何负面影响。此外，这一政策预计将使报考国际班的申请人增加，考虑到2012年国际班的招生规模有所缩减，因而申请国际班的竞争压力会相对较大。

4．持有有效期内GMAT成绩700分以上的考生可以直接获得面试资格

GMAT成绩是国际通行的商学院申请考核标准，随着清华MBA培养模式和招生标准与国际逐渐接轨，清华将越来越重视GMAT成绩，并逐步将该成绩纳入MBA申请人的评价体系中。此外，对于准备申请清华国际班的申请人而言，较高的GMAT成绩对成功获得条件录取资格非常有利。

5．国际项目采用全英文面试方式且招生规模有所减少

与2011年的招生政策相比，2012年清华国际班的招生政策的变动主要体现在以下几个方面：首先，不再采取2011年的中文个人面试与英文小组面试相结合的面试方式，而采取全英文面试的方式；其次，国际班在国内的招生名额由2010年的60名缩减为35名。

清华国际班面试形式的变动对申请人的英语交流能力提出了更高的要求，建议准备申请国际班的考生注意提高自己的英语口语交际能力和个人观点的表达能力。

如前所述，国际班招生名额的减少和国际班提前招生政策的变革，将不可避免地带来国际班申请人竞争压力的加大。同时，由于历年清华国际班的毕业生都非常受企业青睐，尤其是知名外企，因而招生名额的减少也会使清华国际班毕业生更为稀缺，相应的薪资水平和就业机会也会更为理想。因此，国际班将为成功申请的考生带来更大的价值。

6. 在职班的学习时间由 2.5 年改为 3 年

与 2011 年的 2.5 年学制不同，2012 年清华在职班的学制增加为 3 年，且每周的学习时间有所减少。上述变化有利于减轻在职班 MBA 的学习压力，减少对正常工作的影响。

三、清华大学 MBA 申请前期指导

（一）清华 MBA 培养项目的选择

如前所述，清华 MBA 项目包括在职班（P 班）、全日制班（F 班）和国际班（I 班）。很多申请人在确定报考清华大学 MBA 项目以后，不知应当如何选择培养项目。此外，还有一些申请人，由于对清华 MBA 不同培养项目的招生要求和申请技巧缺乏了解，导致错失被录取机会。为了帮助广大考生准确了解清华 MBA 不同培养项目的具体情况，下面我们分别加以具体分析和指导。

1. 清华在职 MBA 项目

清华在职 MBA 项目（P 班）主要适合于具备较长企业管理经验的企业管理人员报考。在申请过程中，清华评委主要侧重于考察申请人的企业管理经验和在企业中所担任的领导职务，同时还关注申请人的企业家才能和培养潜力。该项目的教学方式较为灵活，采取不脱产授课的方式，通常只在周末和暑假授课，可以在基本不影响本职工作的情况下获得清华 MBA 的系统培养。因此，对于较为丰富的企业管理经验和职位较高且希望采取不脱产（在职）学习方式的人士来讲，应当选择报考清华在职 MBA 项目。对于管理经验并不很丰富且不愿意采取在职学习方式的人士来讲，选择清华在职 MBA 项目则应当慎重。

2. 清华全日制 MBA 项目

与在职项目相比，清华全日制 MBA 项目（F 班）在关注申请人的企业管理经验的同时，还非常重视申请人的学历背景。该项目主要适合于以下两类人群报考：①年龄相对较小，但学历背景很强（毕业于知名大学）或具有研究生学历的考生。这类申请人通常具有较好的知识基础和学习能力，同时还应具有一定的管理经验（如知名外企的工作经历）。②企业管理经验较为丰富，希望采取脱产学习方式的人士。

3. 清华国际 MBA 项目

与在职项目和全日制项目相比，清华国际 MBA 项目（I 班）在关注申请人的企业管理经验

和学历背景的同时，还非常关注申请人的国际化企业管理经验和国际视野，同时还对英语水平有较高的要求。因此，该项目适合于以下几类人群报考：①在知名外企工作从事管理工作，并有国外工作或培训经历的考生；②以国际市场和国际创业发展为目标且具有一定国际实业的考生；③有国外求学经历的考生，如在国外获得本科学位或研究生学位的考生。

还需要注意的是，申请国际项目的考生必须满足以下两个条件：①由于国际项目要加试英语交流能力并且为全英文授课，因而申请人应该具备过硬的英语交流能力和阅读写作能力；②清华国际MBA项目采取脱产学习方式，[一]因而申请人应当具备脱产学习两年的各项条件。

（二）清华MBA项目申请指导

1．需要先了解清华MBA的招生目标

清华 MBA 项目的定位是培养具有综合管理能力的未来领导者，清华希望学生具有全球视野、创业精神、社会责任感和良好职业道德。

一个多样化的学生群体有利于互动学习和学生的事业发展，有利于未来领导者的成长，因此对考生的行业背景、企业性质等没有偏好或歧视。报考资格如下。

（1）具有国家承认的大学本科毕业学历后，到入学时有三年或三年以上全职工作经历。

（2）已获硕士、博士学位，到入学时有两年或两年以上全职工作经历。

（3）获得国家承认的大专毕业学历后，有五年或五年以上工作经历。英语能力达到普通高等院校本科毕业水平（如：通过全国英语等级考试三级或三级以上或者大学英语四级或四级以上，或持有有效期内的托福成绩70分以上、雅思考试成绩5.5分以上或者GMAT考试成绩600分以上）。外语专业大专毕业生也须满足此条件。

每年招生的清华MBA学生中5～8年工作经验者最多，但也有3～4年工作经验的年轻学生和15年以上工作经验的学生。清华对年轻或者年长的申请者并没有特殊偏爱。年轻的学生通常更有发展潜力，年长的学生经验往往更加丰富并能做出更多课堂贡献，但所有清华MBA学生都应具有比同龄人更出色的工作业绩和能力。

2．评价理念

清华认为每个申请者都是一个独特的个体，其自身特质和经历是不可分割的整体，不能割裂开来评价申请者的各个方面。清华MBA招生评委通过材料评审、面试对申请者进行综合评价，判断申请者是否符合清华MBA的招生目标。综合评价时观察的内容包括诸如过去工作和学习、社会活动和业绩、个人志向和能力以及未来的发展潜力等考生的一切信息。因为是综合评价，除了诚信以外，考生任何一方面的优点和弱点都不会是决定性的因素，但是与众不同的优势、

[一] 清华大学目前正在考虑推出在职国际 MBA 项目，该计划目前正处于前期论证阶段，尚未最终确定，相关信息请随时关注清华MBA项目官方网站。

特征是清华看重的。

在职 MBA、国际 MBA、全日制 MBA 三个项目在招生时都重视申请者的综合素养，同时各有侧重。

(1) 国际 MBA 项目定位于为全球精英植根中国面向全球提供的国际 MBA 项目。该项目注重培养学生国际化的领导能力。适合那些以国际市场和国际创业发展为目标的各国、各地区考生报考。因此清华重视申请者的 GMAT 成绩、GRE 成绩、英语水平和国际化经历，看重考生的活力（迄今工作中体现的激情、干劲和独特性）。

(2) 全日制 MBA 项目定位于为青年才俊实现职业提升和转换提供的标准 MBA 项目。该项目以培养领导能力为核心，激发学生潜力，帮助学生实现平衡发展。适合那些寻求事业进一步发展和创业的学生报考。对该项目的申请者清华重视其联考成绩、教育背景、个人素质等方面，看重考生的潜力（迄今工作中体现的素养）。

(3) 在职 MBA 项目定位于为中高级管理者加速事业升级提供的高端 MBA 项目。该项目以强化领导能力为核心，拓展学生实力，帮助学生优化其个人和组织的发展。适合那些已经在工作岗位和创业中体现出实力，欲进一步提升未来事业发展能力和空间的考生报考。不仅适合北京，也适合其他地区的优秀企业家、管理者报考。对该项目的申请者清华重视其工作经历，看重申请者的实力（迄今工作中取得的业绩）。

3．报考流程注意点

国际 MBA 项目和在职 MBA 项目全部实行 MBA 联考前的提前面试，联考后不再组织面试，全日制项目将在 MBA 联考前后各安排一次面试。任何一个项目申请提前面试未成功的考生都可以报名参加全日制项目的联考，并有机会参加联考后的全日制项目正常面试。所以如果你想申请清华的国际 MBA 项目或在职 MBA 项目，你必须申请提前面试。如果你想申请全日制 MBA 项目，你可以先申请提前面试，申请不利时可以继续申请联考后的正常面试。申请提前面试的经历不会影响你申请正常面试。

往年提前面试的申请在 7、8、9 三个月分三次可以提交，每一次面试申请截止时间后，评委将开始对当批申请进行评审。每批评审结束后申请者可以通过报考服务系统查询自己是否取得面试资格。

建议申请者尽早提交面试申请。其好处是：

(1) 可以尽早获知结果，有面试资格的考生可以提前做好面试准备；没有面试资格的考生可以尽早改换报考项目，做好联考准备；

(2) 一般临近截止日期时考生申请人数最多，网站可能因访问量过大造成拥堵或者不能正常工作而耽误你的申请；

(3) 晚提交一旦遇到不可预见的问题或者推荐人不能完成推荐将错失申请机会。

4. 关于志愿选择

因为申请者在提前面试申请阶段只能提交一次申请材料，提交申请时可以填写三个志愿。

在提交申请后将不能更改申请项目也不能进行重新申请，所以请申请者考虑自身情况慎重选择申请志愿。

三个项目选拔考生时各有侧重，一个不适合某一个项目的申请者可能会非常适合另一个项目，所以申请提前面试未成功并不等于你不适合清华，清华欢迎申请提前面试未成功的考生继续申请正常面试。

全日制项目只有少数名额用于提前面试。因为名额有限，只有那些背景优秀的申请者才有机会进入面试和获得提前条件录取资格。所以提交申请未获得面试资格或者参加了提前面试而没有获得条件录取资格并不说明你不优秀，或者不适合全日制项目。

欢迎你继续申请正常面试，全日制项目留给正常面试的录取名额远远多于提前条件录取资格名额。正常面试时，联考成绩优异的申请者可以通过A线直接进入面试；背景优异，但联考成绩不高的申请者可以通过较低的B线进入面试。近些年清华的B线设置一般接近国家线，背景优秀和联考优秀的考生均有机会进清华。

5. 教育经历

清华在看待申请者的教育经历时会通盘考虑申请者的学校水平、学习成绩、学习排名，同时会注意申请者在学校学习期间的各种活动表现和获得的荣誉，但评委不会直接按照学校是否重点给予一定的加分或减分。对于申请者提供的成绩单，评委熟知不同学校对学生的要求差异很大，一些学校坚持严格的学术标准，但也有些学校出于学生就业考虑，出具的成绩单并不完全反映学生的真实水平。所以，评委不会仅仅根据申请者的学校名称、成绩高低或是否有不及格的情况做出简单的判断，而是结合这些信息（包括申请者在教育背景备注和短文中的信息）基于申请者的成就和作为，对申请者的学习成绩、学习能力和学习态度等做出判断。

申请者需要使用清华提供的成绩模板录入成标准格式（要保证此处的成绩单和自己档案中的成绩单一致）并上传，上传前请认真检查是否有录入错误。在获得提前条件录取资格后，清华会对申请者提供的所有信息进行真实性审查。一旦发现申请者提交的成绩与其真实成绩不符，将取消其录取资格。往年发生过个别学校为学生提供“找工作用”或者“申请留学用”成绩单，其成绩和档案中的真实成绩单不符，对于此种成绩单不予接受。如果发现申请者使用此类成绩单进行申请（不论是不是有意的），一旦发现将取消申请者的录取资格。

如果申请者手头没有成绩单，可以：①联系毕业院校教务部门办理正式成绩单；②联系档案管理部门，从档案中复印成绩单并加盖档案管理部门红章。在申请者面试时请提交成绩单原件或加盖档案管理部门红章的复印件。

如果有些申请者因为各种原因只有毕业证而没有获得学位，这种情况应该在备注中写明原因，以助于评委的判断。

6．GMAT成绩和其他英语成绩

GMAT成绩对于申请国际项目的申请者来说是一个很重要的参考。拥有一个好的GMAT成绩可以预期申请者能有一个好的MBA联考成绩。与之类似，GRE成绩也可以提供类似的参考信息。拥有好的托福、雅思或其他英语水平考试成绩可以说明申请者的英语水平。所以拥有此类成绩的申请者请认真提供这些信息。清华并不会为这类成绩设定一个申请底线，但一般来说清华国际项目的申请者都会拥有比较高的成绩。清华喜欢这些考试的高分考生。

在申请材料中填写英语成绩时请注意：GMAT和GRE考试成绩有效期是五年，托福和雅思考试成绩有效期是两年，申请者需要保证在申请提交时成绩在有效期内。获得面试资格的申请者在面试前需要出示成绩证明的原件并提交复印件。过期的成绩也可以提交，但其效力将有所减弱。

掌握多门外语有利于学生在国际化的环境中成功，因此有其他外语专长的申请者提供相关信息会有利于申请成功。

申请其他项目的申请者如果提供好的外语类成绩也会有利于申请成功。

7．工作经历

清华重视申请者的工作经历，并希望从中发现能证明申请者能力和潜力的信息。清华希望申请者背景多样，欢迎来自于各种企业、政府部门、媒体行业、文体行业、医疗行业、科研部门、非营利组织等任何工作背景的申请者。清华并不特别重视某种行业或某种企业性质，也不只重视知名企业。清华更重视你在组织内发挥什么样的作用、获得了怎样的业绩、是否充分利用了环境给予你的资源、表现出了什么样的能力和精神。如果你曾经服务过两个以上的组织，请给出你转换工作的原因，这有助于清华了解你的职业兴趣和志向。

8．创业经历

创业精神也是清华重视的素质之一。有创业经历的申请者请用专门表格填写自己的创业经历。每个创业者的经历可能都很特殊，清华对创业者的类型没有偏好，对创业规模也没有最低要求。请在填写表格时注意尽量为评委提供充足的信息，展现出你的特点。在面试时请携带能证实你所填写信息的相关证明和复印件。

9．职业资格

你获得的特殊职业资格如CPA、CFA、精算师等有一定水平和获得难度的职业资格可以说明你某些方面的优点，请尽量提供并在面试时携带相关证明原件和复印件。

10．奖励和荣誉

你在学校或者工作中获得的奖励和荣誉的多少和档次可以说明你的能力和成就。你可以把最重要的三项填写出来，并在面试时携带相关证明原件和复印件。如果没有特别重要的奖励或荣誉也可以不提供。

11．社会活动

你如果在学习和工作之余参加了一些社会活动，可以填写这部分内容，这些信息有助于清华了解你的兴趣和做事动机。当然清华也不是期望所有申请者都是热衷于参与社会活动的人，申请者专注于工作本身也是很好的做法，你只需要根据自己的实际情况填写这些信息。

12．国际经历

国际化是社会和经济发展的一个大趋势。清华 MBA 项目一直重视国际化。申请者要注明已经有的国际化经历，比如出国学习、培训、工作甚至只是一段时间较长的出国探亲或旅游。在申请国际项目时，你的这些经历会是有价值的参考信息。

13．申请短文

申请短文是你的一个重要的向评委展示自己的机会。

请你以平和的心态写出自己真实的故事，让评委看到你所获成就背后的经历和想法。

短文一

简要描述你的短期和长期职业目标。你打算怎么样去实现目标？清华 MBA 项目会对你达成目标起到什么作用？

申请者不要盲从他人或者迎合清华，需要先认真思考自己真正想要的职业和生活，理清自己的思路，说明 MBA 学习对你实现目标的作用。同时也说明为什么选择清华的 MBA 项目来帮助你实现目标。

短期目标

10年以内，一般为短期目标，要求条理清晰。

(1) 如何通过 MBA 学习，获取相应收获。

(2) 做简单的职业规划，不要完全阐述如何进行 MBA 学习，应结合短期职业规划。

长期目标

10年以上，甚至更久（注重个人职业发展方向）

(1) 通过 MBA 的学习，为自己的职业生涯规划奠定基础。

(2) 如何将自己从基层员工锻炼成中层领导者。

(3) 如何通过努力，使自己从中层晋升为高层。

(4) 技术工作者，如何逐步转化为技术型的管理人员。

(5) 财务工作者，如何转化为管理人员，而不是停留在简单的出纳或会计工作上。

(6) 做市场或销售的同学，如何把自己打造成由起初的 sales 上升到 marketing 的高度。

(7) 有意跨行业的同学，需要谨慎，不要给考官以浮躁不安的感觉。

(8) 创业的同学，可通过 MBA 的学习，理论联系实际，阐述如何经营、管理、壮大自己的企业。

清华MBA对你实现目标的作用:

"只有……才……"这种必要条件的句子一定不要出现。清华的老师不喜欢压力,不希望学生把所有的希望都寄托在清华MBA项目上,MBA项目仅仅是学习过程的路径之一。清华需要强调的是,这条路径是非常适合自己的,如果没有被录取,我们需要从自身找不足,依然会继续坚持自己的理想。

注意把握一个方向:短期注重实际层面,如个人成长和发展等,长期注重精神层面,如管理变革、企业领袖等,和清华的培养目标相结合。另外,短期目标是为长期目标服务的,注意其中的逻辑关系。短期目标的撰写,可先确定长期目标,进而倒推到现在,即为了达到长期目标,目前需要制定的短期目标是什么?

把握一点,字里行间,清华因素一定在实现目标的过程中占据非常重要的地位,在表达的时候,要十分中肯,没有吹捧清华的痕迹。比如,理论学习靠清华,工作实践靠自己,理论结合实践就会实现目标。

短文二

请简要描述你最成功的三次经历,给出选择理由。

请选择你自己认为的(而不是猜想清华可能会喜欢的)你最成功的经历。无论是工作方面还是其他方面。不用按时间排列,把你认为最重要的排在最前面。除了叙述清楚事实以外给出你选择这件经历的理由。

成功的三次经历:可以是大学时代的,也可是工作时期的。

学生时代

(1)大学时期的学生会、社团等成功策划活动。

(2)大学期间成功的社会实践活动。

(3)学生时期的创业经历。

工作期间

(1)独立策划或与团队合作举办公司的大型活动(如庆典、年会、员工拓展等)。

(2)如何与团队合作攻克一个项目或难题。

(3)入公司初期或接手一项新工作,如遇到时间紧、任务重的情况,如何克服困难完成工作或任务。

(4)销售工作者,如何通过制定合理的销售方案,获得既定的业绩。

(5)技术工作者,如何研发?如何实施?如何正常运转项目?

(6)财务工作者,如何帮助公司节约成本,提高效益(最好有数据支持)。

(其他行业,依此类推。)

注意：三个成功案例建议从三个方面来写，突出你不同方面的特性，比如领导力的、沟通能力、团队建设等。

短文三

请简要讲述你的一次失败经历。从中你学到了什么？

每个人都有过失败经历，一次惨重的失败并不意味着你不能被清华录取。一次大的失败，也可能证明你负责过重要的项目或承担过大的责任，关键是看你失败的环境背景和你是如何应对和反思的。所以不用一味回避，只挑选最无关痛痒的失败经历来叙述。

(1) 可以是大学时期的，对自己将来的成长会有何种警示与提醒。

(2) 工作入职初期，由于经验不足，出现过何种失误，由此对自己今后的工作有何警戒作用。

(3) 某次工作（如决策、判断等），造成某种失误，为公司带来直接或间接的损失。

(4) 创业过程中的失败经历。

(5) 自身性格缺点、不良工作习惯，造成了工作上的失误，今后如何改进。

(6) 业务知识掌握不透，造成的工作失误。

短文四

a. 请简要讲述你一次面临两难选择的经历。请介绍当时的情境和你做出选择的过程和理由。

你可以描述一个你工作中的实例，但也可以不限于工作。只要你认为是对你很重要的经历，尤其是对你以后产生了较大影响的经历就可以。请介绍清楚经历的背景、为什么你认为很难选择和你最终做了什么样的决定以及做出决定的理由。

b. 举例描述你在一个团队或组织的作用。

该短文要求你通过具体的实例来说明你是如何发挥自己的特定职能。申请人应当优先选择管理职能较为明显的实例，并突出自己的具体管理职能以及所发挥的作用。申请人应当明确说明自己的职位和团队（组织）的人数和人员组成情况，并且概括性的语言说明自己是如何运用自己的管理能力实施自己的管理者职责，并尽量写明自己所具备的优秀管理者素质和从事管理工作的心得体会。

短文五

简要描述一下你自己并写出你认为招生录取委员应该录取你的理由。

你需要用最简练的语言向评委展示出你是怎样一个人。你需要站在清华 MBA 招生录取委员会的角度检视自己，给出你认为最有力的应该录取你的理由。

14. 推荐信

清华希望熟识你的人评价你。一个熟识的直接上级或同事的评价可能比一个不熟识的顶头上司的评价更有价值。

你至少需要一个直接领导的推荐，如果让现任领导推荐有困难可以用以前的领导代替，但注意在申请材料的最后一个短文处简短说明原因。你也可以找一名以上的领导做推荐。除了来自领导的推荐信以外，你可以找其他你认为有价值的人推荐。推荐信能为评委提供重要的参考信息，但如果你认为没有合适的人可以为你做推荐或者觉得不需要这么做也可以不做此项工作。如果你决定不邀请推荐人也请在最后一个短文中写明原因，以免被认为还没有完成申请。

清华希望你保证推荐人按时完成推荐，但不希望你对推荐人填写的推荐信内容施加任何影响和压力。你不能替推荐人草拟推荐信内容，如果你的推荐人坚持这样的要求，你应该寻求其他推荐人。自己书写推荐信的行为更会被认为是极不诚信的行为，不会被清华接受。

清华要求你提供推荐人的工作邮箱，清华 MBA 报考服务系统会自动把推荐信表格发送到推荐人的工作邮箱。由推荐人自己完成并上传推荐信才会被接受，清华不接受通过你的邮箱转发的推荐信，或者由你代为上传网站的推荐信。

如果你理想的推荐人没有公司提供的工作电子信箱可以使用其个人常用电子信箱，但请在推荐信中说明原因。如果推荐人确实不使用电子信箱或者上网提交推荐信确有困难，可以打印出纸板推荐信，由推荐人把亲笔签名的推荐信连同自己的名片一起封入一个信封，在封口处由推荐人亲笔签名后邮寄到 MBA 招生推广部。

清华申请材料全部采用网上评审，纸版的推荐信会对材料评审造成困难。清华建议你尽量使用网上提交的方式，这样更为保险和有利于多名评委的评审方便。如果你使用邮寄方式提交并且提交时间较晚时，可能不会在评审时发挥作用。

如果你的推荐人遇到技术困难可以点击推荐页面上的帮助，或者拨打招生推广部电话寻求帮助。你的推荐人为你提交推荐信后你可以在你的申请页面上看到提示。如果已经过了限定时间你还没有看到提示信息，你可以通过点击提醒键通过报考系统再次发送推荐邀请给你的推荐人。在你正式提交申请后如果你的推荐人还没有完成推荐，你的申请仍然有效。但如果到评委开始评审时推荐人还没有为你提交推荐信，他的推荐信会不起作用。

不论你申请的是哪个项目，如果你的推荐人倾向于使用英文填写推荐信，他可以使用全英文填写，在推荐人操作界面上可以看到英文说明和英文版本的模板。

15. 个人简历

你可以使用申请页面上的推荐模板，也可以选用自己认为合适的任何简历模板或者自行设计模板，但注意篇幅不要超过 2 页纸。国际项目申请者的简历需要全部使用英文。

16. 提交前的检查

在你正式提交申请前请认真检查申请工作是否完成：

申请书

成绩表

简历（国际项目申请者需要使用英文版模板用英文填写）

推荐人信息填写（最好推荐人已经完成推荐）

在你提交材料后注意自己留存一份电子版文档，以备再次申请或者特殊情况使用。

请不要提交清华要求的文档以外的附加材料（无论是邮寄或者网站上传）。这些材料不会被评委看到，清华也不保证将其退回。

17. 面试通知

每批申请截止后清华会统计申请，并通过报考服务系统告知你的申请是否正在被受理，在评审结束后也会通过报考服务系统公布你的评审结果。如果你通过了评审，你将接到关于面试时间和详细安排的通知，在面试后也会通过报考服务系统通知你结果。除了通过网站通知，清华也将通过你在报考服务系统中登记的邮箱和手机号进行重要事项通知。所以在你申请后如果这些联系信息发生变化请尽快到报考服务系统上更新，以免耽误你的申请。

（三）清华MBA申请材料常见问题解答

MBA申请材料是清华大学招生部门评价考生培养潜质的重要依据，对考生最终成功录取起着至关重要的作用。为了帮助广大考生准确把握清华MBA申请材料的填写要求和技巧，我们特专门将清华MBA申请材料中常见的问题做了系统的汇总和解答。

1. 考生在准备推荐信的时候，是不是推荐人职位越高越好，知名度越大越好？

【解答】在申请清华的项目时，推荐信的作用是作为申请书的补充，为评委提供更多的信息。评委除了看申请书外也会参考推荐人对申请人的评价。如果推荐人实际上对申请人了解不多，评委将不会太重视这个推荐人的意见。当然，在对申请人同样了解的情况下，职位和知名度越高的推荐人的意见将越受重视。

【建议】申请者在选择推荐人时，应当主要考虑以下两个方面的标准：①推荐人对自己以往工作情况、业绩和能力的了解程度；②申请人的职位和知名度情况。在上述两条标准中，申请者应当优先考虑第一条标准，也就是尽量选择对自己了解的上级作为推荐人，而不要片面地选择职位或知名度较高，但对自己的各方面情况缺乏了解的上级领导作为推荐人。

2. 是否需要给推荐人做工作，让推荐人尽量填写好的评价呢？

【解答】清华评委非常清楚国内的人际关系环境，会客观判断推荐人意见。如果推荐人是不负责任地对申请者各方面能力都做一致的、尽量高的评价，那么他的意见很可能并不会起作用。清华评委更愿意看到推荐人对申请者的中肯、客观的评价内容。

【建议】在对推荐信进行评价时，考虑到国内的人际关系环境，对申请者各方面素质的全面肯定往往会给考官留下不好的印象，不利于发挥推荐信的有利作用。因此，推荐信内容应避免全面肯定的评价情况，而应更好地显现出客观的评价观点，既要包含积极的评价，也要适当包含较为消极的评价意见，使清华评委对考生提交的推荐信留下较为可信的印象，进而对整体面试成绩起到较为积极的作用。

3．如果有的考生工作和教育背景非常好，是不是就没必要准备那么详细的申请材料呢？

【解答】如果考生其他方面确实比较好，即便没有推荐信也可能会获得面试机会，但申请书还是要认真准备的。申请材料是材料评委了解考生情况的唯一信息来源。如果评委从申请材料得不到充足的信息，或者对申请材料的某些信息存在疑惑，又不能像面试时和考生直接沟通，所以考生要在申请材料中清晰地表现出自己的优势和特点。再好的背景如果不能在申请材料中充分、清晰地表现出来也容易导致申请不能成功。另外，太过简单的申请材料也会让评委误认为考生不重视本次申请。

【建议】一份详细完整的 MBA 申请材料是最终成功考取清华 MBA 的基本要求。无论申请人的工作和教育背景如何，均应当对申请材料的撰写给予足够的重视。从以往的情况来看，不乏工作和教育背景非常理想，但因为过于自信，没有认真准备申请材料而最终导致面试失败的案例。

4．人无完人，有些考生在某些方面有短板，是不是要“藏拙”？

【解答】有些考生过于担心自己某些方面的小弱点，为了隐藏这些弱点而造假或者故意隐瞒一些信息，导致申请材料中信息表达不完整、不明确。不清晰或者相互矛盾的信息会让评委感到疑惑，虚假的信息会直接导致申请的失败。

清华的评委是参考考生的总体情况做出综合评价，没有对诚信以外的任何方面设置“及格线”。坦诚地展示自己不会让考生处于不利地位，但如果为了隐藏弱点而造假会直接导致申请失败。为了隐藏弱点也可能让考生的申请材料信息看起来不充足、不清晰甚至互相矛盾，会让评委疑惑而影响对考生的评价。

【建议】考生可以结合面试辅导老师的指导，在对自己的“短板”给予客观的描述的同时，通过其他方面的优势来加以弥补。例如，某位申请人的本科毕业院校属于非重点院校，在校成绩也很一般，但可以通过突出自己在本科毕业以后丰富的管理经验和业绩来加以弥补，使清华评委对自己的综合素质有一个较高的评价。清华评委看重的是申请人的管理者潜质和综合素质，某一方面的“短板”通常不会对最终面试结果产生致命的影响，申请人通常无须刻意隐瞒自己在某一方面的弱势。

5．申请资料中有一项要填写自己的真实失败经历，很多考生对这个问题不知如何表述，你能给一些建议吗？

【解答】考生在填写申请材料中的成功经历时会非常坦诚，但对于要求填写的失败经历却往往不敢坦诚展示。其实清华评委会认真阅读考生提供的所有背景信息，据此对考生的能力做出判断。一次大的失败中反而可能看出考生的优点，所以不要因为过于担心而只写一些无关痛痒的失败经历。

【建议】通过对自己的一次失败经历的描述，不一定会给考官留下负面的印象，反而可以通过这次失败经历的描述，突出自己克服苦难、解决危机的能力。因此，在填写这部分申请材料时，申请人一定要慎重选择。通过对失败经历的描述，申请人要让清华评委看到自己在遇到问题时的闪光点，突出自己作为一名管理者在遇到各类问题或挫折时是如何应对的，充分体现自己的道德品质素质和管理能力。同时，还应尽量选取一个具有代表性的重大人生经历，避免出现工作生活中的琐碎经历。

在对失败经历的描述中，除了对失败经历本身的描述以外，还应留出足够的字数用于描述自己是如何克服困难、应对危机挑战的，以及自己从中获得的感悟和经验。

6．申请材料中英语成绩的相关信息对申请有什么影响？

【解答】国际班会着重参考这部分，在职班和全日制班对此部分权重不大。

【建议】对于申请国际班的考生来讲，清华评委会充分考虑申请人的英语成绩。对于有较高国际通行英语入学考试成绩（如GMAT、GRE和IELTS）的申请人来讲，较高的考试成绩通常对申请非常有利。在上述国际通行考试中，清华尤其关注I班申请人的GMAT成绩。对于具备较高的GMAT成绩的国际班申请人来讲，清华通常会优先给予录取机会，每年还会有相应的奖学金项目。

7．工作经历的填写应注意哪些问题？

【解答】首先是公司名字、营业规模和预算规模，以你有实际工作关系的单位为准，不要填写上属的集团公司。下属人数，只填写直接下属，临时下属不算在内。例如，矩阵式组织里的项目经理就属于无下属的管理职位。此外，有些工作可能没有管理经验，但同样非常重要，比如董事会秘书。

【建议】对于没有管理经验的申请人来讲，着重突出职位的重要性及绩效，切莫只写一些日常职责。一些有管理沟通性质的协调工作，也可以写入自己的工作经历。

8．创业经历的填写应注意哪些问题？

【解答】除了常见的有限责任公司的企业形式以外，如果申请人参与了合伙企业的创立并且是创业核心团队的成员，则也可以作为自己的创业经历。需要注意的是，在参与创业的企业中，申请人不一定非要有出资，技术或经验入股也可以写，一般这种情况都应该有配股，把详细情况在下面写清晰就可以了。此外，还应当注意的是，面试的时候要提交财报、完税证明和验资报告，如果无法被证实，这部分就不会被参考。

【建议】创业经历是MBA院校非常看重的申请人特质，也是MBA院校的重要人才培养方向。因此，在具备相关创业经历的情况下，申请人应当尽量在申请材料中填写完整的创业经历，这将非常有利于提高申请人的面试成绩和录取的把握。

9．清华申请材料中国际经历部分的填写应当注意一些什么问题？

【解答】对于申请国际项目的考生来讲，清华评委一般会将这部分经历作为参考。需要注意的是，国际经历并不仅限于国外求学或工作的经历，一次长期的国外旅行也可以。清华之所以要求申请人提供国际经历的相关信息，主要是为了了解申请人的国际化视野如何，进而结合其他条件确定申请人是否适合作为清华国际 MBA 项目的培养对象。

【建议】如果申请国际项目的考生具有国外求学或工作经历，则应当完整地填写在申请材料中。如果有国外游历的经历，也应当填入申请材料，以体现自己的国际视野。

10．参加清华面试材料提交，是否需要参加辅导班，接受辅导专家的系统辅导？

【解答】一个权威的 MBA 辅导机构，能够给考生提供全面的面试辅导服务。从考生的角度来讲，通过参加辅导班可以有效提高面试各个环节的成绩和录取的成功率。以目前国内最大的 MBA 辅导机构——社科赛斯 MBA 培训中心为例，在申请材料的撰写阶段，面试辅导专家会结合申请人的个人情况和清华评委的审查标准进行全面的梳理和修改，使申请人获得清华 MBA 面试的机会大为增加。在面试辅导阶段，社科赛斯 MBA 培训中心的辅导专家会进行系统的面试辅导（包含英语听力和口语交流辅导），并进行模拟面试，使考生对清华面试流程和面试技巧、策略了然于胸。多年的辅导实践表明，通过权威 MBA 辅导机构的系统辅导，考生的面试成绩通常会有质的提高，为成功考取清华 MBA 奠定了坚实的基础。清华大学 MBA 录取新生中的大批社科赛斯学员也充分证明了这一点。

四、清华大学 MBA 提前面试指导

1．中文标准化面试辅导（适用于在职项目和全日制项目申请人）

在职班和全日制班的考生都必须参加中文标准化面试。由于中文标准化面试的分值较高，在面试总成绩中占非常大的权重，因而是面试中最关键的环节，直接决定了 MBA 面试考生能否最终成功被清华大学录取。

清华中文标准化面试评委会由三名考官组成，面试时间为 30 分钟，采取个人面试的方式，即每次单独面试一位考生。评委会的考官由经管学院的教授、企业家和优秀校友组成。为了全面考察考生的综合能力，提高面试成绩的客观性，各考场的面试评委会考官会由不同背景的考官组成，如管理、财务、金融、人力资源等不同背景的考官。

除了由三名考官组成的面试评委会外，清华每间考场还会设一名面试秘书，负责面试打分和计时等工作。需要注意的是，为了保证面试的公平性和一致性，清华 MBA 面试均对面试时间做了严格规定，在达到 30 分钟的面试时间后，面试秘书会立即示意面试结束。此时，即使面试考生尚未结束发言或面试考官尚未结束提问，该场面试也必须立即结束。因此，考生在面

试过程中，一定要尽量在有限的面试时间里充分表现自己的各项管理素质和表述自己以往的工作业绩。

为了确保面试的公平性和公正性，清华MBA面试采取抽签分组的方式，考生和面试考官在面试开始以前的20分钟左右才知道面试的分组情况。在每次抽签结束后，会由清华经管学院的行政人员将各考场的面试考生申请材料（包括推荐信）提交给考场评委会。在各场面试正式开始前10分钟，评委会开始审查面试考生。然后，由面试秘书引领面试考生进入考场接受面试。

在面试正式开始后，如果面试考官认为有必要，可以要求面试考生先进行自我介绍。由于自我介绍会给评委会留下第一印象，因而应当提前精心准备。自我介绍时间不宜过长，一般两三分钟即可，主要侧重介绍自己以往的管理敬业和业绩，同时适当介绍自己的教育背景等信息。

在面试过程中，面试评委会根据申请材料和自我介绍提出相关问题。面试考生应当从一个企业管理者的角度并结合自身的企业管理实践进行回答。在回答面试考官提出的问题时，面试考生应注意回答的深度，努力做到对考官有所启发，避免空洞的回答，这样有利于获得较高的面试成绩。同时，面试考生还应表现出适当的自信，体现出一名企业管理者所应具备的各项职业素质。

清华MBA考官在提出一个问题后，往往会针对其中的某个方面再进一步发问。例如考官问："谈谈你过去所从事过的一个管理项目。"在回答这一问题后，考官还有可能进一步提出这样的问题："你通过这个项目发现了哪些管理中的问题，请列举三个方面的问题。"因此，在参加清华个人面试以前，应当做充足的准备，将以往工作背景和相关业绩情况提前准备好，以便在回答相关问题时，给考官一个满意的回答，获得理想的面试成绩。

对于报考在职项目和全日制项目的面试考生而言，在中文面试过程中，考官还会进行英语口试，考试形式一般是用英文形式提出一两个管理方面或与简历有关的问题，要求考生用英文回答。由于这部分英语口语面试所占分值较少（10分），所以面试考生只要尽量听懂考官提出的问题，并用清晰的英语语言做出简短的回答即可。

面试时清华的评委将通过和你的当面交流了解申请材料不能提供的其他信息，了解你的沟通能力、分析能力等信息。申请者要保持轻松的心态，不要对面试太过担心，比如担心自己一句话没有说对、领带没有打好或者一点表现不好会让评委对你的评价大打折扣。清华的评委由经验丰富的校友、企业高层管理人员和老师组成。他们有丰富的面试经验，接触过和培养过足够多的MBA学生和管理精英，他们会对你的整体表现做出客观的评价。他们的工作不只是对你的行为言语做出评价，他们也会帮助你展示真正的自我。面对评委时一定要坦诚，你的一些缺点和过失可能并不会对你的申请产生严重影响，反而对这些问题的掩饰和躲闪有可能会影响你的表现。我们建议考生选择专业的面试辅导机构。面试辅导不是来替考生“包装”甚至“创造”,任何不真实的东西在专业的评委面前都会显得很苍白,反而会影响对你的评价,甚至超过诚信的底线。专业的辅导机构应该是帮助学生梳理简历、找到闪光点、增强自信、锻炼口才与应对能力。

2．英语交流能力面试辅导(适用于申请国际项目的面试考生)

对于申请清华 MBA 国际项目的考生而言,除了统一参加中文标准化面试以外,还必须参加英语交流能力面试。与中文标准化面试采取个人面试的形式不同,清华 MBA 英语交流能力面试采取小组面试的形式,每组由 8~10 名面试考生组成,在同一考场同时进行面试。每位面试考生的面试组别抽签决定。

英语交流能力面试考官由清华大学英语系老师组成,每个考场设评委考官三名。在进入考场后,面试秘书会把本场小组面试的讨论题目以小纸条的形式分发给面试考生,讨论题目为英文形式,内容涉及商业及社会热点问题,通常不涉及专业的管理问题和相关学科知识。在题目的末尾,一般会要求考生回答相关问题。

在进入面试考场后,考生应注意以下两个方面的问题:首先,从进入考场的一刻起,就要始终用英语进行交流,即使在对考官进行问候及询问时,也要用英语进行交流,正常考试不得使用任何汉语交流,否则会给考官留下英语交流能力不足的印象。其次,清华英语交流能力面试对每位考生的发言时间做了严格规定,一旦超过给每位考生分配的发言时间,则面试秘书会立即终止该考生的发言,即使该考生尚未结束发言也不例外。因此,考生应务必珍惜自己的发言机会,每一次发言都力求体现出较高的英语交流能力和语言组织能力,给评委留下较好的印象,以获得较高的面试分数。

面试正式开始前,面试秘书会以英文形式公布考试规则。根据英语交流能力面试考试规则,每位考生的总发言时间一般为 7 分钟。

面试正式开始后,先由每位面试考生依次用 2 分钟的时间进行概括性陈述。在概括性陈述中,考生应当用尽量简洁的英语语言陈述自己对讨论题目的基本看法和观点,切忌长篇大论。在达到 2 分钟的规定时间后,面试秘书会立即终止考生的发言,请下一位面试考生进行概括性陈述。

每位考生均依次进行了概括性陈述后,则进入小组讨论阶段。每位考生都可以发表自己的观点,而不拘泥于小组的发言顺序。在这一阶段,考生应注意抓住自己的每次宝贵发言机会,尽量提出有深度的见解和观点,并可以结合自己的工作经验就相关问题提出建议或值得思考的问题。此外,在自由发言阶段,面试考生应适当提出新的观点,避免出现面试考生的观点过于统一的局面。

在发言过程中,面试考生应尽量用流利的英语进行表达,并避免明显的语法错误或不当的语言表述。在其他考生发言时,考生应当注意聆听组员的发言,同时还应当抓住这段宝贵的时间，为自己的下次发言做准备。在面试考场中，每位考生将获得一张白纸，用于记录。考生可以在这张纸上随意书写。因此，考生可以在每次发言前，记下自己的发言提纲或重要的语句，以避免因过于紧张而暂时忘记发言内容的情况发生，同时也有利于发言更具条理性。

在自由发言阶段结束后，面试考官会对就自己感兴趣的问题向每一位考生分别进行简短的提问，以评价每位面试考生的临场应变能力和快速组织语言的能力。

3. 英语听力水平测试辅导（适用于申请在职项目和全日制项目面试考生）

清华 MBA 英语听力水平测试的全部题目均为客观题，要求考生根据播放的录音选择正确的选项。听力考试难度介于大学英语四级考试与六级考试之间，部分试题有一定难度。对于很多毕业多年的在职人士而言，由于缺乏英语语言环境和应用的场合，从而参加该项听力考试有一定难度。考生可以通过参加有针对性的辅导课程进行考前强化训练。

在参加英语听力水平测试时，考生可以在播放录音之前，先通过查看考题内容来初步确定听力材料的大致内容，以降低听懂录音内容的难度。在收听过程中，面试考生可以记录下关键性的词语，以便准确答题。在考前准备阶段，考生可以从以下几个方面入手：①扩大自己的英语词汇量，为理解听力内容打下基础；②多收听相应难度的听力材料，提高自己的听力水平和语感；③适当选取一些语速较快的听力材料，为解答难度较高的听力题目做好准备。

参考实录

清华大学 2012MBA 面试申请书样本㊀

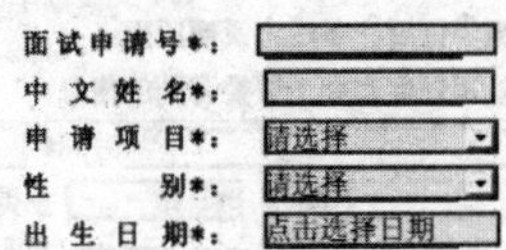

面试申请号*：
中文姓名*：
申请项目*：请选择
性　　别*：请选择
出生日期*：点击选择日期

清华大学 2012 秋季工商管理硕士（MBA）入学面试申请

提示：

1. 本申请材料和所有需要提交的相关证明材料将在 MBA 申请、复试环节供评委评判使用，要求材料中的所有信息真实、准确。
2. 申请人在提交申请材料之前须认真检查所填的信息，确认申请材料的真实性及与报考服务内所填信息的一致性。
3. 清华大学一贯重视申请人诚信，会对申请材料的真实性进行调查。申请材料中如果有任何不实都可能导致本次及以后申请的失败。
4. 如果发现考生提交的申请材料中存在诚信问题，清华MBA教育中心会把查证后的情况通报给其他与清华合作的MBA考生诚信问题合作院校。MBA诚信问题合作院校名单请在清华MBA项目网站查询。
5. 带"*"的项目为必填项。

申请材料真实性声明*：我自愿申请清华大学 2012 年工商管理硕士（MBA）。我了解所有提交的材料（包括本份申请材料、网上信息和所有相关证明材料）需经过清华大学的审查。我确认所提交的材料内容真实、准确、完整，面试申请书内填写的信息与通过报考服务系统提交的信息一致。我知道所提供的材料中如果有任何不实都可能导致本次及以后申请的失败，也知道材料不实的情况会被通报给其他与清华合作的 MBA 考生诚信问题合作院校。

申请人签名：　　日期：　年　月　日

率先获得AACSB和EQUIS两大全球管理教育顶级认证的中国内地商学院
The first school on the Chinese mainland to attain both AACSB and EQUIS accreditation

第 1 页，共 7 页

㊀ 资料来自清华大学经管学院 MBA 项目官方网站。

教育经历和外语水平

本科和大专教育经历

- ✧ 从最近学历开始填写，只填写本科和大专教育经历
- ✧ 如无学历、学位证书编号，请填"无"
- ✧ 学历证书编号一般为17位或18位，可通过中国高等教育学生信息网（学信网）查询认证本人学历证书编号
- ✧ 学位证书编号一般为16位，关于学位证书编号的管理规定可通过国务院学位委员会办公室网站查询，或咨询毕业院校
- ✧ 如未获得相应学位请在备注中说明原因
- ✧ 备注部分可填写任何有助于评委评判的信息

院校*:	时间*: —	国家*:	学习方式*: 请选择
学历*: 请选择	学位*: 请选择	分类*: 请选择	学历证书编号*:
专业*:	类别*: 请选择	专业内排名/专业内人数:	学位证书编号*: 没有学位证书编号请填"无"
备注:			
院校:	时间: —	国家:	学习方式: 请选择
学历: 请选择	学位: 请选择	分类: 请选择	学历证书编号:
专业:	类别: 请选择	专业内排名/专业内人数:	学位证书编号: 没有学位证书编号请填"无"
备注:			
院校:	时间: —	国家:	学习方式: 请选择
学历: 请选择	学位: 请选择	分类: 请选择	学历证书编号:
专业:	类别: 请选择	专业内排名/专业内人数:	学位证书编号: 没有学位证书编号请填"无"
备注:			

其他教育经历（填写硕士及以上经历，包括院校名称、学习时间、学习方式、专业、学历学位及其他有助于评委评判的信息）

英语水平

GMAT	GRE	TOEFL	IELTS	大学英语 请选择 级
Test date:	Test date:	Test date:	Test date:	考试时间:
Score % Total: Verbal: Quantitative: AWA:	Score % Verbal: Quantitative: Analytical Writing:	Total: Listening: Reading: Structure/Writing: Speaking (if applicable): TWE (if available):	Overall Brand Score: Listening: Reading: Writing: Speaking:	是否通过: 请选择 总分: 听力: 阅读: 综合: 作文:
其他外语水平				

第2页，共7页

工作经历

全职工作经验*：　　年（截止到2012年9月）　　管理岗位工作经验*：　　年（有一名以上直接下属，截止到2012年9月）

当前/最近工作（如果自己所在的是子公司、分公司，不要填写上级公司的信息）

单位/公司全称*	中文：				
	英文：				
所在城市*：请选择	年营业额：	万元人民币	单位/公司性质*：请选择	规模：	人
主营业务*：			行业类别*：请选择		
部门、职位*：	岗位职能*：请选择		负责预算规模：		万元人民币
开始工作时间*	本单位：	个人年收入*	起始：	负责管理总下属人数*（以下各级）：	
	本职位：	（万元人民币）	目前/结束：	所在部门总人数*：	
本单位内 岗位变动情况 职责和业绩*					
上级姓名：	职位：		联系电话：	是否同意直接和您的上级联系：请选择	

其他工作经历（从最近的开始填写，包括单位、工作时间、职位、直接下属人数、工作职责业绩、收入和离职原因等信息）

创业经历

- ✧ 本人创业且公司具有一定规模者填写
- ✧ 需在面试时携带公司介绍，营业执照复印件，及财务报表、完税证明等能说明公司经营情况的材料的复印件
- ✧ 如申请人非法人，请在面试时另行携带能证明申请者出资情况的证明（如验资报告等），需法人签字，盖公司章

最多填写两个

单位全称：					
单位地址：					
行业类别：	请选择	主营业务内容：			
公司注册资金：	万元人民币	本人出资额：	万元人民币	本人所占股份：	%
核心创业团队人数：	人	公司员工总数：	人	直接下属人数：	人
开办时间：		最近一年营业额：	年； 万元人民币		
核心创业团队成员间关系					
本人在公司内具体职务和职责					
创业原因和公司主要发展历程					
证明人姓名：		身份：		联系电话：	

单位全称：					
单位地址：					
行业类别：	请选择	主营业务内容：			
公司注册资金：	万元人民币	本人出资额：	万元人民币	本人所占股份：	%
核心创业团队人数：	人	公司员工总数：	人	直接下属人数：	人
开办时间：		最近一年营业额：	年； 万元人民币		
核心创业团队成员间关系					
本人在公司内具体职务和职责					
创业原因和公司主要发展历程					
证明人姓名：		身份：		联系电话：	

其他信息

职业资格(请从最重要的开始，最多填写三个；面试时需带相关证明材料原件和复印件)

所获资格名称：	有效期至：
所获资格名称：	有效期至：
所获资格名称：	有效期至：

奖励和荣誉（最多填写两个；面试时需带相关材料原件和复印件）

奖励或荣誉名称：	颁发机构：	获得时间：
获奖原因：		
奖励或荣誉名称：	颁发机构：	获得时间：
获奖原因：		

社会活动（在工作之余以组织者或团队骨干成员身份参加的社会活动，最多填写两个）

活动名称：	时间：　-
简述活动内容和本人起的作用：	
活动名称：	时间：　-
简述活动内容和本人起的作用：	

国际经历（各种出国经历，最多填写两个）

经历名称：	国家：	时间：　-
经历简述：		
经历名称：	国家：	时间：　-
经历简述：		

学费来源：请选择

自述短文

***1. 描述你的短期和长期职业目标。你打算怎么样去实现目标？清华 MBA 项目会对你达成目标起到什么作用？（800字以内）**

***2. 请描述你最成功的三次经历，给出选择理由。（1200 字以内）**

*3. 请讲述你的一次失败经历。从中你学到了什么？（600字以内）

*4. 以下两个问题任选一个回答。（600字以内。请点右侧下拉菜单选择问题）

4a. 请讲述你一次面临两难选择的经历。请介绍当时的情境和你做出选择的过程和理由。
4b. 举例描述你在一个团队或组织中的作用。

5. 你认为自己什么地方与众不同？写出你认为招生录取委员应该录取你的理由。（600字以内）

第 7 页，共 7 页

第二节 北京大学MBA提前面试专题辅导

一、北京大学MBA提前面试招生改革及项目介绍

（一）北大MBA提前面试招生改革介绍

2010年，北京大学推出MBA提前面试，2011年，北京大学再次调整了提前面试政策。这次调整的力度更大，且打破了延续多年的联考录取制度与应届毕业生准考资格等。北大2012年MBA招生将全部实行“全年申请，提前面试，联考底线”的招生机制，即按照：申请人递交申请材料，通过申请材料的评审，部分申请人获得面试机会，通过严格的面试，对符合录取标准的申请人给予条件录取资格，这些考生完成报考流程，参加1月份全国联考，达到国家分数线就可以获得正式录取资格。如果考生参加联考后当年未能达到国家分数线，保留其条件录取资格至下一年。

（二）北京大学MBA提前面试阶段的基本流程

第一步，注册北京大学MBA报考服务系统。

第二步，网上提交申请材料。申请材料包括：书面申请材料包括申请表、学历学位证书复印件、身份证复印件、大学期间或研究生成绩单（需加盖档案所在地人事章或毕业院校教务章）、个人简历、单位组织结构图、推荐信（自愿）、名片；如果你已经拥有GMAT成绩单或者其他语言成绩证明（TOFEL 或者 IELTS），也建议一并提交；其他证明书（荣誉证书、职称证书等）。

第三步，申请材料评审。北京大学光华管理学院将组织专家评委评审考生申请材料。评审原则和方法将在《北京大学光华管理学院提前面试政策说明》中体现。

第四步，查询提前面试资格和时间安排。评审结果及提前面试资格请登录 MBA 综合服务管理系统查询。

第五步，参加提前面试。

第六步，查询提前面试结果。

面试后一周左右（MBA联考报名结束前）通过MBA报考服务系统查询面试结果。符合条件的考生将获得“条件录取资格”，获得条件录取资格者只要参加全国联考通过国家线且政治理论考试[一]合格、英语听力水平测试即可录取。

（三）北京大学MBA项目介绍

1．全日制MBA项目

参加光华管理学院MBA综合素质面试，及1月份全国MBA联考，通过北京大学思想政治

[一] 政治理论考试由北京大学自主命题，考试范围会在考试前公布。

理论和英语听力水平考试。每年秋季入学。全日制脱产学习 2 年，其中第一学年的暑假为实习期，由职业服务中心推荐实习单位或学生自行联系实习单位。毕业后获得北京大学研究生毕业证书和 MBA 学位证书。

2．国际 MBA 项目

参加光华管理学院 MBA 综合素质面试和英语面试，及 1 月份全国 MBA 联考，通过北京大学思想政治理论和英语听力水平考试。每年秋季入学。全日制脱产学习 2 年，全英语教学。其中第一学年的暑假为实习期，由职业服务中心推荐实习单位或学生自行联系实习单位。毕业后获得北京大学研究生毕业证书和 MBA 学位证书。

3．在职 MBA 项目

参加光华管理学院 MBA 综合素质面试，及 1 月份全国 MBA 联考，通过北京大学思想政治理论和英语听力水平考试。每年秋季入学，在职学习 3 年。其中前 5 个学期主要用于课程学习，最后一个学期主要用于撰写毕业论文。在职 MBA 上课时间为晚上和周末。毕业后获得北京大学研究生毕业证书和 MBA 学位证书。

4．在职国际 MBA 项目

参加光华管理学院 MBA 综合素质面试，及 1 月份全国 MBA 联考，通过北京大学思想政治理论和英语听力水平考试。每年秋季入学，在职学习 3 年，全英语教学。其中前 5 个学期主要用于课程学习，最后一个学期主要用于撰写毕业论文。在职国际 MBA 上课时间为晚上和周末。毕业后获得北京大学研究生毕业证书和 MBA 学位证书。

5．深圳 MBA 项目

参加光华管理学院 MBA 综合素质面试，及 1 月份全国 MBA 联考，通过北京大学思想政治理论和英语听力水平考试。每年秋季入学，在职学习 3 年。其中前 5 个学期主要用于课程学习，最后一个学期主要用于撰写毕业论文。深圳 MBA 每月集中两次模块式授课。毕业后获得北京大学研究生毕业证书和 MBA 学位证书。

6．双学位 MBA 项目

目前所有在校的符合申请条件的光华 MBA 学生均可申请双学位项目，学员在相应时间提出申请，通过合作双方的入学面试后，申请者还需要提交符合合作院校商学院要求的 GMAT、IELTS 或 TOEFL 成绩，以确保入选学员出类拔萃地顺利完成学业。

一年国内一年国外学习。除了已有的和新加坡国立大学的 GSM-NUS、法国 ESSEC 商学院的 GSM-ESSEC 两个双学位项目，北京大学光华管理学院近两年又与加拿大 York 大学 Schulich 商学院、美国德州大学 Austin 分校的 McCombs 商学院、韩国首尔国立大学商学院以及美国华盛顿大学 Michael G. Foster 商学院签订了双学位合作协议，进一步扩大了双学位项目的选择范围。该项目是世界上第一批同时提供英文和中文 MBA 课程的项目之一。毕业生将不仅仅能运用两种语言，更重要的是他们能够同时学到东方与西方的商业知识，为最终成为国际商界精英奠定坚实的基础。

二、2012年北大MBA招生新政策深度解读及应对策略

与2011年北京大学MBA招生政策相比，2012年最新招生政策的变动主要体现在以下几个方面。

(1) 全部MBA考生均通过提前面试程序录取，取消了正常批面试。这一招生政策的最新变动表明，对于广大希望考取北京大学光华管理学院的考生而言，必须通过提前面试考取北大MBA。

(2) 参加全国联考的有条件录取资格考生，如当年联考未达国家A类分数线，北京大学光华管理学院将保留其条件录取资格至第二年。这一政策变动非常有利于获得条件录取资格的申请人最终成功考取北大MBA。

(3) 对于获得有条件录取资格，且确认报考北大光华MBA的考生，北大光华将在联考报名结束后安排免费辅导课程及其他相关活动，帮助考生顺利通过联考。通过北大提供的上述联考辅导服务，获得条件录取资格的申请人将可以在很大程度上节省联考培训的成本，并获得有效的考前辅导服务。

三、北京大学MBA申请前期指导

北京大学最新MBA提前面试政策，推出了全年申请，申请材料审批成为提前面试的重要环节。

1. 北京大学MBA的招生目标

光华管理学院MBA项目始于1994年，迄今已招收十七届MBA学生共计6 300余名。目前开设的MBA项目有：全日制MBA（FMBA）、国际MBA（IMBA）、在职MBA（PMBA）、深圳MBA。2011年为适应在职学生对英文项目的需求，还增加了在职国际MBA（PIMBA）项目。各个项目定位不同，适应不同需求的申请者。

在提供优质教学质量的同时，我们希望吸引到最优秀的学生：我们的录取过程强调考生的教育背景和职业背景，成长为未来商界精英所需要的个人特质以及职业发展潜力三个方面。我们在面试过程中着重关注考生的教育和职业背景，分析能力、表达能力，职业和社会道德感，现实的职业规划，以及成长为未来商界精英所需要的其他个人特质。

(1) 教育背景。我们会仔细考察你在大学阶段的学习情况，这包括你所就读的大学、所学习的专业知识与未来商界精英的职业前程的相关程度。我们会特别关注你的英语水平和数量分析能力。如果你能提供GMAT（或者TOEFL、IELTS等）考试成绩那将非常有助于我们进行判断。

(2) 职业背景。我们会仔细考察你大学毕业后的工作经历，这包括你所服务机构的组织特

性、你在其中的角色以及你已经取得的业务成绩和表现出来的组织管理能力。我们用这些信息连同你的推荐信等材料作为基础来评估你在未来成长为商界领袖的潜质。

(3) 个人特质。我们非常强调未来商界精英所需要具备的特质，这包括但不限于：高标准的职业道德信念与社会责任感、内敛而谦逊的气质、诚实守信、积极面对人生的挑战、无条件尊重他人的行为习惯以及热衷于成就他人的豁达胸怀。

MBA 学习过程是一种与教师、同学甚至校友分享的过程，因此我们需要你不仅积极参与各种教学活动，而且能够在课内、课外的每个环节都能做出自己独特而有价值的贡献。

2. 教育经历

北京大学会关注申请人的学校水平、学习成绩、学习排名，同时会注意申请者在学校学习期间的各种活动表现和获得的荣誉，但评委不会直接按照学校是否重点给予一定的加分或减分。名校毕业可能会对你的申请有一定的推动力，但根据历年数据来看，本科毕业于名校的申请人占比例较少，更多的学生希望通过考上北京大学 MBA 获取名校学历，因此更多的申请人在教育经历这个模块竞争水平是一样的。

3. 工作背景

申请人的工作背景是北大非常关注的一块，它既能说明你现在的职业状态，又能反映出你的成长经历，从这些信息里面，北大可以评价你是否符合北大的选拔标准。我们建议，在工作背景这个模块中，切忌弄虚作假，一定要从事实出发，如实填写，切勿夸大事实。即便你在申请材料中夸大了你的职位、收入、管理下属人数等，在面试环节中也会面对面试官的压力提问。北京大学的 MBA 面试官由经验丰富的教授、已经毕业的优秀 MBA、EMBA 学生、社会知名人力资源专家、企业家组成，面对考生提交的材料，他们有非常强的判断力，会用有效的提问方法获取到最真实的背景。而与材料不符的回答或者欠缺支撑点的事实将会面临诚信底线，这会直接影响考官对你的判断。

4. 奖励和荣誉

学习和工作期间的奖励与荣誉能够验证你的成长和能力，它会成为评价标准中的一部分。但没有这些的申请人也不用过分担忧，北大对申请人的评价是综合考虑的，对人的要求也不是必须完美的，北大 MBA 的责任是把不完美的人培养成相对完美的人，使他们对社会的贡献力更强，且能实现自我价值。

5. 申请短文

申请短文是北大申请材料中的重要环节，它期望发现更全面、丰富的你，更真实地了解你，看你是否适合读取光华管理学院的 MBA。

短文一

请简要描述你未来 5 年和 10 年的职业目标。你认为光华 MBA 项目会在哪些方面帮助你实

现职业目标（400字以内）？

北大希望看到你对未来是否有明确的目标，且有很清晰的定位，而光华 MBA 项目对你实现目标的帮助更能真实地反映你的成长中北大 MBA 是不是一个关键因素。光华 MBA 更期望把机会给那些更适合的人。

短文二

请描述你在过去的经历中，令你最有成就感的一件事和令你最后悔的一个决定（500字以内）。

这个短文给的字数限制不足以让你长篇大论，你没有更多的空间去表述整个事件的过程，更重要的是简练、突出重点。最有成就感的一件事，可能是工作中的，也可能是生活中的，它反映出你的能力和价值观取向，请注意关键字“最”，因此它应该是让你最值得骄傲、最难忘的一件事，带给你的成就感一直在延续，且这件事对你的人生发展及成长也应有一定的影响。不同于清华，北大期望你的案例更自然、更有自己的独特性，而千篇一律的工作业绩可能会让材料审核官失去兴致。

最后悔的一个决定，不一定是一个失败的事件，但后悔的原因是考官所关注的，面临选择，你做出的判断为什么后悔，如果能重来，你会怎样去选择？这个决定也许是工作中的，也许是生活中的，但是它应有一定的分量，而不是无足轻重。

短文三

请简要陈述你的职业道德观，可适当举例（400字以内）。

请注意关键词“职业”，它不是让你描述你的道德观，而是你所在的行业或者你的职业准则。它反映出你应该具备的职业准则，通过事例可以加强或者印证。请不要复制冠冕堂皇的长篇大论，它应该是发自你内心的判断，你自己坚守的底线。

短文四

如果你被光华 MBA 录取，你认为你在哪些方面的独特经历或者独特视角可以用来与同学分享（400字以内）？

对于工作经验较短或者工作时间较少的同学来说，独特二字非常难。但大多数的人生都是平凡的，极其独特并不多见，所以我们应该梳理并挖掘自己的履历，看看我们哪些是属于自己的，能够给他人带来兴趣或者感悟的，哪怕是知识面的分享。北大 MBA 的学习非常注重资源共享，搭建分享平台也是光华 MBA 的培养目标之一，北大期望同学之间是可以互相分享经验与知识的，甚至一个概念或者信心的传输都会改变另外一个人的生活目标。因此，正向的、积极的经历与视角分享会让你更突出、更具有价值。

短文五

请补充可以帮助招生录取委员会更好地了解你的信息(字数不限,但请用精练的语言表达)。

不同于清华 MBA 申请材料,光华 MBA 在基本信息部分,对于工作能力、业绩、离职原因等没有给出足够的空间,因此这个短文是你充分向招生委员会展示自己的地方。请不要重复表述,并且条理清晰,也不要夸大其词,充斥溢美语言,可以表达对光华 MBA 的期望,不必要用尽语言去形容或者赞扬光华 MBA 项目及北大。

6. 推荐信

虽然推荐信可选,最好是要有,最起码证明你的整个发展过程还有一些人脉资源,或者至少领导对你的认可。

推荐信可以让你的直接领导写,这是北大最希望看到的;其次是你的间接领导,或者公司内其他部门领导,但必须非常熟悉你;再有同行内的高管、大学的老师及校长都可以作为推荐人。

推荐信从侧面验证你的工作经历、业绩和性格优点等,所以尽量与申请材料保持统一。

参考实录

北京大学 2011 MBA 面试申请书样本[⊖]

申 请 表

个人资料

姓名： 姓名拼音： 性别：

请贴近期彩色免冠一寸照片

出生日期： 身份证号：

出生地： 籍贯：

目前居住所在地：

联系地址：

邮政编码： 手机： 电子邮件：

紧急联系人姓名： 电话：

家庭成员情况

称谓	姓名	工作单位（含退休前单位）	工作职务
父亲			
母亲			
配偶			
子/女			

教育背景

学校教育：（从最高学历开始填写，只填写大专或本科以上学历）

校名	时 间 （年/月）		专业	专业类别	获得何种学历 / 学位

⊖ 资料来自北京大学光华管理学院 MBA 项目官方网站。

（续）

所受其他培训

机构名称及地址	时间（年/月）		课程	成绩

外语水平

GMAT	TOEFL	IELTS	GRE
其他考试分数：			

工作背景

当前工作/最后一份工作

公司（单位）名称：

公司地址：　　　　　　　　　　公司电话：

公司性质：　　　　　　　　　　公司行业：

单位员工人数（当地）：

起止工作时间：　从　　　　　年/月/日　至现在　（或已于　　　　　年/月/日辞职）

职务：　　　　　　　　　　　　年薪（元）

职责描述（5 字以内）：

你的下属员工人数：

你的直接上司姓名：　　　　　　职务：　　　　　　　　联系方式：

以往工作经历（请从最近的一份开始按时间倒序填写）

单位名称	性质/行业	时间（年/月）		个人职务	工作职责
	性质： 行业：				
证明人：		职务：		联系电话：	

（续）

单位名称	性质/行业	时间（年/月）		个人职务	工作职责
	性质： 行业：				
证明人：		职务：		联系电话：	
	性质： 行业				
证明人：		职务：		联系电话：	

其他信息

曾经获得的荣誉或奖项（包括在校学习及工作期间）

时　间	荣誉或奖项名称	如何获得

申 请 短 文

1．请简要描述你未来5年和10年的职业目标。你认为光华MBA项目会在哪些方面帮助你实现职业目标（400字以内）？

2．请描述你在过去的经历中，令你最有成就感的一件事和令你最后悔的一个决定（500字以内）。

3．请简要陈述你的职业道德观，可适当举例（400字以内）。

4．如果你被光华MBA录取，你认为你在哪些方面的独特经历或者独特视角可以用来与同学分享（400字以内）？

5．请补充可以帮助招生录取委员会更好地了解你的信息。此题目为选答题（字数不限，但请用精练的语言表达）。

参考实录

北京大学 2011 MBA 推荐信样本[1]

推荐信 Letter of Recommendation

致推荐人 To the Recommender

兹有被推荐人报考北京大学光华管理学院工商管理硕士（MBA）。衷心感谢你在百忙之中拨冗填写本推荐信。请你完整填写下列内容，如果你有其他补充，请附在表后。请用信封密封并在封口处签名后交还被推荐人，由被推荐人随其他申请资料一并寄给北京大学光华管理学院MBA中心招生部。

The candidate is applying for the Master of Business Administration Program at the Guanghua School of Management, Peking University.Thank you very much for being the applicant's recommender and taking time to complete the following form. All your comments will be held confidential. Please enclose this form in a sealed envelope addressed to the applicant, and sign across the seal on the envelop flap. Very much appreciated.

被推荐人姓名 Applicant's Name__________ 被推荐人职务 Applicant's Position______

你在何种场合认识申请人？认识申请人已有多长时间？How did you get to know the applicant? How long have you known each other?

答：________________________________

请你评价申请人的个人特质。How would you describe the applicant?

答：________________________________

在你看来，该申请人的人际交往与团体工作能力方面有哪些需要进一步提高？包括他与上级、同级、下级关系 What does the applicant need to improve regarding his interpersonal skills?

答：________________________________

第三节 中国人民大学 MBA 提前面试专题辅导

一、中国人民大学 2012 年 MBA 提前面试最新招生政策

作为教育部批准的 64 所开展专业学位研究生教育综合改革试点高等学校之一，人大商学院拟从 2012 年开始，实行 MBA 提前批面试政策。在提前批面试中表现优异的考生，将获得相应

[1] 资料来自北京大学光华管理学院 MBA 项目官方网站。

的提前条件录取资格。

合理改革招生机制是满足经济社会对人才类型多样化需要和提高专业学位研究生教育质量的必要条件，也是实现人大商学院“立足中国管理实践，培养世界级管理人才，推动组织与社会进步”使命的必然要求，提前批面试改革政策的意义也正基于此。

作为招生领域的一项重要改革措施，提前批面试政策一方面对于转变传统专业学位研究生的教育理念、革新选拔制度与管理体制有着重要的推动作用；另一方面又与人大商学院2009年推出的MBA新培养方案——SAIL(启航)计划相配套，有利于进一步提高人大商学院的MBA培养质量。与此同时，提前批面试政策克服了联考制度给考生带来的局限性，有效降低了考生的备考成本，增加了考生自主选择的机会。

此次提前批面试将分批次进行，第一批将从2011年7月开始申请。具体流程依次为考生提交书面申请材料，查询材料评审结果及提前批面试名单，参加提前批面试，查询提前批面试结果。人大商学院将组成专业的材料评审委员会，对申请者的学历背景、工作背景、外语水平、创业经历、海外经历及相关获奖情况等进行综合审查。通过材料审核的考生将于9月份参加第一批面试。

人大商学院将根据考生的提前批面试结果，按A、B、C三条分数线给予相应的提前条件录取资格。具体分数线范围将于2012年MBA联考成绩公布后划定。参加提前批面试并获得C线资格的考生，联考成绩达到C线且政治成绩合格后可被直接录取；参加提前批面试并获得A或B线资格的考生，将获得相应的联考分数线降分优惠政策，最后按照各自分数线的排名方法，遵循从高到低的原则择优录取。参加过提前批面试的考生可以选择保留提前批面试成绩，或放弃提前批面试成绩重新申请参加明年3月中下旬的正常批面试，所有面试成绩以最后一次面试成绩为准。

二、中国人民大学MBA面试技巧问题总结

1．准备MBA面试应当做那些方面的知识储备？

应当注意政治、经济、管理等方面的知识积累。在面试之前要对你的工作经历做一个全面回顾，结合你所学过的管理知识，做一些准备。

2．请讲几个面试的技巧。

首先对管理要有一个清楚的认识，有自己的体会，对自己的知识以及平日的积累要融会贯通。其次要从容自信，很坦然地表现出自己本色，尽量发挥出自己的水平。再有，着装上也要注意。比如说男士要着深色西服、深色皮鞋和袜子，领带的色彩要协调，不要太醒目。女士着装也要落落大方，还应当注意回答问题时要不卑不亢。

3．回答问题是不是不要带太多的个人观点，圆滑点儿好？

这个问题不是绝对的。如果你有很鲜明的观点，并且能够自圆其说，那么说明你对这个问

题理解得很透彻，理解不深就不会有观点了。观点鲜明也能说明你非常自信。

4．面试用英语还是中文，如果是用英语回答的话，是不是会分数高一些？

我们会有英语问题来考察你的口语水平，但这毕竟不是英语专业的面试，因此中文题目没有必要用英语来回答。

5．面试时是否要准备一份个人简历？

没有太大的必要，除非你认为自己的简历很辉煌。考官手上有考生的报名表。

6．对未来要做职业经理人的考生在面试时撒谎怎样看？

你是指面试时编造简历吧，实际上你的经历就写在你的脸上，MBA 面试考官是很有经验的，如果你的能力同你编造的经历不符，几个问题下来就很清楚了。

7．请问面试回答问题是详述好还是简答好？

这要看问题的性质了，有的问题可能简答就好，有的却需要你的发挥。无论是详述还是简答，都要注意回答问题要条理清楚，层次分明，使老师很明确地把握你的答题要点。

8．如果我是一般职员是不是就会得分低一些？如果我曾经从事过管理工作并担任过一定的职务是不是就会得分高一些？

考官不会因为你的职务而加分，这不是加分的因素，如果你有职务但表现还不如一个一般职员，给老师的印象反而更差。

9．如果考生在短时间换了很多单位，这样在考官眼中好不好？

这不是考官的判断标准，因为每个人都有不同的情况，我们要考察的是你的表达能力、分析问题的能力、沟通的能力以及逻辑思维和应变能力。

10．面试中考生的外地口音有没有劣势？

不存在什么劣势，但是你必须能使考官清楚地理解你的表述。

11．关于面试，最核心的内容是什么？

能否通过面试，最核心的是你对面试问题的回答。通过问题的回答反映出你是否具备学习 MBA 的基本素质。因为，面试只是一场合格性的考试，只需区分出考生适合与不适合学习 MBA。许多考生所关心的个人容貌、着装、口音等问题对是否通过面试的影响非常小。因此，要通过面试最关键的是提高个人的管理者素质。

第四节 复旦 MBA 预审专题

复旦 MBA 预审等同于清华、北大和人大的 MBA 提前面试（见图 9-1[⊖]）。

⊖ 资料来自复旦大学管理学院 MBA 项目官方网站。

一、复旦 MBA 预审步骤

复旦 MBA 预审分为：①网上注册，②申请预审，③获取、提交材料，④得知预审评估结果，⑤参加预审面试，⑥得知预审面试结果。一共六个步骤。

1. 网上注册

登录 http://app.fdsm.fudan.sh.cn/fdmba/apply 注册。每位申请者仅需注册一次，请填写真实材料，此注册账号终身有效，请牢记用户名与密码。往年已经注册过的申请者可略过此步直接登录。

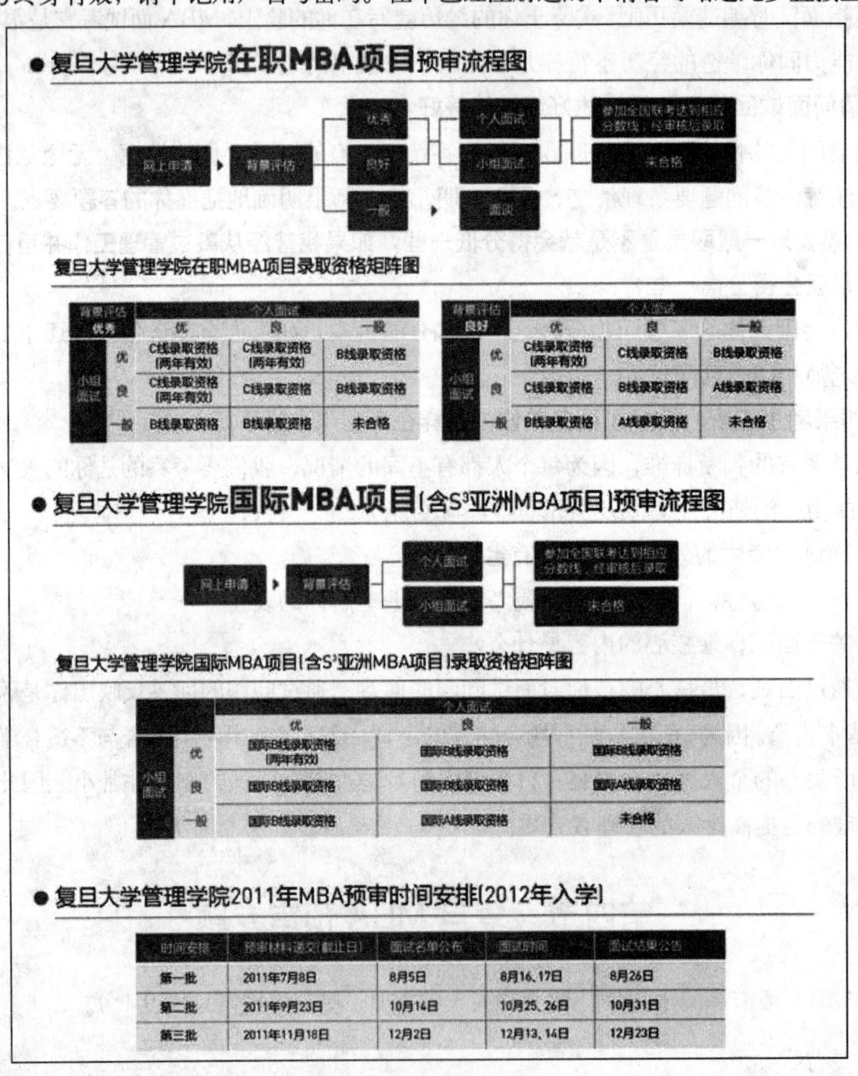

● 复旦大学管理学院在职MBA项目预审流程图

复旦大学管理学院在职MBA项目录取资格矩阵图

背景评估 优秀		个人面试 优	个人面试 良	个人面试 一般
小组面试	优	C线录取资格（两年有效）	C线录取资格（两年有效）	B线录取资格
小组面试	良	C线录取资格（两年有效）	C线录取资格	B线录取资格
小组面试	一般	B线录取资格	B线录取资格	未合格

背景评估 良好		个人面试 优	个人面试 良	个人面试 一般
小组面试	优	C线录取资格（两年有效）	C线录取资格	B线录取资格
小组面试	良	C线录取资格	B线录取资格	A线录取资格
小组面试	一般	B线录取资格	A线录取资格	未合格

● 复旦大学管理学院国际MBA项目（含S^3亚洲MBA项目）预审流程图

复旦大学管理学院国际MBA项目（含S^3亚洲MBA项目）录取资格矩阵图

		个人面试 优	个人面试 良	个人面试 一般
小组面试	优	国际B线录取资格（两年有效）	国际B线录取资格	国际B线录取资格
小组面试	良	国际B线录取资格	国际B线录取资格	国际A线录取资格
小组面试	一般	国际B线录取资格	国际A线录取资格	未合格

● 复旦大学管理学院2011年MBA预审时间安排（2012年入学）

时间安排	预审材料递交（截止日）	面试名单公布	面试时间	面试结果公告
第一批	2011年7月8日	8月5日	8月16、17日	8月26日
第二批	2011年9月23日	10月14日	10月25、26日	10月31日
第三批	2011年11月18日	12月2日	12月13、14日	12月23日

图 9-1

2．申请预审

申请者登录后，可以在线申请复旦 MBA 预审（复旦 MBA 计划每年进行三次预审，最后一次申请预审截止时间为 11 月中旬左右）。申请预审后申请者将获得当年用以识别身份的“预审号”，上一年的申请者仍需在今年执行此步骤获得今年的预审号方能保留去年获得优秀部分的结果。

上一年结果为 C 线两年有效者可免去提交材料、面试环节直接获得今年的笔试 C 线资格。

上一年预审（背景评估）结果为优秀者可以免去“提交材料”过程，直接进入“5．参加预审面试”环节。

3．获取、提交材料

申请者请根据预审系统的提示，携带相关材料前往复旦 MBA 办公室验证信息并领取“复旦 MBA 入学申请表”及相关材料。在每批预审材料递交截止日前请将“复旦 MBA 入学申请表”及所有附件材料（请参考申请表核查清单）递交至复旦大学管理学院 MBA 项目办公室。

4．得知预审评估结果

复旦大学管理学院 MBA 项目招生委员会在收到申请者递交的材料后，将对其进行评估，评估结果将在每次面试名单公布时公布。

5．参加预审面试

根据预审评估结果，复旦 MBA 会邀请符合条件的申请者进行面试，如果预审结果为一般，则可以申请对项目的单独面谈。

6．得知预审评估结果

预审评估结果如表 9-1～表 9-3 所示。特别需要说明的是，表中的预审结果仅在报考当年复旦 MBA 项目并获得准考证号的申请者中有效，申请者需完成 10 月研究生网上报名及 11 月现场确认流程，录取时按照预审系统内志愿顺序从高到低录取。

表 9-1

背景：优秀		个人面试		
		优	良	一般
小组面试	优	C 线录取资格 两年有效	C 线录取资格 两年有效	B 线 录取资格
	良	C 线录取资格 两年有效	C 线 录取资格	B 线 录取资格
	一般	B 线 录取资格	B 线 录取资格	未合格

表　9-2

背景：良好		个人面试		
		优	良	一般
小组面试	优	C线录取资格 两年有效	C线 录取资格	B线 录取资格
	良	C线 录取资格	B线 录取资格	A线 录取资格
	一般	B线 录取资格	A线 录取资格	未合格

表　9-3

背景：国际		个人面试		
		优	良	一般
小组面试	优	国B线录取资格 两年有效	国B线 录取资格	国B线 录取资格
	良	国B线 录取资格	国B线 录取资格	国A线 录取资格
	一般	国B线 录取资格	国A线 录取资格	未合格

二、预审相关问答[⊖]

1．预审的人数有限制吗？

答：预审没有人数限制，有志于报考复旦大学MBA项目并符合报考条件的考生都可以申请复旦MBA的预审。

2．考生可不可以不参加预审，按往年的流程报考？预审是不是强制性的？

答：原则上预审是强制性的，对所有考生都有帮助及益处，复旦大学MBA项目要求报考复旦的考生全员参加预审。每年安排3次预审面试，分别在8月、10月和12月，请报考复旦MBA项目的考生关注预审时间段，勿错过。对于没有参加预审的同学，其复试将以A线为复试分数线标准。

3．可以同时参加复旦MBA项目、复旦－港大IMBA项目、国际MBA项目的预审吗？

答：原则上在一个招生季节中，考生只能申请一个项目的预审，后期在填报志愿时可以转项目，但之前的预审结果不能带入转报项目。

4．预审时申请的是国际MBA项目或其他项目，后期想转到其他项目，之前的预审结果可

⊖ 资料来自复旦大学管理学院MBA项目官方网站。

否保留?

答：同问题 3，预审结果不能保留，需要重新参加所报考项目的相关流程。

5．申请复旦－港大 IMBA 项目的考生什么情况下可以参加复旦 MBA 项目面试?申请复旦 MBA 项目的考生什么情况下可以参加复旦－港大 IMBA 项目面试?

答：考生在预审时可以选择申请复旦 MBA 项目或者复旦－港大 IMBA 项目，如果在预审后提出转项目，则之前预审的结果将失效，并需要重新参加所报考项目的相关流程。

6．复旦 MBA 项目和国际 MBA 项目的预审有无不同?

答：复旦 MBA 项目和国际 MBA 项目培养方式有所不同，就读人群也存在一定差异，预审会针对项目的特点分别进行。如国际 MBA 项目倾向于招收 Young & Smart 的考生，预审评估将在工作背景上略有放宽，侧重培养潜质等方面的因素。

7．预审都审查些什么内容?

答：考生须按照“入学申请表”的要求提交的完整的申请材料及相关附件，复旦大学 MBA 项目将对考生的教育背景、工作背景、管理认识、推荐函及其他可证明个人学习及业绩等方面的信息做一个综合评估。

8．预审有没有可以加分的项目，比如创业?

答：招生委员会将慎重评估考生提交的“入学申请表”。“入学申请表”为背景评审材料的一部分，要求考生如实并详细地填写。如考生曾获得过省部级以上奖励（在校或工作期间），请务必提供相关证书或证明，复旦大学 MBA 项目在审核属实后会酌情考虑加分。对自主创业的考生，其企业有一定的规模，有比较好的团队，在所在行业里占有一定的市场份额（提供相关证明），复旦大学 MBA 项目在评估后也会酌情考虑加分。

9．预审后被评为优秀和良好的人数有比例吗?

答：预审评估中优秀和良好不设定比例，只要达到评估优秀或良好的标准，即可获得此结果。

10．预审通过的名额占总录取人数的比例是多少?

答：由于所有考生在通过预审后仍将需要参加 MBA 全国联考（GRK），故预审不会限制该比例。

11．预审小组面试和个人面试有什么区别?

答：小组面试与个人面试的形式不同，小组面试由 3 名考官考察 6 名考生针对一个案例无领导小组讨论中的综合表现。个人面试由 2 名考官面试 1 名考生，考察其各方面的综合素质。复旦 MBA 的预审小组和个人面试以中文为主，国际 MBA 项目的预审小组和个人面试均采用英文面试。

12．何时能够知道预审结果?

答：每一轮递交材料截止日后，复旦大学 MBA 项目约在 2 周后公布预审结果，此后 1 周安排面试。详见复旦大学 MBA 项目官方网站公布的具体时间表。

13．复旦MBA招生录取分数线还分ABC三线吗？画线的标准还是由工龄决定吗？国际班的AB线与普通班的ABC线相同吗？

答：2011年复旦MBA招生录取分数线仍将采用划分ABC三线的原则，由预审结果结合面试结果划分ABC三条录取分数线，目的是给予具有潜力的优秀生源更好的录取机会。国际班的AB线单独划定，与普通班的ABC线不相同。

14．如何获得ABC线的资格？

答：ABC线将由预审结合面试结果综合给出。

15．如果考生在第一轮或者某轮面试中表现不佳，可否申请参加下一次面试？

答：本着对所有考生公平的原则，考生经过预审后参加面试的机会只有一次，请充分重视预审的每个环节。

16．如果在第一轮预审评估中未达到优秀，可否再次注册一个账号申请第二轮面试？

答：每位考生仅能注册一个账号，这个账号终身有效，如果取得预审或者面试的结果为优秀，这个结果会保留在这个账号中，两年有效。

17．预审被评为一般后的单独面谈都谈些什么？

答：单独面谈是指招生老师通过面谈了解考生具体情况，有针对性地给予考生专业指导意见，对考生来说有较大的价值。

第十章　准 MBA 面试必读之管理知识

至于管理方面的问题，由于管理学不再在初试中考察，复试中管理学尤其要重视。所以本书把管理学相关的问题单列一章，详细讲解。要从把自己培养成为一名职业经理人的角度出发，对于经营管理类的热点话题，应该在平时加强积累，多看新闻，比如 CCTV-2 的《经济半小时》，以及《中国经营报》《21 世纪经济报道》《经济观察报》等报纸，再有意识地选择热点话题进行深入思考，可以上中国 MBA 备考网的论坛和考友一起讨论，如果将自己的观点系统整理后写出来，与他人就相关问题展开探讨就更好了。这样，在不知不觉间，考生的思考和反应能力就会得到很大提高，也为回答面试问题储备了背景知识。

下面从管理概述、决策与计划、组织、领导、控制、管理热点 6 个方面列出了常见的管理问题。

第一节　管理概述类问题

一、管理的概念与作用

1．什么是组织？它有哪些基本特点？

答：(1) 组织是指肩负特定使命的人们为了实现共同目标而组合成的有机整体。“组织”作为动词是指把人、财、物、时间和信息等资源科学合理地加以安排，使之具有一定的系统性或整体性；“组织”作为名词是指按照一定的宗旨和系统建立起来的集体，如江南造船厂、上海第一百货公司、北京大学、上海华山医院。本书中的“组织”主要是名词。(2) 组织的特点如下。①组织的特定（一定、既定、原定）使命（任务），对工厂、企业而言是生产产品或提供服务以满足用户某种需要，对医院而言是治病救人，对学校而言是培养人才。②组织的人们：这里的组织是一个集合体，人们是指两个或两个以上的个体所组成的集合体。③任何组织都有目标，而且是共同目标，如企业的目标是生产产品、提供劳务、实现一定的经济效益和社会效益。④组织具有一定延续性并相对稳定，并非临时拼凑而成。⑤组织是有机整体，即有一定的人力、财力、物力，也可以说有计划、有组织、有机构、有目的。

2．任何组织为了完成基本使命和实现基本目标，要开展哪两项活动?

答：一要开展作业活动，二要开展管理活动。(1) 要开展作业（业务）活动。如医院的治病、学校的教学、企业的生产与服务等作业活动。(2) 要开展管理活动。对人、财、物、时间和信息等资源施加的科学合理的计划、组织、领导、协调、控制等管理活动。

3．管理的重要性有哪些（管理有什么意义或为什么要学习管理学）?

答：(1) 管理是保证作业活动顺利进行进而实现组织目标的手段，任何组织（小到企业大到国家）都需要管理。(2) 管理的重要性伴随着组织规模的扩大和作业活动的复杂化而日益明显。(3) 先进的管理和科学技术一起构成了现代社会经济发展这部“车子”的“两个车轮”，二者缺一不可。(4) 科学技术是第一生产力，管理是科学技术的重要组成部分，它既是一门科学也是一门艺术，所以，管理科学也是推动社会经济发展的第一生产力。

4．什么是管理（管理的定义是什么）? 如何理解管理的含义?

答：(1) 至今还没有统一的、权威的管理定义。(2) 本书认为：管理就是在特定的环境下，对组织所拥有的资源进行有效计划、组织、领导和控制，以便达成既定组织目标的过程。(3) 法约尔认为：管理是对企业活动和资源进行计划、组织、指挥、协调和控制的过程。(4) 诺贝尔经济奖获得者西蒙认为：管理就是决策。(5) 毛泽东：管理就是社会主义教育。(6) 笔者认为：管理就是管辖、处理，或叫管人、管物、理财、理事，就是对所管辖范围内的人力、物力、财力、时间和信息等资源进行科学合理的计划、组织、指导、控制和协调的全过程。

总之，管理包含以下四层含义：(1) 管理是为实现组织目标服务的，是一个有意识、有目的的活动过程。(2) 管理工作的过程是由一系列相互关联、连续进行的活动构成的，如计划、组织、领导、控制等成为管理的基本职能。(3) 管理工作的有效性要从效率和效果两个方面来评判：效率=产出／投入，效果=符合要求的产出／投入。(4) 管理工作是在一定环境条件下开展的。好的、有利的环境会为组织的生存和发展提供机会并产生推动作用；差的、不利的环境会对组织的生存和发展构成制约和威胁。

5．为什么说科学技术和管理是推动经济发展的两大主要因素?

答：(1) 科学技术和科学管理是推动经济发展的第一生产力。(2) 科学技术离不开管理，再先进的科学技术也离不开对人力、物力、财力的计划、组织、领导和协调等，所以科学技术和管理是推动社会经济发展的两大主要因素。我觉得公司中应当有职责分工，不是每件事都需要每个人参与讨论。

6．为什么管理工作是有别于作业工作又高于作业工作并为作业工作提供服务的活动?

答：(1) 作业工作是操作者在管理者的指导下从事的某项具体的业务工作，而管理工作是独立进行的。(2) 管理工作不同于作业工作。管理工作从本质上说是通过他人并同他人一道实现组织目标的。(3) 管理工作要为作业者提供指导和服务，管理者要对作业工作的好坏负最终责任。(4) 管理工作是保证作业活动、实现组织目标的手段，组织管理工作搞好了，会形成整体力量和放大效应。

7. 如何理解管理工作的性质?

答:(1) 管理是一门科学，它既有科学性又有艺术性。①管理是一门科学，有其内在规律，它来自实践并且已被实践证明是一门系统的科学。②管理工作要求对具体问题做具体分析，发挥创造性。(2) 管理具有自然属性和社会属性。①自然属性即管理与生产力相联系的属性，如管理的方法、工具、技术，这是无国界、无阶级性的，国外所用的管理方法、技术，我们也能用，因为它们是为提高社会生产力服务的。②社会属性即管理与生产关系相联系的属性，如管理的理论、思想、观念，这是有国界、有阶级性的，所以要具体分析：有的可以用，有的就不能用，有的不但不能用，还要加以抵制和批判。

8. 如何理解管理的应用范围?

答:(1) 管理的应用范围包括营利性组织和非营利性组织。①营利性组织，即企业组织，尽管其规模各异、结构类型有别、行业性质不同，但都需要对其拥有的资源进行有效管理，才能满足用户需要并赢利。②非营利性组织，即事业组织，如政府机关、军队和学校等，也需要对其拥有的资源进行有效管理，才能更好地为社会服务。(2) 处处有管理、时时要管理，或叫管理无处不在、无时不有。

二、管理主要思想及其演变

1. 对科学管理思想的产生和发展做出了突出贡献的人物主要有哪些?

答:(1) 美国的泰勒，对生产作业活动的管理提出了系统管理理论，被后人称为“科学管理之父”。(2) 法国的法约尔，对一般管理提出了系统管理理论，被后人称为“组织管理之父”。(3) 德国的韦伯，对行政性组织提出了系统管理理论，被后人称为“组织理论之父”。

2. 关于泰勒和泰勒制应掌握哪些要点?

答:(1) 泰勒是最先突破传统经验管理的先锋人物，他于 1911 年出版了《科学管理原理》[⊖]一书，提出了通过对工作过程的科学研究来提高生产效率的基本理论和方法，奠定了科学管理原理的基础。(2) 泰勒总结的四条科学管理原理（又称泰勒制）：①动作和时间研究，制定标准的操作方法，用以规范工人的工作活动和工作定额。②科学挑选工人，并进行专门培训，以提高生产效率。③提倡管理者与工人合作，实行“差别工资制”（又叫“计件工资制”）。④明确管理

⊖ 此书中文版已由机械工业出版社出版。

者与工人各自的工作和责任，强调分工协作，实行例外管理。泰勒提出科学管理思想的目的是改变传统的一切凭经验办事的落后状态，使经验管理变成科学管理。泰勒的主张被认为是管理思想史上的一次革命。

3．关于法约尔应掌握哪些要点？

答：(1) 法约尔提出的理论被称为一般管理理论，或叫组织管理理论，他于1916年出版了《工业管理与一般管理》一书；他站在高层管理者的角度研究整个组织的管理问题，并将工业企业中的各种活动分成六大类：技术活动、商业活动、财务活动、安全活动、会计活动和管理活动，而管理活动是最重要的活动。(2) 法约尔提出了管理的五大职能，认为管理活动包括计划、组织、指挥、协调、控制五个职能（要素）。(3) 法约尔提出了有效管理的十四条原则（十四条原则不必都记，但对分工、权责对等、统一指挥和领导、合理报酬、集权、团结精神等现在仍适用的一些原则应有所了解：①劳动分工为什么能提高工作效率？②权大于责或权小于责会出现什么弊端？③多头指挥有什么弊端？④过于集权和过于分权有什么弊端？⑤什么叫等级链？为什么允许越级报告和横向沟通？）。

4．关于韦伯应掌握哪些要点？

答：(1) 行政组织理论强调组织活动要通过职务或职位而不是个人或世袭地位来设计和运作，后人称韦伯为“组织理论之父”。(2) 他认为理想的行政组织应当以合理和合法的权力作为组织的基础，而传统的组织则以世袭的权力和个人的超凡权力为基础。(3) 韦伯为20世纪初的欧洲企业从不正规的业主式管理向正规的职业型管理的过渡提供了一种纯理性化的组织模型，对当时新兴资本主义企业制度的完善起到了划时代的推动作用。

5．以上三种管理理论的共同特点（弱点）是什么？

答：(1) 把组织中的人当做“机器”来看待，忽视了人的因素以及人的需要和行为。(2) 都没有看到组织与外部的联系，只看到组织的内部，是一种封闭系统的管理。

6．关于霍桑实验应掌握哪些要点？

答：(1) 霍桑实验是美国哈佛大学梅奥等人进行的。(2) 梅奥实验在1924年开始于美国西屋电气公司的霍桑电话机工厂。(3) 梅奥实验结果表明：人的心理因素和社会因素对生产效率有极大的影响。(4) 梅奥1933年出版了《工业文明中的人的问题》，对霍桑实验进行了总结：员工是“社会人”；存在非正式组织；要重视鼓舞“士气”。

7．研究人际关系和行为科学的代表人物有哪些？

答：主要有马斯洛、赫茨伯格、麦格雷戈、利克特、布雷克。

8．关于麦格雷戈应掌握哪些要点？

答：在哈佛大学和麻省理工学院长期从事心理学教学和研究工作的麦格雷戈，在1957年发表的“企业的人性面”一文中提出了著名的“X—Y”理论；他认为管理者对员工有两种不同的看法，相应地会采取两种不同的管理方法；他将这两种不同的人性假设概括为X理论和Y理论。(1) 关于X理论（X理论有哪些特点？）。①一般人的本性是好逸恶劳、懒惰和逃避工作。②人以自我为中心、自私。③人缺乏进取心，逃避责任，没有创造性。④人容易受骗，易受人煽动。⑤这一理论类似中国古代哲人荀子提出的“人之初，性本恶”。⑥管理方法：用强制、惩罚、解雇等手段迫使人们工作，即“法治”。(2) 关于Y理论（Y理论有哪些特点？）。①人并非生来好逸恶劳，如果条件好，人会喜欢劳动。②外来指挥与控制并非唯一的最好方法，要鼓励员工自我指挥和控制。③多数人能承担责任、有想象力和创造性。④在现代社会中，人的智慧潜能只是部分地得以发挥。⑤这一理论类似中国古代大思想家孔子、孟子提出的“人之初，性本善”。⑥管理方法：以人为中心的宽容、民主的方法，即“理治”。

9．定量管理的核心是把运筹学、统计学、电子计算机等学科知识及技术用于优化管理决策和提高组织效率。定量管理思想有什么特点？

答：(1) 力求减少决策中的个人主观判断的成分，依靠决策程序和数学模型，使决策科学化。(2) 各种可行方案均以效益高低作为评判的依据。(3) 广泛使用电子计算机作为辅助的决策手段。

10．系统和权变管理的最大特点是什么？

答：(1) 强调管理者要把其所在组织看做一个开放的系统。(2) 要研究组织环境，即对管理活动有重大影响的环境或情境因素。(3) 通过对这些影响因素的研究，找到各种管理原则和理论的具体适用场合。

11 每一个系统都包括哪四个基本方面的内容？

答：(1) 从周围环境中获得这个系统所需要的资源。(2) 通过技术和管理等过程促进输入物的转化。(3) 向环境提供转化处理后的产品或劳务。(4) 环境对组织所提供的产品或劳务做出反馈。

12．系统管理思想的观点是什么？

答：(1) 组织是一个系统，由相互依存的众多要素组成。(2) 组织是一个开放系统，即与周围环境产生相互影响、相互作用的系统。

13．关于权变管理思想的要点有哪些（什么是权变管理思想）？

答：(1) 权变管理思想是系统管理思想向具体管理行动的延伸与应用。(2) 所谓“权变”就是相机而动、因地制宜、随机应变的意思。(3) 强调管理者在采取管理行动时，需要根据具体环境条件的不同而采取相应不同的管理方式。(4) 认为组织的管理者应根据其所处内外环境条件的变化而变化——世界上没有一成不变的、普遍适用的“最佳”管理理论与方法。(5) 类似中国古代思想家朱熹提出的“人之初，性本无”，即认为人的本性是后天形成的。(6) 管理方法：理治+法治=综合治理（中庸之道）。

三、管理人员

1. 管理人员按其所处层次的不同可分为高层管理人员、中层管理人员和基层管理人员。各层次的主要职责是什么？

答：(1) 高层管理人员是指对整个组织的管理负有全面责任的人，他们的主要职责是制定组织的总目标、总战略，掌握组织的大政方针。(2) 中层管理人员是指处于高层管理人员和基层管理人员之间的一个或若干个中间层次的管理人员，其主要职责是贯彻执行高层管理人员所制定的重大决策，监督和协调基层管理人员工作。(3) 基层管理人员亦称第一线管理人员，是组织中最低层次的管理者，他们的主要职责是给下属作业人员分派具体工作任务，直接指挥和监督现场作业活动。

2. 第一线管理人员与高层管理人员的工作侧重点有何不同？

答：第一线管理人员主要关心具体的战术性工作的完成。他们处理问题往往凭借工作经验和技术才能；最高层管理人员则对组织总的长远目标和战略计划感兴趣，他们所关心的主要是抽象的战略性工作。

3. 管理人员可分为哪两大类？

答：管理人员按其所从事管理工作的领域及专业可分为综合管理人员和专业管理人员两大类：综合管理人员是指负责管理整个组织或组织中某个事业部全部活动的管理者，如小厂厂长、企业总经理等；专业管理人员则是仅负责管理组织中某一类活动的管理者，如财务科长、生产科长等。

4. 管理人员应具备哪些管理技能？

答：(1) 通常一名管理人员应具备三种管理技能，即技术技能、人际技能和概念技能。(2) 基层管理人员主要需要技术技能和人际技能；而较高层管理人员，几乎同等需要技术技能、人际技能和概念技能；最高层管理人员尤其需要具有较强的概念技能。

5. 什么是技术技能、人际技能和概念技能？

答：(1) 技术技能指使用某一专业领域内有关程序、技术和知识完成组织任务的能力，如工程师、会计师、推销员所具备的专业能力。(2) 人际技能指与处理人事关系有关的技能，即理解、激励他人并与他人共事的能力，如领导能力、影响能力、协调能力。(3) 概念技能指纵观全局、认清为什么要做某事的能力，也就是洞察企业与环境相互影响之复杂性的能力，包括理解事物相互关联性从而找出关键影响因素的能力、确定与协调各方面关系的能力，通俗地说就是出主意、出思想、出观念、出点子和做决策的能力。

四、管理的基本职能

1．管理包括哪四项基本职能？

答：管理的四大职能：计划职能、组织职能、领导职能、控制职能（注意本书不提协调职能）。

2．关于计划职能应掌握哪些内容？

答：（1）计划的定义：计划是对组织未来活动如何进行的预先策划。（2）任何有组织的集体活动都要有计划。（3）无论是资本主义企业还是社会主义市场经济体制下的企业，都要靠计划来指导经营管理活动。（4）没有计划，企业就无法进行有效的经营管理。

3．计划工作包括哪三方面的内容？

答：（1）研究活动条件，包括内部能力研究和外部能力研究。（2）制定经营决策，指在研究活动条件的基础上，根据这种研究所揭示的环境变化可能提供的机会或造成的威胁，以及组织在资源拥有和利用上的优势和劣势，确定组织在未来某个时期内活动的总体目标和方案。（3）编制行动计划，即将决策目标从时间上和空间上分解到组织的各个部门和各个环节，对每个单位、每个成员的工作提出具体要求。

4．关于组织职能应掌握哪些内容？

答：（1）组织职能的定义：把企业中的人力、物力、财力从生产经营的分工协作上，从上下、左右、内外关系上，从时间、空间、信息的联结上科学合理地组织起来，使之得到合理的使用。（2）组织的作用：①组织是实现目标、完成计划的保证；②计划的顺利实现，需要组织中的每个单位、每个成员在工作上形成合理的分工协作关系。（3）组织要完成下述工作：①设计组织结构，②配备人员，③运行组织，④变革组织。

5．关于领导职能应掌握哪些内容？

答：（1）领导职能的定义：指利用组织赋予的权力和自身的能力去指挥、影响和激励组织成员，使其为实现组织目标而努力工作的管理活动过程。（2）领导工作的任务：为了有效实现组织目标，不仅要设计合理的组织，把每个成员安排到适当的岗位上，还要努力使每个成员以高昂的士气、饱满的热情投身到组织活动中去。（3）有效的领导要求管理者在特定的管理环境中，利用优秀的素质，采用适当的方法，针对组织成员的需要和特点采取措施，提高他们的工作积极性，使其将自己的能力充分发挥出来。

6．关于控制职能应掌握哪些内容？

答：（1）控制职能的定义：为了保证系统按预定要求运作而进行的一系列工作，包括根据计划标准检查监督各部门、各环节的工作，判断是否发生偏差继而纠正偏差等。（2）控制工作的内容：①制定控制标准，②衡量实际工作与标准的偏差，③找出偏差产生的原因，④采取措施纠正偏差。

7．管理的四个职能之间有什么关系？

答：（1）从逻辑上看，先计划，继而组织，然后领导，最后控制。（2）从作用上看，计划是目标，组织是保证，领导是关键，控制是手段，但是：①不同业务领域内管理职能的内容有差别（如生产计划与认识计划不同），②不同组织层次在管理职能的重点上有差别（如高层重概念技能，基层重技术技能），③对管理职能的认识不断深化（如法约尔提出的管理的五个职能），④有人认为协调是管理的一个单独职能，然而把协调看做管理的核心更确切。

重点复习思考题

1．工厂、商店是企业组织吗？为什么？

2．为什么说管理工作不同于作业工作又高于作业工作并为作业工作服务？

3．如何正确理解西蒙提出的“管理就是决策”的论断？

4．为什么说管理科学是推动社会经济发展的第一生产力？

5．和X—Y理论相比较，权变管理思想为什么更全面、更符合客观实际？

6．为什么称泰勒是当之无愧的“科学管理之父”？

7．为什么说高层管理者更侧重、更需要概念技能？

8．为什么说中层管理人员需要具备几乎同等程度的技术技能、人际技能和概念技能，否则就不是一个称职的中层管理者？

9．管理各职能之间存在着怎样的辩证关系？为什么说在四个管理职能中，计划职能要领先？

10．梅奥的霍桑实验所得的结论对管理者做好管理工作有什么启示？

11．为什么说管理既有科学性，又有艺术性？这对做好管理工作有什么启发？

12．为什么说把协调看做管理的核心更确切？

第二节　决策与计划类问题

一、组织环境及其分析

1．什么是组织环境？它有什么作用？

答：组织环境是组织生存的土壤，它既为组织活动提供条件，另一方面也必然对组织活动起制约作用。

2．什么是组织的外部环境和内部环境？

答：（1）外部环境，又叫不可控环境，即企业或人力一般无法加以控制的环境，它为企业生存提供条件，也限制企业的生存和发展，如政府政策、原材料市场、用户等。（2）内部环境，又叫可控环境，如企业的人、财、物、生产能力、生产进度、产品质量等，是企业或人力可以加以控制的环境。

3．外部环境变化对组织会产生什么影响（注意本书强调外部环境的重要性）？

答：(1) 为组织的生存和发展提供新的机会或机遇。如新资源的发现和利用可以帮助企业开发新产品；国家某种新政策出台，可能有利于企业的发展。(2) 对组织的生存构成挑战或威胁。如消费者偏好的某种变化，可能使企业现有产品不再受人欢迎。所以，组织要积极利用有利环境，避免不利环境的威胁，才能实现特定的共同目标。

4．组织的一般环境（又叫大环境）包括哪些因素？

答：组织的一般环境主要由政治和法律、社会文化、经济、技术、自然等五大因素构成。

5．政治和法律环境包括哪几个方面？

答：包括 3 个方面：(1) 国家的社会制度、执政党性质；(2) 政府的方针政策；(3) 国家制定的有关法律、法规。

6．社会文化环境包括哪些方面？

答：包括：(1) 一个国家或地区的人口数量及其增长趋势；(2) 居民受教育程度和文化水平；(3) 宗教信仰；(4) 风俗习惯；(5) 审美观念；(6) 价值观念等方面。

7．什么是宏观经济环境和微观经济环境？

答：(1) 宏观经济环境主要指国民收入、国民生产总值及其变化情况，以及国民经济发展水平、速度等。(2) 微观经济环境指企业所在地区或所服务市场内消费者的收入水平、消费偏好、储蓄情况、就业程度等。

8．什么是技术环境？

答：技术环境指一个国家利用自然、征服自然的技术能力，它包括以下四个方面：(1) 国家对科研开发的投资和支持重点；(2) 技术动态和研究开发总费用；(3) 技术转移和技术商品化的速度；(4) 专利及其保护情况等。

9．自然环境包括哪三方面？

答：包括地理位置、气候条件、资源状况三方面。

10．地理位置、气候条件、资源状况对企业有何影响？

答：地理位置是制约企业经营活动的重要因素，如企业位置是否靠近原材料产地或销售市场，交通是否方便等情况对企业活动的影响相当明显。气候条件也是影响某些企业的重要因素，如气候趋暖或趋寒会影响空调机生产厂家和服装行业的销售。拥有自然资源特别是拥有稀缺资源，能为企业发展提供机会；反之，则会制约企业的发展。

11．组织的特殊环境包括哪几个方面？

答：(1) 供应商，泛指组织活动所需要各类资源和服务的供应者，包括原材料、设备、工具、能源、土地、房屋供应商，以及银行、保险、劳务、运输、保安等供应商。(2) 顾客，指组织产品或服务的购买者，主要包括产品或服务的直接消费者以及从事再加工、再销售的中间顾客。(3) 竞争对手，指与组织存在资源和市场争夺关系的其他同类组织。(4) 政府机构及特殊利益集团，包括工会、妇联、消费者协会、新闻传播媒介等。

12．组织环境具有哪些特征？

答：(1) 不确定性，组织所面临的外部环境具有复杂性和动态性，这构成了环境的不确定性，所以一方面组织要适应环境寻求生存和发展机会，另一方面又要主动选择和改变环境，使组织得到发展。(2) 成长性，企业是在一定行业中从事特定产品生产经营活动的经济组织，企业的产品有一个经历“投入期—成长期—成熟期—衰退期”的生命周期。(3) 竞争性，行业环境的竞争性直接影响着企业的获利能力。(4) 合作性，企业与同类产品的生产者之间存在着竞争关系，但企业与资源供应者和产品购买者之间不是竞争者，而是合作者。

13．外部环境的不确定性程度对组织经营有重大影响。依据组织所面临环境的复杂性和动态性，可以将组织环境划分为哪四种不确定性情况？

(1) 低不确定性，即简单和稳定的环境（构成要素少，要素变化小）。(2) 较低不确定性，即复杂和稳定的环境（环境要素多，环境不确定程度会增高）。(3) 较高不确定性，即简单和多变的环境（环境要素不复杂，但某些要素会发生动荡变化）。(4) 高不确定性，即复杂和多变环境（环境要素复杂，而且要素变化大）。4种不确定性简记如下：复杂稳定 (2)，复杂多变 (4)；简单稳定 (1)，简单多变 (3)。

14．什么是产品生命周期？什么是产品使用寿命？

答：产品生命周期，又叫产品寿命周期，是指某种工业产品从完成试制投入市场开始，直到最后被淘汰而退出市场为止所经历的过程。产品生命周期可分为投入期、成长期、成熟期、衰退期四个阶段。产品使用寿命是指用户购买了一种产品，经过使用——维修——再使用——再维修直到该产品失去使用价值而报废为止的过程。

15．什么是投入期？

答：投入期是指新产品试制成功投放市场进行试销的阶段（注意与产品使用寿命不同）。(1) 投入期特点：①销售额增长慢；②批量小、成本高；③用户不了解，广告费最高；④经营往往亏损或利润低。(2) 投入期对策：强调一个“短”字，即尽可能缩短投入期以降低成本。

16．什么是成长期？它有什么特点？企业应采取什么对策？

答：成长期是指新产品试销成功后成批生产、扩大市场销售的阶段。(1) 成长期特点：①产销量增大；②成本下降、利润上升；③是企业经营的黄金阶段；④市场上出现竞争。(2) 成长期对策：强调一个“快”字，将大量产品尽快投入市场。

17．什么是成熟期？

答：成熟期是指产品销售额增长减缓乃至停滞、下降的阶段。(1) 成熟期特点：①市场需求饱和；②销售额不再增加；③竞争激烈；④利润可能下降。(2) 成熟期对策：强调一个“新”字，即产品要以新取胜，要开发新技术、新工艺、新设备、新材料、新产品。

18．什么是衰退期？它有什么特点？企业应采取什么对策？产品生命周期各阶段简记要点是什么？

答：衰退期是指产品在市场上的寿命趋于结束的阶段。(1) 衰退期特点：①市场萎缩；②销售额急剧下降；③利润下降；④经营出现亏损。(2) 衰退期对策：强调一个“转”字，即处理积压物资和商品，迅速转向有销路的产品。

产品生命周期各期简记要点如下：

投入期：①增长慢；②量小本大；③用户不了解、广告费高；④亏或低利。

成长期：①产销量最大；②成本降低；③利润上升；④竞争。

成熟期：①需求饱和；②销量不再增加；③竞争最激烈；④后期利润下降。

衰退期：①市场萎缩；②销量急剧下降；③无利④亏本。

19．美国学者波特提出的影响行业竞争结构及竞争强度的五个主要因素是什么？

答：(1) 行业内现有竞争者；(2) 潜在竞争者；(3) 替代品制造商；(4) 供应商；(5) 顾客。对现有竞争对手的研究应掌握以下几点。(1) 基本情况：竞争对手数量、分布、市场活动、规模、资金、技术对自己的威胁。(2) 主要竞争对手研究：主要竞争对手对本企业构成威胁的主要因素。①技术力量是否雄厚；②资金多少；③规模大小。(3) 反映企业竞争实力的综合指标有三条。①销售增长率：指企业当年销售额与上年相比的增长幅度。②市场占有率：指在总销售量中本企业所占有的份额，或指在已被满足的市场需求中有多少比例的需求是由本企业提供的。③产品获利能力：可用销售利润率表示。如市场占有率高，销售利润率也高，可给企业带来高额利润，反之如市场占有率低，销售利润率也低，甚至没有利润。(4) 竞争对手发展方向：有四个因素可能妨碍企业退出某种产品的生产。①资产的专用性：如化工、冶金企业的厂房、机器设备专业性强，难以转产，难以生产其他产品。②退出成本高低：如企业停产，需要重新安置原生产工人，费用很高；如转产，则需要生产以前产品的维修配件。③心理因素：有些特定产品是由现任领导开发研究的，如转产，可能会影响他们的心理。④政府、社会限制：如生产火柴、针线、草纸等人民生活必需品，虽然微利甚至无利，但不能停产，否则会影响社会安定。

20．企业进入某个行业的难易程度通常受哪些因素影响？

答：(1) 现有企业可能做出的反应，如现有企业采取的反击措施。(2) 由行业特点决定的进入难易程度，包括以下五点。①规模经济：企业生产的产品在产量上达到、超过保本点或盈亏平衡点后，生产规模越大，成本就越低，企业就越显优势。如一种小轿车的年产量为 25 万～30 万辆时，其他企业要再进入该行业就很难超越它。②产品差别：指不同企业生产同样产品并在消费者中树立品牌形象后，新进入这一领域的产品要打开销路则需花费很大的代价。③在位优势：指老企业比新企业具有许多综合优势，如老企业的产品已申请了专利、工人生产技术熟练、建立了自己的销售渠道并得到用户认同等。④某种特殊技能的劳动力或特殊原材料被垄断。⑤经营需要政府有关部门特许的行业，如烟、酒、盐业、殡葬、公墓等。

21．什么是替代品？

答：替代品是指具有相同或相似功能或使用价值、都能满足消费者的某种需要的不同种类的产品。如大米饭和馒头都能充饥，自行车和助动车都是代步工具，它们彼此都是替代品。替代品生产厂家分析有以下几个特点。(1) 企业生产的产品实际上是向消费者提供某种使用价值或功能，而这些使用价值或功能可以相互替代（如汽车、火车、飞机都有交通运输功能，可互相替代；大米饭与馒头都有充饥的功能，可以相互替代）。(2) 生产这些产品的企业之间就可能产生竞争。(3) 美国学者波特认为：由于替代品的存在，同行业内的生产企业就不能随心所欲制定垄断价格，侵害消费者。所以：第一，要确定哪些产品可替代本产品。第二，要确定哪些企业的替代品对本产品构成威胁。

22．顾客研究——顾客（用户）在哪两方面影响企业经营？

答：(1) 用户的总需求量决定着行业的市场潜力，并会影响行业内企业的发展。(2) 不同用户的讨价还价能力，使企业之间产生竞争。

23．需求潜力研究包括哪几方面内容？

答：(1) 市场总需求量的大小取决于用户总需求的大小，潜在需求大小取决于有支付能力的需求的大小。(2) 需求结构研究：需求类别、类型（个人或单位）、地区分布。(3) 用户购买能力研究：用户购买力水平、购买力变化、影响购买力因素等。

24．用户讨价能力研究——用户讨价还价能力的高低主要取决于哪些要素？

答：(1) 购买量大小：①购买量大，即有较强的价格谈判能力；②如所购产品量占本企业总销售量的较大比重，该用户就具有较强的价格谈判能力，必会极力争取优惠价格。(2) 企业产品性质：如属无差异产品，则用户可以方便地找到其他供货渠道，以求优惠。(3) 企业的产品在用户所购买产品构成中的重要性，如重要，用户即对价格不敏感，而对质量、功能敏感（如显像管对电视机十分重要，用户对显像管质量、功能较敏感，而对价格倒不敏感）。(4) 企业后向一体化，即沿产业链上游的纵向一体化，也就是制造业企业将其经营范围扩展到原材料、半成品或零部件生产领域，或者商业企业进入到产品制造领域。

25．供应商对生产企业来说有哪两种重要影响？

答：(1) 是否按时、按量、按质供应，这影响企业生产规模的维持和扩大。(2) 供货价格，它决定企业生产成本和利润水平。

26．对供应商的研究主要有哪两方面？

答：(1) 供货能力或企业寻找其他货源的可能性。(2) 供应商价格谈判能力，综合起来分析下列因素。①供应商所处行业集中程度：如货源由一两家供应商控制，则供应商就有较强的价格谈判能力。②是否有其他货源：如有其他货源，则可抑制供应商提价。③寻找替代品的可能性：如替代品容易找到，生产厂家就有较强的谈判能力。④供应商前向一体化：如果供应商控制了供货渠道，替代品又不存在，而企业对这种货物的需求量很大，这时应考虑内部自制，即后向一体化的可能性；如果企业不具有后向一体化的能力，那么供应商就会对企业构成一种竞争和威胁。同样，如果重要原材料的供应商具有向产业链下游发展的可能性，即供应商有前向一体化的意向和能力，那么它的价格谈判能力和威慑力会增加，企业就处于相对不利的地位。

27. 什么是环境的合作性？

答：企业与同类产品的生产者（即竞争对手）之间以及企业与供应商和产品的购买者之间的关系并不一定都是竞争、对立的，而可以是合作、互惠或双赢的，这意味着同类组织在不同时期和不同条件下，可能是企业的竞争者，也可能是企业的合作者或同盟者。

二、决策的一般原理

决策是管理的核心和基本要素，管理就是决策，决策贯穿于整个管理过程。

1. 决策的定义是什么？

答：决策是指组织或个人为实现某种目的而对未来一定时期内有关活动的方向、内容、方式的选择或调整过程。关于决策还应掌握以下两方面内容。(1) 构成一个决策的要素有以下 6 个方面。①决策者：决策主体是组织或个人。②决策目标：有期望成果和价值。③自然状态：不以决策者主观意志为转移的情况和条件。④备选方案：有两个或两个以上可供选择的方案。⑤决策后果：决策行动能引起的变化或后果。⑥决策准则：选择方案所依据的原则和对待风险的态度。(2) 评价决策工作是否有效的主要标准有：①决策的质量或合理性：是否有利于组织目标的实现。②决策的时效性：做出决策与执行决策的时间长短。③决策的可接受性：上级与下属是否能接受决策。④决策的经济性：在投入与产出后是否有经济效益。⑤决策的社会性：决策对国家、对社会是否有社会效益。

2. 有关决策的分类应掌握哪几种？

答：(1) 按决策调整对象和涉及时限的不同可分为：①战略决策，指调整组织活动方向和内容，影响整体、全局、长期的决策，解决的是“做什么”的问题。②战术决策，指调整既定方向和内容下的活动方式，影响局部、具体、短期的决策，解决的是“如何做”的问题。(2) 按决策问题的重复程度和有无既定程序可循可分为两种。①程序性决策，指按预先规定的程序、方法和标准来解决管理中经常出现的问题的决策。②非程序性决策，为了解决不经常出现、非例行的新问题所进行的决策。(3) 按决策主体的不同可分为两种。①个体决策，指个体在参与组织活动过程中的各种决策；②群体决策，指组织整体或部分人对未来一定时期活动的决策。(4) 按决策需要解决的问题的不同可分为：①初始决策，指组织从事某项活动的初次选择或决定；②回溯决策，指在初始决策基础上对组织的活动方向、内容、方式进行重新调整的决策。

3. 追踪决策具有哪些特征？

答：(1) 回溯分析：指分析决策当时的条件和做出决策的原因。(2) 非零起点：①决策已进行到一定程度，已投入一定人、财、物；②如一张画，已画了一部分，欲罢不能，要改更难。(3) 双重优化：原有决策方案和新方案都要优化，使损失最小。(4) 心理效应：由于个人利益和责任等原因，新决策者应注意处理好①与原有决策者，②与原有决策的反对者，③与旁观者的各种复杂关系。

4. 战略决策与战术决策有什么区别？

答：(1) 战略决策解决的是“干什么”的问题，战术决策解决的是“如何干”的问题。(2) 战略决策关注组织整体、长期性，战术决策关注组织局部、短期性。(3) 从作用影响看，战略决策是组织活动能力的形成和创造的过程，而战术决策则是对已形成能力的应用。

5. 决策有哪些特点？

答：目标性、可行性、选择性、满意性、过程性、动态性。各种特点具体分析如下。(1) 目标性：任何决策首先要确定目标，没有明确目标无法做出科学合理的决策。(2) 可行性：方案的拟订和选择要注意一定的条件。(3) 选择性：要具有两种或两种以上可行方案以供选择。(4) 满意性：方案的满意原则。找到最佳方案很难，一般只有一个可执行方案，也就是满意方案，因为：①资源信息有限，②收集信息有限，③决策者认识能力有限，④决策者难以预测和计算各种决策的结果。(5) 过程性：决策不是一个瞬间的决定，而是一个综合的过程，同时决策本身也是一个过程。(6) 动态性：决策是一个循环过程，同时环境和条件都在变化。

6. 决策有哪六个过程（程序或步骤）？

答：(1) 发现问题，(2) 确定目标，(3) 拟订方案，(4) 比较和选择方案，(5) 执行方案。⑥检查处理。（注意：不要与计划的五个过程混淆。）

7. 在发现问题后，决策者研究组织活动中存在的不平衡，要着重考虑哪几个问题？

答：(1) 存在何种不平衡或矛盾以及会产生什么影响，(2) 不平衡产生的原因，(3) 不平衡的性质，是否有改变的必要及怎样改变。

8. 明确决策目标。要注意哪几方面的要求？

答：(1) 提出目标的最低水平，即明确决策至少应该达到的状况和要求。(2) 明确多元目标之间的关系，如主次、轻重缓急等。(3) 限定目标的正负面，即对目标的有利与不利结果加以限制。(4) 保持目标的可操作性。

9. 如何拟订方案？

答：(1) 提出多种可行方案，即两种或两种以上可以确定责任的方案，(2) 提出实现目标的具体措施和主要步骤，(3) 对方案进行初步筛选。

10．如何进行方案的比较和选择？评价和比较方案的主要内容是什么？

答：(1) 实施方案所需要的条件是否具备及方案实施将产生多大成本，(2) 方案带来何种长期/短期利益，(3) 可能遇到的风险或损失。

11．比较、选择方案时要处理好哪几个问题？

答：(1) 要统筹兼顾，(2) 注意反对意见，(3) 要有决断魄力。

12．执行方案时应做好哪些工作？

答：(1) 制定具体措施，(2) 使所有人了解决策方案，(3) 把决策目标层层分解，(4) 建立重要工作报告制度。

13．检查处理应做好哪几项工作？

答：(1) 掌握各类相关信息尤其是反馈信息，(2) 按既定标准检查，(3) 纠正偏差。

14．影响决策的主要因素有哪些？

答：(1) 环境，(2) 组织文化，(3) 过去决策，(4) 决策者对风险的态度，(5) 决策的时间紧迫性。

其具体分析如下。(1) 环境：企业内外环境对决策者产生重要的影响，如产品在市场上畅销则容易决策。(2) 组织文化：指决策集团成员的文化、心理素质，组织文化的影响主要体现在两方面。①它制约着包括决策制定者在内的所有组织成员的思想和行为。②同时组织文化通过影响人们对变化、变革的态度而对决策起影响和限制作用。(3) 过去的决策影响今天的决策，甚至制约今天的决策。(4) 决策者对风险的态度：如敢于承担风险或是保守，常与年龄、个性心理有关——年老者、快退休者求稳、求保险，年轻人敢冒风险。(5) 时间紧迫性要求做出时间敏感决策：指那些必须迅速而尽量准确做出的决策。如地震了，怎样撤退，请示上级来不及了，赶快跑!洪水来了怎么办——逃命!

三、计划过程中的决策及其方法

1．企业经营决策的内容主要有哪三方面？

答：(1) 组织的宗旨，(2) 远景目标，(3) 具体目标和战术等。

2．什么是组织的宗旨？

答：任何组织都具有特定的宗旨，它规定了组织生存的目的和使命，反映了社会对该组织的基本要求。

3．什么是经营理念？

答：经营理念即经营哲学，它为企业经营其业务的方式规定出价值观、信念和指导原则（如企业经营理念是利润第一还是用户第一）。

4．什么是远景目标？

答：远景目标是企业的经营方向，是企业活动所要实现的目标或达到的目的。好的远景目标应经受两种检验：①适用性检验，②可行性检验。

5．什么是战略？

答：战略是企业为实现其宗旨和目标而确定的组织行为方向和资源配置纲要。

6．什么是战略决策？

答：战略决策是对所有可能影响组织总体和长期发展方向的有关事项的决策。

7．什么是具体目标？

答：具体目标是对组织目标更精确的甚至量化的描述，如产量多少吨、产值多少万元，它需要根据组织的总目标和战略方案来制定。

8．什么是战术方案？

答：战术方案往往是局部、短期的安排，它是在战略指导下，制定出指导各方面行动的切实可行的具体、明确的战术计划。

9．经营决策方法分为哪两种类型？

答：(1) 一类是选择组织活动方向和内容的决策方法，又叫定性决策法。(2) 另一类是选择在既定方向下从事一定活动的不同行动方案的决策方法，又叫定量决策法。

10．确定活动方向的分析方法主要有哪三种？

答：(1) SWOT 分析法，(2) 经营业务组合分析法，(3) 目标管理法。

11．什么是 SWOT 分析？

答：SWOT 分析就是帮助决策者在对企业内部优势（S）、劣势（W）以及外部环境的机会（O）和威胁（T）的动态的组合分析中，确定相应生存和发展战略的一种决策分析方法。

12．在 SWOT 分析图中，四种类型企业各有什么特点？企业应分别采取什么策略？

答：第Ⅰ类企业，外部环境良好、内部条件有利，可采取增长型战略。第Ⅱ类企业，外部环境良好、内部条件劣势，可采取扭转型战略。第Ⅲ类企业，外部环境威胁、内部条件劣势，可采取防御型战略。第Ⅳ类企业，外部环境威胁、内部条件有利，可采取多种经营战略。

13．什么是经营业务组合分析法？

答：经营业务组合分析法是由美国波士顿咨询公司为大企业确定和平衡各项经营业务发展方向而提出的战略决策方法。

14．根据市场增长率和企业相对竞争地位这两项标准，经营业务组合分析法把企业的经营业务区分为哪四种类型？

答：(1) 金牛业务，(2) 明星业务，(3) 幼童业务，(4) 瘦狗业务。其具体分析如下（各区特点和经营管理对策）。(1) 金牛业务特点：市场占有率高，业务增长低，利润高（牛吃草，挤出牛奶)。(2) 明星业务特点：双高，即市场占有率和业务增长量都高，投入大，产出大，利润最大（如单位养“明星”，工资高但利润最大）。应增加投资，扩大规模。(3) 幼童业务特点：业务增长量高，竞争地位低，可能企业刚创建，但有前途（花大钱培养幼童，使之快快成为“明星”）。(4) 瘦狗业务特点：双低，即市场占有率低、业务增长量低，利润少甚至亏本，应赶快“杀狗吃肉”，收回点资金，否则连“狗肉”都吃不上。

15．什么是目标管理法？它的实质和过程怎样？

答：目标管理法是由美国著名管理学家德鲁克在 20 世纪 70 年代提出来的，它的实质是员工参与制定目标，实行自我管理和自我控制。运用目标管理法的过程：(1) 先由企业制定出一定时期的总目标，(2) 再由各部门和全体员工协商确定各自的分目标，(3) 采取由上而下、由下而上和各部门协调的方法，(4) 在目标执行过程中实行逐级充分授权方式，(5) 实行自检、互检与上级的成果检查相结合的管理控制方式。

16．评价、选择行动方案的方法有哪些？

答：(1) 确定型决策选择法；(2) 风险型决策选择法；(3) 非确定型决策选择法。

17．什么是非确定型决策选择法？

答：非确定型决策选择法指人们对未来可能出现的自然状态或者所带来的结果无法做出明确估计，即各种自然状态或结果产生的概率亦无法明确，只能根据主观选择的原则进行方案选择。

18．从理论上来说，非确定型决策选择标准或原则有哪四种？

答：(1) 乐观原则，又叫“大中取大”法，或者叫“好中求好”法，即决策者在决策时根据每个方案在未来可能取得的最大收益值，也就是对每个方案在最有利的自然状态下的收益值进行比较，从中选出带来最大收益的方案作为实施方案。(2) 悲观原则，又叫“小中取大”法，或叫“坏中求好”法，它与乐观原则正好相反：悲观的决策者认为未来会出现最差的自然状态，为避免风险起见，决策时只能对各方案的最小收益值进行比较，从中选取相对收益为大的方案。(3) 折中原则，持折中观点的决策者认为要在乐观与悲观两种极端中求得平衡，因为最好和最差的自然状态均有可能出现。(4)“最大后悔值”最小化原则，是一种力求使每一种方案选择的最大后悔值达到尽量小的决策方法：决策时应先计算出各种方案在各种自然状态下的后悔值，即用方案中的最大收益值减去该自然状态下的收益值所得的差值，然后从每个方案在各种状态下的后悔值中找出最小的后悔值。

四、计划的种类与制定过程

1．什么是计划？

答：计划是关于组织未来的蓝图，是组织未来一段时间内的目标和实现目标途径的策划与安排。如果没有计划，组织活动就会经常出现混乱和低效率。

2. 计划与决策的关系如何？

答：(1) 正式计划的制定过程是以决策为核心内容的。(2) 计划的制定离不开做出决策。(3) 决策是计划的先期工作，计划则是决策的逻辑延续。(4) 计划工作的范围和内容比决策所包含的广泛、深入、具体。(5) 计划与决策缺一不可，它们相互支持、彼此协调。

3. 计划有哪四个方面的作用？

答：(1) 为组织的稳定发展提供保证。计划使组织明确方向，并预先估计到未来，有利于组织的稳定发展。(2) 明确组织成员行动的方向和方式。计划能使每个成员相互支持、彼此协调，以实现共同目标。(3) 为组织资源的筹措和整合提供依据。计划使组织对人、财、物事先全面安排，减少浪费。(4) 为检查与控制组织活动奠定基础。组织按计划进行检查和控制。

4. 关于计划的种类应掌握哪些内容？

答：(1) 根据计划对企业经营范围影响程度的不同，可将计划分为战略计划和战术计划。①战略计划是关于企业活动总体目标和战略方案的计划。特点：时间长、范围广、内容抽象、一次性前提不明确。②战术计划是关于如何具体运作组织活动的计划，是各项业务活动开展的作业计划。(2) 根据计划跨越时间的长短，可将计划分为长期计划和短期计划。①长期计划：描述组织在一段较长时期内（通常3～5年）的发展蓝图。②短期计划：具体规定组织在较短（如一年、半年以至更短）时期内应从事的活动和应达到的水平。(3) 从空间上可把计划分为综合性计划和专业性计划。①综合性计划：是对业务经营过程各方面所做的全面规划和安排。②专业性计划：是对某一专业领域职能工作所做的计划，它通常是对综合性计划某一方面内容的分解和落实。(4) 根据计划内容的详尽程度可将计划分为定向性计划和具体计划。①定向性计划只规定一些一般性的方针，指出行动的重点，但不限定某种具体的目标，也不规定特定的行动方案。②具体计划定出特定的工作程序、预算分配方案，以及与实现该目标有关的各项活动的日程进度表。

5. 决定不同类型计划有效性的因素有哪几种？

答：(1) 组织的规模和管理层次。大型企业分不同层次制定不同性质的计划，基层主要制定具体计划，高层制定战略计划。(2) 所经营产品的生命周期。投入期主要依赖定向性计划；成长期更重视短期计划；成熟期可以制定长期的具体计划；衰退期又重视定向性计划。(3) 环境的不确定性。面临高度不确定性环境的组织，计划应当是定向性的；而环境不变的组织会制定具体计划。

五、计划工作的程序

1. 计划工作的过程大致包括哪五个阶段？

答：(1) 收集资料，(2) 确定目标和行动计划，(3) 分解目标，(4) 综合平衡，(5) 编制并下达执行计划。（注意：不要与决策的6个过程混淆。）

2．计划的前提条件包括哪几部分？

答：(1) 外部和内部前提条件，即企业面临的一般环境和企业的厂房、设备、资金、方针政策等。(2) 定量和定性前提条件，指可用数字表示的因素和那些难以用数字表示的因素。(3) 可控和不可控前提条件。可控条件是指企业可以在一定程度上加以控制的因素，如产量、质量、生产进度等；不可控条件是指企业难以控制的因素，如政策、市场变化等。

3．有效确定计划工作的前提应注意哪三方面？

答：(1) 合理选择关键性前提条件，(2) 提供多套备选的前提条件，(3) 保证计划前提条件的协调一致。

4．确定计划目标的实质就是决策。它大致可以包括哪三个工作步骤？

答：(1) 根据对计划前提的认识，估量机会，确定组织目标。(2) 进一步调查研究，明确计划的具体前提条件。(3) 提出多种可选方案，比较分析，确定优化方案。

5．对于企业来说制定具体的分解目标有哪几个方面的作用？

答：(1) 保证组织内部各方面行动和目标的一致性。(2) 为动员组织的各种资源和分配资源提供依据。(3) 促成组织内部形成一种井井有条的工作秩序。(4) 调整个人目标，使之与组织目标一致。(5) 使组织能对成本、时间、成效加以控制。

6．计划的综合平衡包括哪三个方面？

答：(1) 综合平衡首先是任务之间的平衡，(2) 组织活动的进行与资源提供之间的平衡，(3) 不同环节在不同时间的任务与能力之间的平衡。

7．执行计划可以分为哪两种？

答：(1) 单一用途计划：指那些只能用来指导未来某一次行动的具体计划。(2) 常用计划：指可以在多次行动中重复使用的计划。

8．单一用途计划的主要表现形式有哪些？

答：(1) 工作计划：是针对某一特定行动而制定的综合性计划。(2) 项目计划：是针对组织的特定课题而制定的专一性更强的计划。(3) 预算：是一种数字化的计划，它是以数字表示预期结果的一种特殊计划形式。

重点复习思考题

1．组织环境对一个组织的生存和发展有什么影响和作用？

2．与内部环境相比，为什么说外部环境对组织的生存和发展更重要？

3．简述一个企业组织所处的大环境（客观环境、一般环境）对其生存和发展所产生的正面和负面影响。

4．简要回答一个企业所处的具体的、特殊的环境对其生存和发展所产生的有利和不利影响。

5．假如你是一个企业的高层管理者（一把手），你怎样做出风险决策？

6．假如你是一个企业的高层管理者，根据追踪决策的特点，怎样做好追踪决策？

7．为什么说决策具有满意性、过程性而不具备最佳性、瞬间性？

8．产品生命周期各阶段有什么主要特点？一个企业的高层管理者应采取哪些相应对策？

9．一个企业的经营管理者对进入或退出一个竞争市场这样的问题应考虑哪些主要因素？

10．供应商在哪些方面会对企业的生存和发展产生重要影响？

11．有哪些主要指标可以反映一个企业在市场经济体制下的综合竞争实力？

12．顾客（消费者）的哪些需求和潜在需求会影响企业的生存和发展？

13．有哪些主要因素会对组织决策产生重要影响？

14．什么是SWOT分析法？四种不同类型的企业各有什么特点？应采取何种相应对策？

15．经营业务组合分析法把企业的经营业务区分为哪四种类型？各类型有什么主要特点？企业应当采取哪些相应对策？

16．什么是目标管理法？其实质是什么？它的全过程是什么？

17．什么是量本利分析法？其实质是什么？它的全过程是什么？

18．什么是风险型决策？（掌握决策树法的计算和分析）

19．什么是非确定型决策？（掌握方案选择四种原则的分析）

20．我国已处于社会主义市场经济体制下，一个企业为什么还要实行计划管理？

21．什么是战略计划？它有什么特点？

22．处于产品生命周期不同阶段的企业，应制定和实施怎样不同种类的计划？

23．计划工作的程序分为哪五个阶段？有效确定计划工作的前提条件应注意哪几点？

24．为什么说确定组织目标的实质就是决策？它大致可以分为哪三个步骤？

25．什么是单一用途计划？简要说明其主要表现形式。

第三节　组织类问题

一、组织设计基础

1．如何理解组织一词？

答：组织一词可以从以下几点分析：组织一词可以从以下几点分析。（1）组织工作对象。组织工作是管理工作的一个有机组成部分，如对企业、事业单位、对政府机关等组织的行为工作。（2）组织工作本身。管理者所开展的组织行为、组织活动过程，如组织设计。（3）组织工作结果。管理者在组织中开展组织工作的结果——形成了一种分工协作的组织结构。

2．如何理解组织工作的重要性？

答：(1) 组织工作搞好了，可以消除“一盘散沙”、“三个和尚没水吃”的弊端。(2) 组织工作搞好了，可以产生“三个臭皮匠胜过诸葛亮”的效果。(3) 组织工作搞好了，可以形成整体力量和放大效应，即1+1>2。

3．什么是组织设计？它的任务是什么？

答：组织设计就是对组织开展工作和实现目标所必需的各种资源进行安排，以便在适当的时间和地点把工作所需的各方面力量有效组合在一起的管理过程。组织设计的任务主要有以下3方面内容 (1) 职务分析与设计。对组织的目标和活动进行逐级分析，具体确定出组织内各项作业和管理活动开展所需设置的职务的类别与数量，以及每个职务所拥有的职责与权限和任职人员所应具备的素质。(2) 部门划分和层次设计。根据各个职务所从事工作的性质、内容及职务间的相互联系，依照一定的原则，采取一定的方式，将各个职务组合成一定部门或作业、管理单位。(3) 结构形成。通过职责权限的分配和各种联系手段的设置，使组织中的各构成部分联结成一个有机整体，从而使各方面的行动协调、配合起来。

4．组织设计工作的结果通常体现在哪两份书面文件上？

答：(1) 一份书面文件是组织机构系统图，又叫组织结构图，它一般是以树形图的形式简洁明了地展示组织内的机构构成及主要职权关系。(2) 另一份书面文件是职务说明书，它规定了某一职位的工作内容、职责和职权，与组织中其他职务或部门的关系，以及该职务担任者所必须具备的任职条件等。

5．组织设计的原则是什么？

答：(1) 目标至上，职能领先原则。①组织结构的设计都是为组织目标服务的，所以目标是至上的。②职能部门是专业技术部门，而行政、后勤部门是综合部门，后者要为前者服务，所以职能要领先、优先。(2) 管理幅度原则。①管理幅度又叫跨度、宽度，指一个主管人员有效领导的直接下属的数量。②管理幅度过小即一个人只直接领导几个人，这会导致主管人数增加，同时造成资源浪费、机构臃肿。③管理幅度太大：因为主管能力总是有限的，管的人太多就会出现管不了、管不好的情况。(3) 统一指挥原则。①下属只能有一个直接上级。②下属只能向一个直接上级汇报工作。③避免多头领导。④命令不统一、指挥矛盾会使下属无所适从。(4) 责权对等原则。①要明确每一个部门或职务的职责范围。②赋予为完成职责所需的权力。③二者要一致或对等。④如责任大于权力，管理者的积极性、主动性就会受到束缚。⑤如责任小于权力，管理者就会滥用权力或出现无人负责的情况。(5) 因事设职与因人设职相结合的原则。①因事设职，要做到“事事有人做”，而不是“人人有事做”。②因事设职就是“事找人做”，而不是“人找事做”，要因职用人。③因人设职，就是在组织设计时要重视人的因素，根据人的特点和能力来安排适当的职务和工作。

二、组织的基本问题

1．什么是管理幅度？

答：管理幅度是指主管直接领导的下属数量。

2．管理幅度、组织规模和管理层次三者之间的关系如何？

答：一个组织管理层次的多少，受组织规模的影响。(1) 在管理幅度既定的情况下，管理层次与组织规模的大小成正比。(2) 在组织规模既定的情况下，管理层次与管理幅度成反比。

3．有效管理幅度易受哪些因素影响？

答：有效管理幅度的大小受管理者本身素质与被管理者的 (1) 工作能力、(2) 工作内容和性质、(3) 工作条件及 (4) 工作环境的影响。其具体分析如下。(1) 主管的工作能力包括：①综合能力，②理解能力，③表达能力。(2) 主管的工作内容和性质包括：①主管所处的管理层次，②下属工作的相似性，③计划的完善程度，④非管理事务的多少。(3) 主管的工作条件包括：①助手配备情况，②信息手段的配备情况，③工作地点的相近性。(4) 工作环境：组织所面临的环境是否稳定，在很大程度上影响着组织活动的内容和政治的调整频率与幅度。

4．什么是职权？

答：职权是指组织设计中赋予某一管理职位做出决策、发布命令和希望命令得到执行的权力。职权与组织内的一定职位相关，而与占据这个职位的人无关，通常把职权称为制度权、法定权。

5．什么是集权与分权？

答：在集权的组织中，决策权在很大程度上集中在高层管理职位；在分权的组织中，决策权在很大程度上分散在较低管理层次职位。

6．影响集权与分权的主要因素有哪些？

答：(1) 经营环境条件和业务活动性质。如环境有较高不确定性，组织要保持较高灵活性和创造性，则应较大程度地分权；反之则可集权。(2) 组织的规模空间分布广度。规模较小的组织实行集权化管理，效率较高；反之则应适当分权。(3) 决策的重要性和管理者的素质。对重大决策应集权，对重要程度较低的决策应分权。(4) 对方针政策一致性的要求和现代控制手段的使用情况。对方针政策一致性要求较高并拥有现代通信、控制手段的组织应集权。(5) 组织的历史和领导者个性的影响。规模较小且有个性较强、自信、独裁的领导者，这样的组织往往喜欢集权方式；反之则采取分权方式。

7．过分集权有哪些弊端？

答：(1) 降低决策质量和速度。规模较大的企业，高层主管往往离作业现场较远，如过于集权，现场出现了问题，要层层请示、等待决策，致使对问题的反应慢，且难以做到决策准确。

(2) 降低组织的适应能力，使下属和部门失去自我适应和自我调节的能力。(3) 使高层管理者陷入日常事务管理中，难以集中精力处理重大问题。(4) 降低组织成员的工作热情。太过集权会挫伤下属人员的积极性、主动性和创造性。

8. 判断组织集权或分权程度的主要依据有哪些?

答：判断集权或分权的关键是决策或权限的分配是集中还是分散，具体地说，判断组织集权或分权的主要依据有以下3条。(1) 所涉及的决策数目和类型。如组织中较低层管理者可以自主决定的事项多，同时低层管理者所做决策也具有重要性，则组织分权程度大。(2) 整个决策过程的集中程度。如所有决策步骤都由某主管一人来承担，这样的组织的权力较集中。(3) 下属决策的受控制程度。主管人员对下属的活动进行高密度的监督和控制即属集权情况。

9. 分权有哪两种途径?

答：(1) 改变组织设计中对管理权限的制度分配，(2) 促成主管人员在工作中充分授权。

10. 什么是授权?

答：授权指上级管理者依据对部属职责的规定而将部分职权委托给对其直接报告工作的部属执行的行为。授权的本质是管理者不去做别人能做的事，而只做那些必须由自己来做的事。

11. 分权与授权有什么区别?

答：(1) 分权是：①把本来属于下属的权力分给下属，②是一种长久之计，③一旦出现问题，责任一般主要在下级（当然上级也有一定责任）。(2) 授权是：①把本来属于上级领导的权力的一部分委托给下属去执行，②是权宜之计，③一旦出现问题，责任主要在上级。

12. 什么是分工? 它有什么优缺点?

答：(1) 分工又叫专业化分工，是把复杂的工作、工程按专业化原则分解为较细工作的做法。(2) 专业化分工的优点——社会化大生产的标志：①熟能生巧、速度加快（节约时间、不需看图纸），②熟能生巧、提高质量，③熟能生巧、降低成本，④熟能生巧、提高效率和效益。(3) 专业化分工的缺点：①带来本位主义，②工作单调乏味，影响工作热情，引起效率下降，③办事手续烦琐复杂，增加了协调成本。(所以，分工要有一定的“度”，不是越细越好。)

13. 什么是机构职能综合化和业务流程重组?

答：(1) 机构职能综合化，指把职能相似、相互关联性较强的工作部门合并为“综合部”的做法。如把计划科与生产科合并为计划生产科，把采购、供应、销售科合并为销售科，又如把设计、技术、工艺质量科合并为全面质量管理办公室。(2) 业务流程重组，又叫业务流程再造，是指利用现代信息技术手段对业务流程进行根本性重新思考和重新设计，以取得质量成本和业务处理周期等绩效指标的显著改善的一种企业再造活动。

14. 什么是正式组织?

答：正式组织是指具有法人地位的有计划、有目的、有机构人员的组织，正式组织具有目的性、正规性、稳定性等特征。

15．什么是非正式组织？

答：正式组织中某些小群体成员由于工作性质相近、社会地位相当，对一些具体问题的认识基本一致、观点基本相同或性格、业余爱好、感情相投，在此基础上形成了彼此共同接受并遵守的行为规则，从而使原来松散、随机形成的群体，渐渐形成为非正式组织。

16．非正式组织对组织目标起什么样的作用？

答：非正式组织对组织目标可起积极作用，也可能起消极作用。(1) 积极作用：①非正式组织中心理需要得到满足，②创造和谐的人际关系，③提高员工的合作精神，④改善正式组织的工作情况。(2) 消极作用：①如果非正式组织的目标与正式组织的目标发生冲突，则可能对正式组织的工作产生极为不利的影响，②会束缚其成员的个人发展，③影响非正式组织的变革进程，造成组织创新的惰性。

17．直线关系与参谋关系有何不同？

答：直线关系是一种指挥和命令的关系，授予直线人员的是决策和行动的权利。参谋关系是一种服务和协助的关系，授予参谋人员的是思考、筹划和建议的权利。

18．区别直线机构与参谋机构的标准是什么？

答：直线机构：对组织目的的实现负有直接责任的部门称为直线机构。参谋机构：为实现组织目标、协助直线人员有效工作而设置的机构称为参谋机构。

19．如何划分直线机构和参谋机构？正确发挥参谋机构作用的方式有哪些？

答：通常把企业中致力于生产、销售与劳动的部门称为直线机构，而把采购、人事、会计部门等列为参谋机构。正确发挥参谋机构作用的方式：①合理利用参谋人员，②授予参谋机构必要的职能权利，③直线人员要为参谋人员提供信息条件。

三、几种常见的组织形式

1．常见的组织形式有哪几种？

答：(1) 直线制，(2) 职能制，(3) 直线职能制，(4) 事业部制，(5) 矩阵组织形式，(6) 企业集团组织形式。

2．什么是直线制组织？它有什么优缺点？

答：直线制组织是指厂长或经理通过行政部门直接指挥和管理，不设参谋人员和职能机构的组织形式。(1) 它的优点是：①机构简单、费用低，②统一指挥、决策迅速、反应灵活，③上下级关系清楚、责任明确。(2) 它的缺点是：①对管理者精明能干的要求难以做到，②管理较粗放，③横向联系较差，④原管理者一旦离开，后来者往往难以继任。

3．什么是职能制组织？它有什么优缺点？

答：职能制组织指厂长或经理通过职能部门指挥企业生产经营活动的组织形式。职能制下，各级负责人除了服从上级行政领导的指挥外，还要服从上级职能部门在其专业领域的指挥。(1)它的优点是：①可发挥专家的作用，②专业管理较细，③职能机构充分发挥作用。(2) 它的缺点是：①多头领导、难以统一指挥，②一旦各职能部门出现矛盾，下级无所适从。

4．什么是直线职能制组织？它有什么优缺点？

答：直线职能制组织是以直线制组织为基础，在各级行政领导下设置相应的职能部门，只有各级行政负责人才能指挥下级、下达命令，而各级职能机构只做行政负责人参谋的组织形式。(1) 它的优点是：既保证了集中统一指挥，又能发挥各职能部门的作用。(2) 它的缺点是：横向沟通差，职能部门之间易产生矛盾，不易协调。

5．什么是矩阵制组织？它有什么优缺点？

答：矩阵制组织是在直线职能制垂直形态组织系统的基础上，再增加一种横向的指挥系统，形成具有双重职权关系的矩阵结构的组织形式。矩阵制组织是为完成某一项目而设立的“非长期、非固定性组织”。(1) 它的优点是，①加强了横向领导，②专业人员和专用设备随用随调。③在该项目内有合作精神、全局观念。(2) 它的缺点是：①不固定，有临时观念，②双重领导，出了问题责任难定。

6．什么是事业部制组织？它有什么优缺点？

答：事业部制组织又叫“联邦分权化”，指在一个企业内对具有独立产品市场、独立责任的利益部门，实行分权管理的一种组织形式，如总厂下的各分厂、分公司。(1) 它的优点是：①统一管理、多种经营、专业分工相互结合，②公司与事业部之间责权利明确。(2) 它的缺点是：①对事业部经理的素质要求高，难以找到；②容易造成职能重复，使管理费用上升；③各事业部之间由于有各自的经济利益，易产生不良竞争；④总公司与事业部之间要么过度分权，要么过度集权。

7．企业采用事业部制组织形式需要有哪些条件？

答：(1) 具备专业化原则，生产、技术和经营可能相对独立。(2) 事业部之间相互依存，产品、工艺类似、互补。(3) 事业部之间有适当竞争。(4) 公司对事业部有管理机制。(5) 良好的外部环境。

8．什么是集团控股型组织结构？

答：集团控股型组织结构是在非相关领域内开展多种经营的企业常用的组织结构形式。在这种组织形式下，各大公司不对业务经营单位进行直接的管理和控制，而代之以持股控制，集团公司或母公司与所持股企业之间不是上下级行政管理关系，而是出资人对被持股企业的产权管理关系。

9．什么是网络型组织结构？

答：网络型组织结构是利用现代信息手段建立起来的一种拥有很精干的中心机构、以契约关系的建立和维持为基础、依靠外部机构进行制造、销售或其他重要业务经营活动的组织结构形式。

四、人员配备

1. 人员配备的主要任务是什么？

答：通过分析人与事的特点，谋求人与事的最佳组合，实现人与事的不断发展。

2. 人员配备的内容和程序有哪些？

答：(1) 确定人员需求量，(2) 选配人员，(3) 制定和实施人员培训计划，(4) 人员考评。

3. 人员配备的原则是什么？

答：因事择人、因材施用、动态平衡的原则。其具体分析如下：因事择人就是根据岗位的要求选择、配备具备相应知识与能力的人员，以使工作卓有成效地完成。因材施用就是要根据人的不同特点来安排工作，以使人的潜能得到最充分的发挥。动态平衡就是要以发展的眼光看待人与事的配合关系，并适时调整，以实现人与工作的动态平衡与最佳匹配。

4. 企业人事管理和各种决策的核心分别是什么？

答：管理人员的选拔、培训、考评应当成为企业人事管理的核心，而人事决策又居企业各种决策之首。

5. 制定管理人员选聘和培训计划，首先需要考虑哪些因素？

答：制定管理人员选聘和培训计划，首先需要确定组织目前和未来管理人员的重要性。

6. 管理人员的外部选聘和内部选聘各有什么优缺点？

答：(1) 外部选聘的优点：①选择面广，②可平息内部过度竞争，③增加组织的新生力量和活力，④可防止“近亲繁殖”。(2) 外部选聘的缺点：①难以选准，②所选人员难以迅速适应工作，③内部员工的积极性易受打击，④费用较大。(3) 内部选聘的优点：①对选聘对象较了解，易选准，②有利于鼓舞士气，调动员工积极性，③所选人员能迅速适应工作，④费用较低。(4) 内部选聘的缺点：①易激化同事间矛盾，②可能造成“近亲繁殖”。

7. 管理人员选聘的标准是什么？

答：(1) 具有强烈的管理欲望，(2) 具有正直的品质，(3) 具有冒险精神，(4) 具有做出正确决策的能力，(5) 具备实现有效沟通的技能。

8. 管理人员选聘的程序和方法是什么？

答：(1) 公开招聘，(2) 初选，(3) 对初选合格者进行知识能力的考核，(4) 民意测验，(5) 选定管理人员。

9. 对管理人员考评的目的和作用是什么？

答：了解企业人力资源和管理队伍状况，具体目的和作用如下：(1) 为确定管理人员的工作报酬提供依据，（2）为人事调整提供依据，（3）为管理人员的培训提供依据。

10．管理人员考评的内容分贡献和能力两方面。考评的程序和方法怎样？

答：（1）确定考评内容，（2）选择考评者，（3）分析考评结果，（4）依据考评结果建立企业人才档案。

11．管理人员培训的目的是什么？

答：（1）提高能力，根据管理工作的要求，努力提高管理人员的管理能力。（2）更新知识，补充和更新管理人员的科学文化知识、技术知识和管理知识。（3）改变态度，接受组织的新观念，按照组织认同的行为准则从事管理工作。（4）传递信息，了解生产特点、工艺流程、市场信息和市场营销信息。

12．管理人员培训的方法有哪几种？

答：（1）工作轮换，（2）设置助理职务，（3）临时职务代理。

五、组织变革

1．什么是组织变革？

答：组织变革是指组织根据外部环境和内部情况的变化及时改变自身内在结构，以适应不断发展变化的客观需要。

2．诱发组织变革并决定组织变革目标、方向和内容的主要因素有哪些？

答：（1）战略：企业战略的调整要求组织结构进行调整和变革。（2）环境：环境的变化是导致组织结构变革的主要影响力量。（3）技术：企业技术水平及设备水平会对组织结构产生相当的影响。（4）组织规模和成长阶段：组织规模和成长阶段出现变化，组织结构也必须随之调整。

3．什么是组织变革的动力？

答：组织变革的动力是指发动、赞成和支持变革并努力实施变革的驱动力，它来源于人们对变革必要性和变革所能带来好处的认识。

4．什么是组织变革的阻力？

答：组织变革的阻力是指人们反对变革、阻挠变革甚至对抗变革的制约力，它来源于个体、群体，也可能来自组织本身，甚至外部环境。

5．组织变革的阻力主要来自哪几个方面？

答：（1）个体和群体方面的阻力，产生原因主要是：①工作和行为习惯难以改变，②就业安全需要，③经济收入的变化，④对未知状况的恐惧，⑤对变革存在认识偏差。（2）组织的阻力，即来自组织层次的阻力，产生原因包括：①组织结构的束缚，②组织运行的惯性，③变革对现有责权利及资源分配的破坏与威胁，④追求稳定、安逸、保守的组织文化。（3）外部环境的阻力：组织外部环境如市场、原料、能源、劳动力的变化，往往会束缚、阻碍组织变革。

6. 改变组织变革力量的策略有哪几种？

答：(1) 增强或增加动力，(2) 减少或减弱阻力，(3) 增强动力并减少阻力。

7. 组织变革有哪三个过程？

答：(1) 解冻：是实施变革的前奏，其任务是发现动力、制造危机感、营造气氛、描绘蓝图、明确方向。(2) 改革：具体进行组织变革。(3) 冻结：是强化和巩固组织变革成果的过程。

重点复习思考题

1. 如何从组织工作的对象、组织工作本身和组织工作的结果这三个角度来理解组织的概念？
2. 做好组织工作为什么会形成整体力量和放大效应？
3. 创办一个新企业，组织设计有哪三项具体任务？它要遵循哪些基本原则？
4. 简述影响一个管理者有效管理幅度的主要因素。
5. 适当分权有哪些优点？过度集权有什么弊端？
6. 适当分工有哪些优点？过度分工又有哪些弊端？对策是什么？
7. 一个企业的管理者应怎样正确处理正式组织和非正式组织的关系？
8. 什么是非正式组织？它有哪些积极作用和消极作用？
9. 什么是直线制、职能制、直线职能制？它们各有哪些优缺点？
10. 什么是矩阵制？它有哪些优缺点？
11. 事业部制有哪些优缺点？采用事业部制的企业应具备哪些条件？
12. 企业在人员配备时要遵循哪些基本原则？为什么？
13. 选聘管理人员的标准是什么？
14. 企业管理人员的外部选聘和内部选聘各有哪些优缺点？
15. 诱发组织变革并决定组织变革目标、方向和内容的主要因素有哪些？
16. 组织变革的阻力主要来自哪些方面？假如你是一个企业的主要管理者，你会采取哪些管理对策？
17. 怎样正确处理管理幅度、管理层次和组织层次之间的辩证关系？
18. 一个成功而有效的变革通常需要经历哪三个过程？

第四节 领导类问题

一、领导与领导者

1. 什么是领导？

答：(1) 领导作为名词指的是人，即领导者，如某某领导，它有两种类型：①一种是居于领导职位的人，如厂长、经理，②另一种是并不处于正式领导职位但能对他人产生影响的人，如离退休干部。(2) 领导作为动词是指指引、指导、动员他人行为与思想的行为，它指的是率领并引导人们向一定方向前进的行为。

2. 领导职能包括哪四个方面的含义？

答：(1) 领导者一定要与被领导群体或组织中的人员发生联系，即领导者与被领导者互为条件、共存于一个统一体中，二者缺一不可，没有群众就无所谓领导。(2) 权力在领导者和其他成员中是不相等的。如领导者有决策权、奖惩权，被领导者则没有或只有很少一点权力。(3) 领导者能够对被领导者产生各种影响。如领导做出某种决策、规定，被领导者必须执行。(4) 领导行为的目的是影响被领导者，使之为实现组织目标做出努力和贡献。

3. 领导活动对组织绩效具有决定性影响，领导的作用具体表现在哪些方面？

答：(1) 沟通协调作用。组织的目标是通过许多人的集体活动实现的，所以需要领导者沟通和协调各种关系和活动，使组织成员步调一致地朝着共同目标前进。(2) 指挥引导作用。在组织的集体活动中，领导者应指挥、指导、引导组织成员最大限度地实现组织的目标。(3) 激励鼓舞作用。领导工作的作用在很大程度上表现为调动组织中每个成员的积极性，使其以高昂的士气自觉地为组织做出贡献。

4. 什么是权力？根据权力来源和使用方式不同。可将权力划分为哪五种？

答：权力是指一个人借以影响其他人的能力，权力可以分为以下五种。(1) 合法权：指组织内管理职位所固有的、法定的正式权力。(2) 奖励权：指提供奖金、提薪、表扬、升职和其他令人愉快的东西的权力。(3) 强制权：惩罚权，指可以施加扣发工资或奖金、批评、降职乃至开除等惩罚措施的权力。(4) 专家权力：指由于个人的特殊技能或某些专业知识而产生的权力。(5) 感召权力：指与个人品质、魅力、经历、背景等相关的权力，通常也称专长权。以上五种权力可归纳为两大类：①制度权，即与职位有关的权力，是上级和组织赋予的，由法律、制度明文规定的，②与领导者个人有关的权力，它不是组织中的职位产生的，而是因领导者自身的某些特殊条件而产生的。

5. 领导正确用权要注意哪三个原则？

答：(1) 慎重用权。领导者拥有一定权力，用对了会起很大作用，用错了也能起很大的反作用，所以要慎重用权。(2) 公正用权。要公正廉洁、不徇私情、不谋私利，做到公正、公开、公平。(3) 例外处理。规章制度是组织成员应当共同遵守的行为准则，领导者必须严格执行规章制度；但是在特殊情况下，领导者有权对特殊的事进行例外处理——这里，例外处理不是对规章制度的破坏，而恰恰是为了使规章制度在执行中表现得更加合理、更符合实际情况而采取的措施。为了保证规章制度的严肃性，例外处理必须有充分的正当的理由，必须光明正大地进行，切忌以例外处理之“名”行贪污腐化之“实”。

6．领导者素质包括哪几个方面？

答：(1) 政治素质，主要包括思想观念、价值体系、政策水平、职业道德、工作作风等。一个合格的领导者要具备以下几个方面的基本素质。①世界观、价值观、人生观，即一个人对整个世界总的看法与观点。②现代化管理思想，管理现代化企业，必须以现代科学理论和管理思想做指导。③强烈的事业心、责任感。④实事求是、敢于创新的精神。(2) 业务素质：①掌握社会主义市场经济的规律和基本理论，②掌握组织管理的基本原理、方法和专业管理知识，③掌握思想工作、心理学、组织行为学、社会学等方面的知识。(3) 业务技能：①分析、判断、概括的能力；②决策能力，对重大的、长期的、全局的问题做出科学选择和决断的能力；③组织、指挥、控制能力；④沟通、协调、组织能力；⑤探索、创新能力，有敢于冒风险的精神；⑥知人善任的能力。科学合理地发现人才、使用人才、留住人才。(4) 身体素质：领导者必须具备强健的体魄、充沛的精力。以上四种素质中，政治素质是根本、是关键、是核心，当然其他三种素质也不能缺少。

二、人性假设与领导风格

1．什么是经济人？它有哪些特点？

答：一切行为由经济利益和经济因素决定的人，称为经济人。经济人的具体特点如下：(1) 人按一种合乎理性的精打细算的方式行事，(2) 人的行为是由经济因素激发和推动的，(3) 个人在组织中处于被动的、受控制的地位，(4) 管理手段主要是“胡萝卜加大棒”。

2．什么是社会人？它有哪些特点？

答：一切行为的目的是满足社会需要的人，称为社会人。社会人的具体特点如下：(1) 人的行为受社会需要的激发，(2) 集体伙伴的社会力量比上级主管的控制更加重要，(3) 管理要着眼于关心和体贴下属。

3．什么是自我实现人？它有哪些特点？

答：自我实现人假设，又称Y理论，由麦格雷戈提出，其理论依据是：人是自我激励、自我指导、自我控制的。自我实现人的特点：(1) 人可以做到自我激励、自我指导、自我控制，(2) 人们要求发展和提高自己，期望获取个人成功，(3) 是一种管理手段，即把人作为宝贵资源，提供给人挑战性的工作，使之得以内在激发。

4．什么是复杂人？它有哪些特点？

答：复杂人假设是由埃德加·沙因等人在20世纪70年代提出的，其理论依据是：人是复杂的，不同的人及同一个人在不同的时间和场合下会表现出不同的动机和需求。复杂人的特点：(1) 组织中的各种人不能简单化、一般化地归类为某一种假设，(2) 人是千差万别的，人有不同的动机和需要，(3) 根据这种权变理论的认识，管理者对人进行激励和领导的方式也就应该力图灵活多样，做到因人、因问题和因环境不同而不同。

5．领导行为能否产生预期效果取决于哪三方面因素？

答：(1) 领导者本身的背景、经验、知识、能力、个性价值观念等。(2) 被领导者的背景、经验、知识、能力、个性和责任心等。(3) 领导工作的情况，指领导工作所面对的特定的情境条件。

6．什么是领导特质理论？

答：这种理论侧重于领导者本身特殊品质的研究，它认为领导工作效能的高低与领导者的素质、品质或个性特征密切相关；认为领袖人物是天生的，而不是后天造就的；认为领导者的个人特征是决定领导效能的关键因素。这种理论受到许多人的批评，批评者认为领导者特质并不是影响领导效能的关键因素。

7．什么是领导行为理论？

答：领导行为理论试图用领导者做什么来解释领导现象和领导效能，并主张评判领导者好坏的标准是其外在的领导行为而不是其内在的素质条件。由于领导有效性取决于领导者实际所表现出的领导行为，这样，人们就可以通过接受培训和学习而成为合格的领导者。

8．什么是权变领导理论？

答：权变领导理论认为：没有万能的领导方式，不同的领导方式适合不同的工作环境，而不同的工作环境也需要不同的领导方式，有效的领导方式是因工作环境的不同而变化的，不同的工作环境需要采取不同的领导方式。这种随机应变的权变领导理论提出后，对影响领导行为有效性的情境因素分析得到明显的重视和广泛的肯定。

9．领导方式有哪些类型？各种领导方式又有哪些特点？

答：(1) 专制式领导，(2) 民主式领导，(3) 放任式领导。

(1) 专制式领导的特点：①独断专行，决策完全由领导者做出，②信息不告诉下级，不让下级参与决策，③靠行政命令管理，奖惩由领导说了算，④领导发指令，下级只执行，⑤领导与下级保持相当的心理距离。(2) 民主式领导的特点与专制式相反。(3) 放任式领导的特点是领导者极少运用其权力，而是给下属以高度的独立性。

对三种领导方式的分析评论如下。(1) 放任式领导：工作效率一般最低，社交效果好，下属多完不成任务，但是如下属非常自觉、成熟，结果不一定。(2) 专制式领导：工作目标可达到，可是下属情绪消极、士气低落；但是如下级水平太低、不自觉、很不成熟，专制未必不可。(3) 民主式领导：工作效率最高，目标完成好，人际关系融洽，但有时决策慢。

10．利克特提出哪四种领导方式？各有什么特点？

答：(1) 专制—权威型：①决策权仅限于最高层，②对下级很少信任，③激励主要采用惩罚，④沟通自上而下。(2) 开明—权威型：①领导对下属有一定的信任，②激励用奖励与惩罚，③沟通自下而上，④给予下属一定的决策权，但主导权由自己牢牢控制。(3) 协商式：①领导对下属有相当大但不完全的信任，②激励主要采用奖赏，③上下双向沟通，④允许下属参与具体问题的决策。(4) 群体参与型：①领导对下属在一切事务上充分相信，②积极采纳下属意见，③上下级之间、同事之间充分沟通，④鼓励各级组织做出决策。一般认为此种领导方式最佳。

11. 什么是“双中心”论？

答：(1) 以任务为中心的领导风格。这种类型的领导者最关心的是工作任务的完成，他们总是把工作任务放在首位，却不关心人际关系，有时为了完成任务甚至不惜损害上下左右的人际关系。(2) 以员工为中心的领导风格。这种类型的领导者把主要精力放在下属身上，关心与下属的人际关系及员工个人的成长与发展。

12. 管理方格图由美国管理学家罗伯特·布莱克和简·穆顿于 1964 年提出，其中说明了哪五种类型的领导作风？

答：(1) 1—1 贫乏型：领导对职工漠不关心，对工作也不关心；领导者自己也仅以最低限度的努力来完成必须做的工作。(2) 9—1 任务型：关心工作，但不关心人，下属士气不高；领导者的注意力集中在完成任务的效率方面，但不关心人。(3) 1—9 俱乐部型：关心体谅人，对工作关心少；领导者对职工支持和体谅，但对任务、效率、规章制度、指挥、监督等则很少关心。(4) 5—5 中间型：对工作、对人的关心保持平衡，效率一般，士气较高。(5) 9—9 战斗集体型：对员工、对工作都极关心，努力使员工个人的需要和组织的目标最有效地结合起来。

13. 什么是领导行为连续统一体模型？

答；坦南鲍姆和施米特认为：领导行为有一种连续性——领导者是沿着一根标尺的延长线运作的，它从完全以领导为中心的低点逐渐过渡到完全以职工为中心的高点，中间存在领导风格灵活性、多样性的转化。领导方式因领导者授予下属权力大小的差异而发生连续变化。

14. 什么是最难共事者模型？

答：菲德勒认为，领导成功的关键因素之一是领导者的基本领导风格。为监测领导者的基本领导风格，他设计了“最难共事者”问卷，具体内容和做法如下。(1) 从工作绩效的角度考虑，“最难共事者”是领导者最不愿意挑选其一起工作的员工。(2) 要求被调查领导者在与自己共事过的员工中找出这样一位“最难共事者”。(3) 对这个最不愿意与之共事又不得不与之共事的人的人品特征做出评价。(4) 如被调查领导者大多用含敌意的词句（或打低分）来评价这位“最难共事者”，则说明该领导者没有将员工的工作表现与人品好坏区分开来。(5) 因此，做出低分评价的领导者倾向于工作 / 任务导向型领导方式。(6) 如做出高分评价，则反映出该领导者的领导方式是关系导向型。

15. 领导者将权力下放给下属时应考虑哪些因素？

答：(1) 领导者自己的能力，(2) 下属的能力，(3) 需要完成的任务。

16. 有效领导方式取决于环境和领导者个性。影响领导方式的可能因素有哪三种？

答：(1) 领导者个性因素：领导者的价值观、人生观、政治素质、个人爱好等。(2) 下属的具体因素：下属的水平、经验、能力、知识等。(3) 情境因素：如所处环境、传统观念等。

17. 什么是情境理论?

答：情境理论即这样一种理论：认为领导行为是否有效不单纯取决于领导者的个人行为，还取决于某种领导方式应用于实际工作时的具体情境和场合，此外还与被领导者的特点及环境变化有关。

18. 什么是因地制宜的领导理论?

答：菲德勒认为不存在一种普遍适用于各种情境的领导方式，他提出有效领导的权变理论，具体包括两种领导风格、三种情境因素。(1) 两种领导风格：①工作导向型风格，②关系导向型风格。(2) 三种情境因素：①领导者、被领导者的关系，②工作任务结构，③领导者所处职位的固有权力。

19. 简述菲德勒模型。

答：菲德勒根据三种情境条件下形成的八种不同类型环境认为：只要领导风格与环境相适应，便能取得良好效果。当情境处于1、2、3（即有利状态）时和当情境处于8（即最不利情境）时采用工作/任务导向型领导方式为好，而处于4、5、6、7情境时采用关系导向型领导方式为好。

20. 简述领导生命周期理论的基本内容。

答：领导生命周期理论由科曼首先提出，后经赫西和布兰查德发展。该理论认为有效的领导风格应当视下属成熟程度的不同而有所不同。

21. 领导生命周期理论提出的四种领导方式及其适用条件是什么?

答：(1) 命令式：高工作、低关系结合的领导方式，适用于下属成熟度低的情况。(2) 说服式：高工作、高关系结合的领导方式，适用于下属较不成熟的情况。(3) 参与式：高关系、低工作结合的领导方式，适用于下属比较成熟的情况。(4) 授权式：低工作、低关系结合的领导方式，适用于下属高度成熟的情况。

三、激励与激励理论

1. 什么是激励?

答：所谓激励，顾名思义就是激发鼓励人，调动人的积极性，使其把潜在的能力充分发挥出来，朝着组织所期望的目标积极主动地工作。

2. 什么是动机?

答：所谓动机就是驱使人产生某种行为的内在力量。动机是由人的内在需要引起的，而需要就是使某种结果变得有吸引力的一种心理状态，是人们对某种目标的渴求。

3. 行为动机的形成有哪两个条件?

答：(1) 一是人的内在需求和愿望，(2) 二是外部提供的诱惑或刺激。

4．马斯洛需要层次理论有什么特点？

答：(1) 心理学家马斯洛把人的需要分为五个层次。(2) 人的需要是由物质需要逐渐转向精神需要，由低级需要逐渐转向高级需要的。(3) 当低级需要基本满足后，人将产生高级需要。(4) 人的需要变化过程是螺旋式上升的。

5．什么是双因素理论？

答：双因素理论由美国心理学家赫茨伯格提出，他把能消除人们不满情绪的因素叫做保健因素，如企业政策、工作环境、工资水平、劳动保护等；把能产生工作满意感的因素叫做激励因素，如工作表现机会、成就感、责任感、奖励、晋升等。

6．什么是期望理论？

答：美国心理学家弗鲁姆提出：在预期自身行为将有助于实现某个目标的情况下，人们会受到激励而去做某些事，以实现这个特定目标。用公式表示为：激励力=效价×期望值。效价是指个人对某一预期成果或目标的吸引力（效用）做出的主观估价；期望值是指个人经主观认识估计出的、通过其努力达到预期成果或目标的概率。

7．什么是公平理论？

答：公平理论认为一个人在自己因工作或做出成绩而取得报酬后，并不只关心所得报酬的绝对量，还会通过对自己相对于报酬水平的投入与相关他人的比较来判定所得报酬是否公平。该理论认为，员工首先思考自己收入与付出的比率，然后将自己的收入—付出比与相关他人的收入—付出比进行比较，如果自己的比率与他人相同，则认为公平，否则就产生不公平感。公平理论的基本观点可以用以下公式加以表示：

个人对自己所得的感觉＞个人对他人所得的感觉

个人对自己投入的感觉＜个人对他人投入的感觉

(1) 如自己的比率与他人的比率相同，则产生公平的感觉。(2) 如自己的比率小于他人的比率，则感到自己吃亏了，产生不公平的感觉。(3) 如自己的比率大于他人的比率，则别人感到吃亏了，产生不公平的感觉。

8．公平理论对报酬分配至少有哪四个有价值的启示？

答：(1) 如按时间付酬，收入超过应得报酬的员工的生产率水平将高于收入公平的员工。(2) 如按时间付酬，收入低于应得报酬的员工与收入公平的员工相比，其生产的数量、质量将下降。(3) 如按产量付酬，收入超过应得报酬的员工与收入公平的员工相比，生产数量增加不多，可能主要是提高质量。(4) 如按产量付酬，收入低于应得报酬的员工与收入公平的员工相比，他们的产量将提高、质量将下降。总而言之，对按计件制方式获酬的员工，管理者应主要抓其所生产产品的质量，而对按计时制方式获酬的员工则不但要抓其产品质量，而且还要抓数量。

9．什么是强化理论？

答：美国心理学家斯金纳认为，人们为了达到某种目的，都会表现出一定的行为——当行为的结果有利时，这种行为就会重复出现；当行为结果不利时，这种行为就会减弱或消失。例如，一个人做了好事，得到社会组织和家人的理解、肯定和支持，他自己以后还会继续做好事；反之，一个人做了好事，得不到社会组织和家人的理解、肯定和支持，却受到嘲笑、讽刺和打击，他本人以后就不会再去做好事了。

10．强化理论对行为的改造有哪四种作用方式？

答：(1) 正强化：奖励那些符合组织目标的行为，以期类似的行为重复出现。(2) 负强化：预先告知某种不合要求的行为可能引起的不良结果，从而减弱所不希望出现的行为。(3) 自然消退：自然消退是取消正强化，比如做好事没人理，慢慢地人们都不做好事了。(4) 惩罚：用某种带有强制性、威胁性的手段来消除某些重大的错误行为。

四、人际间的信息沟通

1．什么是沟通？

答：沟通是信息的传递与理解，是信息从发送者传递到接受者的过程和行为。

2．信息沟通有什么重要性？

答：良好的沟通可以促使有关想法、意见、情报和消息等得到交流、交换和共享，达到双方互相了解与信任的程度。沟通的具体作用主要表现在以下两个方面：(1) 沟通是计划、组织、领导和控制等管理职能实施和完成的基础。(2) 沟通也是领导者最重要的日常工作。

3．信息沟通必须具备哪四个要素？

答：(1) 发送者，即信息的发出者，又叫信息源。(2) 接受者，即信息的接受对象。(3) 所传递的内容。(4) 传递信息的渠道。

4．信息沟通的具体步骤是什么？

答：(1) 形成思想，信息发送者需要明确所要沟通、发出的信息内容。(2) 编码，即将信息内容转化为某种特定的符号，如语言、文字、手势等，信息经过编码才能传递出去。(3) 通过某种渠道把信息传递给对方，如交谈、打电话、写信、写报告等。(4) 接受，包括接收、译码、理解等步骤。(5) 反馈，接受者把所收到或理解的信息返归发送者，供发送者核查并在必要时做出纠正。

5．人际间的信息沟通有哪些特点？

答：(1) 主要通过口头交流，但也有书面交流。(2) 沟通内容不仅限于情报、信息，还包括思想、感情、观点等。(3) 由于人的知识、经历、价值观不同，人与人沟通较复杂，有时会造成信息失真。

6．人际沟通有几种方式？

答：(1) 按信息载体的不同，沟通分为书面、口头、非语言和电子沟通。(2) 按沟通渠道的不同可分为正式沟通和非正式沟通。(3) 按沟通信息流向的不同可分为上行沟通、下行沟通、横向沟通、斜向沟通。

7．什么是书面沟通？

答：书面沟通是以文字为媒体的信息传递，形式主要包括文件、报告、信件、书面合同等(口头沟通是以口语为媒体的信息传递，形式主要包括面对面交谈、电话、开会、讲座、讨论等)。

8．什么是正式沟通？

答：正式沟通就是按照组织设计中事先规定好的结构系统和信息流动的路径、方向和媒体等进行的信息沟通，是组织规章制度所规定的沟通方式。

9．什么是非正式沟通？

答：非正式沟通是指正式组织途径以外的信息沟通方式，主要是通过个人之间的接触，以小道消息传播方式进行。

10．非正式沟通有什么优点和作用？

答：(1) 不受规定程序和形式限制，灵活方便。(2) 能帮助建立良好的人际关系。(3) 在一定程度内对信息沟通是必要的，但要注意负面影响。

11．信息沟通有哪五种形态？

答：信息沟通主要有下列五种形态：(1) 链式，(2) 环式，(3) Y 式，(4) 轮式，(5) 全通道式。

12．链式沟通有哪些特点？

答：(1) 结构是一个平行网络，其中两端的人只能和内侧一个成员联系，而居中的人可与两个人沟通信息。(2) 信息自上而下或自下而上传递。(3) 信息经层层传递、筛选，容易失真。(4) 主管与下级之间存在着中间管理者。

13．环式沟通有哪些特点？

答：(1) 属封闭控制结构。(2) 每个人都可以同时与两侧的人沟通信息。(3) 组织的集中程度和领导人的预测程度较低。(4) 组织成员比较一致，士气高昂。

14．Y 式沟通有哪些特点？

答：(1) 其结构是一个纵向沟通网络，只有一个成员处于沟通中心位置。(2) 集中程度高，解决问题迅速。(3) 节省时间，控制有效。(4) 信息容易失真。

15．轮式沟通有哪些特点？

答：(1) 属控制型网络，只有一个成员处于各种信息的汇集、传递点。(2) 集中化程度很高，解决问题速度快。(3) 管理预测程度高，但沟通渠道很少。(4) 成员满意程度低、士气低。

16. 全通道式沟通有哪些特点？

答：(1) 结构是一个开放式网络，每个成员之间都有一定联系。(2) 集中化和主管预测程度均很低。(3) 沟通渠道很多，成员平均满意程度差异小。(4) 士气高、合作气氛浓，但渠道太多，易乱。

17. 信息沟通有哪三个障碍？

答：(1) 信息发送方面的障碍。(2) 信息传递中的障碍。(3) 信息接收中的障碍。

重点复习思考题

1. 什么是领导和领导职能？它包含哪四个方面的含义？
2. 领导活动对组织绩效具有哪些决定性影响和作用？决策为什么不具有决定性影响和作用？
3. 领导的权力由哪几方面构成？请简要加以说明。
4. 假如你是一个企业的最高领导者，你怎样看待和正确使用手中的权力？
5. 什么是例外处理？它与规章制度有什么关系？
6. 简述一个合格的企业领导者应当具备的基本素质。
7. 简述影响领导行为产生预期的效能和效果的主要因素。
8. 简述经济人、社会人、自我实现人和复杂人的基本内容和相应的管理对策。
9. 什么是领导特质理论、领导行为理论和权变领导理论？
10. 用所学管理学有关原理分析评价领导行为三种基本类型的优缺点。
11. 领导生命周期理论对不同成熟程度的下属提出了怎样的管理对策？
12. 怎样运用公平理论做好企业职工的计时工资制和计件工资制的管理？
13. 怎样理解和运用马斯洛需求理论调动员工的积极性，实现组织目标？
14. 假如你是一个企业的中层管理者，怎样处理好上下、左右、内外的人际关系和人际沟通？
15. 假如你是一个企业的中层管理者，怎样运用双因素理论消除员工的不满情绪、激发他们的满意情绪、调动他们的积极性？
16. 什么是信息沟通？人际沟通有什么特点？
17. 什么是正式沟通和非正式沟通？
18. 简述五种信息沟通形式的特点。

第五节 控制类问题

一、控制的基本概念和类型

1. 什么是控制和控制工作？

答：控制是监视组织各方面的活动、保证实际运行状态与组织计划动态适应的一项管理职能。控制工作是管理人员对组织实际运作状态是否符合组织计划进行测定并促使组织目标实现的过程。狭义地讲，控制工作指的是“纠正偏差”，即按照计划标准来衡量计划的完成情况，并针对出现的偏差，采取纠正措施，确保计划顺利实现；从广义上讲，控制工作不只局限于按照既定计划标准来衡量和纠正计划执行中的偏差，还包括在必要时修改计划标准，以使之更加适应实际情况。

2．控制与计划存在怎样的关系？

答：(1) 控制与计划是一对矛盾的两个方面，缺一不可。(2) 如只有计划而没有控制，人们只知道干了什么，而不知道干得怎样和存在什么问题；反之如只有控制而无计划，人们不知道该控制什么。(3) 一般地说，先有计划，后有组织、领导，最后才是控制，这种控制叫做按计划标准控制。

3．现代管理活动中控制工作有哪两个主要目标？

答：(1) 限制偏差的积累：偏差不可避免，小的偏差不会带来严重损害，但时间一长，积小成大，可能造成威胁。(2) 适应环境变化：企业内外环境不断变化，控制要适应环境，随环境变化而变化。

4．控制具有哪三个特点？

答：(1) 整体性：①控制是全体成员的职责，②控制对象是组织的各个方面。(2) 动态性：组织随内外环境和条件的变化而变化，控制也随之变化，所以是动态的。(3) 人性：控制本质上是对人的控制，并由人执行，所以控制离不开人，离不开人性。

5．控制可分为哪三种类型？

答：控制可分为前馈控制、现场控制和反馈控制三种类型，具体分析如下：(1) 前馈控制又叫预先控制，指在工作开始之前就预测或估计可能产生的偏差并采取防范措施，将偏差消除于无形的行为。(2) 现场控制又叫同步控制或同期控制，指工作过程中的控制，主要指监督和指导两项职能。(3) 反馈控制又叫事后控制，指在工作结束之后进行的控制，主要通过对工作结果的测量、比较和分析，对出现的偏差采取纠正措施。

6．前馈控制与反馈控制相比有什么优点？

答：(1) 可防患于未然，避免事后应付已铸成差错的弊端。(2) 前馈控制是在工作开始之前针对某项计划行动所依赖的条件进行的控制，不针对具体人员，因而不会造成面对面的冲突，易于被员工接受并付诸实施。(3) 前馈控制可有的放矢，效果好，适用于一切领域。

7．控制的三个基本要素和三个步骤是什么？

答：(1) 制定控制目标，建立控制标准。控制目标和控制标准是搞好控制工作的前提，是检查实际工作的依据；没有控制目标和标准，便无法衡量实际工作，控制工作也就失去了目的性。(2) 衡量实际工作，获取偏差信息。实际工作与控制标准之间存在着偏差信息，了解和掌握这些偏差信息才能进行有效控制；如果没有或者无法得到这些偏差信息，就无法采取纠正措施。(3) 分析偏差产生的原因，采取纠正措施。依据偏差信息，分析产生偏差的原因，采取有效的措施消除偏差，保证计划顺利进行。总之，控制目标与标准、偏差信息、纠正措施是控制工作的三项基本要素，它们相互关联，缺一不可。

二、制定控制标准

1．什么是标准和控制标准？

答：标准是一种作为规范而建立起来的测量标尺或尺度。控制标准是控制目标的表现形式，是测定实际工作绩效的基础。没有标准和控制标准，管理人员就无法对工作绩效的好坏做出正确判断，衡量绩效和纠正偏差就失去了客观的依据。

2．有效的控制标准应满足哪七项基本要求？

答：(1) 简明性，即对标准的量值和单位的偏差允许范围要有明确说明，对准则的表述要通俗易懂，便于人们理解和掌握。(2) 适用性，即所建立的标准要有利于组织目标的实现，对每一项工作的衡量都应明确和具体，以便实际应用和操作。(3) 一致性，即建立的标准应尽可能体现协调一致的原则。(4) 可行性，即标准不能过高，也不能过低。标准过高，绝大多数人达不到，会使人们失去信心；标准太低，唾手可得，便失去了控制的意义，总之标准要使绝大多数员工经过努力后可以达到。(5) 可操作性，即标准要便于人们对实际工作绩效的衡量、比较、考核和评价。(6) 相对稳定性，即所建立的标准在一定时期内要保持稳定。(7) 前瞻性，即所建立的标准既要符合现实的要求，又要与未来的发展相结合。

3．控制标准一般可分为哪两大类？常用的控制标准有哪四种？

答：控制标准可分为定量、定性两大类。常用的四种控制标准是：(1) 时间标准；(2) 数量标准；(3) 质量标准；(4) 成本标准。

4．制定标准的过程分为哪三个阶段？

答：(1) 确立控制对象。进行控制首先遇到的问题是“控制什么”，这是在决定控制标准之前需要妥善解决的问题。组织活动的成果应该作为控制工作优先考虑的重点对象。(2) 选择关键控制点。重点控制对象确定下来后，还必须具体选定控制的关键点，才能够制定控制标准。(3) 制定控制标准。控制标准制定中最为简单的情况是，把计划过程中形成的可考核目标直接用做控制标准。

5．制定控制标准的方法有哪三种？

答：(1) 统计计算法，即根据企业的历史数字或者对比同类企业的水平，运用统计方法确定企业生产经营各方面工作标准的方法。用这种统计计算方法制定的标准，称为统计标准。(2) 经验估计法。老员工、技术人员和管理人员利用自身知识和经验，在充分了解情况的前提下，以估计的方式建立的标准，称为经验标准。(3) 工程方法，即通过对工作情况的客观分析，以准确的技术参数和实测数据为基础制定标准的方法。

6．什么是统计计算法？

答：统计计算法：根据本企业的历史数字，运用数理统计方法确定企业各方面工作的标准。如历史统计某工序的时间标准为 4、6、8、10、12、14、16 分钟，用平均值法、中位数法、级差法、平均值以上平均法表示的该时间标准为：①平均值=（4+6+8+10+12+14+16）／7=10（分钟）。②中位数=10（分钟）（如数据个数是偶数，即取当中两数的平均值）。③极差 R=16–4=12（分钟）（最大值与最小值之差）。④平均值以上平均法：（10+12+14+16）／4=13（分钟）。

7．经验估计法的应用条件有哪些？

答：经验估计法的应用条件。①从事的是一项新工作。②历史上或相关企业工程缺乏统计资料。③管理人员、技术人员和有经验者三结合。经验估计法包括①平均值法：（4+6+8+10+12+14+16）／7=10（分钟）。②概率法：M=（a+b+4c）／6，即 M={a（最先进标准）+b（最保守标准）+4c（大多数人估计标准）}／6=（4+16+4×10）／6=10（分钟）。③去掉最高分和最低分后取平均值法，如前例中（6+8+10+12+14）／5=10（分钟）。④加权平均法，如对后三个数据进行加权平均，16×0.5+14×0.3+12×0.2=14.6（分钟）。

8．什么是工程标准？

答：工程标准是通过对工作情况的客观分析，以准确的技术参数和实测的数据为基础制定的标准。

三、衡量实际工作

1．管理者在衡量工作成效的过程中应注意哪三个问题？

答：(1) 确定适当的衡量方式，即衡量什么、如何衡量、衡量间隔时间和由谁来衡量。(2) 建立信息反馈系统。为了给纠正偏差提供依据，信息反馈系统是必不可少的。(3) 通过衡量成绩，检验标准的客观性和有效性。

2．确定适当的衡量方式包含哪四点内容？

答：(1) 衡量目标，即衡量什么，这是衡量工作最为重要的方面。(2) 衡量的方法，即采用什么方法进行衡量，一般可以采取以下四种方法：①亲自观察法。②利用报表、报告法。③抽样调查法。④召开会议法。(3) 衡量的频度，即衡量实绩的次数或频率，通俗地说就是间隔多长时间衡量一次实绩。(4) 衡量的主体，即由哪个部门、哪个人负责衡量。

3．控制对信息有哪三个基本要求？

答：(1) 信息的及时性，即时间问题，过时信息反而会误人。(2) 信息的可靠性，即准确、完整信息，不准确或片面的信息会误事。(3) 信息的适用性，即足够、有用的信息，信息过量不仅无用，反而会使人无所适从。

四、鉴定偏差并采取纠正措施

1．偏差产生的主要原因是什么？

答：(1) 计划本身有问题。如计划本身不科学、不合理、不客观，企业必难以执行或根本就无法执行。(2) 执行过程中的问题造成偏差。原计划是科学合理的，但是执行中情况和条件发生了变化，计划也要随之变化。(3) 一些偶然因素、暂时因素造成偏差。如突发事件人们一般无法预料。

2．既然有了计划或标准，为什么还要对其进行调整？

答：原因可能有两方面：(1) 原先的计划或标准不科学，在执行中发现了问题。(2) 原先的计划或标准是科学的，但客观情况发生了变化。

3．选择和实施纠偏措施时应注意哪些问题？

答：(1) 尽可能使原有方案和纠正后的方案双重优化。(2) 充分考虑原先决策实施的影响。因为原先决策已消耗了一定的人力、物力、财力和时间，属非零起点。(3) 要消除组织成员对纠偏措施的疑虑：①原先决策者、支持者害怕负责任，就可能找借口，反对纠偏。②原先决策的反对者可能幸灾乐祸，甚至夸大事实、否定正确部分。③原先决策的既得利益者可能极力抵制纠偏。

4．有效控制的五个原则是什么？

答：(1) 控制应该同计划与组织相适应。(2) 控制应该突出重点，强调例外。(3) 要有灵活性、及时性、经济性。(4) 控制过程应避免出现目标扭曲问题。(5) 要注意培养员工的自我控制能力。

5．自我控制有哪些优点？

答：(1) 有助于发挥员工的主动性、积极性和创造性。(2) 有助于减轻员工管理工作的负担，减少控制费用支出。(3) 有助于提高控制的及时性和准确性。

重点复习思考题

1．什么是控制？

2．用控制与计划的关系说明在企业已经有计划的情况下仍需进行控制的原因。

3．什么是前馈控制、现场控制和反馈控制？各有什么优缺点？

4．怎样根据控制的特点做好控制工作？

5．一个企业的管理者应如何运用前馈控制和反馈控制做好企业的经营管理工作？

6．什么是标准和控制标准？

7．控制工作过程一般由哪几个程序或步骤组成？

8．控制标准的形式可以分为哪两大类？常用的控制标准有哪四种？

9．有效的控制标准一般需要满足哪些基本要求？

10．怎样选择关键控制点？一般应考虑哪些主要因素？

11．制定控制标准的常用方法有哪些？

12．衡量控制标准是否科学合理要考虑哪些问题？

13．在控制措施的选择和实施过程中，管理者要注意哪些主要问题？

14．为了使控制工作做得更加切合实际，一般需要注意哪些基本原则？

五、管理热点问题

（一）变革与创新管理

1．影响组织变革的外部力量主要体现在哪几方面？

答：（1）市场变化：顾客需求变化引起市场变化，新产品不断被推出，产品的生命周期不断缩短。（2）竞争加剧：同业生产者、潜在进入者、替代品生产商是企业的竞争者。（3）全球化竞争：竞争已呈国际化态势，并且日趋激烈。（4）信息社会的变化：电子计算机、信息、通信技术的发展，把人们的生活以及企业的经营管理推入了一个崭新的时代。

2．影响组织变化的内部力量体现在哪几个方面？

答：（1）员工队伍处于不断变化之中，员工招聘、辞职、解聘、跳槽等周而复始。（2）员工受教育程度的变化。（3）技术、设备不断更新、变化。（4）企业中高层管理者的要求变化。

3．根据环境变化的频度和强度以及组织变革需要的程度及方式不同，管理变革可分为哪两种类型？

答：（1）静态环境中的间断变革：指变化只是暂时的、偶然的、间断的。（2）动态环境中的持续变革：指变化是绝对的、永恒的、持久的。现实中绝对稳定的环境和绝对动态的环境并不多见，更经常出现的是介于两个极端之间的混合状态。

4．事务型管理强、变革型管理弱的主要表现是什么？

答：（1）强调短期框架，注重细枝末节，侧重回避风险。（2）重视专业分工，强调人尽其才，忽视工作综合性和配合性。（3）强调对人的行为的抑制、控制和预见性，忽略能力扩展和激励。

5．片面强调变革型管理而忽视事务型管理的主要表现是什么？

答：（1）强调长期远景，忽视短期计划和预算。（2）重视组织文化的作用，忽视专业化和规章制度的作用。（3）鼓励员工以非正式联系的方式集结在一起。

6．变革型管理和事务型管理各有什么特点？

答：如表10-1所示。

表 10-1　变革型管理与事务型管理对比表

		变革型管理	事务型管理
管理使命方面		突破现状、抛弃传统	维持秩序、守业
管理职能方面	计划	重远景目标，重战略	重短期、周密计划，重预算
	组织	联合所有相关者形成内外联系网络	重分工、协作、汇报体系配备合适员工
	领导	重沟通、激励率领大众前进	重选择、命令、监督按部就班地工作
	控制	减少偏差确保目标实现	重环境变化，重调整计划目标

总之：(1) 创新型企业、小型企业适于采用变革型管理。(2) 刻板僵化、缺乏活力的大型企业常具有事务型管理的传统。

7．什么是创造与创新？

答：(1) 创造是以独特的方式，综合各种思想之间联系的一种过程和能力。(2) 创新是形成一种创造性思维并将其转化为有用的产品、作业方法、管理方法等的过程和能力。

8．管理者可以通过哪些措施来激发创新？

答：(1) 实行有机的组织结构。分工程度低、部门职能弱化、横向沟通密切、纵向层次少的组织有利于员工创新。(2) 拥有富足的资源能为员工创新提供必要的物质基础和条件。(3) 管理者任期较长且避免短期行为。(4) 充满创新精神的组织文化。管理者要鼓励创新、允许失败，且本身敢于冒一定风险。(5) 人力资源因素。注意招聘一些能力强、充满自信、精力旺盛、敢于冒险、有创新精神的员工。

9．为什么要创建学习型组织？

答：(1) 当今社会和组织环境发生巨变。(2) 德鲁克预见：未来的典型企业将是以知识为基础的企业。(3) 以信息和知识为基础的组织要求每个成员都有学习意识。

10．什么是学习型组织？

答：(1) 学习型组织是关于组织概念和员工角色的一种崭新的态度和理念。(2) 学习型组织中每个成员都要参与识别和解决问题。(3) 学习型组织的核心在于解决问题和提升员工解决问题的能力。(4) 学习型组织员工有权力、有能力识别问题并能提出和实施解决问题的措施。(5) 确保组织和员工获得和保持竞争优势。

11．学习型组织的主要特点是什么？

答：(1) 有一个为组织成员所普遍认同的共同愿望。(2) 摒弃旧的思维方式和常规程序。(3) 学习型组织是一个相关联的网络系统。(4) 成员之间坦诚沟通，信息和知识得以共享。(5) 成员的个人利益会服从组织利益。

（二）冲突管理

1．什么是冲突？

答：冲突是指人们由于某种抵触或对立而感知到的差异。

2．冲突的两种极端情况是什么？

答：一种为微妙、间接、高度控制的抵触状况；另一种为明显、公开的活动，如罢工、骚乱。

3．对于组织中存在的冲突有哪三种不同的观点？

答：(1) 第一种观点认为冲突是有害的，会对组织造成不利的影响。(2) 第二种观点认为冲突是任何组织都无法回避的自然现象。(3) 第三种观点认为管理者需要鼓励有益的冲突。

4．为什么说冲突太少、太多都不恰当？

答：冲突太少，甚至没有冲突，会使组织反应迟缓，缺乏革新观念；冲突太多，会造成混乱、无序、分裂。

5．缓解冲突有哪几个过程？

答：(1) 审慎地选择处理冲突的态度。(2) 评估冲突当事人。(3) 分析冲突的原因和根源。(4) 采取切实有效的策略解决冲突。

6．缓解冲突有哪五种策略？

答：(1) 回避、冷处理，即从冲突中退出，听任其发展变化。(2) 强制、支配，就是以牺牲一方为代价而满足另一方的需要。(3) 迁就、忍让，就是将他人的需要和利益放在高于自己的位置上，以“他赢己输”来维持和谐关系的策略。(4) 折中、妥协，即要求每一方都做出一定的让步，取得各方都有所赢有所输的效果。(5) 合作、协同。这是一种双赢的解决方式，此时冲突各方都满足了自己的利益。

7．提升冲突的方法有哪几种？

答：(1) 改变组织文化。形成一种发扬和鼓励冲突的价值观和文化氛围。(2) 运用沟通。模棱两可的、具有威胁性的信息，可以引发和提高组织的冲突水平。(3) 引进外人或重用吹毛求疵者。从外界引进不同态度、不同价值观和不同管理风格人员，并允许不同意见者甚至“唱反调”者存在。(4) 重新构建组织。如调整工作群体、变更纵向层次和横向部门的划分。

（三）现代企业制度

1．所有制有哪三种类型？

答：(1) 私有制。(2) 公有制。(3) 混合所有制。其具体分析如下。(1) 私有制的基本特征是排他性，有两种基本形态：①单个人所有制，②家族或家庭所有制。(2) 公有制的基本特征是共有性，有两种基本形态：①全民所有制，②集体所有制，(3) 混合所有制：指公与私、共有性与排他性混成一体的财产制度，包括①股票，②股份制，③从所有者的参与形式看又分为a．公众股份制、b．职工股份制、c．少数股东持股的股份制。

2．目前我国企业所有制可分为哪三种？

答：(1) 个人、家庭所有制，(2) 股份制，(3) 国有、集体所有制。

3．20 世纪 80 年代我国推行“拨改贷”、“利改税”改革的目的和前提条件是什么？

答：目的是两权分离，前提条件是产权明晰。

4．概括地说明什么是现代企业制度？它有哪五大特征？

答：现代企业制度是适应市场经济要求的产权清晰、权责明确、政企分开、科学管理的企业制度。现代企业制度的五大特征：(1) 产权关系明确，国有资产所有权归国家，(2) 独立核算、自负盈亏，(3) 出资者对资本享有所有者权益，(4) 自主经营，(5) 建立科学的企业领导机制和组织管理制度。

5．企业的财产组织形式有哪几种？

答：国际上流行的分类：(1) 个人业主制，(2) 合伙制，(3) 公司制。其具体分析如下。(1) 个人业主制：财产归个人或家庭所有，对企业债务负无限责任。(2) 合伙制：由两个或两个以上的出资者共同投资。(3) 公司制：指由两个或两个以上出资者共同出资、依法定的条件和程序设立的具有独立法人的企业，可分为有限责任公司和股份有限公司。

6．公司制企业有哪些特点？

答：(1) 具有独立的法人地位。(2) 出资者不能以个人名义支配公司的财产或对外活动。(3) 出资者以其出资额为限对公司承担有限责任。

7．什么是公司治理结构？

答：公司治理结构指所有者（股东）对公司的经营管理和绩效进行监督和控制的一整套制度，包括以下几部分。(1) 股东大会：公司最高权力机构。(2) 董事会：由股东大会选出董事长，董事长是公司的法人代表。(3) 总经理：接受董事长委托，作为公司最高行政负责人，主持公司经营管理工作，组织实施董事会决议。(4) 监事会：由股东代表和适当比例的公司职工代表组成，对董事和经理的行为进行监督。

8．广义的公司治理结构包括哪些方面？

答：内部治理、外部治理、市场竞争。

9．公司对经营者的激励包括哪些方面？

答：(1) 工资薪金：这是基本报酬。(2) 奖金：一般与企业经营绩效直接挂钩。(3) 股票：是不直接以货币形式体现的对公司经营者的一种酬报。(4) 期股：促使经理人员从企业长期绩效考虑的一种报酬形式。

重点复习思考题

1．简述引起变革管理的组织外部力量和内部力量。

2．简述变革型管理和事务型管理的不同。

3．什么是学习型组织？它有哪些主要特点？

4．对于组织中存在的冲突有哪些不同的观点？

5．缓解冲突有哪几种主要方法？

6．提升冲突有哪几种主要方法？

7．我国企业的所有制形式有哪三种？各有什么特点？

8．什么是现代企业制度？它有哪些主要特点？

9．按照财产构成的不同，企业可分为哪三种基本形式？各有什么特点？

10．什么是公司治理结构？股东大会、董事会、总经理、监事会各有哪些职责？

在准备面试的过程中要加强与其他考生的交流，互通有无，互相鼓励。类似中国 MBA 备考网（www.mbaschool.com.cn）、中国 MBA 教育网（www.mbaedu.cn）这样的网站，为大家提供了一个传递信息、交流备考思想的平台，应该充分加以利用，经常去看看。

第十一章　准MBA入学必读之职业规划

以下是几年来 MBA 学生提出过的问题，经过几年来的经常讨论，对这些问题的归纳和整理，会对 MBA 候选人、MBA 在校和已经毕业的学生在设计自己职业生涯时候的一些思考有所帮助。

第一节　职业经理人素质方面的问题

1．职业经理人应该具备哪些素质？

答：正直和坚持原则是首要的（人品和道德），其次是行业业务技巧的娴熟（业务水平），愿意和能够在压力下辛勤工作的精神（吃苦的精神），具有创新意识与想法、保持和具有持续学习新东西的精神（openmind）等，这些都是基本的素质。

2．企业家应该具备哪些素质？

答：个人认为，企业家的大部分素质都是与生俱来的，不存在应不应该具备哪些素质，而时常见到的企业家具备哪些素质的问题，是因为后天给予企业家的机会、经历等都是先天条件加上后天悟性而得。对于企业家这种人来说，承受风险和具有洞察力与商业远见的素质是首位的。其次要对市场有极其灵敏的反应、执著的追求精神，以及丰富的想象力和实际放手操作的魄力，而这些素质真是有很大的先天成分。

3．MBA 学生在就业和择业中应该如何定位？

答：首先，是对自己职业经理人角色的定位，最好是选择那些和自己相关经历或者兴趣一致的行业。其次，那些在入学前已经有过丰富商业经验和经济基础不菲的学生可以考虑进入自己所热爱的行业创业，若创业成功，则进入企业家行列。还是要具体问题具体分析，千万不可以趋炎附势地策划自己的职业生涯，比如个人去从事实在不感兴趣的，但是在当时情况下走热的行业或者职位，用单项诱惑来误导自己，最后只能够导致机会成本大增。

4．职业经理人、创业者、企业家这三种角色有什么区别和联系？

答：这三种角色是既有区别又有联系的。创业者和企业家关联得更紧密一些。创业成功的创业者很多都能够顺理成章、驾轻就熟地成为初具规模企业的企业家。创业者要有很大的承受失败的能力，数字显示大部分企业创业都是失败的，而在中国民营企业存活的平均年龄只有2.7年(因为各种原因，也有下意识要破产消失的)，要有无中生有的能力，有能够组织资源和打开局面的能力，而企业家要具有驾驭一定规模企业的能力，这时候的企业家有和职业经理人交叉职能的部分了。在企业发展到一定规模后，就需要经营管理与所有权限的逐渐分离，建立适合于企业不同阶段的治理结构，这时候的各级职业经理人就显得重要了。职业经理人只有在具备了能够给企业带来利润贡献的条件下，会有选择地成为持有企业股份的高级经理人。

在商业活动中，这三种角色有时候在转换，但是这三种角色都是商业经营活动所最需要的人员成分。在我们国内的经济转型环境下，这些现象屡见不鲜，比如万科的王石总裁等人。总体上来说，职业经理人在中国还处在生长发育期，因为它还需要市场发展的成熟程度等条件。毋庸置疑的是，这三种人都具有市场价值，有的个人还因其能力而具有相当大的市场价值和知名度，中外都如此。

5．从MBA到一个大企业的CEO，要走过哪些路？

答：首先，担当一个企业，尤其是大型企业的CEO，并不是MBA的必由之路。还是那句话，CEO的职责和应该具备的素质是什么？这个问题最重要。认识到这个问题，就比较好知道这个问题的答案了。MBA不是不可以担当CEO的职位，关键在于是否具备了具体到这个企业所需要的CEO的素质、相关管理业务等的背景。

如果一个MBA学生立志要成为企业的CEO，他要走过的路是应该使自己达到这个企业所需要的CEO的素质和各种个人条件的路。我在前面提到过，领导者的一些素质是与生俱来的，加上后天的磨砺、升华和机遇等。主观上给自己树立这个目标，虽然精神可嘉，但应该是基于对自己全面分析的基础上来决定，而不能够忽视自己先天的素质来立志。这就是我们常常讨论的有关是否可以培养出创业者、企业家、CEO？结果是否定的，因为MBA入学前个人已经有的潜质也在起很大作用，我们希望在选取MBA学生的时候能够将具有领导者才能潜质的人选进来，但是一些软条件是很难在短时间内判断出来的。

如果你自觉是个CEO的胚子，那不妨尝试在进入企业后积极参与做决定、承担责任、具有凝聚力和团结人（包括能够和各种不同的人共事，得到多数人尤其是上级经理的认可等），尤其是在管理危机和利益方面，更要接受各种考验。我们的毕业生里已经有人出任CEO职务了（还没有大型企业的），我期望看到MBA同学里在未来的商业实践中能够产生出更多的CEO，成为企业的带头人。它意味着成功、责任和各种压力等。

6．毕业后先去规范的企业做职业经理人，条件具备的时候再去创业，这样行吗？另外，可以同时做职业经理人和企业家吗？

答：很多前车之鉴都向我们表明了，先做职业经理人，几年之后再去创业，这是可行的。许多 MBA 毕业生都是在大企业里积累了一定的经验和财富后，开始了自己的创业生涯，尤其在过去两年里的互联网经济热的起始阶段，许多跨国公司里的 MBA 毕业生都纷纷辞职创业，他们中间的成功与失败并存，但是无疑的是这种创业激情下的商业实践证明了善于抓住机遇的能力等其他素质。

同时做职业经理人和企业家这种情况在国内尤其普遍，甚至这两者之间有时候没有非常清晰的界限。经营能力在商业运作下的与日俱增和持续学习能力等，是兼有两者职能的前提。企业家更是常指那些实业的经营者，而职业经理人常常泛指那些在各行各业里（包括基金经理人等）为股东做经营的人。

7．女性适合读 MBA 学位吗？女生应该注意哪些问题？

答：这个问题似乎已经不是一个问题了。在全世界范围内，有许多女性 MBA 毕业生，甚至为数不少的女企业家和 CEO 在商业运作中正在发挥着与男性同样的作用，为企业最大化赢利而奋斗，其中不乏佼佼者，比如惠普的前 CEO 费奥莉娜等，上任以后已经成为令世界瞩目的企业领导人。在国内目前的许多岗位上也活跃着许多女 MBA 的身影，她们中有 SONY 的人力资源总监；中国国际贸易总公司的副总裁；跨国咨询公司如麦肯锡、安达信里的高级咨询师；投资银行业务里如摩根士丹利的骨干；跨国公司里的不少 HR 经理都是女 MBA 毕业生在掌管人事培训等工作。

女生应该注意哪些问题呢？这还是一个与个性非常相关的问题吧。能够打理好各个方面关系，包括工作上、社会上、业务上和家庭里各种关系的女士是最不容易的了。

8．企业是怎么看待 MBA 毕业生的？

答：根据清华经济管理学院职业发展中心统计，2010 年中心接待 260 家企业上门“求贤”，提供职位 800 多个，吸引了摩根士丹利、高盛、德意志银行、壳牌、通用电气、中国国际金融公司、中国银行等国际国内知名企业。中国人民大学商学院有关老师表示，MBA 学员的就业问题早在暑期放假之前就已圆满解决。

从商学院的反馈来看，随着我国经济的发展和与国际市场的逐步接轨，企业需要大量的中高级管理人才，MBA 往往成为企业聘用中高级管理者的首选目标。MBA 在人才培养模式和人才定位等方面，具有很大的优势，新毕业的 MBA 在人才市场中具有较大的需求。同时，我们还应看到，企业在关注 MBA 毕业院校的同时，还非常关注 MBA 毕业生的以往管理经验和实际管理能力，因此，考生在参加 MBA 课程学习的同时，还应利用暑期实习等机会加强自己的企业实际管理能力，使自己成为高端实用型管理人才，成为企业关注的目标，进而通过攻读 MBA 实现自己职业生涯的飞跃。

9．MBA学位应该着重培养的能力是什么？

答：是思想方法和解决问题的能力，是解决问题过程中的方法与思维整理的分析能力，还有就是英语中常说的Know-How能力。MBA毕业生既然要担当企业各层经理人的任务，就应该具备经营管理能力，这些能力分解开来可以成为以下几点。

（1）独立思考和工作的能力。

（2）处理棘手和困难问题的能力。

（3）在艰苦环境中（包括复杂性等）管理风险和经营业绩的能力。

（4）业务技巧能力的掌握（包括战略规划、公司治理结构、生产管理、信息管理、市场营销、人力资源管理、法律法规掌握运用、财务管理、资本运作常识的掌握等）。这些是尤其可以在学院里学到的，而上面的三点还要在实践中磨炼。

10．在我们今后的职业生涯中，哪些因素对职业生涯影响最大？当前学习期间应该注意做哪些准备？

答：有很多因素都会对职业生涯产生影响，大致有以下几点。

（1）自身心理素质的磨砺和锻炼，意志坚定和坚忍不拔是职业生涯能够保持较长时期良好状态的前提。

（2）自身不能够保持继续不断学习和吸取新东西的能力，会使自己在外界各种变化来临的时候，不能够适者生存，更别想引导变化，从而落伍失去职业生涯发展机会。

（3）生理健康也是职业生涯发展的保障。商业运作和经营的环境是激烈和不停滞的，为了自身职业生涯的发展，应该全面策划自己的一切。

（4）国际化经营和全球化经济正在摧毁一些很传统的东西，不管是正面还是负面效应，在社会发生大的转变时，都不可能全面顾及。因此要保持开放的心态，来接受新鲜事物和技术的来临。随时以固定模式的思维和惯性的态度来对待变化，或者出于本能的安全感来思维事情，只能使自己逐渐丧失职业生涯，成为仅仅为谋生路而工作，这是纯粹谋生，和设计享受职业生涯规划的原则不同。

当前在校学习期间，建议同学们应该注意未来性的问题，并且始终密切关注新问题、新技术、新理论、新商业运行模式等的产生和发展，同时注意锻炼自己的洞察能力和意志。总之，像很多哲人说过的一样："如果还有一个敌人，那就是你自己。""人的一生就是同自己在作战。"

第二节　读MBA期间的常见问题

1．英语应该达到什么水平、标准才可以在求职中有助？

答：不少人在履历上都标明英语水平的各种级别，但许多事实说明，使用下列词汇和拥有如下能力更有助于求职于相关行业：口语流利，英语公文写作流利，英语口语和书面表达能力强，英语交流没有问题等。但是，重要的是要实事求是，首先你要真正拥有这些技能，否则富有经验的 HR 经理审慎的面试可以看到真实的你。在我面试过的一些 MBA 学位申请者中就有这样的人，一旦开始用英语交谈，你的真实水平就显现了。如果你的英语水平确实不怎么样，建议还是真实写出自己实际的英语能力。

2．MBA 现有的课程对就业有什么帮助？

答：有一些人对 MBA 学业的学习期望太高，以为完成学校里 MBA 的课程就应该具备了在商场上驰骋纵横的能力了。试想一下，如果只靠读些许商业相关的书籍就可以在商界大展宏图，那岂不太容易了吗？

但是，MBA 现有课程绝对是对就业有很大帮助的。MBA 课程和案例分析的重要性在于启迪商业方法的研讨和思路技巧的应用发展，在日后的工作中，会使自己更能够灵活自如，而绝不是受其桎梏、反受其害，所谓被“教育污染”。所以 MBA 学生的自学和持续学习业务能力是非常重要的。没有 MBA 课程的学习，对一些转行到商业运作方面的学生而言，就缺乏了一些基本系统的商业管理思想的学习。当然，有的人也具备在经营的过程中进行自我完善提高的学习能力。

对案例分析的看法：分析成功案例的意义有多大？分析失败案例的意义有多大？成功的案例确实值得分析，但是对失败案例进行分析同样甚至更重要。在课堂里学习的同时，还要密切注意自己身旁每天发生的生动案例，实际意义更大。最近在“注意力经济”和“速度经济”的状况下，企业发生的事件非常多，比如最近美国的安然事件、中国的银广夏事件等，都是我们理解企业运作非常好的实际案例。

3．如何看待 MBA 学位和国际化？

答：MBA 学位本身就是舶来品，它在中国土地上出现的第一天，就带着国际化的味道。而商业和高新技术的日益全球化发展，使国界在许多方面变得含混模糊，这也许是人类知识和技术共享的一个积极性的方面。作为 MBA 学生应该是国际化的人才。你为之工作的企业组织既然是在这样的竞争生存环境下存在与发展的，你们企业的竞争对手应该也是在世界范畴里运营的，所以对国际化的理解应该尽量深刻和广义一些。

国际化的含义不是狭义上的语言和惯例上的理解，应该具有很广泛的内涵，它包含了理念、价值观、文化、道德水准等方面，在这许多方面即使不走出国界也应该可以做到国际化。

4．MBA 学生如何处理好在校期间学习和在企业实践的关系？

答：MBA 学位是个非常注重商业实践的学位，因此自始至终关注商界的各种动态与变化，在任何可能的机会下亲自参与商业实践，对做 MBA 学位的各种课程的理解和案例分析都会有所针对性和亲切性。在职攻读 MBA 学位的同学自然不必说了，可以在学习中同时体会本身工作中的问题及解决方法；全日制的同学也应该充分利用实习、倾听来自企业各级经理人在北大光华管理学院做的各种讲座、去企业参观等接触企业的机会，来丰富自己对商业运作过程中各个环节的了解，并加以研究和注意发展趋势，这对日后的充分展示自我能力是绝对大有裨益的。

对 MBA 学生在企业的实习安排，我们学院有一定的时段和论文安排，更注重来自企业对我们学生的评价和各种信息反馈。我们目前在校的 MBA 学生大多数在实习中都表现出比较务实和踏实的作风，很多同学反映实习中的收获还是不小的。

5．毕业或者还没有毕业的 MBA 学生如何获得优秀企业老总的青睐？

答：如何被人注意到，尤其是被企业老板注意到，似乎已经有很多版本的案例了，最经典的案例就是如何在乘坐电梯时，在电梯内碰到老板的若干秒内，有效引起老板的注意，从而得到老板级人物的某种认同，使自身得到最快的升迁和发挥能力的机会。

其实，有一句话说"是金子一定会发光"。我是相信这句话的。但是如何能够在尽量短的时间内让自己实现"发光"，确实是值得研究的问题。以下几点或许能够启发大家。

(1) 在合适的场合和时间里对老板的方案、提法、企业、思路等提出具有一定水准的问题和建议。

(2) 有机会的时候，要毫不犹豫地果断处理难题，这是对实际工作水平的很好测试。反复掂量得失，自己认为在深思熟虑的时候再处理一些事情，恐怕难以起到当时的作用了。

(3) 做事情和做人要有原则，这与及时与上级沟通和汇报不矛盾，过于老道圆滑，会起到反面的作用，有时候自己以为很周到与巧妙，反而弄巧成拙。

(4) 做事情要坚定和敢于负责，推诿和迁过于他人，最终都会给自己的人格或个性打折扣。

(5) 在面试等机会下，要敢于提出自己关切的一些问题，但是分寸要掌握，不能够咄咄逼人，提问题确实是要弄明白问题，所提问题的水平和追问的方式只能留给面试者来评判了，表演作秀的成分是拙劣的，而往往面试者从被面试者所提出的问题里可以考察出若干方面的素质。

(6) 气质上的不卑不亢，衣着上的大方，语言上的清晰、简明等也是平时就应该练就的基本工夫。

(7) 写出语言简练而表达完整的简历，不要用时髦的各种词汇过度包装自己，那只能给人造成麻烦，因为会使老板或者人力资源经理花费时间来剥离所有不实在的外在成分。还有的同学在名片上下工夫，还没有得到学位就已经标明自己的学位，有的还专门标明出身的学校，适得其反地让人感受到一种不自信。在我看到的一些名片上，有的人还在中文和英文之间玩小聪明，在中文上标明博士或者硕士，而在英文上又无奈地标明候选（CANDIDATE），让人疑窦丛生，心中形成不少问号，这些都只会给自己带来负面影响。

其实，能否让老板注意到自己和知道自己的特点，还是一个与性格和个性极其相关的问题。在现实生活中，可以观察到，有些人就是有能力在最初的几秒钟就被人牢牢记住，这可能是由于长相、衣着、语言能力、个性或者某个特殊的机遇等。但是有一种人，确实是"路遥知马力"

型的，只有和他们一起经过一些事情后，或者相处了一段时间后，才能认识到他们的价值。让他们违背自己的个性去表现自己，反而不好。但是在“速度经济”的当今时代，确实有必要让这些同学增进自己表现的能力（比如表达和讲演的能力等），以能更快得到个人能力的认可和发挥。

6．在校的学习生活中，要为未来的职业生涯做哪些准备？

答：对于立志要进入商业领域当职业经理人的学生来说，恐怕要做许多方面的准备，大概可以归纳为以下几点。

(1) 积极参与课堂上的案例讨论，提高自己讲话概括和条理性的能力，锻炼自己在公开场合讲演的从容不迫的胆量，提高自己对各种形态下运作公司的认知。

(2) 积极参与北大光华管理学院形形色色的讲座和演讲，因为我们许多讲座是邀请中国乃至国际上著名公司的 CEO 和董事长来主持演讲的，这无疑是非常宝贵的学习机会和提出问题的机会，来充实自己的感性认识。

(3) 领悟商业运作的技巧和知识，尤其是对自己决心进入的领域做尽量详尽的研究和探讨。

(4) 注意自己和同班同学打交道的能力，注意培养自己的合作与妥协精神，为今后的梯队工作打好基础。

(5) 注意来校讲演的企业著名人士的气质、衣着等细节，培养自己良好的职业经理人习惯。

(6) 注意参加与面试、准备简历、人际沟通技巧等相关的各种辅导，不断提高自身的这些技巧。

(7) 运用各种方式来提高自己的社会活动能力和交往能力，注意信息获得与处理能力的培养。

当然还有许多方面可以做准备，还要结合个人的具体情况来策划自己。从我自身的经历以及周围 MBA 毕业生的经历来看，许多课程的学习是在工作岗位上对其加深认识的，当时不可能有如此深刻的认识。

7．出国读 MBA 学位好，还是在国内读 MBA 学位好？

答：这完全要取决于自己的职业生涯目标定位。事实证明国外的和国内的 MBA 毕业生在最近几年的一些业务能力指标上在接近，并且各自有各自的优势。改革开放之初归国的 MBA 水平自不再提，因为国内才开始筹建 MBA 学科。在 20 世纪 90 年代中后期归国的 MBA 中，与国内的 MBA 学生相比，距离在缩小。

出国去读 MBA，还是在国内读 MBA，有以下几点可以归纳讨论。

(1) 经费是一个因素，在国外攻读 MBA 学位的经费是比较高的，名校就更高，当然如果可以取得入学学生贷款，也可以综合考虑自己的得失。

(2) 个人的其他因素，比如语言问题，如果用外国语言听课不能够胜任，只好选择在国内读，但是国内对英语水平的要求也越来越高，我们的许多课程已经开始用英语作为授课语言，这是国际化要求的一部分。

(3) 在国外读 MBA 学位，可以了解其他国家的文化和价值观，在提高英语水平的同时，可以直接和国际化组织接触并得到认同，为自己寻找更广泛的就业机会。

(4) 在国外读 MBA 的时间里，可能会失掉一些原来在国内建立起来的资源网络，会对发展迅速的国内经济产生盲点。我接触到的一些归国 MBA 毕业生对国内企业和企业家名称、事迹和发展都很生疏；对国际上的企业、企业家也是一知半解，这就造成开始工作的准备阶段加长。

(5) 出国的概念很广，是去哪个国家和地区读 MBA？结果是大相径庭的。即便是在一个国家里，比如在美国和英国，不同学院的 MBA 毕业生，特色、能力也有诸多不同，尤其是那些一直成长在国内，在国外只是因为就读 MBA 待上一年半载的人，镀金抛光的成分很重，问题是镀金有多厚？抛光有多亮？问题的实质还是在于个人基本素质。

(6) 国内的 MBA 教育水平更是参差不齐，所以也存在读哪个学院的 MBA 的问题。国内大部分 MBA 教育由于师资力量问题，而不能够完成国际化和商业化的系统教学。

总之，我们讨论这个问题，国内也好，国外也好，做 MBA 学位的特色各有千秋，还是要根据自身具体情况具体分析，不能笼统决定其优劣势。有条件去美国名牌商学院，比如 HBS（哈佛商学院）读 MBA 学位的，当然会有很多长项对今后的职业生涯有利，但这不是绝对的事情。另外，立足在本土的 MBA 学习也不是不可以达到国际化的水准，在我们 MBA 教育仍然历史较短的进程中，有些本土 MBA 毕业生已经显现出经营和管理才能，可以这样总结这个讨论，在以后的商业运作和经营里，我们会看到各种各样的、具备各式才能和特色的、来自于多个国家和地区的 MBA 毕业生，他们都会有自己的贡献。归根结底，成功的 MBA 毕业生，还是基本先天素质加上后天学习和磨砺才成功的。

8. 辞职读全日制 MBA 学位好，还是在岗读在职 MBA 学位好？

答：这也是仁者见仁、智者见智的一个话题。

其实各自有各自的好处。光华管理学院的全日制 MBA 学生的明显好处，是可以完全享受北大的校园人文文化，选择各式各样的活动去参与，是可以不受其他条件制约的。而在职的 MBA 学生就不能够全面参与这些活动。但是在职 MBA 学生可以保持原来就喜欢的工作岗位，并且带着岗位上的问题来课堂上学习，针对性更强。

由于职业和收入不再是一个终身不变的事情，因此如果能够全日制脱身于平日的琐碎管理和家事来进行系统的管理科学学习，重温校园文化，应该是全日制 MBA 学习的优势大于在职 MBA。

还有个人需要考虑的各种问题，比如学费和家庭收入的关系等，要照顾的因素有很多。总之，还是要根据个人的具体情况全面衡量。

9. MBA 学生中工作经历较短的同学应该向较长工作经历的同学学习什么？

答：首先，工作经历较长和较短能够说明什么问题呢？然后才能够思考是工作经历较短的应该向工作经历较长的学习呢，还是工作经历较长的应该向工作经历较短的学习呢？

其实工作经历的长短，不是什么关键性的议题，要相信“人各自绝对不一样的先天条件很大程度上决定了后天的人生道路”这个观点。所以，不存在什么工作经历短的同学应该向工作经历长的同学学习这个论点。而是应该强调每个 MBA 学生在校期间，应该注意探讨学习别的同学身上的优点和发生过的事情，不管这些事情是倒霉的败绩还是灿烂的业绩，应该都会给有悟性的人以启示。

而且，别人的特点恐怕是很难学到的。要承认人之天生的不同。举例来说，如果这个同学天生交际能力很强，不经意间会和诸多的社会名流成为至交，天天喜欢用大量时间来应酬和周旋，如果你本来就生性内向和喜欢安静，你可以通过模仿来达到吗？如果这个同学语言幽默、口齿伶俐而不失严谨，可能经过你的努力向他学习，达到部分效果，能够如出一辙吗？恐怕人，尤其是人的性格特点是难以复制的。我们时常听到年龄大点的人说，当初如果怎样就好了，我们就要善于思考，如何不让我们的生涯成为由很多遗憾组成的“当初如果怎样就好了”这样的生活过程。在虚心向同学学习各种长处的同时，不妨同时研究同学失败的故事，来警示自己职业生涯中的各种抉择。人生的过程就是由一些关键的选择来组成的：所进入的学校，所选择的专业、择业，所选择就业的城市、国家等，甚至所选择的朋友、情侣以及共事同僚等。祝愿大家能够在每次选择中表现出预见水平。

10. MBA 学生毕业以后，回首校园生活普遍的遗憾是什么？

答：从目前已经毕业的 MBA 学生反馈来看，主要有以下几个方面。

(1) 对后来从事的专业知识，在校时掌握和注意的太有限。

(2) 没有很好地利用学习时同学中的资源共享，这包括了各自原来工作行业的各种分析等的分享。

(3) 对 HR 管理研究的忽略。

(4) 对某个专业领域学习的欠缺，比如计算机科学。

(5) 太专注于课程学习，而忽略了一定量的在校社会活动等。

我自己的经历也印证了一部分同学的遗憾，作者把国外主要 MBA 课程教科书都带回来了，在工作中重新从头又读了某些曾经学过的教程，又得到新的体会和启示。而在当时中国国内的市场经济还不发育阶段，更没有认真研究过自己应该从事什么工作和业务更能发挥自己，一路走下来，还是支付了较为沉重的机会成本。

11. 在 MBA 课程学习的第二年里，专业方向选择应否选择相近的方向？增加广度还是增加深度好？

答：作者认为，在 MBA 课程学习的第二年里，专业方向选择应该明朗化，在选修课程和自修课程方面要有所侧重。比如，你根据自己的特点和背景情况准备在毕业后从事企业市场营销方面的工作，就应该相应多做这个方面的准备。比如，多研究市场调查方面的技巧和案例、统计方法的应用、心理分析的手法了解、市场分布和物流管理等方面的技巧，国内外的市场营销特点学习等。当然尽可能不要忽略其他相关课程的学习，市场营销往往与多个专业相关，表面简单的过程，其实融合了许多层面知识和技巧的需要。再比如，想进入金融证券行业的MBA学生，就相应要对这个方面的业务知识、各种金融产品和经营手法等做较为深入的研究。想进入HR管理的学生亦同样。

对于自己就业目标日臻清晰的学生来讲，应该在专业学习的广度基础上增加深度，切切不可只注意某个专业的深度，而忽略了整个综合素质培训和MBA课程学习的广度。我再三强调的是，MBA学习是商业经营管理方面综合性的学习，因为商业运作牵涉了社会运行的方方面面。

第三节 MBA的职业发展

1．能否给我们的就业方向提一些建议？

答：一直以来MBA就业选择外企的多，去大城市的多。但是今年这一情况有了改变，毕业生的去向多元化趋势明显。从光华等几家商学院目前已确定的MBA去向来看，就业单位中外企、大型民企、政府机构、国有企业各自所占的比重比较平衡。来自清华的消息显示，今年民营企业成了MBA就业的一个重要去向。清华经管学院仝允桓教授表示，民营企业近几年对MBA人才的需求呈上升趋势，同时学生就业城市也向全国范围分布。仝院长介绍，今年清华MBA学生在北京工作的有60%，上海有10%，其他学生就业城市则分布在全国范围。

北大国际MBA今年的就业情况也证实了同样的观点。北大国际MBA职业发展部主任尹建红介绍，北大国际MBA毕业生中，60%的学员进入了外资企业或者合资企业，31%的学员进入了民营企业，9%进入了国有企业。中欧的毕业生有10%去了国有、民营企业。光华管理学院去往大型民企的毕业生比例更高达30%。除了外资企业，民营或者私营企业、国有企业开始成为MBA学员就业的一个很大市场。

2．从事人力资源（HR）管理业务应该具备什么样的素质？HR管理在中国的前景如何？

答：心细、负责、长于观察，能够长时间工作、能够及时理解各级管理层的需求，守口如瓶的严谨作风，工作条理清楚。这些素质对别的行业也重要，但是对HR经理尤为重要。HR管理在中国应该是在相当长的一段时期内要大大加强的一个领域，越是市场化，人力资源管理的概念越要深入。因为，首先人成为流动的、具有价码的劳动力商品需要鉴别；其次人力资源管理在许多方面是要创新制度的，而优越的企业制度是竞争力的重要方面。

另外，HR经理要掌握一些基本的先进技巧，在考核、薪酬、激励机制设计、培训等方面具备基础知识。

3．做职业生涯设计的时机、准备和流程是什么？当外部环境变化时，职业生涯设计如何适应变化？

答：一定要根据自身的喜好和特长来准备，时机当然是在每次做选择的时候。其实在市场经济发达的国家里，人们从幼时起就接受了为将来就业做准备的训练，学会结合自己未来的就业愿望来选择学习的重点和方式。所以选择来读 MBA 学位就是职业生涯设计的一部分。因为你已经选择了进入商业运作，而职业生涯的准备和流程，是长远目标和分解实现目标的关系。

作者想在这里引用 BP 公司地区顾问、归国 MBA 毕业生易珉先生的一个举例来回答这个问题。他说："如果你想在十年后当法国总理（假设 5 年公民权以上可以竞选总统的话），那么是不是应该在第八年、第九年就进入法国议会呢？在第六年、第七年的时候就应该在法国商界崭露头角了呢？在四五年的时候是否应该成为法国公民呢？在两三年的时候是否应该移居法国呢？在两年内是否应该会说流利的法语呢？那么，从明天开始就要学习法语。"

在我们身边的大部分 MBA 当然都是想进入商界的经理人。那么，进入什么具体的业务领域是个首先需要决定的目标，而且要反复验证这个目标是否切合自己的实际背景情况。其次，要针对自己的各种背景情况做出自己的流程计划：需要重点去修的课程、为此需要认识的企业和个人、调查和研究准备进入的行业状况与发展趋势以及自己日后可能发展的程度、准备自己的其他素质、准备简历材料等。

企业永远不变面对的是个"变"字，这个变字带来了许多不可预见的因素，所以，作为经理人是要有能力来把握变化的。GE 的著名 CEO 杰克·韦尔奇在大学毕业后，由于遇到经济不景气的阶段，就选择了在学校继续就读博士，这样毕业后可以在找工作时更有讨价还价的能力。而微软的著名创业者、CEO 比尔·盖茨则急不可耐地在大学初期就辍学开始创业，就像许多后来在互联网热时辞学从商的人一样，商机不可失!那么商界的如此不可预期的变化，应该在带给大家挑战、风险的同时，也带给大家机遇和更新。把握住这样的变化，才能够适当调整自己职业生涯设计的最优化。

这几年攻读研究生的数字在加大，今年尤其如此，可能和我们的经济大形势不无关系。

4．企业选用 MBA 有什么特点？

答：从企业反映来看，今年它们对 MBA 的聘用持理性选择的态度。目前全国已经有 60 多所院校开设了 MBA 培训教育课程。从最早的 MBA 试点教育到现在已经有十多年时间了，企业的态度也发展到了有选择地任用 MBA 的阶段。一位知名商学院负责就业的主任说，过去很多国内企业尤其是民营企业不知道怎么用 MBA。一开始很多企业对 MBA 期望值过高，盲目引进，后来有了一些教训，又好像不太敢用 MBA 了。今年，商学院在与企业的交流中发现，用人单位对 MBA 的看法把握得更为理性了。它们逐渐认识到，MBA 需要实践的机会，企业也许应该表现得更有耐心一些。

联想控股执行董事王立界表示，虽然大家都拿着 MBA 学位，但工作经历和能力是有区别的，公司所提供的职位也有所不同，薪水自然会有差距。一般来说，通过 MBA 学习的人，其原有的理论体系、工作能力会有很大提高，因此薪水相对高一些，基本在万元以上。但 MBA 不要紧盯"高薪"，眼光要放长远。不要过高估计自己的能力，MBA 应该用老板的心态去做雇员的事情，否则 MBA 永远不可能成为有魅力的管理者。

5．MBA 同学间的友谊对未来的职业生涯影响有哪些？

答：这些影响很重要，也是 MBA 教育中的重要影响。基于来做 MBA 学位的人都不是初出校园的学生，而是具备了数年工作经验的人，甚至有的同学在其岗位上还相当成功。而且在毕业后，大多数人会散布在商界等的关键经营岗位上，在数年后，还有不少人会逐渐步入公司和组织里的决策层，所以这时候同学之间的友谊就会变成为无形资产的一个网络，起着信息流、资源流等的重大作用。其实，从一开始，这个无形的网络就存在了，只是不同的人对其的作用和分量看法和使用不一样而已。

MBA 同学之间的友谊有的还会成为共同创业的基础，在国内外商学院中，都有这样众多的案例。由于取得了共识，几个同学开始共同创业，在商海中共同奋斗、同舟共济而成功。我们光华管理学院历届毕业生里都出现过这样的事例，最瞩目的当属 99 届全日制 MBA 班同学的红黄蓝社区服务公司在北京的创业奋斗，他们的奋斗得到了许多业界包括市领导的关注，我们在学院也为他们专门召开了创业研讨会。他们所做的尝试是值得尊敬的，成功与否是另外一回事。

6．我想成为一家公司的 CEO，请问选择哪一个方向最后成功的可能性最大？（如果个人的兴趣在市场和财务方面。）

答：多大公司的 CEO？什么类型的公司（跨国公司、私有公司、合资公司等）的 CEO？哪个层面上的 CEO？无论是在什么样的公司担当 CEO，你首先要显示出你能够驾驭这个企业生存、发展和赢利的能力。首先还是要从企业内部的各个环节实践上开始来培养观察自己驾驭企业的能力。如果你果真具有企业领导的帅才，相信会胜出担当重任。

其次，当什么样公司的 CEO 会对你有不同的素质要求。比如，我们一个同学在跨国公司北京总部实习，企业经理反馈给我：你的这个 MBA 学生英语比较差，就只能够和中国职员谈话，而本公司中国职员目前都是低级别的行政人员和秘书，他不能够和那些高层管理者（用英语和外国人）沟通，怎么能得到上级经理的赏识呢？这个信息从一个角度上给了我们提示。

许多大型企业的 CEO 都是从企业内部的财务或者市场部门提拔上来的，他们必须用优秀的管理能力和人际关系的有效沟通能力等，尤其是综合管理能力来得到上一级主管部门（董事会和前任 CEO）的认同和任命。耐心也是一个想当 CEO 的人必须具备的素质，不可能跨越式地得到迅速提拔，除非你有特殊的背景，或者自己是创业者、企业家，握有发言权和决策的分量。

现在，CEO 的头衔时常见到，你是想当知名企业显赫的 CEO 呢，还是什么街边小作坊式的、名不见经传的公司的 CEO 呢？有一点很重要，当一个富有价值的职业经理人，需要为自己的市场价值来奋斗，当市场给予你很高的注意力和评价的时候，机会自己会找来。你所要做的就是创造自己的市场价值，这包括你经营业绩的能力和人品等。捷径如果存在的话，还是要靠你自己来寻找。

7. MBA毕业生是否应该以收入的高低来衡量自己的成功与否？

答：我喜欢新奥特总裁、欧美同学会MBA协会理事、北大光华管理学院MBA学生辅导员田千里先生给学生辅导时讲的一段话。他认为，刚毕业的MBA学生在挑选职业和岗位的时候，不应该注重于企业允诺月收入的高低，而应该将自己长期可以发展的其他因素放在首当其冲的地位来考虑。他说，有本事，退休时再比总的收入数额，现在看这个月收入能够说明多大的问题呢？

有一个企业在招人的时候，提出开始聘用的时候薪水会不高，主要是不想收取到太过于功利心的人，但是许诺会在今后的工作中对企业做出贡献的人，及时予以提拔重用和给予利益考虑。这是一类企业的想法。

企业开出的价码当然也在一定程度上是对个人市场价值的认可，但是在考虑职业生涯选择和设计的时候，不能目光短浅，选择收入高低只是许多指标中的一个单项指标，必须与自己的短中长期目标结合起来考虑。

我们欧美同学会MBA协会的成员们，有一次在聚会时探讨MBA毕业生应该争取去大公司的高职位呢，还是应该针对自己的长远目标来设计自己的各个阶段目标？大家发现一个共同点，就是往往一开始就在大公司里工作的高职位人员，在数年后会在小规模的公司里做，而开始起点比较低，选择在大公司具体岗位上实践的人，或者在不知名公司里做的人，后来有许多做成了一定规模公司的老板。这是不包括极少数非常成功人士的，而是指对绝大多数MBA毕业生而言的一个规律。这对我们的启示是什么呢？

当然，我们许多MBA学生中，有各种个人的特殊情况，当期收入也许对一些人来讲，还是相当重要的，具体问题需要具体对待。

第四节 MBA如何找工作

1. MBA就业找的第一份薪水应当有多少？

答：前几年，很多人出于急功近利的目的攻读MBA，期望在毕业时以高职和高薪的回报来快速收回投资，从今年的就业情况来看，MBA对就业市场的傲慢态度已经没有了，大多数MBA对于职位和年薪的要求都表现得不再那么强烈。

对于长江商学院今年首届MBA学生的年薪，金融学教授黄明表示并不希望学生太看重第一份薪水。在他看来，首先要确定你能创造多大价值，月薪2000元、2万还是5万不是最重要的，毕竟你每天得到的报酬不只是工资，还有你的市场报酬。他奉劝MBA学生不要太看重第一年的工作，即使起步工资不高，如果有较大的发展空间也值得去做。长江商学院更支持学生去发展空间大、有更多职业发展机会和期权收益的公司去，单纯地用薪酬衡量企业的好坏是片面的。

2．怎样和企业进行接触并建立联系？

答：自荐是重要的途径之一，通过互联网，或者通过一些猎头公司，去应招聘广告而去函去电。但是，在国内目前成功率较高的是得到相关人员和组织的介绍或推荐来谋业。MBA实习过程中的实习也可以为不久的就业做调研，通过实习来认识自己感兴趣的企业，或者创造机会让企业认识自己。作为MBA学生应该练就自身能够引起企业相关经理注意的一些素质，比如演讲和表达能力的适当体现，参与社交活动和进入社交圈子的能力等。有了结交企业的契机，能否建立实质性的联系还是要看自身的工夫。

3．就业服务中心能够为学生提供什么样的服务？

答：介绍、发现各种良好的适合于我们MBA学生的就业机会（好的企业、单位等），与企业保持长期良好的关系，以及及时获取各种职位需求的信息；架起学生和企业之间的桥梁，让双方更多了解；对学生提供一些和求职相关的技巧指导，比如面试着装、谈话技巧、履历准备等。同时对学生的各个方面要求和反映加以注意，及时沟通职业供需双方的信息。

4．城市文化对择业有无影响？

答：首先我们要定义什么是城市文化。香港、澳门就很有代表性，虽然很多人认为这个地域没有多少文化，实际上，港澳的这种没什么文化已经形成了本身的商业模式和文化，并且形成了特殊文化和行业的聚集现象。所以对特定行业与文化有兴趣的同学应该考虑最有利于自身择业倾向的城市，比如风险投资、咨询等集中在北京、上海和深圳；融资、银行、投资银行等集中在上海等。

当然，经济越发达，对MBA学生的需求也越大。前两年对我们留学归来的MBA毕业生的调查显示，98%的归国MBA都聚集在中国东部经济较为发达的地区。

我个人认为，对自己职业发展最重要的不是城市文化，而是自己发展空间的那个行业与位置，地域是在任何企业都应该规划的业务范畴之下的，比如成长起来的公司就有可能成为跨国公司，而跨国公司内部的人才提拔也是经常从自己业务队伍中业绩显著的人才里选拔出来的。

5．历届MBA学生就业的推销手段有哪些？

答：我们逐步在进行的工作有：向企业主动发函以建立联系，接待各类来访企业介绍我们的学生，安排协助企业集合和单个在校园的宣传和招聘活动，定期主办企业CEO和HR经理的恳谈会，向外推出MBA历届学生班的集中简历册子，争取对学生个人更多的了解以储备向企业推荐的对口性，主动上门访问目标企业，策划主办外聘兼职MBA学生职业辅导员来进行的各种类型的讲座、座谈、个别谈话和演示等。

6．历届MBA毕业生的就业情况和相关企业的情况如何？

答：跟踪的过程由于变数复杂，目前还没有很准确的数据，名校 MBA 毕业生主要在下列企业就业：跨国公司（索尼、施乐、汉高、英国石油、盖洛普、通用电气、微软、IBM、柯达胶卷等）；国内金融证券业（国泰君安、银河证券、中国国际金融、南方证券、湘财证券、中信证券、华夏证券等）；国内咨询业（北京海问咨询、北大纵横咨询、新华信管理咨询、零点调查、新生代市场调研咨询等）；国内大中型企业（联想、中国网通、中国移动、海尔、华侨城、和记黄浦等）；参与创业（红黄蓝社区服务、惠图软件科技等）；非商业机构的综合管理（一些大城市科技园区的管理、环保等机构的就业）。

7．请结合历届MBA毕业生就业的成功和失败案例，给我们一个清晰的自我定位。

答：我个人认为，自己一定要尽量认知自己的优劣势，才能比较好地把握机会。这个方面可以分几个层次来认识。

第一个层次是：天生的一些素质是后天可雕琢的很重要的基础，不要当时太大超越自己的能力，亦不应该跟风般去设计自己。例如，一个跨国公司来招聘的时候，超过30个人去竞争一两个职位，而没有在对自己进行仔细分析后去应试，分析胜算的概率。其实MBA毕业生在许多行业里、企业里都会有不凡的表现。

第二个层次是：应试时候的简历准备和面试技巧也是现代企业就业时候应该充分注意的事情，比如衣着、举止、口头语言、身体语言、目光等都是要注意的。我们有的同学就是在这些看上去不打眼的地方丢了不该丢的分（面试时候的着装不恰当、整洁不够、目光游移不定、握手软绵无力等）。像有的跨国公司认定，着深色西装穿白色袜子的人不考虑招收（文化认同等的考虑），有的同学对我的观点也提出不同看法，不能够认可公司这样评价人的方法，认为“路遥知马力、日久见人心”的古训更重要。我想，古语毕竟出在当时的生产力和生产关系环境下，而我们现在身处的环境变化速度，更是由于高新技术和互联网的发展而不能同日而语，在响马送信到京城的时代产生的古训固然是有其对的方面，但是在互联网发展的今天，分分秒秒的速度和生存方式迫使我们对自己加以改变，来适者生存。在招聘企业数轮严格的面试过程中，在头几秒第一轮的面试中就败下阵来，又如何去进行那正确的“日久见人心”呢？还是得先有机会进去，才能有机会让别人“路遥知马力”，来建立信任。所以应该使自己更加熟悉国际化的诸多方面的规则（包括交际等惯例）。

第三个层次是：我们同学们内在品质的发挥，这包括了正直、勤奋、创新活力的表现，业务技巧的掌握和娴熟等，这是我们自身最重要的能够长久不衰的素质。

8．MBA 毕业生是利用经验的优势继续在原来所在的行业工作合适，还是应该进入新的行业？

答：按照我们现行的招生制度，MBA 学生是有年龄限制的，北大光华 MBA 的大部分 MBA 学生的年龄在26～30岁，应该说在这样的年龄组中，可塑性是比较大的。因此，是否一定要结合原有工作经历这个问题，不应该是必要问题，当然不排除回到自己本身就喜欢且能够发挥的领域和企业里去。总之，还是要具体进行全面自我分析和行业发展趋势分析后再做决定。这是一个慎重的职业生涯发展决定，所以不能轻率。

另外，我们的 MBA 学生中来自事业单位的比例还是比较大的，所以就产生了许多毕业生都要重新选择行业和单位的现象，这样就不能够全部运用自己原来的工作经验了。

这几年有一个现象，就是许多毕业生工作变动过于频繁，一年半载就换个公司，部分是由于竞争环境和市场环境的变化加大，这更是我们这个转型期社会的症状之一。但是，抓住机遇、迎接挑战应该是常备的心态，进不进入新的行业是要在全面衡量各方面后决定的。

从企业角度选人的时候，时常要注意到应聘人的工作调换频率，太高的变化频率是不利于自己成功应聘的，如果每年都换工作，会使雇主产生使用你的疑虑，因为企业使用一个新的员工或者经理都是有成本的。

9．若要进入新的行业，比如金融、投资或咨询业，需要做哪些准备？

答：对于要进入新行业的同学来说，在以下几个方面应该提醒注意。

（1）对这个行业做尽量详尽的了解，比如流程、惯例、规范等。

（2）对自己的课程选修时，尽量和这个行业有关联，并且注意加以自修。

（3）对从事这个行业的技巧性东西要多掌握，关注相关案例等。

（4）对这个行业里的各个企业加以比较和了解。

（5）要有开放的意念，任何状态下的准备都会在真实的操作状态里显得苍白和不足。所以要有精神准备，真正的学习是在实践中进行的。

10．一切从头开始是否给择业带来困难？

答：我认为，从头开始进入新的专业领域，有难也有易。比如在金融业务方面，因为我国这方面的业务相对开放晚，产品少，不规则，从头开始可以从规范做起，避免形成一些恶习难改。在咨询业务里也是如此，真正向客户提供富有价值的咨询中介服务，在经历了系统的 MBA 业务学习之后，加上自己的其他业务知识，会在企业中有自己独特的贡献。关键还是个人的学习能力和适应性，绝对会因人而异。

我自己就经历了几次比较大的业务转型（翻译、教师、学者、商人、咨询师、做合资企业产品的销售，做香港基金管理公司的总裁助理和创办企业等），有时候总结自己，感觉到前面的工作都是对后面所从事工作所进行的积累（并非有策划性的）。换言之，也就是以前的各种专业学习和工作经历都能有效地为我后来的和现在的工作有所明显贡献，为现在的工作沉淀了比较坚实的基础。我只代表了一类人的情况，不具备全局性。现在有很多 MBA 学生做事情更具有目标性和理性，相信会更好地利用自己的各种优势来取得职业成功。

另外，有的企业会对原来的相关经验有所要求，有的企业却要求从未涉及过它们的业务，便于它们以自己的企业文化重新开始培养招聘到的毕业生，比如宝洁公司就是这样的公司。

11．作为要进入商界的 MBA 学生应该怎样处理好家庭和职业的关系呢？

答：MBA 学生也是常人，自然有常人的生活和生活态度，但是在企业利益面前，往往是要做一些个人牺牲的。我认为这不仅是对进入商界的 MBA 学生的要求，对所有在企业里的人员都有这样的要求。比如出差和与各种人的交往等，可能就和在其他行业里工作的人员很不一样，也可能因为这个原因，有人戏谑：MBA 的实际英文是 Married But Available（已婚但仍然可以找的人）。虽然是戏言，但是确实从商的个人利益牺牲是很多的。

其实，身处在到处是变数的客观环境里的各种人，包括 MBA 学生，都面临着如何处理好家庭和职业的关系的问题。什么叫处理好？什么叫处理不好呢？这还是个人的价值观准绳的一个问题，不会有统一的要求。

12．几次面试失败，自信心受挫，怎么办？

答：几次面试失败，自信心受挫，是可以理解的。这是由不同的原因造成的。在我们 MBA 学生中，有些人明显是不适合读 MBA 学位的，这在以后的学习中可以觉察出来，那就是先天素质的不尽如人意。比如，个性上的一些障碍：难以与人沟通，或者不善于与人沟通，缺乏热情或激情，表达方式和方法总是找不到感觉等。有的人是总与班上最优秀的几个人来相比，一定要达到什么样的一个收入，或者什么样的一个位置等，而不愿意考虑调整自己的预期和专业领域选择等。还有的人是因为企业用人对年龄、性别、背景情况的苛刻要求等。

其实，我们所处的社会已经不可能再是个终身职业不变的环境了，今天的某个人的情况不足以示范其他人的远景规划。如果求职面试几次都失败，最起码说明自己的选择和企业的要求有距离，这些距离要加以分析，是否可以通过自己的进一步努力来消除呢，还是这些距离是不可消除的？如果这些距离难以消除，就要调整自己的方向和目标，使其更符合自身所具备的先天和后天的条件，这样更容易使自己接近应该做的事情。

具备乐观、达观、务实和进取的心态，对我们目前的状态来讲是很重要的。目前的不如意，在自己的努力下，一定会转变的。放弃是最容易的事情，空想和不符合实际也是不行的。历史上和我们身边有许多真实的故事向我们表明过，很多成功人士的仕途也不是顺利的。连看门人这样的工作职位都得不到的人，还写出了名著《茶花女》；在酒吧歌厅里想唱歌都排不上的人，成为了全国知名度最高的歌星之一；考试分数不高而两次高考名落孙山的人，创建了在美国 NASDAQ 上市挂牌的软件公司，等等事例都说明了这些方面的问题。但是最务实的是要校正自己的目标和实际的预期，千里之行，始于足下，从头做起，你是人才就一定会达到自己设立的目标。

希望在面试中落马的同学能够把这个事情也变成自己的一次学习，甚至几次面试失败也不要灰心，总结是重要的，必要的时候和自己愿意谈的人聊聊自己的感受，对今后的面试会有益处的。

参考实录

新版清华MBA学习体系㊀

一、培养理念

新版MBA的培养方案引入了以下四项措施。

第一，软技能开发。

新增“认知”环节中的课程大多为“软技能”课程，其中一部分是新课，一部分是在原有基础上改造的课程。这类课程包括“管理思维”、“管理沟通”、“领导力开发”、“职业发展规划”、“商业伦理”、“中国商法”、“中国制度环境”等。这些课程不同于偏重分析和学术知识的“硬”课程，对于培养未来领导者必备的认知、能力和品格等方面将起重大作用。

第二，体验式学习。

为了落实“实践”环节，新培养方案新增了一门“整合性实践项目”课程。整合性实践项目会安排在MBA第一年结束之前。在这个课程中，学生以团队工作方式，在教师的指导下演练真实的实践项目，完成课程报告，汇报和接受企业高管的评价。这是新版清华MBA的一个重头戏，学院为此投入大力开设了“管理咨询”、“创业管理”和“信息时代的管理创新”三个方向，学生可以任选其中一个方向。“管理咨询”方向与业界合作，借助仿真环境和仿真案例的练习，培养学生的综合能力，解决诸如成熟企业战略重组、上市、兼并、收购等具有战略意义的问题。“创业管理”方向围绕商业计划的开发进行，让学生通过现场实践活动和室内研讨分析，开发出高水平的、具有直接实践价值的商业计划。“信息时代的管理创新”方向则把先进信息技术与改善现有企业管理相结合，为企业利用信息技术推动管理变革寻找解决方案。

第三，整合性学习。

过去的MBA课程多是按照教师的学科专业而设置的职能性课程，形成一个个“阁间”(silo)，缺乏多学科之间的整合。但是在现实中，各种组织遇到的问题往往都是综合性的，需要管理者整合各职能方面的信息和知识，在此基础上做出决策。新版培养方案采用各种方法打通了各学科之间的“阁间”，例如用“综合案例分析报告”替代毕业论文：每一位同学深入一个在中国的企业，研究一个具体的管理问题，完成一份整合性的案例分析报告。这样可以达到整合性学习的目的。

第四，全球化经历。

新版MBA会持续提高清华MBA学生全球化经历的程度。目前MBA学生全球化经历有

㊀ 资料来自清华大学经管学院MBA项目官方网站。

三种主要的途径。一是到海外大学交换学习一个学期。经管学院已与全球82所海外商学院签署互免学费的学生交换协议，是亚洲最大的MBA学生海外交换项目。二是短期海外学习之旅。学院同多所海外商学院合作举办短期交流项目，最受欢迎的有与斯坦福大学商学院合作的"STEP"项目、与麻省理工学院斯隆管理学院合作的"China Lab"项目以及与智利天主教大学合作的项目等。三是去海外公司实习。学院的国际顾问委员会委员所在跨国公司积极主动地为我们的学生提供在他们公司海外机构实习的机会。同时，学院也积极联系正在"走出去"的中国公司，由它们提供给我们学生在海外实习的机会。

新版清华MBA在整体培养环节上追求以下三个平衡。

第一，知识、能力和品格的平衡。

一方面，MBA教育要传授管理知识，把最前沿的知识传授给学生。另一方面，MBA教育不能只是传授知识。如果把培养未来领导者作为MBA教育的目标的话，传授专业知识是远远不够的。人的能力的培养和人格的养成，对领导企业或任何其他组织都是更为重要的。优秀的企业家和行业的领导者不仅有知识，更是管理能力和品格出众的人才。

第二，学术严谨性和实践相关性的平衡。

学术严谨性是知识有深度的前提。没有学术性的严谨性，知识是肤浅的、表面的，甚至是误导的。但是另一方面，MBA教育不是学术研究导向的教育，而是职业教育；MBA教育不是为了培养学者，而是为了培养管理企业和其他组织的领袖。因此，MBA教育必须与现实管理问题和实践紧密相连。这就要求我们的MBA教育要与当今中国和世界的管理实践同步发展，要求我们的MBA毕业生具备很强的实践操作能力。

第三，中国根基和全球视野的平衡。

清华经管学院是在中国土生土长的学院，我们以此为自豪，中国根基正是我们的竞争优势。但是，这并不意味着我们只是一个面对国内的本地学院。相反，我们要办成一个具有全球视野、整合全球智慧、容纳全球师生的学院。它顺应经济全球化的趋势，顺应中国企业和全球企业的发展，它是我们培养未来领导人的必然要求。

总之，有了一流的师资、一流的学生，先进的办学理念和办学方法，加上认真、扎实的学习和锻炼，清华MBA项目一定能够培养出一大批为中国和世界做出重大贡献的领导者!

二、课程结构

预备学期：

（1）预备课。在预备课程里，所有被录取的考生可以选择高等数学及商务英语，为正式的MBA学习打下基础。

（2）入学导向。通过户外拓展、角色扮演、情景模拟和案例分析等体验式培训，感受清华MBA文化，培养团队精神、沟通技巧和商业意识。

第一阶段：

（1）品格与软件技能课程。在这一环节，清华MBA学生将接受软技能的训练，主要包括管理思维与沟通、领导力开发与组织行为、伦理与企业责任等课程，培养成为未来优秀领导人所需的基本素质。同时，中国学生进行英语课程学习，留学生需要学习汉语。

（2）分析基础课程。软技能课程结束后，清华MBA学生将学习"会计学"、"管理经济学"、"数据模型与决策"等基础必备课程。

第二阶段：

（1）管理基础课程。在职能课程阶段，清华MBA学生将学习公司金融、营销管理、运营管理、战略管理、中国制度环境与商法、中国与世界经济、全球管理等MBA核心课程。

（2）整合实践项目。完成所有必修课环节后，清华MBA学生将在教授的带领下，进行整合性实践课程的学习，运用之前学到的知识进行实战演练。

（3）暑期实习。清华MBA学生通过暑期实习，构建起与企业联络的桥梁，明确职业发展方向。

第三阶段：

（1）海外经历。清华MBA项目拥有亚洲最大的海外交换平台，与全球近90所商学院签署了免学费的交换协议。清华 MBA 学生可参加一学期的海外交换学习或短期海外交流项目。

（2）方向选修课。不参加海外交换的同学，可在清华经管开设的 7 个方向近百门选修课中选修课程。

第四阶段：

（1）综合案例分析报告。深入企业，研究具体的管理问题，以综合案例分析报告的形式完成毕业论文。

（2）毕业。完成培养计划的各个环节，修满学分并通过答辩，成为一名合格的清华MBA毕业生。

毕业后：

（1）校友增值服务。

（2）通过校友增值服务，安排校友重返课堂参加讲座，组织校友参加俱乐部活动，为校友提供终身学习机会。

参考实录

北京大学光华管理学院MBA培养方案[⊖]

一、课程结构

MBA全日制项目学制2年，在职项目学制3年。学分要求为56学分，其中必修课程32学分，选修课程20学分，毕业论文4学分。

第一学年主要以学习核心课程为主。核心课程设置围绕各主要职能部门的管理，全面系统地教给学生基础、实用的管理知识和技能，以使他们胜任自己管理领域的各项工作。

第二、三学年主要以学习选修课程为主。MBA项目提供若干门公共选修课和七个专业方向的选修课程，每个方向修满8学分（全部方向必选课程和部分方向任选课，共计8学分）就满足该专业方向的培养要求，毕业时可以获得相应的课程方向认定。

我们建议每个学生按照自己的职业规划和兴趣特长选修一两个方向的课程，树一己之长以增加职场竞争优势。

二、MBA课程

1 核心课程

（1）课程说明。核心课程也被称为必修课。该类课程具备以下两点基本要求：首先，内容大体涵盖MBA学生需要掌握的管理学和经济学基础知识和技能；其次，每一课程的内容都比较全面，以保证MBA学生在不选修其他专业课程的情况下，对该领域的基础知识仍有相对全面的了解。

（2）课程名称及学分：

课程名称	学分
商务英语	3
财务会计	2
管理会计	2
商务统计分析	2
管理经济学	2
运营管理	2
规划与决策	2

⊖ 资料来自北京大学光华管理学院MBA项目官方网站。

（续）

课程名称	学分
宏观经济政策分析	2
经济管理与社会	2
公司财务Ⅰ	2
公司财务Ⅱ	2
组织行为学	2
营销管理	2
战略管理	2

2. 公共选修课

（1）课程说明。公共选修课有助于提高MBA学生的素质，面向全体MBA学生。

（2）课程名称及学分：

课程名称	学分
中国MBA实战案例研讨	2
中国商场并购实战案例研讨	2
创新管理	2
IT服务与创新	2
企业管理与自然环境	2
国际贸易	2
实用商务数据分析与预测	2
竞争情报	2
企业社会责任	2
财经法律与企业经营	2
权力与管理	2
科技创新时代的管理	1
商业价值创造管理	1
跨文化管理	2

3. 专业方向必修课

（1）课程说明。专业方向必修课是选修课程的一种，仅对于选修该专业方向的学生是必修课程。它能让MBA学生在全面了解管理学基本知识和基本技能的前提下，对某一专业领域的知识和技能有较深入的了解。

（2）专业方向与课程设置：

方向	课程名称	学分
会计与财务管理	财务报表分析	2
	内部控制与审计	2

（续）

方向	课程名称	学分
金融管理	金融市场与金融机构	2
	证券投资学	2
	财务报表分析	2
决策与信息管理	管理信息系统	2
	项目管理	2
	物流和供应链管理	2
	电子商务	2
市场营销	品牌管理	2
	消费者行为	2
	营销研究	2
人力资源与组织管理	人力资源管理	2
	领导行为	2
	组织设计与组织发展	2
战略与国际企业管理	国际管理	2
	企业的非市场环境和战略	2
创业管理	创业管理	2
	创业机会识别与分析	2
	创业计划与实战	2

4. 专业方向选修课程

为了保证MBA学生对管理知识与技能的全面了解，MBA学生在主修方向之外，必须选择一定学分的其他方向选修课。

方向	课程名称	学分
会计与财务管理	中国会计实务分析	2
	税收筹划与税务会计	2
	国际会计与财务报告	2
	高级财务会计	2
	高级管理会计	2
金融管理	国际财务管理	2
	投资银行	2
	金融机构风险管理	2
	企业价值评估与价值创造	2
	创业投资	2
	金融工程理论与实务	2
	固定收益证券	2
	货币金融学	2
	公司重组与并购	2
	公司治理	2

（续）

方向	课程名称	学分
金融管理	实证金融	2
	财务案例分析	2
	公司财务专题	2
市场营销	营销战略	2
	广告管理	2
	国际营销	2
	营销渠道	2
	营销数据分析	2
	商战演兵	2
	服务营销	2
人力资源与组织管理	人力资源开发	2
	人事测量与绩效评估	2
	企业伦理	2
	管理沟通	2
战略与国际企业管理	经济法	2
	战略与规划实施	2
	竞争战略	2
	全球企业战略	2
	战略思维与决策分析	2
	管理案例综合分析训练	2
	视野半径与选择	2
决策与信息管理	决策模拟	2
	商业决策技术与案例分析	2
	信息时代的供应链管理	2
	服务管理	2
	知识管理	2
	企业绩效管理	2
创业管理	创业企业成长与发展	2
	中小企业管理	2
	创业领导力（讲座）	2
	创业投资	2
	可持续创业	2
	电子商务	2

附录 A 全国招收工商管理硕士（MBA）的院校联系方式

招生院校名称	招生咨询电话	通信地址
北京市		
北京大学	010-62751354	北京海淀区北京大学研招办
北京交通大学	010-51688153	北京市西直门外上园村北方交通大学研招办
北京理工大学	010-68944997	北京市海淀区中关村南大街 5 号北京理工大学研招办
北京科技大学	010-62329826	北京市海淀区学院路 30 号北京科技大学研招办
北京邮电大学	010-62285173	北京市海淀区西土城路 10 号北京邮电大学研招办
北京航空航天大学	010-82317578	北京市海淀区学院路 37 号北京航空航天大学经管学院 MBA 教育中心
对外经济贸易大学	010-64492151	北京市朝阳区和平街北口惠新里东街对外经贸大学研招办
清华大学	010-62785535	北京市海淀区清华大学经济管理学院
中国人民大学	010-62511342	北京市海淀区中关村大街 59 号中国人民大学工商管理学院
中国矿业大学（北京）	010-62331208	北京市海淀区学院路丁 11 号中国矿业大学研招办
中国科学院研究生院	010-88256088	中国科学院研究生院
首都经济贸易大学	010-85996400	北京市朝阳区朝阳门外红庙首都经济贸易大学 MBA 教育中心
中央财经大学	010-62289076	北京市海淀区学院南路 39 号中央财经大学 MBA 教育中心
中国农业大学	010-62891259	北京市海淀区圆明园西路 2 号中国农业大学研招办
北京师范大学	010-58801847	北京市海淀区新街口外大街 19 号北京师范大学经济与工商管理学院
北京工商大学	010-68988713	北京市阜成路 33 号 MBA 教育中心
北京化工大学	010-64455637	北京化工大学经管学院 MBA 教育中心招生管理办公室（化纤楼 428 室）
北京建筑工程学院	010-68322197	北京市西城区展览馆路 1 号研究生招生办公室
北京林业大学	010-62338380	北京林业大学经管学院研究生招生办公室

（续）

招生院校名称	招生咨询电话	通信地址
北京第二外国语学院	010-65778440	北京市定福庄南里 1 号北京第二外国语学院旅游管理学院 MTA/MBA 中心
北京物资学院	010-89534461	北京市通州区富河大街 1 号
北京信息科技大学	010-82427135	北京市海淀区清河小营东路 12 号
中国社会科学院研究生院	010-64731237	北京市朝阳区望京中环南路甲 1 号中国社会科学院研究生院 MBA 教育中心
中国石油大学	010-89733792	中国石油大学（华东）经济管理学院
北方工业大学	010-88802585	北京市石景山区晋元庄路 5 号北方工业大学经济管理学院第二教学楼 219 室
北京工业大学	010-67396548	北京市朝阳区平乐园 100 号
中国地质大学	010-82322190	北京市海淀区学院路 29 号中国地质大学（北京）研究生招生办
中国政法大学	010-58908536	中国政法大学（海淀区西土城路 25 号学院路校区）新 1 号楼 A319 室
中央民族大学	010-68931968	中关村南大街 27 号中央民族大学文科楼 12 层
中国传媒大学	010-65758361	北京市朝阳区高井东亿文化创意产业园 3 号楼 909
长江商学院	010-85188858	中国北京东长安街 1 号东方广场东 3 座 3 层
天津市		
天津大学	022-27404743	天津南开区卫津路 92 号天津大学研招办
南开大学	022-23501128	天津市八里台卫津路 94 号南开大学 MBA 中心
天津工业大学	022-83956942	天津市西青区宾水西道 399 号
中国民航大学	022-24092632	中国民航大学 MBA 教育中心 · MBA 项目办公室
天津财经大学	022-28194215	天津河西区珠江道 25 号天津财经学院研究生部
天津商业大学	022-26675770	天津市北辰区津霸公路东口
天津师范大学	022-23766181	天津市西青区宾水西道 393 号
天津科技大学	022- 60602018	天津市河西区大沽南路 1038 号研究生招生办公室
河北省		
河北工业大学	022-26582618	天津市经桥区丁字沽 1 号路 8 号河北工业大学管理 MBA 办公室
燕山大学	0335-8057077	河北省秦皇岛市河北大街西段 438 号
华北电力大学	0312-7522636	河北省保定市华北电力大学研招办
河北大学	0312-5079488	河北大学第二校区 B1-211 室
河北经贸大学	0311- 87655072	河北经贸大学
河北科技大学	0311-81668306	河北省石家庄市裕华东路 70 号河北科技大学研招办
石家庄铁道大学	0311-87935136	石家庄市北二环东路 17 号石家庄铁道大学研究生招生办公室
山西省		
山西财经大学	0351-7669924	太原市南内环街 339 号研究生招生办公室

（续）

招生院校名称	招生咨询电话	通信地址
山西大学	0351-7011714	太原市坞城路580号山西大学研究生学院
太原理工大学	0351-6014517	山西太原市迎泽西大街79号（校本部）经管学院
太原科技大学	0351-6998272	太原市窊流路66号太原科技大学A楼3层经济与管理学院
内蒙古自治区		
内蒙古大学	0471-4990702	呼和浩特市大学西路235号内蒙古大学MBA教育中心
内蒙古工业大学	0471-6577191	内蒙古工业大学MBA教育中心第三教学楼417室
内蒙古财经学院	0471-3661271	内蒙古呼和浩特市北二环路185号研招办
上海市		
东华大学	021-62373355	上海市延安西路1882号东华大学研招办
复旦大学	021-65643935	上海市邯郸路220号复旦大学研招办
华东理工大学	021-64252453	上海市徐汇区梅陇路130号华东理工大学研招办
上海财经大学	021-65366000	上海中山北一路369号上海财经大学研招办
上海交通大学	021-62821069	上海市华山路1954号上海交通大学研招办
上海海事大学	021-58854751	上海市浦东大道1550号上海海运学院研招办
中欧商学院	021-28905890	上海浦东红枫路699号
同济大学	021-65982499	上海市四平路1239号同济大学研招办
上海理工大学	021-64316421	上海市复兴中路1195号（陕西南路口）
上海大学	021-66133763	上海市宝山区上大路99号上海大学研招办（行政楼509室）
上海对外贸易学院	021-52067665	上海市长宁区古北路620号（近仙霞路）三号楼406室
华东师范大学	021-62233427	上海市中山北路3663号华东师范大学工商管理硕士教育中心303室
上海外国语大学	021-65311900-2680	上海市虹口区大连西路550号MBA管理教育中心招生推广办公室
重庆市		
重庆大学	023-65102374	重庆市沙坪坝正街174号重庆大学研招办
西南民族大学	028-85522031	西南民族大学研招办
重庆工商大学	023-62769761	重庆市南岸区学府大道19号重庆工商大学MBA教育中心
西南大学	0532-89680707	重庆市北碚区西南大学研究生部招生办公室
重庆理工大学	023-68660662	重庆市九龙坡区杨家坪兴胜路4号
重庆师范大学	023-65363605	重庆市沙坪坝区天陈路12号重庆师范大学校办公楼405
辽宁省		
大连理工大学	0411-4708338	大连市凌水河凌工路2号大连理工大学研招办
东北财经大学	0411-4713094	大连市东北财经大学MBA教育中心
辽宁大学	024-86864314	沈阳市皇姑区崇山中路66号辽宁大学MBA教育中心

(续)

招生院校名称	招生咨询电话	通信地址
东北大学	024-83687556	沈阳市文化路三号巷11号东北大学研招办
大连海事大学	0411-84729493	大连市甘井子区凌海路1号MBA教育中心
沈阳工业大学	024-25690322	沈阳经济技术开发区沈辽西路111号MBA教育中心办公室
辽宁工程技术大学	0418-3350462	辽宁省阜新市细河区中华路47号辽宁工程技术大学研究生招生办公室
沈阳大学	024-62266962	沈阳市大东区联合路54号沈阳大学研招办
辽宁科技大学	0412-5929178	鞍山市高新区千山路185号辽宁科技大学研究生楼202室
沈阳理工大学	024-24686219	沈阳市浑南新区南屏中路6号沈阳理工大学研究生招生办公室
辽宁石油化工大学	0413-6860939	辽宁省抚顺市望花区丹东路西段 1 号辽宁石油化工大学研究生招生办公室
黑龙江省		
哈尔滨工业大学	0451-6415254	哈尔滨市南岗区法院街13号哈尔滨工业大学研招办
哈尔滨工程大学	0451-82518314	哈尔滨市南岗区文庙街41号楼哈尔滨工程大学研招办
哈尔滨商业大学	0451-84865172	哈尔滨市道外区前进开发区学院路 1 号 352# 哈尔滨商业大学MBA教育中心
黑龙江大学	0451-86609289	哈尔滨市南岗区学府路74号黑龙江大学汇文楼207室
哈尔滨理工大学	0451-86392288	哈尔滨市南岗区理工大学南区1号楼813室
东北林业大学	0451-82190346	黑龙江省哈尔滨市香坊区和兴路26号东北林业大学招生办公室
东北农业大学	0451-55190398	哈尔滨市香坊区木材街59号东北农业大学研究生招生办
东北石油大学	0459-6503506	黑龙江省大庆市高新技术开发区发展路199号
黑龙江科技学院	0451-88036418	黑龙江哈尔滨市松北区糖厂街 1 号黑龙江科技学院研究生招生办公室
江苏省		
东南大学	025-83795481	南京市四牌楼2号东南院三楼310室
南京大学	025-3592729	南京市汉口路20号南京大学研招办
中国矿业大学	0516-3885785	江苏徐州中国矿业大学研究生部招生办公室
南京理工大学	025-4315498	南京市孝陵卫200号南京理工大学研招办
河海大学	025-3786303	江苏省南京市西康路1号
苏州大学	0512-65112816	江苏省苏州市十梓街1号苏州大学研究生部
江苏大学	0511-8780086	江苏省镇江市学府路301号江苏大学研究生部
南京航空航天大学	025-84895831	南京市御道街29号
江南大学	0510-85328253	江南大学蠡湖校区文浩科学馆306室
扬州大学	0514-87991571	扬州大学管理学院大楼106室
南京农业大学	025-84395366	南京市卫岗一号经济管理学院
南京师范大学	025-83598576	南京市宁海路122号南京师范大学新大楼

(续)

招生院校名称	招生咨询电话	通信地址
南京财经大学	025-83494949	南京财经大学铁路北街128号
南京林业大学	025-85427373	江苏省南京市龙蟠路159号逸夫工程技术大楼四楼A区
南京邮电大学	025-85866100	南京市亚东新城区文苑路9号
江苏科技大学	0511-84401166	镇江市梦溪路2号江苏科技大学经济管理学院
南京工业大学	025-83587711	南京市鼓楼区新模范马路5号
浙江省		
浙江大学	0571-88206813	杭州市古墩路浙江大学紫金港校区管理学院大楼303B
浙江理工大学	0571-81913141	杭州下沙高教园区
杭州电子科技大学	0571-88809072	杭州市文一路115号
浙江师范大学	0579-82298980	浙江师范大学法商大楼经济与管理学院一楼
宁波大学	0574-87600903	宁波市风华路818号(宁波大学MBA教育中心)
浙江工商大学	0571-88055297	浙江工商大学MBA学院
浙江财经学院	0571-88922780	杭州市下沙大学城学源路18号
浙江工业大学	0571-88871035	杭州朝晖六区浙江工业大学
湖北省		
武汉纺织大学	027-87611577	湖北省武汉市鲁巷纺织路一号
武汉工程大学	027-87194626	中国湖北武汉市雄楚大街693号
湖北大学	027-88665896	湖北省武汉市武昌区学院路11号(3号北楼商学院11楼)
长江大学	0716-8060470	湖北省荆州市南湖路1号长江大学管理学院
武汉大学	027-68752891	湖北武汉大学经济与管理学院MBA教育中心
湖北工业大学	027- 88422427	湖北省武汉市武昌南湖
中南民族大学	027-67843646	湖北省中南民族大学管理学院
华中科技大学	027-87541915	华中科技大学管理大楼432室
三峡大学	027-6392305	湖北省宜昌市大学路8号
武汉理工大学	027-87859039	湖北省武汉市珞狮路122号
中南财经政法大学	027-88384443	湖北省武汉市武珞路114号
武汉科技大学	027-68862273	武汉市青山区和平大道947号
华中农业大学	027-87288639	湖北武汉南湖狮子山特一号
华中师范大学	027-67868310	湖北省武汉市珞喻路152号
中国地质大学	027-67883659	湖北省武汉市洪山区鲁磨路388号
山东省		
山东大学	0531-88364826	济南市山大南路27号
山东经济学院	0531-88525292	济南市历下区二环东路7366号
中国海洋大学	0532-82031605	山东省青岛市鱼山路5号
山东财政学院	0531-82617768	山东省济南市舜耕路40号

（续）

招生院校名称	招生咨询电话	通信地址
青岛大学	0532-85950969	青岛市香港东路7号青岛大学东院东一教212室
山东师范大学	0531-86180804	中国山东济南市文化东路88号
山东科技大学	0532-86057729	青岛经济技术开发区前湾港路579号
中国石油大学	0546-8392134	山东省东营市北一路739号
青岛科技大学	0532-88956657	青岛市松岭路99号
山东建筑大学	0532-86362000	山东建筑大学商学院
山东理工大学	0533-2786867	山东省淄博市张店区张周路12号 2号教学楼
安徽省		
中国科技大学	0551-3492022	合肥市徽州大道1129号中国科学技术大学南校区
合肥工业大学	0551-2904981	合肥工业大学MBA管理中心
安徽大学	0551-5108247	合肥市经济开发区九龙路111号
安徽财经大学	0552-3178355	安徽省蚌埠市曹山路962号
安徽工业大学	0555-2311612	安徽省马鞍山市湖东路59号
江西省		
江西财经大学	0791-3816893	江西南昌市青山南路596号
南昌大学	0791-3816893	江西省南昌市南京东路235号
华东交通大学	0791-7045052	中国江西省南昌双港东大街808号
江西理工大学	0791-8312777	江西省赣州市红旗大道86号
江西师范大学	0791-8120350	江西省南昌市北京西路437号
吉林省		
吉林大学	0431-5166371	长春市前卫路10号吉林大学研招办
长春税务学院	0431-84539114	吉林省长春市净月大街3699号
长春理工大学	0431-85380204	长春市卫星路7989号
东北师范大学	0431-84537677	中国吉林长春市净月大街2555号
长春工业大学	0431-85118229	吉林省长春市修正路229号
吉林财经大学	0431-84539419	长春市净月大街3699号
湖南省		
湖南大学	0731-88822899	湖南省长沙市岳麓区湖南大学工商管理学院
中南大学	0731-88876114	湖南省长沙市麓山南路932号
湘潭大学	0731-58293486	湖南省湘潭市湘潭大学MBA中心
长沙理工大学	0731-2309115	湖南长沙市赤岭路45号长沙理工大学7号楼204
国防科学技术大学	0731-84575601	长沙市开福区国防科学技术大学
湖南师范大学	0731-88872303	长沙市麓山路36号湖南师范大学商学院215室
南华大学	0734-8281874	湖南省衡阳市常胜西路28号
湖南工业大学	0731-22182267	湖南省长沙市湖南工业大学新校区商学院

(续)

招生院校名称	招生咨询电话	通信地址
湖南农业大学	0731-84618111	长沙市芙蓉区湖南农业大学第十教学楼北 126
河南省		
郑州大学	0371-67767232	河南省郑州市大学路 75 号 MBA 教育中心
河南财经政法大学	0371-86159369	河南省郑州市文化路 80 号
河南大学	0378-3887722	河南大学金明校区 12 号组团工商管理学院
河南科技大学	0379-64231270	河南省洛阳市西苑路 48 号
河南工业大学	0371-67756819	郑州市高新技术产业开发区莲花街
河南农业大学	0371-63558999	河南省郑州市农业路 63 号
华北水利水电学院	0371-69127325	河南省郑州市北环路 36 号(花园校区)
中原工学院	0371-67698700	河南省郑州市中原西路 41 号中原工学院经管学院
郑州轻工业学院	0371-63556320	河南省郑州市郑州轻工业学院研究生处
河南理工大学	0391-3987616	河南省焦作市高新区世纪大道 2001 号
广东省		
暨南大学	020-85224803	广州市黄埔大道西 601 号暨南大学管理学院 208
华南理工大学	020-87114096	广州市华南理工大学 12 号楼 MBA 中心
中山大学	8620-84113622	广东省广州市新港西路 135 号
中山大学岭南学院	020-84111918	广州市新港西路 135 号中山大学岭南学院 MBA 中心 302
广东工业大学	020-87083565	广州市天河区迎龙路 161 号
深圳大学	0755-26535170	广东省深圳市南山区南海大道 3688 号
广东外语外贸大学	020-36209909	广州白云大道北 2 号广东外语外贸大学 MBA 中心
汕头大学	0754-82902888	广东省汕头市大学路 243 号
华南师范大学	020-39310072	广州大学城华南师范大学经济与管理学院
广东商学院	020-84095128	广州市海珠区赤沙路 21 号化校实训楼 5 楼
广西壮族自治区		
广西大学	0771-3232133	广西南宁市大学路 100 号
桂林理工大学	0773-5891331	桂林市建干路 12 号桂林理工大学管理学院
桂林电子科技大学	0773-2290501	桂林市金鸡路 1 号桂林电子科技大学尧山校区商学院
广西师范大学	0773-5816858	广西桂林市王城 1 号广西师范大学经济管理学院
福建省		
厦门大学	0592-2187016	厦门大学保欣丽英楼
福州大学	0591-87893063	福州大学管理学院 MBA 中心大楼(工业路 523 号)
华侨大学	0595-22697755	福建省泉州市华侨大学陈守仁经济管理大楼一层
福建农林大学	0591-22852163	福建省福州市福建农林大学 4 号楼三层 MBA 办公室
福建师范大学	0591-83459507	福建师大仓山校区文科楼 810 室

（续）

招生院校名称	招生咨询电话	通信地址
海南省		
海南大学	0898-66279201	海南省海口市海南大学一号教学楼三楼
陕西省		
西安交通大学	029-82668840	西安市咸宁西路28号西安交通大学管理学院203室
西安理工大学	029-62666208	西安市雁翔路58号西安理工大学经管学院
西北大学	029-88303439	西安市郭杜教育产业园区学府大道1号
西北工业大学	029-88494191	西安市友谊西路127号西北工业大学管理学院204室
西安电子科技大学	029-81890205	西安市西沣路兴隆段266号
西安建筑科技大学	029-82205742	西安市雁塔路中段西安建筑科技大学
西安科技大学	029-85583845	西安市雁塔中路58号西安科技大学
陕西师范大学	029-85303787	西安市长安南路199号陕西师范大学商学院
西北农林科技大学	029-87081209	陕西省杨凌邰城路3号西北农林科技大学
陕西科技大学	029-86168200	西安市未央大学园区陕西科技大学MBA中心
西安邮电学院	029-85383247	西安市长安南路563号西安邮电大学经管学院
长安大学	029-82334505	陕西省西安市南二环中断长安大学
西安工程大学	029-82330367	陕西省西安市金花南路19号西安工程大学
西安工业大学	029-83208114	陕西省西安市金花北路4号西安工业大学
西安石油大学	029-88382310	陕西省西安市电子二路东段18号
四川省		
西南财经大学	028-87352002	四川省成都市光华村街55号西南财经大学
西南交通大学	028-87600819	成都市二环路北一段111号西南交通大学信息楼三楼
四川大学	028-85411434	成都市一环路南一段24号四川大学MBA中心
电子科技大学	028-83204365	成都建设北路二段4号主楼中201、206室
西南民族大学	028-85529199	成都市一环路南四段16号西南民族大学MBA中心
西南石油大学	028-83035478	成都市新都区新都大道8号
西南师范大学	028-84480690	成都市龙泉驿区成龙大道二段1819号
成都理工大学	028-84078889	成都市成华区二仙桥东三路1号
西南科技大学	0816-6089572	绵阳市涪城区青义镇青龙大道中段59号
云南省		
云南大学	0871-5034545	云南省昆明市翠湖北路2号云南大学MBA中心
昆明理工大学	0871-5188578	昆明理工大学管理与经济学院MBA办公室主办
云南财经大学	0871-5114080	昆明市龙泉路237号云南财经大学招生办公室
云南师范大学	0871-5385239	昆明市一二一大街云南师范大学明达楼西侧一楼
云南民族大学	0871-5135275	昆明市一二一大街134号云南民族大学MBA中心
甘肃省		
兰州大学	0931-8912450	甘肃省兰州市天水南路222号兰州大学管理学院

（续）

招生院校名称	招生咨询电话	通信地址
兰州商学院	0931-4680739	甘肃省兰州市城关区段家滩418号
兰州交通大学	0931-4956252	甘肃省兰州市安宁区安宁西路88号兰州交通大学
兰州理工大学	0931-2976042	兰州市七里河区兰工坪287号兰州理工大学
新疆维吾尔自治区		
新疆财经大学	0991-7842071	乌鲁木齐市北京中路449号新疆财经大学MBA中心
石河子大学	0993-2036010	新疆石河子市北四路石河子大学研究生处
新疆大学	0991-8582567	新疆乌鲁木齐市胜利路14号
贵州省		
贵州大学	0851-5862999	贵州省贵阳市蔡家关校区第五教学楼312
贵州财经学院	0851-6911053	贵州省贵阳市鹿冲关路276号贵州财经学院MBA教育中心
宁夏回族自治区		
宁夏大学	0951-5063988	宁夏银川市西夏区贺兰山西路489号
青海省		
青海民族大学	0971-8863272	青海省西宁市八一中路3号

附录 B　职位常用词语中英文对照

Executive and Managerial（管理部分）

Chief Executive Officer（CEO）　首席执行官
Property Manager　房地产经理
Chief Operations Officer（COO）　首席运营官
Branch Manager　部门经理
Controller（International）　国际监管
Claims Examiner　主考官
General Manager　总经理
Vice-President　副总裁
Accounting Assistant　会计助理
Accounting Clerk　记账员
Accounting Manager　会计部经理
Accounting Stall　会计部职员
Accounting Supervisor　会计主管
Administration Manager　行政经理
Administration Staff　行政人员
Administrative Assistant　行政助理
Administrative Clerk　行政办事员
Advertising Staff　广告工作人员
Airlines Sales Representative　航空公司定座员
Airlines Staff　航空公司职员
Application Engineer　应用工程师
Assistant Manager　副经理
Bond Analyst　证券分析员
Bond Trader　证券交易员
Business Controller　业务主任
Marketing Executive　销售主管
Marketing Representative　销售代表
Marketing Representative Manager　市场调研部经理
Mechanical Engineer　机械工程师
Mining Engineer　采矿工程师
Music Teacher　音乐教师
Naval Architect　造船工程师
Office Assistant　办公室助理
Office Clerk　职员
Operational Manager　业务经理
Package Designer　包装设计师
Passenger Reservation Staff　乘客票位预订员
Personnel Clerk　人事部职员
Personnel Manager　人事部经理
Plant/ Factory Manager　厂长
Postal Clerk　邮政人员
Private Secretary　私人秘书
Product Manager　生产部经理
Production Engineer　产品工程师
Professional Staff　专业人员
Programmer　电脑程序设计师
Project Staff　（项目）　策划人员
Promotional Manager　推售部经理
Proof-reader　校对员
Purchasing Agent　采购（进货）员

Business Manager 业务经理
Buyer 采购员
Cashier 出纳员
Chemical Engineer 化学工程师
Civil Engineer 土木工程师
Clerk/Receptionist 职员/接待员
Clerk Typist & Secretary 文书打字兼秘书
Computer Data Input Operator 计算机资料输入员
Computer Engineer 计算机工程师
Computer Processing Operator 计算机处理操作员
Computer System Manager 计算机系统经理
Copywriter 广告文字撰稿人
Deputy General Manager 副总经理
Economic Research Assistant 经济研究助理
Electrical Engineer 电气工程师
Engineering Technician 工程技术员
English Instructor/Teacher 英语教师
Export Sales Manager 外销部经理
Export Sales Staff 外销部职员
Financial Controller 财务主任
Financial Reporter 财务报告人
F.X. （Foreign Exchange） Clerk 外汇部职员
F.X. Settlement Clerk 外汇部核算员
Fund Manager 财务经理
General Auditor 审计长
General Manager/ President 总经理
General Manager Assistant 总经理助理
General Manager's Secretary 总经理秘书
Hardware Engineer （计算机）硬件工程师
Import Liaison Staff 进口联络员
Import Manager 进口部经理
Insurance Actuary 保险公司理赔员
International Sales Staff 国际销售员
Interpreter 口语翻译
Legal Adviser 法律顾问
Line Supervisor 生产线主管
Maintenance Engineer 维修工程师
Management Consultant 管理顾问
Quality Control Engineer 质量管理工程师
Real Estate Staff 房地产职员
Recruitment Co-ordinator 招聘协调人
Regional Manger 地区经理
Research & Development Engineer 研究开发工程师
Restaurant Manager 饭店经理
Sales and Planning Staff 销售计划员
Sales Assistant 销售助理
Sales Clerk 店员、售货员
Sales Coordinator 销售协调人
Sales Engineer 销售工程师
Sales Executive 销售主管
Sales Manager 销售部经理
Salesperson 销售员
Seller Representative 销售代表
Sales Supervisor 销售监管
School Registrar 学校注册主任
Secretarial Assistant 秘书助理
Secretary 秘书
Securities Custody Clerk 保安人员
Security Officer 安全人员
Senior Accountant 高级会计
Senior Consultant/Adviser 高级顾问
Senior Employee 高级雇员
Senior Secretary 高级秘书
Service Manager 服务部经理
Simultaneous Interpreter 同声传译员
Software Engineer （计算机）软件工程师
Supervisor 监管员
Systems Adviser 系统顾问
Systems Engineer 系统工程师
Systems Operator 系统操作员
Technical Editor 技术编辑
Technical Translator 技术翻译
Technical Worker 技术工人
Telecommunication Executive 电讯（电信）员
Telephonist / Operator 电话接线员、话务员
Tourist Guide 导游

Manager for Public Relations 公关部经理
Manufacturing Engineer 制造工程师
Manufacturing Worker 生产员工
Market Analyst 市场分析员
Market Development Manager 市场开发部经理
Marketing Manager 市场销售部经理
Marketing Staff 市场销售员
Marketing Assistant 销售助理
Trade Finance Executive 贸易财务主管
Trainee Manager 培训部经理
Translation Checker 翻译核对员
Translator 翻译员
Trust Banking Executive 银行高级职员
Typist 打字员
Wordprocessor Operator 文字处理操作员

Education and Library Science（教育部分）

Daycare Worker 保育员
ESL Teacher 第二外语教师
Developmental Educator 发展教育家
Head Teacher 高级教师
Foreign Language Teacher 外语教师
Librarian 图书管理员
Guidance Counselor 指导顾问
Music Teacher 音乐教师
Library Technician 图书管理员
Nanny 保姆
Physical Education Teacher 物理教师
Principal 校长
School Psychologist 心理咨询教师
Teacher 教师
Special Needs Educator 特种教育家
Teacher Aide 助理教师
Art Instructor 艺术教师
Computer Teacher 计算机教师
College Professor 大学教授
Coach 教练员
Assistant Dean of Students 助理训导长
Archivist 案卷保管员
Vocational Counselor 职业顾问
Tutor 家教、辅导教师

Administration（行政部分）

Administrative Director 行政主管
File Clerk 档案管理员
Executive Assistant 行政助理
Office Manager 办公室经理
Executive Secretary 行政秘书
Receptionist 接待员
General Office Clerk 办公室文员
Secretary 秘书
Staff Assistant 助理
Mail Room Supervisor 信件中心管理员
Stenographer 速记员
Order Entry Clerk 订单输入文员
Telephone Operator 电话操作员
Shipping/Receiving Expediter 收发督导员
Ticket Agent 票务代理
Typist 打字员

附录C　MBA/MPA/MEM调剂工作指导

聪明的选择，不浪费时间成本，保证一年辛勤有收获

假如你报考北大、清华，或者人大、外经贸，没有通过笔试成绩，或者面试被淘汰了，下一步该怎么办？如果你报考了北京院校如北理、北航、北邮、社科院等，结果分数线不够国家东部线，该怎么办？这里我们把学生分为两类：一类是你对理想学校比较执著，可以选择来年重考，2011 春节一过，就赶紧报一个社科赛斯全程班，开始跟着词汇班系统学习，保证来年实现理想；另一类是觉得自己不能再浪费时间，退而求其次选择一个调剂院校，或者调剂到 MPA（公共管理硕士）专业或者 MEM（工程管理硕士）专业，那么请你登录中国 MBA 备考网（www.mbaschool.com.cn）或者中国 MBA 教育网（www.mbaedu.cn）调剂绿色通道，让专业的老师指导你调剂。你也可以拨打 MBA 调剂中心电话 010-82865312、82865279、82623253、82621297，24 小时电话：15510391826、15510391827、15510391829、15510391832，直接咨询你的各种疑惑。

下面是一些关于调剂的基本问题。

(1) 什么是 MBA 联考调剂?

答：调剂就像我们平时提到的"第二志愿"一样。如果你的分数不够第一志愿学校分数线或者国家东部线（一区），可以调剂到其他院校或国家西部线（二区和三区）的院校。

(2) 符合调剂条件的考生包括哪些?

答：1）满足国家线（东部或者西部），没有达到第一志愿学校的分数线的考生。

2）满足国家线（东部或者西部），却在面试中被淘汰的考生。

(3) 国家线东部线（一区）和西部线（二区和三区）是怎么划分的?

答：1）国家东部线或称一区（A 类考生）：北京、天津、上海、江苏、浙江、福建、山东、河南、湖北、湖南、广东。

2）国家西部A线或称二区（B类考生）：重庆、四川、陕西、河北、山西、辽宁、吉林、黑龙江、安徽、江西。

3）国家西部B线或称三区（C类考生）：内蒙古、广西、海南、贵州、云南、西藏、甘肃、青海、宁夏、新疆。

（4）国家线一般多少分？

答：每年的国家线会根据考生考试情况而定，每年略有变化。以2010年国家线为参考：

2011年MBA（工商管理硕士）、MPA（公共管理硕士）分数线

A类：总分165，英语45，综合90。

B类：总分155，英语40，综合80。

C类：总分145，英语35，综合70。

（5）考生怎样申请调剂？

答：每个学校的调剂名额不一定，稍好的学校的调剂名额会非常少，如社科院、中央财经等，所以一旦成绩不理想，不要等到录取结果完全出来再去调剂，到那个时候，可能就没有好的学校可以选择了。每年是先出联考成绩，然后各院校陆续公布分数线。因此，联考成绩一出来，只要感觉不理想，都应该抓紧跟调剂中心联系，MBA调剂中心电话：010-82865312、82865279、82623253、82621297。在调剂中心登记后，先在目标调剂院校占一个名额，给自己一个保障。调剂可以选择多所院校，只要面试不冲突，你都可以去参加。

（6）如何调剂到二区或者三区院校？

答：如果你没有通过一区线也就是常说的东部线，按照去年分数线为例，假如你考的社科院，社科院执行国家一区线，去年一区线是165，而你考了160，不够社科院分数线，但够二区或者三区线院校分数线了，只要二区和三区线院校接受调剂，你都可以选择调剂到该院校去。但比较实际的问题是，你在北京生活工作，二区和三区院校都在西北或者西南等地区，如何上课呢？考虑到考生的学习与工作时间安排问题，开设不同授课方法，比较突出的是：在职集中班与在职周末班。在职集中班指集中在一年的节假日期间上课，避免考生影响工作。西安电子科技大学经济管理学院院长赵捧未教授表示，在职集中班受到外地考生的欢迎，特别是一些东部线地区的考生，希望在西部线院校上学却担心影响工作，而在职集中班解决了这样的问题。

（7）MBA能够往MPA调剂吗？

答：MPA是公共管理硕士，跟MBA考试内容相同，但MBA针对企业人群，专业方向为工商管理，而MPA针对政府公务员、事业单位、国有企业人员，专业方向为行政事业管理。同一所学校的MPA专业往往学费比MBA便宜1/3或更多，分数线也比MBA低一些。因此，报考MBA的同学如果不够分数线或者面试被淘汰了，可以选择同一学校MPA调剂，或者不同学校MPA调剂，具体视该学校MPA第一志愿录取情况及调剂名额而定。

(8) MBA 能够往 MEM 调剂吗?

答:MEM 是工程管理硕士,是今年新增加的双证专业硕士,考试内容与 MBA、MPA 相同,主要针对人群是企事业单位和政府部门从事企业管理、工程管理、供应链运营、项目管理、IT 管理等工作的相关人士,以及有志于从事相关工程管理领域工作的相关人士。与 MPA 相同,同一所学校的工程管理硕士比 MBA 的学费要低,分数线也会更低。由于双证工程管理硕士今年是第一年招生,目前还没有具体政策是否能接受来自 MBA 或者 MPA 的调剂,但根据经验来说,应该接受调剂。具体情况请同学经常登录中国 MBA 备考网(www.mbaschool.com.cn)或者中国 MBA 教育网(www.mbaedu.cn),查看相关信息。

附录D　中国MBA排行榜TOP20强

商学院名称	2010年排名	2008年排名	师资实力	就业指导	品牌影响力	职业发展	MBA 毕业生平均收入（万元）			MBA毕业生对商学院的满意度	企业对MBA毕业生的评价	2010年学费（万元）
							读MBA前最后一份工作平均年收入	毕业后首份工作平均年收入	毕业两年后收入涨幅（%）			
清华大学经济管理学院	1	1	92.9	8.68	93.48	8.96	10.28	18.01	127.82	8.78	8.91	9.8
中欧国际工商学院	1	2	92.2	8.53	92.12	9.05	17.03	25.1	130.72	8.67	8.88	25.8
北京大学光华管理学院	3	3	91.6	8.66	92.90	8.87	9.63	17.79	127.21	8.91	8.69	10.8
上海交通大学安泰经济与管理学院	4	4	89.7	8.27	88.65	8.54	9.43	17.21	126.32	8.51	8.55	11.8
中山大学MBA	5	5	88.9	8.24	86.52	8.46	8.76	13.95	128.03	8.55	8.48	9
长江商学院	6	8	87.8	8.14	88.65	8.84	16.98	23.26	120.59	8.08	8.02	26
复旦大学管理学院	7	6	87.1	8.02	86.72	8.03	8.11	14.47	123.08	8.06	8.13	12
中国人民大学商学院	8	7	86.6	8.09	85.36	8.22	7.85	13.45	123.35	8.27	8.25	9.8
浙江大学管理学院	9	14	85.3	8.1	82.85	8.21	8.83	14.11	127.71	8.25	8.12	4.8
厦门大学管理学院	10	9	85.2	8.14	81.89	8.18	7.16	11.21	130.15	8.29	8.26	7
南京大学商学院	11	10	86.3	8	81.31	8.09	7.37	11.85	128.44	8.19	8.28	8
北大国际MBA(BiMBA)	12	13	87.4	8.04	80.34	8.06	13.8	18.84	121.71	8.11	8.12	18.5
对外经贸大学国际商学院	13	12	84.1	8.17	82.66	8.14	6.51	9.07	132.64	8.23	8.22	7.8
南开大学国际商学院	14	11	84	7.92	79.57	8.03	6.65	10.33	131.75	8.06	8.31	6.3
四川大学工商管理学院	15	18	83.2	8.06	78.80	7.98	8.17	12.39	129.46	8.08	8.14	4.6
武汉大学经济与管理学院	16	19	83.4	8.03	81.70	7.86	5.83	8.55	136.14	8.16	8.06	5
同济大学经济与管理学院	17	17	82.1	7.83	80.92	7.87	7.32	10.08	131.25	7.89	7.91	8.5

（续）

商学院名称	2010年排名	2008年排名	师资实力	就业指导	品牌影响力	职业发展	MBA毕业生平均收入（万元）			MBA毕业生对商学院的满意度	企业对MBA毕业生的评价	2010年学费（万元）
							读MBA前最后一份工作平均年收入	毕业后首份工作平均年收入	毕业两年后收入涨幅（%）			
吉林大学商学院	18	27	82.9	7.89	79.38	7.95	5.61	8.15	131.78	7.92	8.09	4.23
华中科技大学管理学院	19	15	81.6	7.68	79.76	8.11	6.42	9.15	130.27	8.01	7.99	5.5
西安交通大学管理学院	20	16	82	7.76	80.54	7.94	8.09	10.84	125.92	7.98	8.13	5.8
上海财经大学MBA学院	21	24	81.8	7.28	79.96	7.37	7.38	11.64	124.66	7.76	7.57	7.8
中国科技大学管理学院	22	22	82.5	7.91	79.18	7.71	6.03	9.22	121.91	7.74	7.85	4.5
湖南大学工商管理学院	23	20	80.3	7.47	78.22	7.33	5.77	8.96	131.92	7.67	7.74	4.2
北京理工大学管理与经济学院	24	N	80.8	7.82	77.83	7.74	7.79	9.84	129.57	7.87	7.93	5.5
北京邮电大学经济管理学院	25	N	80.4	7.56	75.52	7.82	6.65	8.42	133.85	7.63	7.96	5.5
重庆大学经济与管理学院	26	30	79.6	7.64	75.71	7.19	5.66	8.37	120.43	7.85	7.83	4.5
北京交通大学经济管理学院	27	23	79.6	7.41	73.00	7.23	6.32	9.94	129.58	7.43	7.41	5.8
山东大学MBA教育中心	28	N	81.7	7.66	74.74	7.85	6.33	8.21	117.90	7.55	7.69	4.5
华南理工大学工商管理学院	29	28	79.3	7.17	74.94	7.14	6.76	8.25	131.64	7.12	7.56	6.9
内蒙古大学经济管理学院	30	N	76.6	7	75.13	7.01	5.66	7.27	130.40	7.04	7.18	3.6

注：N表示院校排名数据不详。

资料来源：《经理人》杂志。

MBA和EMBA系列

课程名称	书号	书名、作者及出版时间	定价
财务管理（公司理财）	978-7-111-12733-1	高级经理财务管理：创造价值的过程（第2版）（哈瓦维尼）（2003年）	52
战略管理	978-7-111-24866-8	战略管理：动态观点（卡彭特）（2009年）	78
战略管理	978-7-111-28227-3	战略管理：竞争与全球化（概念）（第8版）（希特）（2009年）	48
运营管理	978-7-111-34260-1	运营管理（第13版）（蔡斯）（2011年）	89
数据、模型与决策	978-7-111-24507-0	数据、模型与决策（第9版）（泰勒 ）（2008年）	89
数据、模型与决策	978-7-111-27800-9	数据、模型与决策：管理科学篇（第12版）（安德森）（2009年）	75
管理经济学	978-7-111-22237-8	管理经济学（第11版）（麦圭根）（2009年）	88
管理经济学	即将出版	管理经济学（第12版）（麦圭根）（2011年）	88
MBA辅导教材	即将出版	2012年MBA、MPA、MPAcc联考面试指导（甄诚）（2011年）	42
MBA辅导教材	978-7-111-35154-2	2012年MBA、MPA、MPAcc联考数学高分突破（孙晓丹）（2011年）	36
MBA辅导教材	978-7-111-35162-7	2012年MBA、MPA、MPAcc联考数学历年真题详解（孙晓丹）（2011年）	18
MBA辅导教材	978-7-111-34969-3	2012年MBA、MPA、MPAcc联考数学手把手同步辅导（陈忠才）（2011年）	29
MBA辅导教材	978-7-111-34921-1	2012年MBA、MPA、MPAcc联考写作专项突破（赵羽）（2011年）	28
MBA辅导教材	即将出版	2012年MBA、MPA、MPAcc联考英语（二）冲刺模拟试卷（郭崇兴）（2011年）	45
MBA辅导教材	978-7-111-34617-3	2012年MBA、MPA、MPAcc联考英语词汇专项突破（英语二）（薛冰）（2011年）	42
MBA辅导教材	即将出版	2012年MBA、MPA、MPAcc联考英语历年真题详解（马鹏）（2011年）	40
MBA辅导教材	978-7-111-35291-4	2012年MBA、MPA、MPAcc联考英语写作专项突破（曹其军）（2011年）	20
MBA辅导教材	978-7-111-34895-5	2012年MBA、MPA、MPAcc联考英语阅读理解专项突破（马鹏）（2011年）	48
MBA辅导教材	978-7-111-34513-8	2012年MBA、MPA、MPAcc联考英语阅读理解专项突破（薛冰）（2011年）	49
MBA辅导教材	即将出版	2012年MBA、MPA、MPAcc联考综合冲刺模拟试卷（孙晓丹）（2011年）	45
MBA辅导教材	978-7-111-30442-5	专业学位硕士论文写作指南（丁斌）（2010年）	32
会计学	978-7-111-14615-8	会计学：教程与案例（第11版）（财务会计分册）（安东尼）（2004年）	58
会计学	978-7-111-14615-8	会计学：教程与案例（第11版）（管理会计分册）（安东尼）（2004年）	54
组织行为学	978-7-111-24435-6	组织行为学精要 （第9版）（罗宾斯）（2008年）	45
人力资源管理	978-7-111-26643-3	人力资源管理：获取竞争优势的工具（第4版）（克雷曼）（2009年）	42
管理信息系统	978-7-111-32865-0	信息时代的管理信息系统（第8版）（哈格）（2011年）	59

重庆分校	023-65126117，65126118，18996082755
	重庆市沙坪坝区重庆大学B区大门右侧欧鹏大厦1楼
徐州分校	0516-83824928，83822797
	江苏省徐州市和平路78号裕源大厦502室
济宁分校	0537-2924707，15998739680
	济宁市洸河路159号绿地商务五楼
广州分校	020-87306710，87306711
	广东省广州市东风东路东峻广场一座31楼
福州分校	0591-88813636，13860633799
	福州市杨桥东路183号福建总工会干部学校3层
东莞分校	0769-22501697，22504305
	广东省东莞市莞太大道与体育路交界处福民大厦6楼
青岛分校	0532-88663939，15192008801
	山东省青岛市市南区高雄路18号海洋大厦6层L室（青岛大学西门对面）
聊城分校	0635-8169828，15106359828，13616389333
	山东省聊城市聊城大学西校10号楼A329室
苏州分校	0512-69330996, 18913531686
	江苏省苏州市十全街吏舍弄10号苏州大学科技创业园8号楼301室
淄博分校	15206678566，13573345678，0533-6286197
	山东省淄博市高新区力杰路108号博士楼0602室
烟台分校	0535-6688756
	山东省烟台市芝罘区南大街156号平安大厦1218室
枣庄分校	0632-8888277，8888278
	枣庄市市中区文化中路少年街15号（市青少年宫东）建设学校院内东二楼
石家庄分校	0311-87884539，87883376
	河北省石家庄市中山西路83号东方大厦1430室
宁波分校	0574-56795285，13486653548
	浙江省宁波市江东区会展路181号2号馆6D12室
合肥分校	13605698497
	合肥市长江中路365号CBD中央广场2-905室
郑州分校	0371-68267807，15036110777
	河南省郑州市经三路农业路银丰商务港A座1206室

社科赛斯教育集团

北京总校	010-82623253，82621297，15510391826，15510391829
	北京市海淀区苏州街长远天地大厦A1---1901室
天津分校	022-23040033，23040033，27824389
	天津市和平区卫津路127号财富大厦B座2楼
沈阳分校	024-62238985，22791955，18940063456
	辽宁省沈阳市市府广场新华科技大厦（原火炬大厦）0207室
兰州分校	0931-4810040，13609322055，13919094839
	甘肃省兰州市城关区黄楼20楼2006室（兰州大学正门对面）
西安分校	029- 85067585， 88063619，82656284
	陕西省西安市雁塔西路74号主楼501室
成都分校	18828092001，028-61980377，61980597
	成都市光华村街大地新光华广场A1幢11楼19号（西南财大南大门对面）
大连分校	0411-39948306，39948307，86023848，66775625
	大连市沙河口区民政街394-2 501室，大连理工大学城市学院1号楼3楼
厦门分校	0592-2075095，2075099，2055158
	福建省厦门市思明区虎园路2号科技交流中心5楼
南京分校	400-690-1208、025-66661588
	江苏省南京市汉中路139号五星年华大厦1507室
杭州分校	0571-89938159，15267428013
	浙江省杭州市教工路197号颐高创业保亭楼505，506室
济南分校	0531-86940752，66981115，66860303
	山东省济南市历下区解放路134号翰林教育416室
昆明分校	0871-5024326, 5176398
	云南省昆明市云南财经大学商业步行街214室
太原分校	0351-7668557，13835148532
	山西省太原市南内环街135号山西财经大学北校主楼714室
武汉分校	027-87872386
	湖北省武汉市武昌区武珞路442号中南国际城C幢A座2107室
哈尔滨分校	0451-55513737，55515656
	黑龙江省哈尔滨市中山路172号常青大厦23楼2306室

购书“五重大礼包”

凡购买本书读者可凭本书附赠的充值卡所提供的用户名和密码，享受社科赛斯教育集团提供的以下增值服务：

大礼包一 —— 免费在线答疑

购买本书读者自动成为登陆中国MBA备考网VIP会员， 本书主编和编委会老师为你在线解答关于本书学习过程中的问题，并重点讲解关于本书的重点题型和疑难题型，集中答疑讲解时间在每周周二、周四晚上19：00—21：00.可在备考网“名师答疑”版块进行在线答疑。社科赛斯MBA培训中心为考生提供名师在线答疑服务。

中国MBA备考网网址：bbs.mbaschool.com.cn

大礼包二 —— 网络课程试听（附刮开充值卡号和密码，见封三）

登陆网络课堂免费试听价值100元的网络课程（本书对应相关老师的课程）。

网络课堂网址：www.mbaschool.com.cn/News/DistanceLearner

大礼包三 —— 免费制定学习计划、规划报考院校

凭本书可以到所在的社科赛斯教育集团各地分校（分校地址及联系方式详见插页）免费制定学习计划、并根据考生具体情况设计报考院校，享受分校专家的亲自指导。

大礼包四 —— 免费试听分校课程

凭本书可以到考生所在城市的社科赛斯教育集团分校免费试听两节辅导课程（课程任选）。社科赛斯全国各地分校见附录。

大礼包五 —— 独享9折报班优惠

报考社科赛斯教育集团总校及各地分校MBA、MPA、MPAcc辅导班，享受9折报班特价优惠。

---

① 由于各地分校课程安排差别，请试听前先与各分校联系，具体解释权归社科赛斯集团各分校。

② 本项优惠不可与其他优惠共享，最终解释权归社科赛斯教育集团及相关分校。

教师服务登记表

尊敬的老师：

您好！感谢您购买我们出版的____教材。

机械工业出版社华章公司为了进一步加强与高校教师的联系与沟通，更好地为高校教师服务，特制此表，请您填妥后发回给我们，我们将定期向您寄送华章公司最新的图书出版信息！感谢合作！

个人资料（请用正楷完整填写）

教师姓名		□先生 □女士	出生年月		职务		职称：□教授 □副教授 □讲师 □助教 □其他
学校		学院		系别			
联系电话	办公： 宅电： 移动：	联系地址及邮编					
		E-mail					
学历		毕业院校		国外进修及讲学经历			
研究领域							

主讲课程	现用教材名	作者及出版社	共同授课教师	教材满意度
课程： □专 □本 □研 □MBA 人数： 学期：□春□秋				□满意 □一般 □不满意 □希望更换
课程： □专 □本 □研 □MBA 人数： 学期：□春□秋				□满意 □一般 □不满意 □希望更换

样书申请			
已出版著作		已出版译作	
是否愿意从事翻译/著作工作 □是 □否		方向	
意见和建议			

填妥后请选择以下任何一种方式将此表返回：（如方便请赐名片）

地 址：北京市西城区百万庄南街1号 华章公司营销中心 邮编：100037

电 话：(010) 68353079 88378995 传真：(010)68995260

E-mail:hzedu@hzbook.com markerting@hzbook.com 图书详情可登录http://www.hzbook.com网站查询